Klettersteigatlas

ALPEN

ROTHER *Selection*

Klettersteigatlas

ALPEN

Paul Werner

**Alle Klettersteige der Alpen,
mit einer Einführung in Geschichte und Technik des Klettersteiggehens**

Ganz nach Art eines Klettersteiges:
Der Aufstieg vom Mer de Glace zum
2687 m hoch gelegenen Refuge du Couvercle
(Mont-Blanc-Gruppe) führt durch festen
Granit. Im Hintergrund die nördliche
Umrahmung des Glacier de Talèfre.

BERGVERLAG RUDOLF ROTHER GMBH • MÜNCHEN

Umschlagbild:
Die kleine Felsnadel neben dem Klettersteig »Tiroler Weg«
auf die Plamorterspitze, 2982 m (Ötztaler Alpen).
Foto: Paul Werner

Sämtliche Fotos Archiv Paul Werner,
ausgenommen die Abbildungen der Seiten 18, 38 (Nationalparkverwaltung Berchtesgaden),
42 unten (Wilhelm Hartmann), 98 (Ludwig Thoma),
99 (Hansjörg Klotz) und 119 (Prof. Dr. Borut Juvanec)

Kartographie:
© Freytag & Berndt, Wien

1. Auflage 1993

© 1993 Bergverlag Rudolf Rother GmbH, München

ISBN 3-7633-8089-2

Lektorat und Gestaltung: Klaus Wolfsperger

Satz: Bergverlag Rudolf Rother GmbH, München

Reproduktionen: Repro Fuchs, Laufen

Druck: Rother Druck GmbH, München

Printed in Germany

(2329 / 2989)

Verlag und Verfasser danken besonders herzlich
Herrn WILHELM HARTMANN aus Wien,
der die Klettersteige zwischen Dachstein und Wien
– und einige andere mehr – beschrieben hat.
Ohne seinen fachkundigen Beitrag wäre dieser Atlas nicht entstanden.

Zu danken ist auch
Herrn ÖAV-Landesalpinreferent HANSJÖRG KLOTZ aus Nüziders
für die Beschreibung der meisten Klettersteige in Vorarlberg
sowie JOHANNES FÜHRER , EUGEN E. HÜSLER und MICHAEL WAEBER
für die Beschreibung der meisten Klettersteige in den Westalpen

VORWORT

Der Hüttenwirt des alten Bamberger Hauses an der Marmolada führte vor dem Ersten Weltkrieg eine pedantische Buchführung über die Besteigungen seines »Hausberges«, streng getrennt nach Routen. Für das Jahr 1913 verzeichnete er: 193 Führertouristen, 109 Führer, 116 Führerlose, kein Militär, keine Südwandbegehung.

In einer Vergleichsaufstellung von heute würde stehen: Zehntausende von Skifahrern und Halbschuhtouristen an der Punta Rocca, täglich Hundertschaften von Normalweggehern und Klettersteiggehern auf die Punta Penia, wenige Klettersteiggeher über die Punta Serauta, einige wenige Extreme an der Südwand...

Eine ähnliche Statistik könnte man über die Zugspitze führen, wo sich alljährlich mittlerweile mehr als 12 Millionen Menschen drängen. Diese zwei willkürlich herausgegriffenen Beispiele zeigen nicht nur die explosive Entwicklung des Bergsteigens, sondern auch die Auffächerung in viele »Disziplinen« und »Gangarten«, die mit dieser beispielhaften Aufzahlung noch lange nicht zu Ende sind.

Das Begehen gesicherter Felsrouten ist seither ein sehr kräftiger und lebenstüchtiger Ast am Stammbaum des Bergsteigens geworden und das hat psychologisch wie soziologisch seine guten Gründe. Für die meisten Bergsteiger bleibt die »echte« Kletterei aus den verschiedensten Gründen ein unerfüllbarer Wunschtraum; die magische Faszination aber, die nun einmal von wilden Felswänden, Graten und Türmen ausgeht, ergreift auch viele, die sich den Zugang zur Kletterei nicht erschließen können. Auf Klettersteigen jedoch findet auch diese Vielzahl von Bergsteigern eine beglückende, zuvor oft ungeahnte Möglichkeit, hohe körperliche und seelische Leistung mit höchstem Landschaftsgenuß zu verbinden und dabei bedrückende Belastungen und Risiken weitgehend zu vermeiden. Klettersteige erschließen auch dem geübten alpinen »Normalverbraucher« die Perspektive und den Erlebnishorizont der »echten« Kletterei und

dies auch im Alleingang. Für die meisten heutigen Klettersteigliebhaber liegt der Sinn einer Bergtour nicht in der schnellsten und einfachsten Überwindung der Strecke zwischen Tal und Gipfel, sondern im Begehen einer Route mit dem höchstmöglichen Erlebniswert, dies jedoch noch im Bereich des Genußvollen und mit vertretbarem Risiko. Ich für meinen Teil bringe es auf folgenden Nenner: »Extrembergsteigen ist, wenn man froh ist, wenn es vorbei ist – richtiges Klettersteiggehen ist, wenn man bedauert, daß es schon vorbei ist!«

Natürlich hat auch der Klettersteiggeher seinen sportlichen Ehrgeiz, auch er will seine eigene Leistungsgrenze immer höherschrauben und auch die schwierigsten Vie ferrate »gemacht« haben – aber normalerweise nicht um jeden Preis! Erstbesteigungslorbeeren gibt es nicht, jeden Steig erlebt man allenfalls als seine persönliche Erstbesteigung. Die Kritik am Sichern schwieriger Routen und Kletterstellen begann jedoch schon nach dessen Anfängen und das allgemeine Bemäkeln, Infragestellen und Problematisieren des Klettersteigbaus ist seither nie verstummt. »Klettersteige pro und contra« – dieses Thema wird seit Jahrzehnten mit stets neu aufflammender Schärfe in allen Alpinzeitschriften behandelt und zur Diskussion gestellt. Ist es vom Standpunkt der bergsteigerischen Ethik »erlaubt«, auch steile, ja sogar senkrechte Felswände an fest montierten Stahlseilen und Eisenhaken zu bezwingen? Ist dies nicht Betrug am Steilfels? Und Naturverschandelung und Umweltschädigung? Und ein unvertretbares Sicherheitsrisiko?

Leserzuschriften von Gelegenheitsbergsteigern, Gschaftl- und Zünftlhubern, vor allem aber Statements von (selbsternannten) Bergpäpsten und alpinen Chefideologen erwecken den Eindruck: Klettersteiggehen ist alpinethisch eine »unsaubere Gangart« und gehört eigentlich geächtet und verboten – wie vieles andere, was Spaß macht... Schon seit langem fordern auch alpine Vereine einen totalen

Baustopp«; alpine Fundamentalisten fordern gar »Verschrottung« oder »Rückbau« der Eisensicherungen. Für manchen gipfelt das Naturverständnis eben in der absoluten Unberührtheit nackter Felsen... Die Wirklichkeit ist freilich anders: Hunderttausende suchen und finden gerade auf Klettersteigen ihr Ferien- und Freizeitglück – dies gilt auch für viele andere, neuerdings ebenso »umstrittene« Sportarten! Klettersteige haben jedenfalls eine zuvor ungeahnte Beliebtheit erlangt und es werden jährlich immer mehr, die das relativ unbeschwerte Emporturnen im steilen Fels

Traum-Klettersteig in der Moiazza (Dolomiten) – die Via ferrata G. Costantini.

den mitunter als eintönig empfundenen Hatschereien auf biederen Wanderwegen vorziehen. Dieser »Zulauf« kommt aus verschiedenen Kreisen; vor allem von »gemäßigten Fortgeschrittenen« oder »fortgeschrittenen Gemäßigten« und von denen, die den Weg zum Klettern suchten, aber nicht finden konnten. Manche ehemalige Kletterer, mittlerweile zu alt für das klassische Wagnis, finden am Klettersteig ihr spätes, letztes Glück im Fels. Aber auch angehende und sogar namhafte Kletterer finden sich regelmäßig an manchem extremen, aber talnahen »Sportklettersteig« ein – hier können sie, ohne jede Terminvereinbarung mit einem Partner, ein »standortgerechtes« Krafttraining absolvieren

Felsszenerie unter dem Gipfel des Patérn-kofel (Sextener Dolomiten).

– statt stumpfsinniger Klimmzüge oder Liege-stützübungen... Viele Tausende, die beruflich an den Schreibtisch, an den Computer oder ans Lenkrad gefesselt sind und naturgemäß unter Muskelverspannungen und Bandschei-benschäden leiden, rühmen die entspannende Wirkung stundenlanger schweißtreibender Turnerei am straff gespannten steilen Drahtseil in warmem Fels. Sportversierte Orthopäden bescheinigen: Für Bandscheiben und Gelenke ist vom üblichen Bergsport das Klettersteigge-hen mit wenig Gepäck noch das Gesündeste. Wer will guten Gewissens allen jenen, die sich auf den nächsten Klettersteigsommer freuen, dieses wirklich harmlose, unschuldige Ver-gnügen vermiesen? Welcher Bergsteiger bringt es übers Herz, den vielen Tausenden von hoffnungsfrohen Klettersteigfreunden ihren mit Drahtseilen gesicherten Weg zum Gipfel-glück zu verschließen? Die meisten Drahtseil-Fans fragen nicht nach ethischen Doktrinen und nach der Lehrmeinung der alpinen Ideologen – sie reisen Jahr für Jahr in ihre geliebten Berge, auf der Suche nach neuen Klettersteigabenteuern, froh und dankbar um jeden neuen »heißen« Tip.

Das vorliegende Werk soll es jedem von ihnen ermöglichen, sich einen vollständigen Über-blick über alle Klettersteiggebiete zu verschaf-fen, es soll umfassende Information, schnelle Orientierungshilfe und einfache Vergleichs-möglichkeit bieten – es kann und soll aber kein exaktes Führerwerk ersetzen. Vollständig-keit und Fehlerfreiheit sind bei diesem »Atlas« zwar angestrebt, aber sicher nicht ganz erreicht – noch während das Buch in Druck ist, wird sicher irgendwo schon wieder ein neuer Steig angelegt. Autor und Verlag bitten daher um rege informelle Mitarbeit der Leser – jede Neuauflage soll dem neuesten Stand entsprechen!

Paul Werner

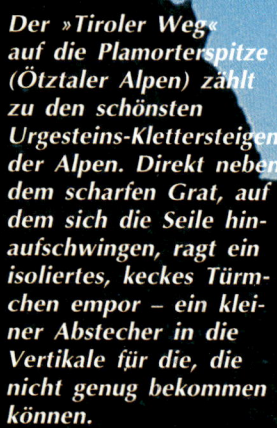

*Der »Tiroler Weg«
auf die Plamorterspitze
(Ötztaler Alpen) zählt
zu den schönsten
Urgesteins-Klettersteigen
der Alpen. Direkt neben
dem scharfen Grat, auf
dem sich die Seile hin-
aufschwingen, ragt ein
isoliertes, keckes Türm-
chen empor – ein klei-
ner Abstecher in die
Vertikale für die, die
nicht genug bekommen
können.*

*Abbildung folgende Dop-
pelseite: Der Sentiero attrezzato Amalio da Pra
erschließt großartige
Landschaftsbilder in der
entlegenen Marmarole-
Gruppe (Dolomiten).*

EINFÜHRUNG

DIE KLETTERSTEIGE

Zur Geschichte der Klettersteige

»Hier führen 8 bis 10 Leitern in schwindelerregende Höhen hinan. Diesen entsetzlichen gefährlichen Steig, welcher wegen seiner großen Merkwürdigkeit von den meisten Reisenden besichtigt wird, legen die Bewohner dieser Gegend häufig hinauf und hinab zurück, oft sogar noch am dunklen Abend, schwer beladen, öfter sogar im Kopfe mit geistigen Getränken, ohne daß ein Unfall vorkäme.«

So berichtet Eduard S. Pesius im Jahre 1844 in seinem »Spaziergang durch die Alpen« über den berühmten Leiterweg von Leukerbad nach Albinen und eine kolorierte Lithographie von Eugène Guèrard aus dem Jahr 1850 illustriert in liebenswürdiger Weise, wie sich

Der berühmte Leiterweg von Leukerbad nach Albinen – kolorierte Lithographie von Eugène Guérard, 1850.

schmucke Kavaliere ebenso galant wie unbeholfen um ihre biedermeierlich gewandeten Damen bemühen. Diese Albinen-Leitern bei Leukerbad und die einstmals ebenbürtigen Varner-Leitern am Gegenhang waren – neben vielen vergleichbaren Anlagen! – künstlich gangbar gemachte Wegpassagen zwischen Bergdörfern, also Wirtschaftswege; ihr Ausbau hatte keinerlei alpinistische Motive. Dennoch kann man heute die als »Touristenattraktion« gut instandgehaltenen und auch gerne begangenen Albinen-Leitern als Klettersteig ansprechen – gerade dieser »Funktionswandel« ist ein Phänomen, das auch in der weiteren Geschichte der Klettersteige immer wieder auftritt.

Erst 1869 verzeichnet die Alpingeschichte den Bau der ersten hochalpinen Felsversicherungen, und zwar über den berühmten Südwestgrat des Großglockners auf die Glockner-

scharte. Diese alpinistische Pioniertat, damals umschrieben als »Herrichtung des neuen Weges mittels Absprengungen, Einziehen von Eisenstiften und Drahtseilen zu einem auch für mäßige Bergsteiger geeigneten Pfade«, kann heute wohl als die Geburtsstunde des Klettersteigbaus gelten, auch im Sinne des heutigen, meist etwas abwertenden Verständnisses. In Band III der »Erschließung der Ostalpen«, erschienen 1894, wird darüber berichtet: »Im Jahre 1869 begann die Herrichtung des ›Stüdlweges‹. Thomas, Rupert und Michel Groder arbeiteten fast zwei Monate angestrengt an dem Spannen von 400 m Drähten, dem Einschlagen von Eisenstiften, Herrichten von Stufen usw. Am 5. August konnte der Weg eröffnet werden. Es war aber trotz aller Hilfen noch immer eine scharfe Kletterei, bei der man den Bergstock am Fusse der Felsen stehen zu lassen pflegte und die bei Neuschnee gerne vermieden wurde. In solchem Falle wurde auch zur Zeit der ersten Begeisterung, da der ›neue Weg‹ als der einzige wahre galt, doch noch immer lieber der alte Kalser Weg eingeschlagen. Bald aber richteten Schneedruck und Blitzschläge an den Drähten arge Verheerungen an, so daß der Weg wieder in die Schwierigkeiten des früheren Zustandes zurückgefallen ist.« Initiator war Johann Stüdl (1839–1925), einer der großen Alpenpioniere und Erschließer des Glocknergebietes, dem er bis an sein Lebensende verbunden blieb. Der Klettersteig über den nach ihm benannten Stüdlgrat ist heute nur noch ein Fragment, dessen letzte Eisenreste man unter Denkmalschutz stellen müßte – sie veranschaulichen ein beginnendes Kapitel der Alpinhistorie.
Höchstwahrscheinlich ist aber der Hohe Dachstein, 2996 m, im Jahre 1832 erstmalig bestiegen, der historische Schauplatz des ersten Klettersteigbaus. Der große Dachsteinerschließer Professor Friedrich Simony (1813–1896) hat den Gipfel erstmals 1842 erstiegen und im Zuge der kurz darauf folgenden weiteren Besteigungen hier »den ersten gesicherten Steig der Ostalpen« angelegt. (Rudolf Lehr: Der Kampf um den Dachstein, Linz 1971, S. 41) Simony schrieb an Erzherzog Johann, an die Erzherzöge Ludwig und Franz Carl und den Fürsten Metternich und andere hohe Aristokraten, daß es doch Ehrensache sein müsse, Geld für einen »Dachsteinweg« zu spenden, und das geschah auch. Für 260 Gulden wurde 1843 ein Steig von der

Randkluft durch Sprengungen, Anbringen von Eisenstiften und Ringen und ein dickes, über 80 Klafter langes Seil (= ca. 140 m) fixiert. (Christof Stiebler: Spurensuche. München 1990, S. 66) In Simonys Bericht über die Besteigung vom 15. September 1843 – »Zwei Septembernächte auf der Hohen Dachsteinspitze« – ist zunächst von einer »15 Schuh hohen Leiter« (= 4,8 m) die Rede, die er 1843 über die Randkluft aufstellen ließ. Weiter heißt es: »Das hundert Klafter [= 190 m] lange Seil, welches von der Spitze des Hohen Dachsteins über die Hohe Wand durch 20 schwere, in den Fels eingebohrte Eisenringe und von ihrem Fuße über den sich an sie lehnenden Firnabsturz und die große Kluft herabläuft, war auf dem Absturz ganz, an der Wand stellenweise mit Schnee bedeckt.... Diese sichere Handhabe war diesmal um so notwendiger, da der frische Schnee auf den einzelnen Terrassen der Dachsteinwand lauter 50 bis 70 Grad steile, stark vereiste Gehänge bildeten und selbst *die in dem nackten Fels ausgehauenen Stufen* an vielen Stellen mit einer platten von dem abrinnenden Schmelzwasser gebildeten Eiskruste überzogen waren...«
Reste ähnlicher Erschließungs- und Entschärfungsmaßnahmen wie am Großglockner sind noch heute beispielsweise am Ortler (Hintergrat) und am Olperer und auch an anderen klassischen Kletterrouten erhalten. Wer wann und wo nun wirklich den »ersten Klettersteig« errichtet hat, sei hier nicht entschieden – denn wer will heute exakt entscheiden, welche dieser Maßnahmen als »Klettersteig im heutigen Sinne« zu definieren ist? Nach wie vor kämpfen die Autoren vergeblich um eine genaue Bestimmung, was ein Klettersteig ist – ein »gesicherter Steig«, ein »Steig mit einzelnen Versicherungen« oder aber eine »leichte Kletterführe mit einigen gesicherten Stellen«...
In der weiteren Folge spielte auch die Zugspitze eine wichtige Rolle. Einem gewissen Dr. Dietrich, prakt. Arzt aus München und Sommerfrischler in Partenkirchen, erschien es schon 1834 unzweifelhaft, daß, nachdem die Zugspitze endlich bestiegen und mithin das unglaublich Scheinende geleistet worden sei, der steile Weg – *wenn von Eisen bearbeitet* – mit der Zeit seine großen Gefahren verlieren werde: »Dann dürfte auch der weniger geübte Bergsteiger im Stande sein, die Spitze dieser ungeheuren Felspyramide zu erklimmen, wo

Das »Brett« am Zugspitz-Aufstieg.

bei einer unermeßlichen Fernsicht und im Genusse der reinsten Alpenluft Geist und Gemüth sich erheben und im Menschen Empfindungen aufleben, an die er sich stets mit Hochgefühl erinnern wird.« (Bayer. Annalen Nr. 120 vom 7. Oktober 1834) Die erste künstliche Weganlage auf die Zugspitze wurde schließlich 1873 von der Knorrhütte hinaufgebaut, es folgten 1879 der Klettersteig durchs österreichische Schneekar, 1884 durchs Höllental auf die Riffelscharte, 1893 – 1897 der kühne Steig übers »Brett« und die Höllentalwand zum Ostgipfel.
Auch in den Wiener Hausbergen wurden mehrere der heutigen Klettersteige schon weit vor der Jahrhundertwende angelegt. Es ist interessant nachzulesen, wie dies damals geschah und von den Zeitgenossen beurteilt wurde. Über die Raxalpe schreibt z. B. Fritz Benesch 1898: »Nicht weniger als 15 Felsensteige und deren Varianten durchziehen die Wände bis zur Hochfläche des Berges... Die Mauern sind tief herabgedrängt, von unten reichen die halb verwachsenen Schutthalden Hunderte von Metern hinan und von der unabsehbaren Wand bleibt so eine kaum

thurmhohe Steilstufe übrig. Darüber zieht, reichlich mit Ketten und einer Leiter versehen, der schwindlige Aufstieg über das Gaisloch empor... Der Mauerkranz, der die Heukuppe in der Höhe umsäumt, wird an der Westseite noch von zwei Steigen durchquert. Der eine, nach dem Thalorte Altenbergersteig genannt, ist ein harmloser, breiter Saumweg, der den Zugang zu den auf der Heukuppe gelegenen Almhütten vermittelt, der zweite, der Gamseckesteig, ist wieder ein Touristenweg im vollsten Sinne des Wortes. Von Bergsteigern entdeckt, wurde er im Jahre 1876 vom Österreichischen Touristenclub zum gangbaren Pfade hergerichtet und mit soliden Versicherungen versehen. Neben dem Gaisloch- und Reissthalersteig bildet er gewöhnlich die Vorschule für zaghafte Anfänger, ehe sie von den breiten, sicheren Almwegen zur Felskletterei übergehen. Auch hier haben sich schon mehrere Unfälle ereignet und geben Anlass, die alten Versicherungen auf dem Bande und bei der eisernen Leiter so ausreichend zu verstärken, dass nur noch Matratzen und Sprungtücher fehlen, um auch dem Selbstmörder seine Unthat zu vereiteln.« (Zeitschrift des DÖAV, Band XXIX, S. 212 und 218) Der schwierige Haidsteig in der Rax wiederum wurde 1913 angelegt, um »der Touristik neue Impulse zu vermitteln.«
Schon 1876 wurde der Dopplersteig durch die Ostwand des Untersbergs gebaut, wobei Hunderte von Stufen in die senkrechte Wandflucht gehauen wurden – eine »Bauweise«, die zum Glück kaum Nachahmung fand. Wohl schon um diese Zeit sicherte man den kühnen Grat über die Watzmannspitzen, und 1899 folgte die Sicherung des bekannten hochalpinen Heilbronner Weges im Allgäu.
Nachdem im Jahre 1900 die Tschechische Hütte in den Steiner Alpen erbaut worden war, hatte man auch den alten, bereits Anfang des 18. Jahrhunderts erstbegangenen Nordwandsteig hinauf zum Mlinarsko Sedlo mit Sicherungen versehen. Und nachher kamen vor Beginn der Sommersaison Jahr um Jahr einige Herren von der Sektion Prag des Deutschen Alpenvereins und reinigten den Felsensteig von herumliegenden Steinen. Diese Herren, welche da mit Besen und Bürsten hingebungsvoll arbeiteten, gehörten zur Spitze der damaligen Prager Gesellschaft, waren Ärzte, Rechtsanwälte, Universitätsprofessoren, hohe Staatsbeamte.

Der vielleicht älteste Klettersteig der Dolomiten ist der Hans-Seyffert-Weg über den berühmten Westgrat der Marmolada, der schon 1903 angelegt wurde. In der Zeit zwischen der Jahrhundertwende und dem Ersten Weltkrieg wollten sich mehrere Alpenvereine mit der Erbauung eines Klettersteigs ein Denkmal setzen:
In den Julischen Alpen sicherte man 1910 zum 40jährigen Bestand der Alpenvereinssektion Villach die schwierigsten Passagen in der Nordwand des Montasch, die 1902 erstmals von Dr. Julius Kugy durchstiegen worden war. Eine der kühnsten Klettersteigpassagen folgte der Route, welche die Bozener Georg Haupt und Paul Mayr 1907 in freier Kletterei im IV. Grad in der hier 250 m hohen Nordwestwand des Piz de Ciàvàzes in der Sella eröffnet hatten. Dieser schwierige Durchstieg wurde 1912 von der Sektion Pößneck zu ihrem 25jährigen Bestehen gesichert und nach ihr benannt und gehört bis heute zum Verwegensten.
Als kühne Krönung der Zugspitz-Erschließung sicherte man 1909 – 1915 den wilden Felsgrat zwischen Zugspitze und Hochblassen und erschloß damit den Übergang zur Alpspitze. Diese nur sparsam gesicherte Gratüberschreitung nannte man Jubiläumsweg. Die lange Zeit verfallenen Sicherungen der westlichen Grathälfte wurden erst 1986 wieder instandgesetzt.
Der meisten Sicherungen der damaligen Zeit dienten der »Entschärfung« schwieriger Kletterrouten, die Jahre zuvor von den Erstbegehern in freier Kletterei »eröffnet« worden waren. Der Erste Weltkrieg brachte auch eine neue, tragische Epoche im Klettersteigbau mit sich: Vom Ortler bis zum Isonzo – Luftlinie etwa 380 km – zogen sich mitten über die Felskämme der Dolomiten und der Julischen Alpen die Frontlinien; sie blieben fast dreieinhalb Jahre Schauplatz eines erbitterten, sogar strategisch sinnlosen Stellungskrieges im Hochgebirge. Viele exponierte Stellungen und Beobachtungsposten auf Gipfeln, Graten und in beschußsicheren Felsflanken mußten nun durch künstliche Steiganlagen zugänglich gemacht und miteinander verbunden werden. Die Soldaten bauten teils solide Steige, »installierten« aber vielfach nur schauerlich provisorische, hölzerne Himmelsleitern an den Felswänden – mit Hanfstricken an Eisenhaken aufgehängt. Vereinzelt wurden

aber auch lange steile Stollen in den Fels gesprengt und unterirdische Wege angelegt wie etwa am Lagazuoi, am Patérnkofel, am Fuß der Tofana di Rozzes und am Cellon. Nach dem Ende des Krieges blieb es einige Zeit still auf den blutgetränkten Felsen und Karen; die siegreichen Italiener begannen bald mit dem Bau von gewaltigen Kriegerehrenmalen und Mausoleen und gestalteten schließlich ehemals besonders heiß umkämpfte alpine Schlachtfelder zu einer »Zona militare monumentale« aus, zu geheiligten Zonen, teils nach Art eines Freilichtmuseums mit markierten Lehrpfaden und etikettierten Ruinen und Stellungsresten.
»Dann kam nach dem Ersten Weltkrieg die sogenannte ›Heroische Zeit des Alpinismus‹ und die Eisenwege wurden als ›Feuerwehrleitern‹ und ›Eselsbrücken für Schwache‹ abgewertet, was zur Folge hatte, daß sie von den echten Bergsteigern (und wer wollte kein solcher sein?) gemieden wurden. Wenn damals jemand gesagt hätte, daß es noch zu einer Renaissance der Eisenwege kommen würde, so wäre er als verrückter Spinner ausgelacht worden.« (Karl Lukan)
Eine wichtige Epoche im Klettersteigbau begann in den 30er Jahren, als die Società Alpinistica Trentina, eine Trientiner Bergsteiger-Vereinigung des Club Alpino Italiano, die sehr langen und langwierigen Zustiege zu vielbegangenen Kletterrouten in der Brenta durch künstliche Sicherungen entschärfte und verkürzte. Der erste dieser Steige, der berühmte Bocchette-Weg, führt weitgehend über natürliche Bänder und verbindet über Scharten, Grate und Rinnen hinweg die beiden wichtigsten Rifugi, ohne einen Gipfel zu berühren. Nach dem Zweiten Weltkrieg wurde das Routennetz so ausgebaut, daß man heute die gesamte Brenta von Nord nach Süd auf Klettersteigen durchqueren kann. Obwohl auf dieser landschaftlich unvergleichlichen Transversale nach der ursprünglichen Absicht bis heute kein einziges Gipfelziel mitgesichert wurde, gilt die Brenta zu Recht als Inbegriff eines Klettersteigparadieses. Nach dem Zweiten Weltkrieg rückten aber auch die ehemaligen Frontlinien des Ersten Weltkriegs in den Vordergrund alpinistischen Interesses. Fast ein halbes Jahrhundert war über die Ruinen dieses Stellungskrieges hinweggezogen, immer mehr waren die trotzigen Bollwerke in Schutt und Trümmer zusammengesunken, die Stachel-

drahtbarrieren verrostet, die Baracken vermodert. Viele der einstigen Steige waren schon völlig verkommen, andere waren noch in gefährlichen Restbeständen erhalten geblieben. Ein beträchtlicher Teil dieser Steige wurde nun nach und nach in friedlicher Absicht »revitalisiert« und »reaktiviert« – nirgendwo kann man mittlerweile das Grauen und den Wahnwitz dieses teilweise hochalpinen Krieges so hautnah und anschaulich erleben und so unberührt konserviert antreffen wie auf den – in neuer Technik – wieder instandgesetzten Kriegssteigen. Mancher rekonstruierte Steigabschnitt führt knapp neben noch vorhandenen, aber verfallen belassenen historischen Holzleitern vorbei – ein wahres Freilichtmuseum und Gruselkabinett des kriegsmäßigen Klettersteigbaus! An einigen wenigen Stellen sind sogar einige robuste alte Eisenbügel in eine neue Klettersteigführe miteinbezogen. Oberstleutnant a.D. Walther Schaumann aus Wien hat es sich zur – mittlerweile vollendeten – Lebensaufgabe gemacht, alle alten Kriegsschauplätze und Frontsteige aufzusuchen und in einer Reihe von Führerwerken zu publizieren, zusammen mit verschiedenen historischen Fotos und anderen Kriegsdokumenten. Schon Ende der 50er Jahre stellte er sich zusammen mit einer kleinen Gruppe von Bergfreunden die Aufgabe, alte Frontsteige wieder begehbar zu machen, und 1973 entstand aus dieser Idee der »Verein der Dolomitenfreunde«. Unter dem Motto: »Wege, die einst Fronten trennten, sollen uns heute verbinden« entstand die Wegebauaktion »Friedenswege / Vie della Pace«. Im Rahmen dieser Aktion wurden viele alte Kriegswege und Steige instandgesetzt, neue Schutzhütten und Notbiwaks errichtet, ja sogar der Kriegsschauplatz am Kleinen Pal über dem Plöckenpaß mit archäologischer Akribie erforscht und plan- und befundgetreu rekonstruiert, einschließlich des Klettersteigs durch den Cellon-Stollen. An weiteren ehemaligen Frontabschnitten haben andere Idealisten die Initiative ergriffen und so viele historische Steige wieder instandgesetzt und rekonstruiert, daß die ehemaligen Frontlinien in den Dolomiten heute in ihren wichtigsten und eindrucksvollsten Stellen auf Klettersteigen begangen werden können – das gewaltigste musealisierte Kriegswegenetz der Alpen.
Nach dem Zweiten Weltkrieg lief der Bau neuer Klettersteige zunächst nur zögerlich an

– an der Via ferrata degli Alleghese über den Nordgrat der Civetta »baute« man von 1949 – 1966! Die folgenden Jahrzehnte des allgemeinen wirtschaftlichen Aufschwungs brachten aber bald auch eine ungeahnte, schließlich explosive Zunahme des »Alpentourismus« mit sich – Anlaß zum Bau zahlreicher neuer Klettersteige. Mancher Hüttenwirt und manche Seilbahnbetreiber werben nun mit »ihrem« Klettersteig erfolgreich um neue »Kunden«. Es entstehen vielerorts neue »Klettersteigparadiese« – so etwa im Stubai.
Erst in dieser letzten, gegenwärtigen Epoche des Klettersteigbaus ist ein neues Phänomen zu beobachten: Ein beliebter Klettersteig muß nicht unbedingt einen schwer erreichbaren Gipfel erschließen, er muß auch nicht ein zweiter oder dritter, schärferer Gipfelanstieg sein – er wird in vielen Fällen als reiner Selbstzweck angelegt: Der Weg ist das Ziel, nicht der Gipfel. Ein frühes Beispiel dieser Art ist die kühne, vielbegangene Via ferrata am Monte Albano bei Mori – ein Felsabenteuer nach Feierabend! Solche gesicherten Kletterführen begeht man aus purer »Lust an der Freud«, also zum bergsportlichen Lustgewinn, aus Ehrgeiz, zum Training oder auch nur aus »Sammelleidenschaft«. Man könnte solche stets sehr kühnen Anlagen als »Sportklettersteige« bezeichnen, sie sind vielleicht eine Parallele zum Klettergarten, und tatsächlich gibt es mittlerweile bei manchen Berghütten nicht nur einen Hauskletterfelsen, sondern auch einen »Übungsklettersteig« – z.B. bei der Innsbrucker Hütte im Stubai. Im Zuge dieser Entwicklung wurde mittlerweile auch der VI. alpine Grad gesichert, selbstverständlich ohne Leitern und fast ohne jegliche künstliche Tritthilfen. Die bislang technisch schwierigste Klettersteigpassage ist der 110-m-Pfeiler der II. Sektion des Kaiser-Max-Steiges bei Zirl – nur mit einem straffen Seil gesichert, ohne dieses ein glatter VIer!
Aus dem Gipfelbuch ist dabei mancherorts ein »Wandbuch« geworden. Hand in Hand mit dieser Entwicklung geht der sicher sehr positive Trend zur »naturbelassenen« Führe – ein straffes Stahlseil soll genügen, einzelne Tritthilfen nur ausnahmsweise, keine Leitern und schon gar keine Stufen im Fels!
Auch die jahreszeitlichen Bindungen haben sich für Klettersteigliebhaber verschoben – am Gardasee und am Comer See kann man stellenweise ganzjährig scharf trainieren,

wenn auch der erreichbare »höchste Punkt« kaum die Höhe von München erreicht. Obwohl es in den Westalpen zahlreiche gesicherte Steiganlagen und Hüttenanstiege gibt, die durchaus als Klettersteige gelten können, hat sich – etwa westlich von Vorarlberg und Liechtenstein – die Klettersteigidee nicht weiter entwickelt. In den Ostalpen hingegen ist das »Klettersteigen« mittlerweile ein recht kräftiger Seitenast des schon stark verästelten »Stammbaumes« der Bergsteigerei geworden; Sportgeschäfte und Bergbuchverlage haben ihre Chancen auf diesem »Markt« längst wahrgenommen.

Leider gehören auch negative Randerscheinungen zu dieser »Geschichte«: Im August 1969 stürzte eine 43jährige Frau auf dem stahlseilgesicherten Naturfreundesteig am Traunstein zu Tode, als ein defektes Seil bei einem kräftigen Ruck riß. Vor den Schranken eines Zivilgerichts, in zweiter Instanz, gewann der Vater der Verunglückten gegen die beschuldigten Vereinsfunktionäre: Das Kreisgericht Wels verurteilte die »Naturfreunde« zum Ersatz der Begräbnis- und Grabsteinkosten. Das Oberlandesgericht Linz bestätigte das Urteil in letzter Instanz. Das Thema »Haftungsrisiko bei Verletzung der Sorgfaltspflicht« oder bedingungslose Selbstverantwortung auch am Klettersteig beschäftigte damals nicht nur bergsteigende Juristen. (Alpinismus 6/76, S. 7f.) Als Ende der 80er Jahre am

miserabel angelegten Klettersteig auf die Cima del Uomo nördlich des Passo Pelegrino zwei deutsche Bergsteiger tödlich abstürzten, wurde dieser Steig tatsächlich demontiert. Nach 1987 und 1988 wurde der Mindelheimer Klettersteig in den Allgäuer Alpen 1989 zum drittenmal von einem oder mehreren Saboteuren ernsthaft beschädigt – dieser Vandalismus krimineller Fanatiker – die sich selbst wohl für »Weltverbesserer« halten – hätte unter gewissen Umständen für unschuldige Klettersteiggeher den Tod bedeuten können!

Die Zahl der Klettersteigfreunde steigt unaufhaltsam. Die Unfälle auf Klettersteigen bleiben trotzdem erstaunlich niedrig und sind gerade auf extremen, aber kurzen Sportklettersteigen minimal. Das Vergnügen und das Glück, das alljährlich unzählige Bergsteiger auf Klettersteigen erleben, spricht für sich. Unvergessen aber bleibt auch das vielzitierte Klettersteig-Plädoyer von Reinhold Messner: »Ich bin so vielen glücklichen Menschen auf ihnen begegnet, daß ich dafür sein muß.« Weniger bekannt ist die Schriftstelle: »Und auch ich glaube, wie Fritz Peterka ..., daß dem versicherten Klettersteig als verfeinerter Spielform des Gehens die Zukunft gehört.« (Reinhold Messner: Klettersteige Ostalpen. Bozen 1978, S. 9)

Der Zugspitz-Gipfel im späten 19. Jahrhundert.

Gefahren auf Klettersteigen

——————— Steinschlag ———————

Die vielleicht größte subjektive Gefahr, die auch auf vielen Klettersteigen droht, ist der Steinschlag, meist von Vorausgehenden ausgelöst, mitunter auch von Gemsen; aber auch aus heiterem Himmel, ohne jeden erkennbaren Anlaß, kann sich ein seit langem lockerer Stein lösen, wobei auch starker Wind seine Hand im Spiel haben kann. Erkennbar steinschlaggefährdete Passagen schnellstmöglich durchqueren, vorher eventuelle Deckungsmöglichkeiten erspähen und im Auge behalten, auf alle Fälle auch die Ohren »spitzen«; keine geräuschdämmende Kopfbedeckung.

Links: Berchtesgadener Forstarbeiter beim Renovieren des Klettersteiges über den Watzmanngrat.

Unten: In steinschlaggefährdetem Gelände wie hier beim Abstieg von der Plamorterspitze ist größte Vorsicht geboten.

Wird man vom Steinschlag überrascht, sollte man unbedingt die »Nerven behalten«: Den Stein, wenn noch möglich (wenn er sich durch vorheriges Aufschlagen ankündigt), erspähen, im Auge behalten und nötigenfalls noch in letztem Augenblick ausweichen; viele Steine zerspringen beim Aufschlagen in mehrere Stücke! Typische Steinschlagrinnen überquert man stets allein, die Begleiter warten in sicherem Gelände, beobachten die drohende Rinne oder Felsflanke, warnen rechtzeitig und gehen einzeln nach. Steigt man in brüchigem Gelände in der Fallinie auf oder ab, bleibt man so dicht wie möglich beisammen, um sich nicht gegenseitig zu gefährden. Gehen verschiedene oder größere Gruppen in steinschlaggefährdetem Gelände gleichzeitig übereinander, so hilft nur: abwarten, bis alle oberhalb Gehenden die Risikozone verlassen haben; alle Möglichkeiten gegenseitiger Warnung wahrnehmen.
Grundsätzlich empfiehlt sich die Mitnahme eines Steinschlaghelmes!

Blitzschlag

Wichtige praktische Ratschläge gibt Dr. A. Schneider, Leiter des Vorhersagedienstes beim Wetteramt München, in seinem Buch »Wetter und Bergsteigen«, dem wir folgendes entnehmen: Das Gewitter ist in erster Linie eine Angelegenheit der warmen Jahreszeit von Mai bis September, in den Südalpen verlängert sich diese Spanne. Im Hochsommer kann sich die Gewittertätigkeit auf 6 – 10 Gewittertage pro Monat steigern. Nachmittag und Abend sind die bevorzugten Tageszeiten.

Die Annäherung eines Gewitters ist noch am besten bei einer lokalen Ausprägung erkennbar. Hier kann schon frühzeitig der Wolkenzug über den Bergen Aufschluß über die wahrscheinliche Zugrichtung geben, doch ist bei der sehr unterschiedlichen Breitenausdehnung eines vollentwickelten Gewitters, das sich auch aus mehreren Herden zusammensetzen kann, nicht immer eine direkte Auswirkung an Ort und Stelle voraussehbar. Eine bessere Abschätzung der Gewitternähe bietet da der Zeitunterschied zwischen dem Blitz, dessen Leuchtspur sich in der weißglühenden Luft abzeichnet, und seinem durch den Widerhall an Wolken und Bergen zum grollenden Donner verstärkten peitschenden Knall. Der Schallausbreitung entsprechend bedeutet ein Zeitunterschied zwischen Blitz und erstem Donner von 3 Sekunden eine Gewitterentfernung von 1000 Meter. Erkennen der Blitzgefahr und Schutz vor Blitzschlag bleiben also Hauptanliegen, wenn dem Gewitter nicht mehr ausgewichen werden kann. Mag schon nach der Erfahrung die Gefahr im Fels größer sein als über Schnee und Eis, so zeigt sie sich am unmittelbarsten im sogenannten St.-Elms-Feuer, einer Art stillen Entladung bei hoher elektrischer Spannung der Luft. Es ist ein bläuliches Leuchten rund um hervorragende metallische Gegenstände, z.B. Gipfelkreuze, Leitungsmasten; manchmal wird dabei auch feines Knistern gehört. Auf der menschlichen Haut sind ähnliche Erscheinungen spürbar, die sich bis zum Sträuben der Haare steigern können. Alles ist ein Zeichen, daß man sich unmittelbar im größten elektrischen Spannungsfeld befindet und Schutz vor dem Blitzschlag suchen muß, daher: Bei unmittelbarer Blitzgefahr weg von Gipfeln und Graten und sonstigen ausgesetzten Geländepunkten, weg von Drahtseilen, alleinstehenden Bäumen oder einzelnen Felsblöcken, heraus aus wasserführenden Rinnen und Abstand von senkrechten Wänden, Trennung von metallischen Ausrüstungsgegenständen. Auch überhängende Felsen sind kein sicherer Schutz, da selbst hier der am Felsen abfließende Stromstoß des Blitzes noch treffen kann.

Mangelhafte Sicherungen

Beschädigte, ruinöse oder gar streckenweise fehlende Sicherungen sind eine klettersteigspezifische Gefahr, die – unerkannt – zur tödlichen Falle werden kann – namentlich im Abstieg, wenn ein »Umkehren« (nach oben) nicht mehr möglich ist. Geradezu kriminell sind Sicherungen und Reparaturen mit Aluminiumdrähten, die erfahrungsgemäß schon nach relativ kurzer Beanspruchung verschleißen – hierfür gibt es einige skandalöse Beispiele! Auch gelegentlich noch verwendete plastikummantelte Stahlseile bergen Gefahren, da sich eindringendes Wasser innerhalb der Plastikumhüllung sehr lange hält, das Rosten beschleunigt und durchgerostete Stellen nicht erkennbar werden.

Ebenso gefährlich sind mangelhafte Verankerungen, gedankenlose Befestigungen in brüchigem, erdigem oder splitterndem Fels. Meist kann der erfahrene Klettersteiggeher den technischen Standard und den Alterungsverschleiß von Sicherungen relativ schnell und sicher erkennen und taxieren, vor Überraschungen ist man jedoch nie sicher – ein nächtlicher Gewitterblitz kann einen tags zuvor tadellosen Klettersteig unbegehbar machen! Muß man, etwa im Rahmen einer Überschreitung, noch am späten Nachmittag einen Klettersteig absteigen, erkundige man sich vorher über seinen Zustand!

Nebel

Gerade ein durchgehendes Stahlseil kann auch bei dickstem Nebel eine lebensrettende, sichere Leitlinie für glückliche Heimkehr sein. Oft sind es weite, unzureichend markierte Felsplateaus, Schotterkare oder sogar grasige Wegabschnitte innerhalb einer Klettersteigtour, die zu gefährlichem Verirren führen können; im Zweifel nie die letzte sichere Markierung aus dem Auge verlieren, notfalls einen eventuellen »Rückzug« durch Bauen von Steinmanndln sichern!

—— Regen, Schneefall, Vereisung ——

Auf schwierigeren Klettersteigen kann Schlechtwettereinbruch auch ohne Blitzschlag lebensgefährlich werden – nasse oder vereiste Stahlseile im steilen Fels oder gar in der Vertikale bieten nicht die nötige Reibung für sicheres, festes Zupacken, da hilft auch keine Art von Handschuh. Im Schnee vergrabene Seile können ebenfalls zur Umkehr zwingen – wehe, wenn dies im Abstieg nötig wird!

—— Objektive Gefahren ——

Mangelndes Training, fragwürdiger Allgemeinzustand, fehlende Bergerfahrung usw. sind Risikofaktoren, die bei jeder Bergtour zu ernsten Problemen führen können. Bei schwierigeren Klettersteigen können fehlende Armkräfte zu gefährlichen Situationen führen, namentlich wenn man mangels Klettertechnik darauf angewiesen ist, sich am Stahlseil emporzuziehen. Auch schweres Gepäck kann dabei äußerst hinderlich werden und das Erlahmen der Kräfte dramatisch beschleunigen. Extrem schwierige Klettersteige erst nach ausreichenden Erfahrungen auf leichteren Steigen angehen, stufenweise Erkenntnisse über eigene Kräfte und Fähigkeiten sammeln. Vielerorts, namentlich auch in den Dolomiten, sind längere ungesicherte Passagen im II. Schwierigkeitsgrad, mitunter sogar kurze Stellen des III. Grades, Bestandteil des Klettersteiges! Ausreichende Übung im freien Klettern, zumindest im oberen II. Grad, auch in exponierter Lage, ist unumgängliche Voraussetzung für das Begehen vieler Klettersteige.

—— Psychogener Höhenschwindel ——

Da man auf Klettersteigen nicht selten mittels roher Gewalt mangelnde Kletterfertigkeiten überspielen kann, ist es rein kräftemäßig und technisch möglich, sehr schnell in eine Exposition zu geraten, der man »seelisch« nicht gewachsen ist – man glaubt, »schwindlig« zu werden und kann in panische Angst verfallen.

Privatdozent Dr. med. J. C. Aschoff von der Universität Ulm, Abteilung für Neurologie, führt dazu folgendes aus: Der Höhenschwindel hat nichts mit dem Gleichgewichtsorgan zu tun, es liegt also keine Störung oder anlagebedingte Schwäche des Gleichgewichtsorgans vor. Auch körperliche Fitness, Kreislaufverhältnisse oder andere körperliche Faktoren sind nicht mit dem Phänomen Höhenschwindel korreliert. Allerdings können bei labilem Kreislauf durch die Anstrengung beim Bergsteigen, vor allem bei raschem Bücken oder Wiederaufrichten, körperlich bedingte Schwindelgefühle auftreten, die als uncharakteristischer Schwankschwindel mit Taumeligkeit und Schwarzwerden vor den Augen einhergehen. Hierbei handelt es sich um eine kurzfristige Blutleere im Kopf, der man nur durch Kenntnis der eigenen Leistungsfähigkeit begegnen kann, indem man ausreichend häufig und ausreichend lange Pausen beim Steigen einlegt, sich seiner körperlichen Belastbarkeit stets bewußt ist und immer unterhalb der Belastungsgrenze bleibt. Vorbeugend helfen hier vor allem ein langsam aufbauendes körperliches Training und eine nur stufenweise Steigerung der körperlichen Belastung bei Bergtouren. Sollte durch Kreislaufschwäche dennoch ein Schwarzwerden vor den Augen oder ein taumeliges Schwankschwindelgefühl auftreten, hilft nur die sofortige Ruhepause, und zwar mit Flach- oder Hochlagerung der Beine bzw. – sofern dies am Klettersteig nicht möglich ist – ein Ausruhen in der Hocke oder im Sitzen.

Ebenfalls zu unterscheiden vom Höhenschwindel (psychogener Schwindel bei Tiefblicken) ist die Höhenkrankheit, die infolge von Sauerstoffmangel in Höhen über 3000 m, bei Ungeübten auch schon zwischen 2000 m und 3000 m auftritt, und zwar in Form von kritikloser Fröhlichkeit, Verlust der Kritikfähigkeit und des Abschätzungsvermögens in Gefahrensituationen, aber auch uncharakteristischer Schwindel, verbunden mit Leeregefühl im Kopf, Ohrensausen und ähnlichem.

Diese Höhenkrankheit wird in den europäischen Alpen nur an einigen extremen Stellen auftreten können und ist bei üblichen Bergtouren keinesfalls zu befürchten. Am wichtigsten, vor allem aber auch am unklarsten sind die Verhältnisse beim sogenannten Höhenschwindel, d. h. bei psychisch bedingten Schwindelgefühlen, die beim Blick in die Tiefe auftreten können, wobei das Fehlen derartiger Empfindungen eben als »Schwindelfreiheit« bezeichnet wird. Bei diesem Höhenschwindel handelt es sich um ein Angstgefühl, letztlich um einen instinkthaften Schutzreflex, der nicht nur bei demjenigen, der sich selbst in exponierter

Oben: Atemberaubend exponierte Passage an der Via Italiana am Mangart (Julische Alpen).

Rechts: Auch steile Leitern und schwankende Seilbrücken erfordern ein Mindestmaß an Schwindelfreiheit – am Sentiero ferrato Ivano Dibona (Cristallo/Dolomiten).

dem Angstgefühl überfallen. Eine wissenschaftliche Bearbeitung des Phänomens existiert weder in der deutschsprachigen noch in der englisch-amerikanischen Literatur. Befragungen bei Bergsteigern haben gezeigt, daß Auftreten von Angstgefühlen dieser Art in aller Regel nicht zum Absturz führt. Auch führt diese Angst (Höhenschwindel) niemals zu einem echten Schwindelgefühl im Sinne von Drehschwindel, sondern bleibt stets das vorwiegend von Angst beherrschte Unwohlsein. Erbfaktoren sind nicht bekannt.

Wie kann man sich schützen? Wer mehrfach von Höhenschwindelängsten befallen wurde, muß zunächst exponiertere Wegstrecken meiden. Es gibt keinerlei Medikamente, die Höhenschwindel vermeiden könnten; Medikamente, die helfen könnten, führen gleichzeitig zu verlangsamten Reaktionen und veränderter Gefahreneinschätzung und sind deshalb in jedem Fall kontraindiziert.

Sollte einen bislang ungeübten Bergsteiger dennoch erstmals oder in besonderer Situation ein Angstgefühl auf einer exponierten Stelle überfallen, hilft nur die Sicherung mit Blick in die Wand oder am Fels nach oben; in jedem

Höhe befindet, auftreten kann, sondern auch einen Menschen befällt, der andere in exponierter gefährlicher Höhe beobachtet. Der Höhenschwindel, bei dem es sich gar nicht um ein echtes Schwindelgefühl, sondern eher um ängstlich gefärbtes Unwohlsein handelt, ist damit psychischer Ausdruck der empfundenen Angst, man könne oder jemand könne abstürzen. Voraussetzung für das Auftreten des Höhenschwindels ist eine optische Leitlinie in die Tiefe: Nur wer in einer Felswand eine direkte Beziehung zur Tiefe sieht, nicht aber wer im Freiluftballon oder aus dem Flugzeug die Tiefe erblickt, wird im allgemeinen von

Die bekannte Seilhängebrücke am Innsbrucker Klettersteig.

Fall muß der Blick in die Tiefe, insbesondere entlang der Felsformation, vermieden werden. Wie bei allen psychisch verursachten Ängsten sind diese an kein bestimmtes Alter gebunden. Wer allerdings einmal Schwindelfreiheit erlangt hat, hat damit das Problem im allgemeinen für immer gelöst. – Amerikanische Untersuchungen haben hier gezeigt, daß Höhenangst in gewissem Umfang durch ein ganz allmähliches Aufbautraining mit Exposition in nur langsam ansteigenden Höhen einen Großteil der Angst beseitigen kann. Leute mit bekannter Neigung zu psychogenen Schwindelgefühlen sollten exponiertere Klettersteige nur mit einem erfahrenen Begleiter begehen und die Schwierigkeit und Exponiert-

heit nur ganz langsam, jedoch regelmäßig steigern. Keinesfalls sollte man seine persönliche »Angstschwelle« ungesichert überschreiten; eine wirklich verläßliche Seilsicherung durch einen Begleiter verschafft oft ein ungeahntes Gefühl an Sicherheit und läßt befürchtete Ängste gar nicht erst aufkommen. Jeder muß letztlich für sich selbst herausfinden, welchem »Schwierigkeitsgrad« er hinsichtlich körperlicher und seelischer Anforderungen noch gewachsen ist, wo das Vergnügen endet und wo Angstgefühle überwiegen.

Ausrüstung und Selbstsicherung

Verbindliche Richtlinien zum Umfang und zur Qualität der technischen Ausrüstung sowie der Bekleidung sind gerade bei Klettersteigen wenig sinnvoll, da Klettersteigtouren vielfach einen sehr unterschiedlichen Charakter haben. Sehr kurze, niedrig gelegene, aber technisch sehr anspruchsvolle Klettersteige (z.B. Martinswand bei Zirl) wird man am besten ohne jedes Gepäck, ggf. in Hemd und kurzen Hosen, aber mit kompletter technischer Ausstattung angehen, bei einigen Zielen über der 3000-m-Grenze wird die Ausrüstung hochalpinen Maßstäben entsprechen müssen (Bekleidung für extreme Wetterbedingungen, Biwaksack, Sicherungsseil, Steigeisen, Pickel u.ä., selbstverständlich steigeisentaugliches Schuhwerk). Für alle Klettersteige sind zunächst ordentliche Bergschuhe mit Profilgummisohle eine Selbstverständlichkeit. Je leichter und biegsamer, umso besser ist ihre Haftung am Fels; allzu leichtes Schuhwerk mit zu weichen Sohlen bietet allerdings auf glitschignassen, lehmigen, abschüssigen Pfaden und in hartem Firn nicht den nötigen Halt. Das Schuhwerk ist also auf verschiedene Anforderungen abzustellen. Von Plastikschuhen mit ihren biegesteifen Sohlen ist hingegen am Klettersteig ebenso wie beim Klettern dringendst abzuraten.

Ein Steinschlaghelm ist bei steinschlaggefährdeten, vielbegangenen Routen ein zwingendes Gebot der Vernunft, bei Gratüberschreitungen hingegen oft unnützer Ballast. Bei Hitze schützt ein geeignetes Stirnband unter dem Helm davor, daß der Schweiß direkt in die Augen rinnt, was besonders beim Tragen von Brillen – auch Sonnenbrillen – äußerst lästig werden kann.

Auf längeren Steigen wird man geeignete, sehr strapazierfähige Handschuhe zu schätzen lernen – auf extrem steilen, trittarmen Stellen und erst recht bei Nässe zeigt sich, welcher Handschuh am senkrechten Stahlseil »greift« und welcher durchrutscht – das Teuerste ist hier keineswegs immer das Beste! Auf langen Touren in größeren Höhen oder bei kaltem Wetter sind oft zwei Paar Handschuhe angeraten – ein Paar wollene gegen die Kälte und für schwierige Klettersteigstellen ein Paar besonders griffige aus dünnem Leder, Kunstle-

der o.ä. Auf jeden Fall sollte stets ausreichend Leukoplast o.ä. im Gepäck sein, man kann damit im Notfall sehr wirksam die empfindlichsten beanspruchten Stellen der Hand »vorbeugend« (und griffig) zupflastern. Handschuhe schützen natürlich auch vor aufgerissenen rostigen Stahllitzen an alten Seilen, die böse Verletzungen verursachen können.

Wer gerne mit Skistöcken steigt, schaffe sich unbedingt moderne leichte Teleskopstöcke an, die man am Klettersteig selbst in verkürztem Zustand bequem am Rucksack befestigen kann. Skiteller zu Hause lassen!

Unbequeme, enge Hosen, die die Bewegungsfreiheit behindern, können auf schwierigen Steilstellen eine echte Plage sein.

Das spezielle Ausrüstungsstück des Klettersteiggehers ist heute allgemein die Selbstsicherung. Eine vollständige Selbstsicherung, im Fachhandel als komplettes »Set« angeboten, sieht heute so aus: In ein Anseilgeschirr aus Brust- und Sitzgurt wird mit Sackstich oder Achterknoten ein 3,5 bis 4 m langes Seilstück, Durchmesser mindestens 11 mm, besser 11,5 mm, geknüpft, und zwar so, daß zwei etwa armlange Stränge entstehen. An deren Enden knüpft man je eine Schlinge, in welche die Karabiner (Klettersteigkarabiner mit extra großer Öffnung!) eingehängt werden. Diese läßt man um die Stahlseile einschnappen und ist so, zumindest bei Querungen oder an nicht allzu steil verlaufenden Seilen, gut gesichert.

Zwei Karabiner werden deshalb verwendet, weil man mit nur einem im Moment des Umhängens an der Drahtseilverankerung nicht gesichert wäre.

Bei zwei Karabinern befindet sich einer während der Umhängephase vor der Verankerung und dient so als Selbstsicherung. Bei senkrechten oder sehr steilen Klettersssteigpassagen bietet die beschriebene Kombination und Technik im Falle eines Sturzes keinen sicheren Schutz mehr; Karabiner können, wie Versuche bewiesen haben, bei einer Fallhöhe ab 5 m ohne weiteres brechen, Seilenden können reißen. Ein Fallenergiedämpfer kann die Wucht des Sturzes erheblich mindern (im Fachhandel erhältlich als sogenannte Klettersteigbremse). Prinzip und Anwendung sind denkbar einfach. Die Klettersteigbremse ist so konstruiert, daß sie bei Sturzbelastung auf ein Seilstück mit einer bestimmten Bremskraft kontinuierlich bis zum Knoten beziehungsweise Karabiner des zweiten Seilstücks durchrutscht. Dadurch fällt der Stürzende zwar bis zu einem Meter weiter, die Fangstoßspitze von möglicherweise über 2000 kp wird jedoch auf ein Drittel reduziert. Bedauerlicherweise entsprechen noch nicht alle auf dem deutschen Markt befindlichen Klettersteigbremsen den technischen Anforderungen. Wichtig ist, daß die Klettersteigbremse nur mit vom Hersteller eingeschlauftem Seilstück angeboten bzw. erworben wird. Andere Seilstücke können zu niedrige oder zu hohe Bremskräfte zur Folge haben und damit den Sicherheitsgewinn wieder zunichte machen.

Noch heute sieht man viele Klettersteiggeher, die sich nur mit einem *Brust*geschirr und *einem* Karabiner sichern. Eine solche Sicherung mag durchaus einen hohen psychologischen Effekt haben, ähnlich wie ein »Placebo«! Im Ernstfall kann eine solche Sicherung jedoch u.U. tödliche Folgen haben: Freies Hängen im Brustgeschirr (z.B. bei gebrochenen Beinen!) ist schon nach Sekunden unerträglich schmerzhaft, führt zu baldiger Hilflosigkeit und schließlich zum Kreislauftod. Wer das nicht glaubt, probiere es unbedingt aus und hänge sich – vorsichtig! – im Brustgeschirr in ein – niedriges! – Balkon- oder Treppenhausgeländer! Er wird sich sofort aus dieser gräßlichen Schmerzbelastungsprobe befreien!

Übrigens: Auch das Anlegen des kompletten Klettersteig-Sets zu Hause ausprobieren und bis zur schnellen Beherrschung üben – ja nicht als Ungeübter ein nagelneu erworbenes »Set« erstmalig vor dem Einstieg anzulegen versuchen!

»Perfekten« Schutz bietet Unsicheren im Ernstfall aber nur ein versierter Führer, der mit den üblichen Sicherungsmethoden den Nachsteigenden klettertechnisch sichert – ein freier Sturz von wenigen Metern Höhe längs der Felswand geht nie ohne böse Verletzungen ab, auch wenn alle Teile der Selbstsicherung halten!

Die Stahlseilverankerungen, Leitersprossen, Bügel oder Stifte eines Klettersteigs bieten hervorragende Zwischen- bzw. Standplatzsicherungspunkte, welche fixen Zwischen- oder Standhaken beim Klettern gleichzustellen sind.

Selbstverständlich ist auch am Klettersteig Vorsicht oberstes Gebot – wer aber andererseits meint, schon auf einem einfachen oder nur mäßig schwierigen Klettersteig andauernd perfekte Selbstsicherung anwenden zu müssen, beweist nicht unbedingt besondere Vorsicht, sondern mangelnde Eignung oder falsche Einstellung; es ist völlig falsch zu glauben, eine ständige »perfekte« Selbstsicherung könne mangelnde Eignung, mangelndes Training oder mangelnde Kraft ersetzen! Das andauernde Betätigen der Selbstsicherung, das manchen eine (scheinbare) Sicherheit gibt, ist mühsam, lästig und vor allem äußerst zeitraubend, kann also z.B. im Falle eines heranziehenden Unwetters zu selbstmörderischen Zeitverlusten führen, wenn es schnellstens zu flüchten gilt. Das Einhängen eines oder beider Karabiner in das Stahlseil oder andere Eisensicherungen sollte im Normalfall auf die wirklich schwierigen und auf die besonders exponierten Strecken einer Route beschränkt bleiben *können* – natürlich auch, wenn man ausruht, fotografiert, Brille putzt, im »Gegenverkehr« als »Außenstehender« ausweichen muß o.ä. Auf der anderen Seite darf man nicht den großen, oft unentbehrlichen psychischen »Schutzeffekt« einer perfekten Selbstsicherung unterschätzen, die auch an exponiertester Stelle das Aufkommen panischer Angstgefühle verhindern und beherrschbar machen kann. Oft genügt es schon, wenn die Karabiner der Selbstsicherung griffbereit sind (vgl. Placebo-Effekt)! Oberstes Gebot: Wo der »Lusteffekt« aufhört und die Angst beginnt, da sollte man unbedingt Schluß machen! Und immer daran denken: Bei starkem Regen oder gar bei Schneefall und Vereisung kann ein bei Sonne »gerade noch« bewältigter Klettersteig zur tödlichen Falle werden, wenn man mittendrin überrascht wird. Die Kenntnis des Alpinen Notsignals sollte selbstverständlich sein. Bei einzelnen Touren ist im Text selbst noch auf Besonderheiten hingewiesen. Auf längeren und in größere Höhen führenden Routen sollte ein Biwaksack nicht fehlen.

Schwierigkeitsbewertung

»Klettersteig, auch ge- bzw. versicherter Steig, Eisenweg, italienisch Via ferrata oder Sentiero attrezzato, englisch climbing path, künstlich gesicherte und entschärfte Kletterroute, durch Stahlseile, Eisenklammern, Stifte und mitunter auch durch Leitern auch für Nichtkletterer, also für sportlich ambitionierte, schwindelfreie Bergwanderer begehbar gemacht...« So oder so ähnlich könnte das Stichwort »Klettersteig« in einem Standard-Lexikon beschrieben sein – aber bisher finden sich solche lexikalischen Definitionen nur in der Alpinliteratur und auch da in uneinheitlichen Versionen.

Interessant ist der alpine Sprachgebrauch vor der Jahrhundertwende, wie wir ihn etwa bei Fritz Benesch 1898 nachlesen können: Als Klettersteig bezeichnet er – wortgemäß völlig richtig – eine gangbare Felsführe durch eine ansonsten ungangbare Felspartie, die man irgendwann »entdeckt«; Klettersteige im heutigen Sprachgebrauch umschreibt er etwas geringschätzig als »versicherte Touristensteige« oder er nennt sie auch »versicherte Klettersteige« (für Geübtere). Diese letztere Wortkombination und auch der merkwürdige Wortgebrauch »versichern« finden sich noch bis heute in einigen Publikationen.

Die klare Definition, was ein Klettersteig ist und was schon in Kletterei »ausartet« oder wegen zu geringer Sportlichkeit und zu wenig Eisengehalt noch unter »Bergwanderung« fällt, ist praktisch nicht möglich. Ein Klettersteigautor muß immer irgendwo willkürliche Grenzen setzen oder eine willkürliche Auswahl treffen. Über die zahlreichen Grenzfälle und über manche Feinheiten werden sich Autoren und Leserbriefschreiber weiterhin papierene Gefechte liefern, und die Bergsteiger selbst werden sich bei solchen Grenzfällen wohl wenig darum scheren, ob sie nun »noch« bergwandern oder »schon« klettersteigen oder gar »klettern«.

Noch schwieriger ist die Bewertung der Schwierigkeitsgrade innerhalb der als Klettersteige »anerkannten« gesicherten Steige und Führen. Wie in der freien Kletterei unterliegt auch diese Beurteilung der subjektiven Auffassung des Begehers. Trotzdem kann eine ungefähre Einstufung vorgenommen werden, die, wie im vorliegenden Werk, reinen »Relativcharakter« hat, also mit keiner anderen Bewertung vergleichbar ist. Es ist zu hoffen, daß sich bei Klettersteigen ein allgemein anerkanntes Bewertungssystem durchsetzen kann. Da sich die Klettersteige in sehr verschiedenen Höhenlagen befinden und die übrigen Rahmenbedingungen wie Anstiegslänge, Schneelage und Vereisung, Bedrohung durch Wettersturz und Steinschlag und Zustand der Sicherungsanlagen außerordentlich unterschiedlich sind, ist in diesem Werk eine Schwierigkeitsbewertung nach zwei getrennten Kriterien versucht worden; in einer schematisierten Schwierigkeits-Skala sind nur die technischen Anforderungen der jeweiligen Klettersteigpassagen beurteilt worden, also deren Exponiertheit, technisches Konzept (dürftige oder reichliche Steighilfen), bauli-

Links und rechts: In der schwierigen Einstiegswand zur Via ferrata delle Trincèe. Diese Passage kann bei Vereisung oder bei Nässe äußerst heikel werden.

cher Zustand, Länge, Anforderungen an die Kräfte, Möglichkeiten zur Selbstsicherung. Weitere Angaben gelten, sofern überhaupt nötig, vorwiegend den alpinen Rahmenbedingungen wie Höhenlage, Charakter und Länge der gesamten Tour, ggf. Notwendigkeit von Gletscherüberschreitungen und kombinierter Ausrüstung. Diese Rahmenbedingungen sind bei Hochtouren erfahrungsgemäß ausschlaggebend für den Erfolg.

Die Bewertung der klettersteigtechnischen Anforderungen folgt etwa folgendem Schema:

unschwierig Abgesicherte, trassierte Steige und sehr einfache Klettersteige. Stellenweise durch steiles Felsgelände auf natürlichen Felsbändern oder künstlichen Weganlagen führende Steige. Sicherungen in Form von Stahlseilen, Ketten oder Geländern dienen vorwiegend nur dem Sicherheitsgefühl im exponierten Gelände, werden aber technisch kaum benötigt. Ohne Sicherungen wären die technischen Schwierigkeiten allenfalls mit I zu bewerten (»I« siehe UIAA-Skala).

mäßig schwierig Mäßig steiles Felsgelände; Sicherungen in Form von Stahlseilen, Klammern, Trittstiften und Leitern dienen zur Fortbewegung. Ohne Sicherungen wäre Kletterei bei geringen Schwierigkeiten (I – II) erforderlich.

schwierig Steiles Felsgelände. Überwiegend durch Stahlseile, Klammern, Trittstifte oder Eisenleitern gesicherte Steige. Gesicherte Abschnitte erfordern bereits ein gewisses Maß an Armkraft. Ohne Sicherung wäre mäßig schwierige (II) oder mittelschwierige Kletterei (III) erforderlich.

sehr schwierig Sehr steiles Felsgelände, streckenweise senkrechte Wandpartien. Meist nur durch Stahlseile und gelegentli-che künstliche Tritthilfen gesicherte, streckenweise sehr exponierte Führen. Die Bewältigung dieser Anlagen erfordert ein gehöriges Maß an Armkraft. Ohne Sicherungen wäre mittelschwieriges (III) Klettern oder Kletterei mit großen Schwierigkeiten (IV) erforderlich. Für Ungeübte nicht zu empfehlen, allenfalls mit Sicherung durch sehr versierten Begleiter.

extrem schwierig Streckenweise extrem exponierte und in senkrechtem, trittarmem Fels verlaufende, vorwiegend nur durch Stahlseile gesicherte Routen mit spärlichen künstlichen Tritthilfen; die schwierigsten Stellen erfordern Klettertechnik oder sehr große Armkraft. Ohne Sicherungen wäre z.T. sehr schwierige Kletterei (V – VI) erforderlich. Diese Klettersteige bzw. Passagen oder Varianten haben bereits »Sportcharakter«. Ungeübten sind sie unbedingt abzuraten, allenfalls mit Sicherung durch sehr versierten Begleiter. Dazu zählen meist auch sogenannte »Sportklettersteige« mit extremen technischen Anforderungen, dafür in sehr niedriger Lage oder in Hüttennähe ohne nennenswerte Zustiege; Verzicht auf jegliches Gepäck möglich. Wetterbedingungen im Hinblick auf Lage und geringe Zeitdauer des Klettersteigs berechenbar.

Als Ergänzung wird die Definition der ersten drei Schwierigkeitsgrade der UIAA-Skala angeführt, die für das freie Klettern (ohne künstliche Hilfsmittel wie Haken, Drahtseile usw.) gilt:

I Geringe Schwierigkeiten. Einfachste Form der Felskletterei (kein leichtes Gehgelände). Die Hände sind zur Unterstützung des Gleichgewichts erforderlich. Anfänger müssen am Seil gesichert werden. Schwindelfreiheit bereits erforderlich.

II Mäßige Schwierigkeit. Hier beginnt die Kletterei, die Drei-Punkte-Haltung erforderlich macht.

III Mittlere Schwierigkeit. Zwischensicherungen an exponierten Stellen empfehlenswert. Senkrechte Stellen oder gutgriffige Überhänge verlangen bereits Kraftaufwand. Geübte und erfahrene Kletterer können Passagen dieser Schwierigkeit noch ohne Seilsicherung erklettern.

Führerliteratur

Nördliche Kalkalpen, Österreichische Zentralalpen

Paul Werner: Klettersteigführer Nördliche Kalkalpen West und österreichische Zentralalpen. Bergverlag Rother München
Franz Hauleitner: Klettersteigführer Nördliche Kalkalpen Ost. Bergverlag Rother München
Dieter Seibert / Heinz Groth: Auswahlführer Heilbronner Weg. Allgäuer Höhenwege und Klettersteige. Bergverlag Rother München
Gerhard Schirmer: Wandern extrem. 50 gesicherte Steiganlagen zwischen Höllengebirge und Wachau. Niederösterreichisches Pressehaus St. Pölten–Wien
Eugen E. Hüsler: Tiroler Klettersteigführer. Denzel-Verlag Innsbruck

Julische Alpen, Steiner Alpen, Karnischer Hauptkamm, Karawanken

Hanns Heindl: Klettersteigführer Julische und Steiner Alpen mit Karawanken und Karnischem Hauptkamm. Bergverlag Rother München
Eugen E. Hüsler / F. Hofstätter: Wanderwege und Klettersteige in den Julischen Alpen mit Karawanken und Steiner Alpen. Bruckmann Verlag München

Dolomiten, Brenta, Fleimstaler Alpen, Gardaseeberge, Mendelkamm

Horst Höfler / Paul Werner: Klettersteigführer Dolomiten mit Brenta, Fleimstaler Alpen, Gardaseebergen, Mendelkamm und Vizentiner Alpen. Bergverlag Rother München
Eugen E. Hüsler: Dolomiten Klettersteige. Denzel-Verlag Innsbruck
Eugen E. Hüsler: Brenta Klettersteige mit Mendel bis Gardasee, Adamello bis Monte Grappa. Denzel-Verlag Innsbruck
Robert Oberarzbacher: Klettersteige Dolomiten-Nord. Fleischmann Geogr. Verlag Starnberg
Robert Oberarzbacher: Klettersteige Dolomiten-Süd, Brenta bis Gardaseeberge. Fleischmann Geogr. Verlag Starnberg
Giuseppe Ciurletti / Mario Corradini: Klettersteige in den Trentiner Voralpen. Editoria S.r.l. Trient

Bergamasker und Lombardische Alpen

Helmut Dumler: Gebietsführer Bergamasker Alpen. Bergverlag Rother München
Maria Oberndörfer: Tourenführer Bergamasker Alpen. Verlag J. Berg (vergriffen)
Eugen E. Hüsler: Wandern an Lago Maggiore und Comer See. Bruckmann Verlag München

Bildbände

Dieter Seibert: Das Buch der Klettersteige. 170 gesicherte Aufstiege in den Ostalpen. Bergverlag Rother München
Eugen E. Hüsler: Klettersteige in den Ostalpen. 100 Routen in 60 Tourenvorschlägen. Zwischen Comer See und Wiener Hausbergen. Bruckmann Verlag München
Sepp Schnürer: Klettersteige Dolomiten – Brenta. BLV-Verlag München
Reinhold Messner: Klettersteige Dolomiten. 60 gesicherte Höhenwege zwischen Brenta und Drei Zinnen. Verlagsanstalt Athesia Bozen
Reinhold Messner: Klettersteige Ostalpen. 100 gesicherte Bergtouren zwischen Gardasee und Ortler, Bernina und Semmering. Verlagsanstalt Athesia Bozen
Frass / Hauleitner / Werner / Höfler: Klettersteige der Ostalpen. 50 Eisenwege zwischen Rätikon und Wiener Schneeberg, Wetterstein und Dolomiten. Bergverlag Rother München (vergriffen) ■

Abbildung folgende Doppelseite:
Das Zugspitzmassiv bietet auch dem verwöhnten Klettersteiggeher mehrere großartige Eisenrouten. Hier ein umfassender Blick vom Südgrat der Alpspitze. Rechts im Bild die Riffelscharte, in der Mitte der gesamte Aufstieg vom Höllentalanger zur Zugspitze, links der berühmte Jubiläumsgrat, dahinter der Schneefernerkopf.

NÖRDLICHE KALKALPEN

———— Nördliche Kalkalpen West ————

Von den Allgäuer Alpen bis zum Wienerwald – fast überall finden sich lohnende Ziele für Klettersteigliebhaber; einige besonders gut »gelungene« Steige sind erst in den letzten Jahren bewußt nach dolomitischem Vorbild angelegt worden.

Gewiß sind viele ältere gesicherte Steige in den Nördlichen Kalkalpen nur kurz und anspruchslos, die Mehrzahl kann nicht mit der Kühnheit sehr vieler Dolomitensteige wetteifern. Dies liegt zum Teil an der unterschiedlichen Gesteinsbeschaffenheit der beiden Kalkalpenzüge; die ausgeprägten, vielfach waagrecht gelagerten Schichten der Dolomiten sind für Steige dieser Art geeigneter als der zerschlissene Wettersteinkalk. Zum andern aber konnten sich die deutschen und österreichischen Alpenvereine nicht zu jener Aktivität entschließen, die die Sektionen des Club Alpino Italiano beflügelt. Trotzdem können die

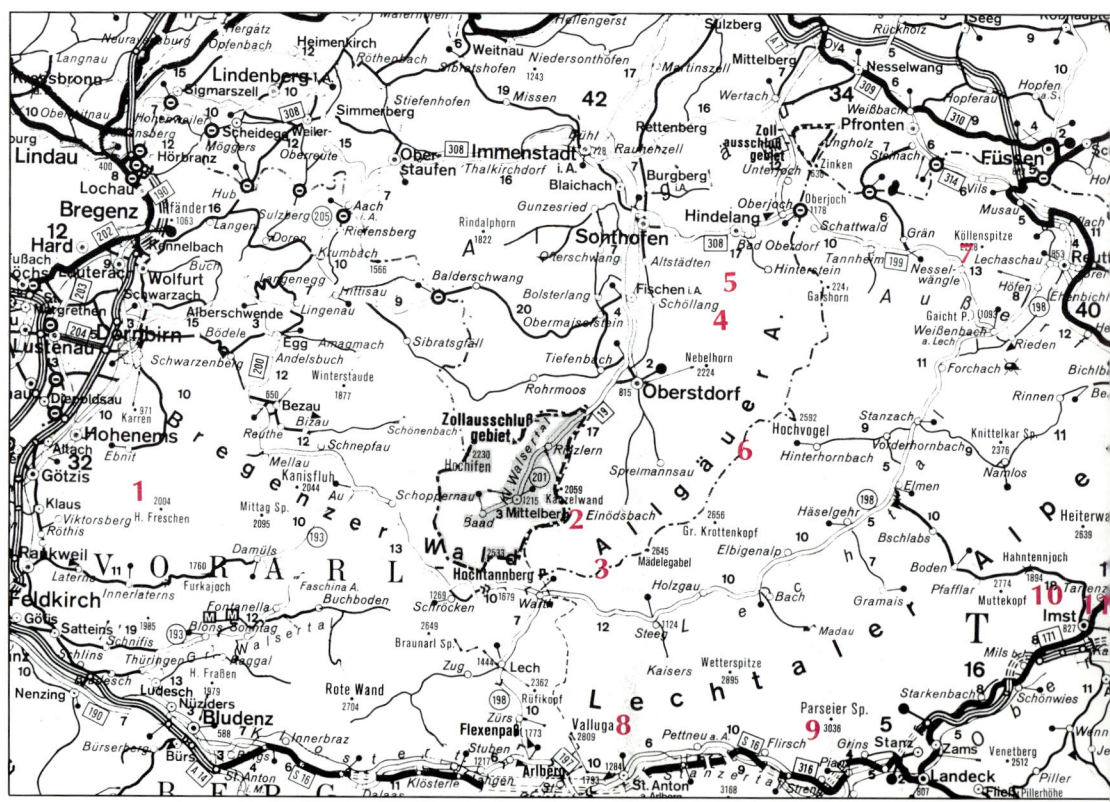

längsten und anspruchsvollsten Steige unserer Kalkalpen einem Vergleich mit den schönsten Eisenwegen der Dolomiten durchaus standhalten.

Die Bayerischen Voralpen und auch die Ammergauer Alpen bieten nur wenige Möglichkeiten, sich klettersteigtechnisch einzuüben; am berühmten Ettaler Manndl machen dennoch alljährlich unzählige Sonntags-Nahausflügler mit ihrem Nachwuchs erstmalig Bekanntschaft mit Ketten als »Aufstiegshilfe« in einem kurzen, aber doch ziemlich luftigen Felsaufstieg.

Die Allgäuer Alpen bieten hingegen schon sehr ausgewachsene Klettersteige, und zwar weitgehend als Überschreitungen. Der schon historische Heilbronner Weg ist zwar wenig ausgesetzt und nur stellenweise gesichert, die außerordentlich langen Zustiege und Abstiege mit Talort Oberstdorf und der hochalpine Charakter des langen Grates machen diese vielbegangene Überschreitung aber zu einem ernsten Zwei-Tage-Unternehmen. Auch der rassige Mindelheimer Klettersteig über die luftigen Schafalpenköpfe ist von Oberstdorf über ebenfalls nur sehr lange Zustiege erreichbar. Der Hindelanger Klettersteig hingegen ist dank Seilbahnauffahrt als bequeme und genußvolle Tagestour zu bewältigen, dies gilt auch für die anschließenden, eher gutmütigen »Hohen Gänge« über Rotspitze und Breitenberg. Ein lohnendes Ziel in den Tannheimer Bergen ist die Überschreitung Rote Flüh – Schartschrofen über den Friedberger Klettersteig, den man von drei Seiten angehen kann, vom Füssener Jöchl aus sogar mit dem Sessellift.

Den Augsburger Höhenweg in den Lechtaler Alpen hat man keinesfalls »nur« als Klettersteig anzusehen und anzugehen – er ist außergewöhnlich lang und nur mit vorangehender Hüttenübernachtung zu empfehlen. Bei dieser sehr ernsten hochalpinen Überschreitung sind die Klettersteigstellen eher problemlos, nicht ungefährlich ist hingegen die Querung einiger Nordwände mit extremer Steinschlaggefahr, mit steilen, beinharten Schneefeldern und Eisrinnen. Vie ferrate in

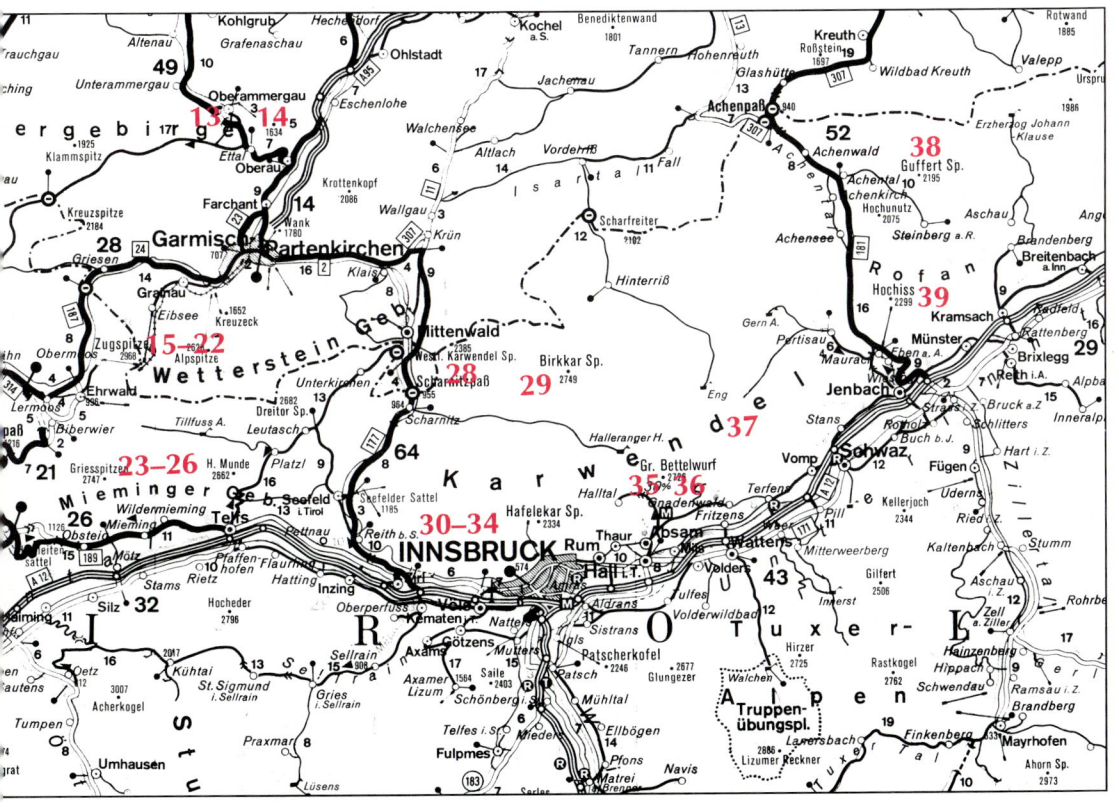

Einer der Grattürme auf dem großartigen Arlberger Klettersteig.

Das berühmte »Brett« am Zugspitz-Aufstieg durchs Höllental.

Reinkultur sind der neue Arlberger und der Imster Klettersteig – für Routiniers ein Genuß ohnegleichen; für Anfänger ist diese dolomitisch angelegte Seilsicherung in ihrer direkten, gewagten Linienführung jedoch zu heikel – ihnen ist von einer Begehung dieser Routen unbedingt abzuraten!

Im Wetterstein sind die Klettersteige auf Zugspitze und Alpspitze seit 1986 wieder über den berühmten Jubiläumsgrat miteinander verbunden. Damit besitzt das höchste Bergmassiv Deutschlands auch das weitaus großartigste Angebot an Klettersteigen – vom Tal bis in die Gletscherregion, gewürzt mit Naturwundern.

Die Zugspitze gilt in jeder Hinsicht als Gipfel der Superlative, leider auch im negativen Sinne; die Klettersteiggeher, die den gewaltigen Nordanstieg über das Höllental schaffen, dürften von allen Gattungen von »Zugspitzbesuchern« sicher noch den großartigsten Eindruck von diesem übererschlossenen, geschundenen Berg mit nach Hause bringen.

In der Mieminger Kette ist die Überschreitung von der Hohen zur Niederen Munde eine fast endlose »Hatscherei« mit sehr kurzer, problemloser Klettersteigquerung. Am Seebener Klettersteig kann man dafür mit sehr kurzem Zustieg neuerdings eine sehr schwierige Drahtseilführe in Angriff nehmen und an der Ehrwalder Sonnspitze den Übergang zur freien Kletterei in luftigem II. Grad probieren.

Das Karwendel bietet von der Nordseite her eine Reihe vielbegangener Ziele. Mittenwalder und Freiungen-Höhenweg sind durch Seilbahnauffahrt zu genußvollen, weitgehend problemlosen Tagestouren zu verkürzen. Wer hingegen die eher gutmütigen Grate zwischen Lamsenspitze und Hochnißl und zwischen Ödkarspitzen und Birkkarspitze erleben will, muß sich auf lange Zustiege und auf eine Hüttennächtigung einlassen; die Landschaftserlebnisse stehen deutlich im Vordergrund. Von der tirolerischen Südseite bieten sich sehr unterschiedliche Klettersteigerlebnisse an: Großer und Kleiner Bettelwurf sind neuerdings durch eine verwegene Stahlseilführe miteinander verbunden und locken zu einer großartigen Überschreitung, deren lange Zustiege eine Hüttennächtigung nahelegen. Eine kurze Einführung in das Begehen steiler luftiger Leitern bietet der Felix-Kuen-Steig am Hunds-

Ausflug in die Vertikale: Die Schlüsselstelle am rassigen Imster Klettersteig.

Ein überversicherter und überlaufener Klassiker: Die Alpspitze-Nordwand.

kopf. Vom ersten Tag an war der perfekt seilbahnerschlossene Innsbrucker Klettersteig ein »Bestseller« – eine genußvolle, nur mäßig schwierige, tadellos gesicherte Gratüberschreitung mit rasanter Steigerung im Finale – dazu Verlängerungsmöglichkeit auf die Vordere Brandjochspitze, nicht zu vergessen verkürzte Abstiege, Notabstiege, grandioses Dauerpanorama... An der Martinswand bei Zirl hat man den idealen Sportklettersteig in einer Südwand mit 10-Minuten-Zustieg geschaffen: Hier kann man sich bis zur (technischen) Perfektion steigern und im seilgesicherten naturbelassenen VI. Grad die »Reifeprüfung im Klettersteigen« ablegen!

Im Rofan finden sich hingegen am Guffert und am Sagzahn nur zahme, kurze Stahlseilpassagen im Rahmen langer Bergwanderungen, die man durch Liftauffahrten erheblich verkürzen kann.

Das klassische Kletterparadies Wilder Kaiser bietet auch dem Stahlseilfan sehr lohnende Ziele; der Hauptgipfel Ellmauer Halt ist neuerdings über drei rassige und zum Teil sehr luftige Eisenführen zu erreichen – allerdings durchwegs unter Steinschlaggefahr! Selbige droht auch unter der luftigen Ackerlspitze mit ihren sehr exponierten Passagen am Felsfuß, ebenso in der Steinernen Rinne nördlich der Goinger Halt, und auch am technisch harmlosen Widauersteig ist man vor abgetretenem Gestein durch Vorausgehende nicht sicher.

In den Berchtesgadener Alpen sind endlos weite Aufstiege aus tiefer Tallage und alpine Wegprobleme bei weitem schwieriger zu überwinden als die Wegabschnitte mit kletter-

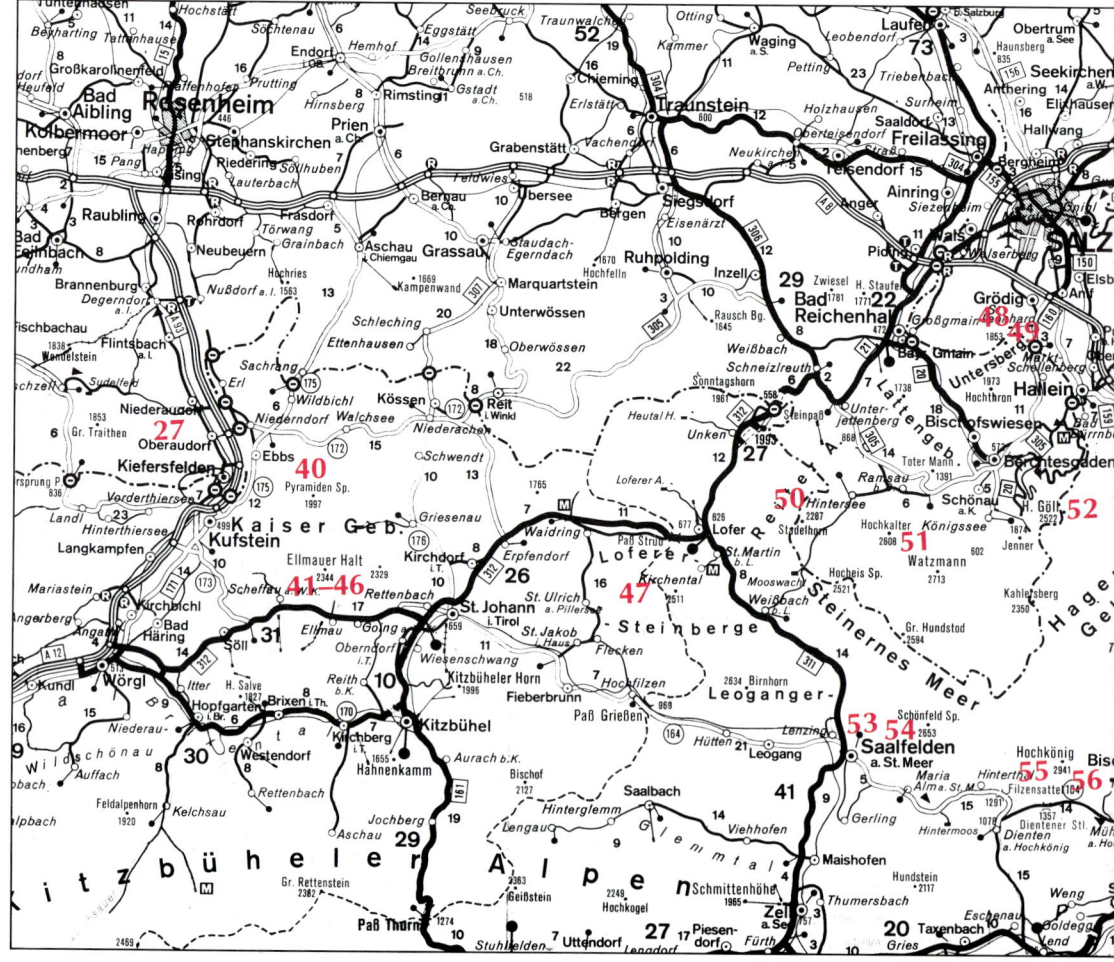

steigtechnischen Anforderungen. Eine der großartigsten Überschreitungen führt über den schmalen, zerklüfteten Watzmanngrat mit seinen einzigartigen Tiefblicken auf den Königssee; ein faszinierender Felsgang, den man sich allerdings mit sehr langem Zustieg und Rückweg erkaufen muß.

Ähnlich lang, technisch anspruchsvoller und landschaftlich ebenbürtig, wenn auch völlig gegensätzlich sind die verwegenen, wenig begangenen Südanstiege zum Hochkönig und zum Hochseiler; steile, nur spärlich gesicherte, mitunter abenteuerliche Felssteige bis zum Rand der Übergossenen Alm, dem einzigen Plateaugletscher der Ostalpen – große Erlebnisse auf ernsten Wegen. Von der Südseite zeigt sich das Persailhorn als gemütlichere Tagestour mit nur mäßig scharfem Gipfelklet-

tersteig; auch diese Tour kann man jedoch durch den anschließenden Gang über den Saalfeldener Höhenweg auf ungesichertem, sehr luftigem Grat stark verschärfen und verlängern. Auch die kurzen und problemlosen gesicherten Felspassagen zum und am Wagendrischlhorn erreicht man von der Ramsau nur über sehr lange Zustiege. Eher kurz und dennoch äußerst lohnend ist der Aufstieg auf den Hohen Göll über den anregenden Mannlgrat, die Straße auf den Obersalzberg und die obligate Busauffahrt bis zur Nordseite des Kehlsteins verkürzen den Höhenunterschied zu Berchtesgaden um weit mehr als 1100 m! Auch dieser schnelle Gipfelweg läßt sich durch die großartige Überschreitung des gesamten Göllstocks bis hinüber zum Jenner lohnend ausweiten.

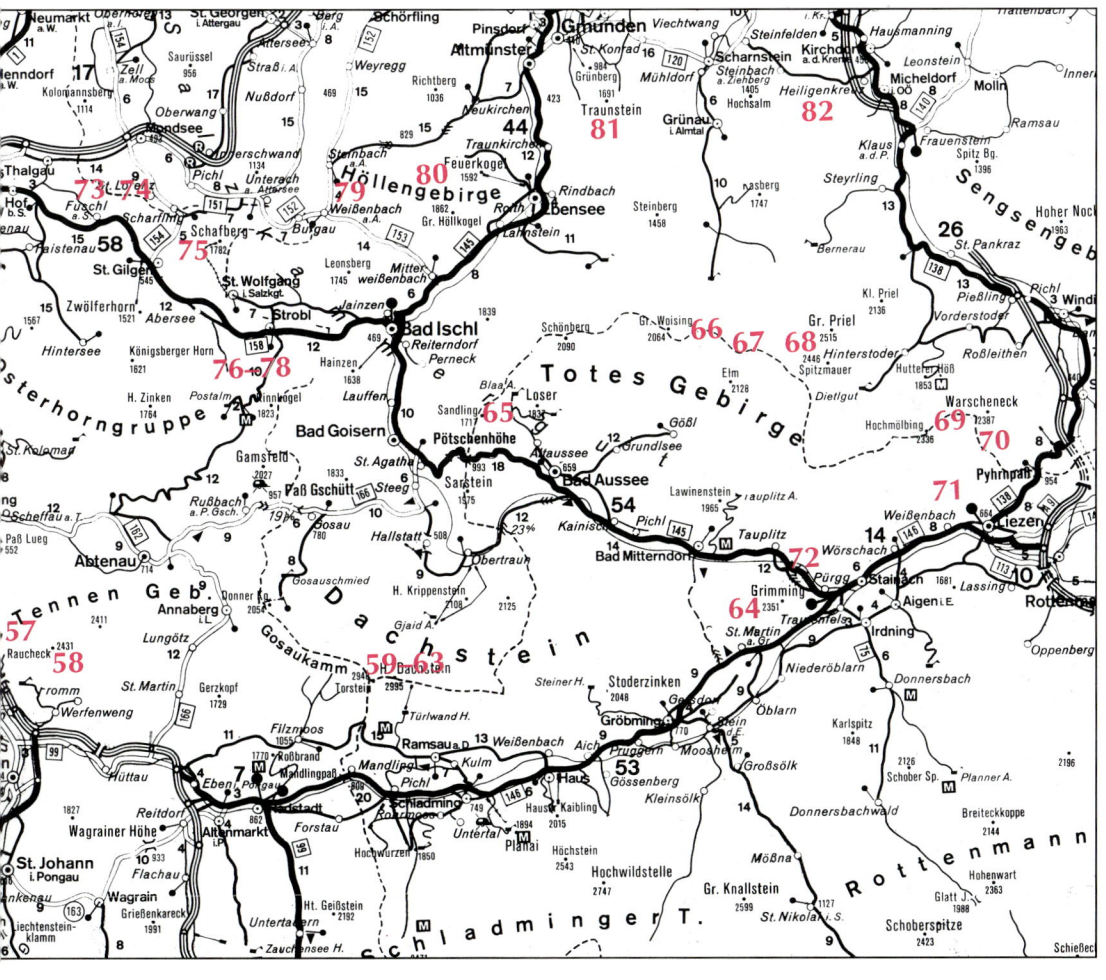

Die Überschreitung des Watzmanngrates erfordert Wetterglück und Ausdauer.

Links: Die Martinswand bietet Trainingsmöglichkeiten bis zum höchsten Schwierigkeitsgrad.

Rechts: Einstieg zum Innsbrucker Klettersteig.

Zwei historische Steige im Dunstkreis von Salzburg bietet schließlich der sagenumwobene Untersberg; die Überschreitung über Dopplersteig und Mittagsscharte, zusammen mit Besichtigung der Schellenberger Eishöhle, ist ebenfalls ein unvergeßliches Erlebnis.
In den Loferer Steinbergen bietet der streckenweise gesicherte Nurracher Höhenweg eine sehr lange, aber auch sehr erlebnisreiche Überschreitung; Großes Hinterhorn und Nackter Hund sind kleine Klettersteig-Leckerbissen in dieser faszinierenden Szenerie.

———— Nördliche Kalkalpen Ost ————

Der östliche Teil der Nördlichen Kalkalpen bietet zwar eine Vielzahl von gesicherten Steigen, doch großzügige, schwierige Klettersteige sind rar. Der hauptsächliche Zweck der Steiganlagen in diesem Bereich ist es in den meisten Fällen, naturgegebene Aufstiegsrouten problemlos gangbar zu machen, was bei einigen Steigen immerhin schon vor rund hundert Jahren geschah. Generell kann gesagt werden, daß die Gipfelhöhen gegen Osten abnehmen, doch gibt es gerade hier kühne Steige, die durch senkrechte, allerdings nur um 50 m hohe Felswände führen. Anspruchsvolle, lange Klettersteige finden sich am Dachstein, Traunstein und auf der Rax. Auf letzterer und auf der Hohen Wand wie im Pittental gibt es auch kurze Steige schärferer Richtung.

Landschaftlicher und touristischer Höhepunkt der östlichen Kalkalpen ist sicherlich der 2996 m hohe Dachstein, der auf Eisenwegen überschritten werden kann. Mit Hilfe der Seilbahn auf den Hunerkogel ist dies an einem Tag auch ohne weiteres möglich. Diese Seilbahn macht auch den Ramsauer Klettersteig über die Gamsfeldspitze zum Tageserlebnis. Den anspruchsvollsten und jüngsten Klettersteig im Dachsteingebiet auf den Eselstein beim Guttenberghaus muß man sich mit einem Anstieg vom Tal verdienen. Im Toten Gebirge zählt der mittelschwere Stodertalersteig, der vom Prielschutzhaus den kürzesten Weg auf die Spitzmauer vermittelt, zu den lohnendsten Eisenwegen. Ebenfalls im mittleren Schwierigkeitsbereich liegt der erst 1991 errichtete Tonisteig auf den Hochtausing. Einfach, aber landschaftlich großartig sind die Almtaler Felsenwege, die den Nordabfall des Toten Gebirges erschließen. In den Salzkammergutbergen finden sich lediglich Steige, die mehr oder weniger lange gesicherte Abschnitte aufweisen, doch ist ihre Begehung nicht zuletzt wegen der umliegenden Seenlandschaft recht reizvoll. Bei den oberösterreichischen Voralpen muß der Traunstein mit dem Hernlersteig und dem Naturfreundesteig her-

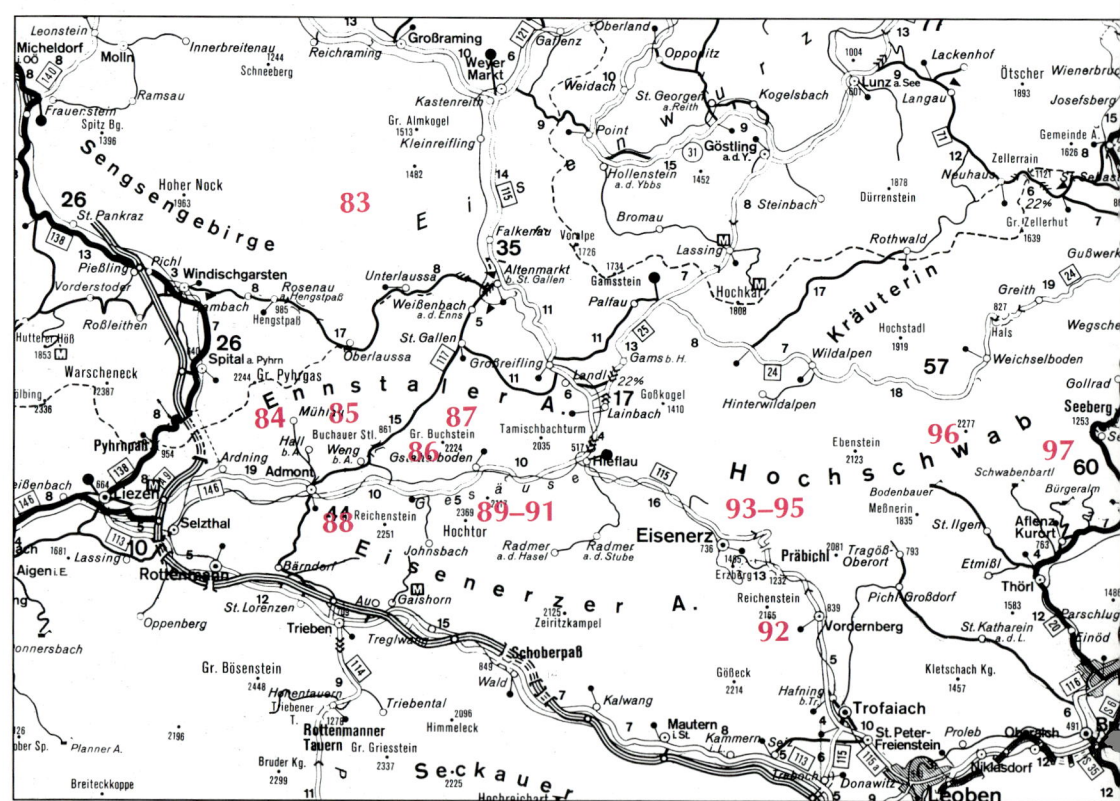

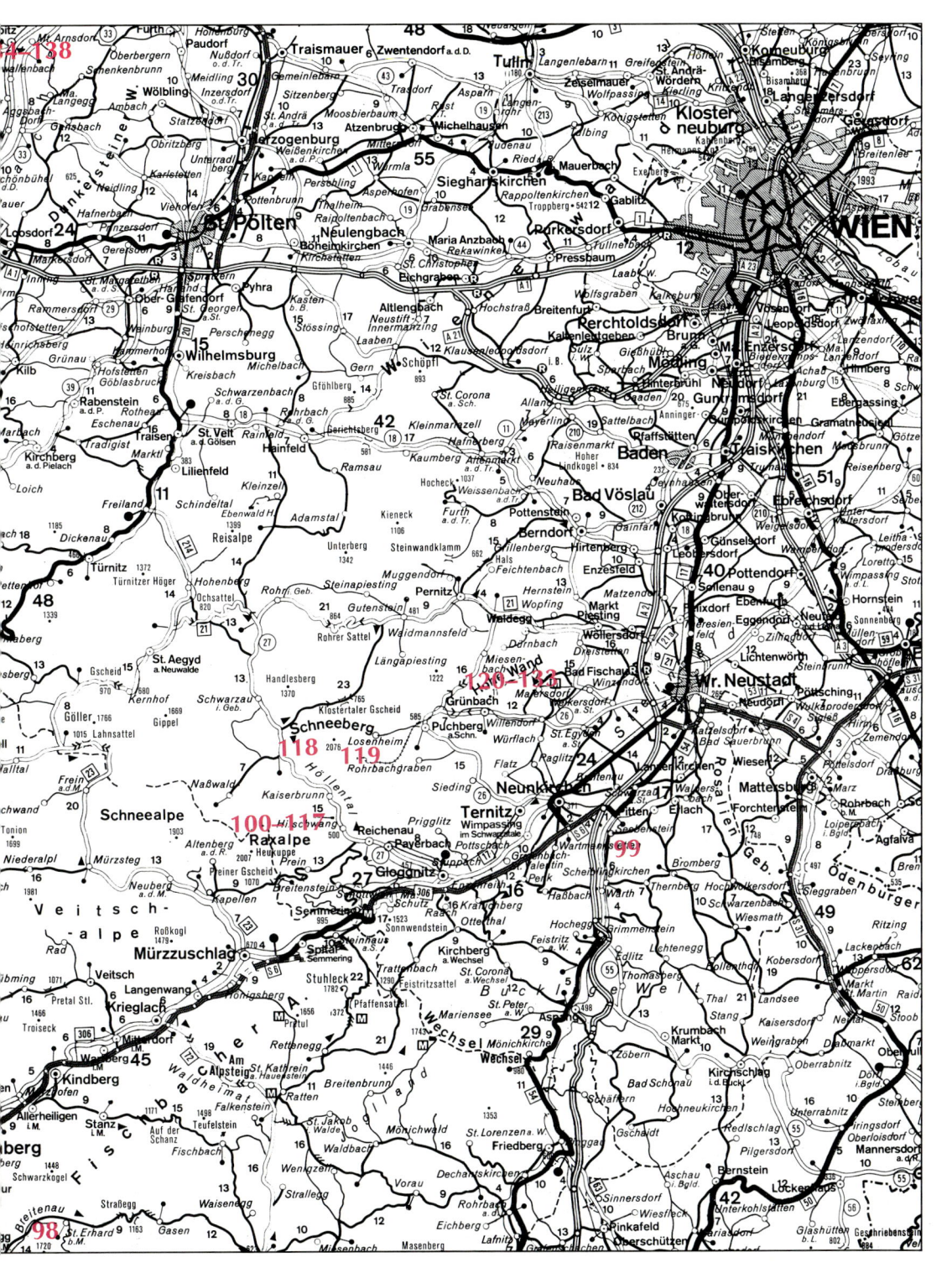

vorgehoben werden; sie stellen mittelschwere Anstiege von großer Beliebtheit dar. Gänzlich anders geartet ist der Triftsteig im Reichraminger Hintergebirge, ein leichter, gesicherter Steig, immer beim Wasser und naturgemäß ohne nennenswerten Höhenunterschied. Die Ennstaler Alpen – vor allem die Gesäuseberge – weisen etliche großzügige Anstiege mit

Links die großartige Felsszenerie am Gamsänger-Aufstieg zur Ellmauer Halt. Rechts die berühmten Teufelslöcher am Mooshammersteig zum Hochseiler.

Unten: Leitern am Beginn des Alpenvereinssteiges auf die Raxalpe.

Am Beginn des Ramsauer Klettersteiges.

mehr oder weniger langen gesicherten Passa-
gen auf, doch als Klettersteige können lediglich der Bergführersteig unter der Planspitze
und der Grete-Klinger-Steig auf die Vordernberger Mauern angesprochen werden. Das
gleiche gilt auch für den Hochschwab, wo nur
der Feistringstein mit einem kurzen Klettersteig aufwarten kann.

Von den Wiener Hausbergen bietet die Rax
bei weitem die meisten »eisenhaltigen« Steige.
Der längste und beliebteste davon ist der
anspruchsvolle Haidsteig durch die Preinerwand. Der benachbarte Königschußwandsteig
ist wohl der schwierigste Klettersteig in den
Wiener Hausbergen. Am Schneeberg verdient
die Weichtalklamm Beachtung, die zwar nur
einige mäßig schwierige, gesicherte Passagen

aufweist, doch als eindrucksvolle Trockenklamm ungewöhnlich ist. Der 10 km lange,
südostwärts schauende Felsabsturz der Hohen
Wand weist eine Reihe von naturgemäß
kurzen Klettersteigen auf. Von den anspruchsvollen ist der Wildenauersteig der schönste.
Aufgrund der Kürze und der leichten Erreichbarkeit von Steigen aller Kategorien ist die
Hohe Wand für angehende Klettersteigfreunde
ideal. Fährt man auf der Südautobahn von
Wiener Neustadt an Seebenstein vorbei nach
Süden, so fällt die künstliche Ruine Türkensturz auf; die senkrechte Felswand unterhalb
durchzieht der Pittentalersteig, der den Bege-
hern einiges abverlangt. Zuletzt sei noch die
Urgesteinslandschaft des südlichen Waldvier-
tels und des Dunkelsteiner Waldes erwähnt,
wo einige Gipfelfelsen »in Eisen gelegt« wurden und wovon die Hirschwand am lohnendsten ist. ■

1   *Bregenzerwaldgebirge*

Binnel- und Valüragrat

Der Hohe Freschen: Weitum gibt es keinen Berg über 2000 m, dessen Besteigung schon in frühgeschichtlicher Zeit mit Sicherheit angenommen werden kann und in dessen engster Umgebung ausgedehnte Alpwirtschaft auf Hochalpen mindestens seit 1500 Jahren mit Sicherheit urkundlich nachzuweisen ist. Die Überschreitung der hochalpinen Steige Binnelgrat (Nordgrat) und Valüragrat (Westgrat) schließt die Besteigung dieses dankbaren Aussichtsgipfels ein.

▲ Hoher Freschen, 2004 m

🛏 Ebnit, 1088 m, bei Dornbirn

🅿 Ebnit Dorf (Postauto-Verbindung Dornbirn – Ebnit)

➡ 🅿 – ca. 400 m vor der Ortstafel Ebnit – Sattelweg (Markierung weiß-rot) – Sattelalpe – Untere Fluhalpe – Alten Hofalpe – Binnelgrat – Hoher Freschen – ❸ über Valüragrat – Alpe Valors, 1302 m – Achrainalpe (Markierung weiß-rot-weiß) – Valorserweg – 🅿: 5 Std.

📇 mäßig schwierig; Trittsicherheit an den grasbedeckten, schrofigen und felsigen Graten erforderlich

2   *Allgäuer Alpen*

Mindelheimer Klettersteig

Obi 92, Heinzi, Mathias, Klaus, Samuel

Im wildzerklüfteten Fels des unübersichtlichen Grates der Nördlichen Schafalpenköpfe zieht die anspruchsvolle Eisenroute 2 Std. lang alle Register der modernen Klettersteig-Baukunst. Der Steig zwischen Mindelheimer und Fiderepaß-Hütte vermag auch verwöhnte Dolomitenkenner zu begeistern. Wegen der langen Zustiege ist eine Übernachtung auf einer Hütte fast unvermeidlich.

▲ Nördliche Schafalpenköpfe, 2320 m

🛏 a) Oberstdorf im Allgäu, 815 m (Bahnhof)
b) Kleines Walsertal

🅿 a) Birgsau, 949 m, von Oberstdorf mit Bus- oder Pferdewagenverbindung (von hier bis zum Beginn des Hüttenanstiegs

noch 7 km Straße)
b) Gasthof Schwendle, zwischen Riezlern und Mittelberg, ca. 1200 m

➡ ❷ *zur Mindelheimer Hütte:*
a) von Mittelberg durch das Wildental über die Hintere Wildenalm in 3 Std.
b) von Mittelberg durch das Gemstelbachtal über Hintere Gemstelalm: 4½ Std.
c) von Birgsau durch Rappenalptal: 4 Std.
d) von der Rappenseehütte, 2091 m, über Mutzentobel, Biberalpe und Schrofenpaß in 3 – 4 Std.

❷ *zur Fiderepaß-Hütte:*
a) von Mittelberg (Gasthof Schwendle) durch das Wildental in 2½ Std.
b) von der Bergstation der Fellhornbahn, 1967 m, oder der Kanzelwandbahn, 1949 m, über die Kühgundalpe in je 2 Std.
c) von der Talstation der Fellhornbahn, 920 m, grün-rot markierter Fußweg in Richtung Kanzelwandhaus bis zur geteerten Alpstraße, auf dieser empor bis zum Schlappoldhöfle, von hier über Warmatsgundalpe und Kühgund in 3¾ Std.
d) mit der Söllereckbahn zum Berghotel Schönblick, 1345 m, von hier über Söllereck, Schlappold, Fellhorn und Kühgundalpe in 4½ Std.
e) von der Bergstation der Kanzelwandbahn für Geübte genußvoller Übergang über Schüsser, Hochgehrenspitze und Hammerspitze in 3 Std.
Dauer der Gratüberschreitung (Klettersteig) von Hütte zu Hütte: 3 – 3½ Std.

📇 mäßig schwierig bis schwierig, z.T. sehr luftig, Länge 5 km, viele Gegenanstiege

🏠 am südl. Ausgangspunkt: Mindelheimer Hütte, 2058 m; am nördl. Ausgangspunkt: Fiderepaß-Hütte, 2065 m

3   *Allgäuer Alpen*

Heilbronner Weg

Der berühmte Steig führt in hochalpiner Felsszenerie über den höchsten Kamm der Allgäuer Alpen, quert Bänder, Platten und Blockfelder, Gipfel, Grate und Scharten, und bewegt sich dabei stets in der Nähe des wildzerklüfteten, jäh nach Nord abbrechenden Gratverlaufes. Das Hohe Licht, der zweithöchste Gipfel im Allgäu, kann leicht als morgendlicher Auftakt mitstiegen werden. Der nur streckenweise gesicherte Wegverlauf erfordert zwar keine besonderen alpinen Fähigkeiten, bei Schlechtwettereinbruch, Nebel oder Vereisung kann die Tour für Unerfahrene jedoch sehr ernste Probleme aufwerfen. Wegen des sehr langen Zustiegs empfiehlt sich eine Nächtigung auf der – meist überfüllten! – Rappenseehütte.

🔺 Steinschartenkopf, 2615 m; Wilder Mann, 2577 m; ggf. Hohes Licht, 2651 m

🛏 Oberstdorf im Allgäu, 815 m (Bahnhof)

🅿 von Oberstdorf mit Pferdewagen 12 km bis Einödsbach, 1114 m, u.U. bis Birgsau Bus-Verbindung

➡ ❷ Einödsbach – Bachraneralp, 1129 m – Petersalp, 1296 m – Enzianhütte, 1710 m – Rappenseehütte, 2091 m – Große Steinscharte, 2262 m – (❷ auf das Hohe Licht, 2651 m: 1 Std.) – Heilbronner Törl – Kleine Steinscharte, 2541 m – Steinschartenkopf, 2615 m – Wilder Mann, 2577 m – Socktalscharte, 2446 m – Bockkarkopf, 2608 m – Westl. Bockkarscharte – Östl. Bockkarscharte, 2523 m – Kemptner Hütte, 1844 m – ❷: etwa 11 Std.; bei verkürztem Notabstieg von der Socktalscharte: 1½ Std. kürzer

📶 mäßig schwierig, bei Schlechtwettereinbruch sehr problematisch

🏠 im ❷ Enzianhütte, 1710 m, und Rappenseehütte, 2091 m; im ❸:Kemptner Hütte, 1844 m

4   *Allgäuer Alpen*

Hindelanger Klettersteig

Dank der Seilbahn zum Nebelhorn erübrigen sich jegliche Hüttenanstiege und Übernachtungsprobleme. Die Überwindung von Höhenunterschieden beschränkt sich auf Gegenanstiege. Trotzdem ist der überlaufene Hindelanger Klettersteig kein Unternehmen für Ungeübte; die Sicherungen beschränken sich auf das Notwendige, und der Abgrund auf vielen ungesicherten und relativ schmalen Gratpartien erfordert Schwindelfreiheit. Für den Geübten ist dieser Höhenweg jedoch ein vergleichsweise müheloser Genuß; für Schlechtwettereinbrüche stehen zudem Notabstiege zur Verfügung.

🔺 Westlicher Wengenkopf, 2235 m, Großer Daumen, 2280 m

🛏 Oberstdorf im Allgäu, 815 m

🅿 Oberstdorf, Talstation der Nebelhornbahn

➡ Gehzeit vom Nebelhorn über den Klettersteig zum Großen Daumen, 2280 m, in beiden Richtungen: je 3 – 3½ Std.; Rückweg vom Großen Daumen zur Bergstation der Nebelhornbahn auf Wanderweg: 2½ Std.; vom Großen Daumen zum Kleinen Daumen: ¾ Std.; Fortsetzung zum nächsten Klettersteig ❷ »Hohe Gänge« über Rotspitze und Breitenberg.

📶 mäßig schwierig bis schwierig, Länge 5 km, viele Gegenanstiege, etwas Kletterfertigkeit erforderlich

🏠 Berghotel Höfatsblick, 1929 m, an der Bergstation der Nebelhornbahn; Edmund-Probst-Haus, 1925 m; Gipfelrestaurant am Nebelhorn, 2224 m; alles am Beginn des Klettersteigs

🚠 Nebelhornbahn von Oberstdorf zur Bergstation, 1929 m (8 – 17 Uhr); von dort Seilbahn zum Nebelhorn, 2224 m (Gipfelrestaurant)

5   *Allgäuer Alpen*

Hohe Gänge zwischen Rotspitz und Breitenberg

Der wildzerrissene Verbindungsgrat zwischen Rotspitze und Breitenberg, früher eine leichte Kletterei, kann auch Anfängern unter den Klettersteigfreunden als kurzweiliges Tagesunternehmen empfohlen werden. Insgesamt wurden in dem fast 3,5 km langen Verbindungsgrat etwa 200 m Drahtseil angebracht. Gut zu verbinden mit dem ❷ Hindelanger Klettersteig!

🔺 Rotspitz, 2033; Breitenberg, 1887 m

🛏 Bruck im Ostrachtal, 860 m

🅿 Bruck, E-Werk, 300 m südl. der Ortschaft

➡ ❷ – Häbelesgundalp, 1569 m – Rotspitz, 2033 m – Heubatspitze, 2002 m – Breitenberg, 1887 m – Obere, 1499 m, und Untere Hütte, 1308 m, der Älpenalpe, 1308 m –- ❷: 6½ – 7½ Std. Auch für konditionsstarke Anfänger zu empfehlen, sofern ausreichend schwindelfrei.

▤ mäßig schwierig, stellenweise etwas luftig, Länge 3,5 km

⌂ im ◐ ggf. Elpenalpe, 1308 m, zeitweilig Milchausschank, keinerlei Nächtigung

6   *Allgäuer Alpen*

Bäumenheimer Weg auf den Hochvogel

Der nur stellenweise, jedoch ausreichend gesicherte und durchwegs gut bez. Bäumenheimer Weg ist für erfahrene und einigermaßen schwindelfreie Klettersteigliebhaber dank der herrlichen Tiefblicke ins Hornbachtal und der großartigen Felsszenerien eine sehr lohnende, problemlose Tour, die mit dem Abstieg durch das Fuchskar zu einer abwechslungsreichen Überschreitung verbunden werden kann.

▲ Hochvogel, 2592 m

🛏 Hinterhornbach, 1101 m

P Hinterhornbach, Gasthof Adler

➡ P – Schwabegg-Privathütte, 1699 m – Bäumenheimer Weg – ◐ Nordwestgrat – Abstecher zur Kreuzspitze, 2367 m – Fuchskar – Salzboden, 1890 m – Fuchsen- sattel, 2039 m – Kuhkar – P: 8½ – 9½ Std.

▤ mäßig schwierig, z.T. ungesichert (I), im oberen Teil große Steinschlaggefahr, Sicherungen oft beschädigt, Höhe 500 m

⌂ Schwabegg-Privathütte im ◑ + ◐, keine Nächtigung

7   *Tannheimer Berge*

Friedberger Klettersteig auf den Schartschrofen und die Rote Flüh

Seit dem Bau des Friedberger Klettersteiges zählt die Überschreitung vom lifterschlossenen Füssener Jöchl über Läuferspitze, Haller Schrofen, Schartschrofen bis zur Roten Flüh zu den beliebtesten Unternehmungen in diesem Gebiet – klettersteigtechnisch nicht gerade atemberaubend, aber landschaftlich reizvoll und aussichtsreich. Ein Wochenende auf einem der zahlreichen Stützpunkte ermöglicht dem Bergsteiger viele interessante Wegkombinationen und sehr lohnende Gipfelbesteigungen auf leichten Kletterpfaden.

▲ Schartschrofen, 1968 m; Rote Flüh, 2108 m

🛏 a) Nesselwängle, 1136 m, im Tannheimer Tal
b) Roßschläg, 820 m, zwischen Pflach und Musau
c) Grän, 1138 m, im Tannheimer Tal

P a) Nesselwängle
b) Roßschläg, Gasthof zur Bärenfalle, P 500 m westl. des Gasthofes
c) Grän, Talstation des Doppelsesselliftes, 1203 m

➡ a) Nesselwängle – Gimpelhaus, 1659 m – Rote Flüh: 3 Std.
b) Roßschläg – Musauer Alm – Otto-Mayr- Hütte, 1528 m – Schartschrofen: 4½ Std.
c) Grän – Füssener Jöchl (zu Fuß) – Schartschrofen: 3½ Std.; Überschreitung vom Schartschrofen zur Roten Flüh in beiden Richtungen: 1 – 1½ Std.
Wer nicht zum gleichen P zurückkehrt, muß um ein zweites Kfz am weit entfernten Endpunkt besorgt sein!

▤ mäßig schwierig, stellenweise luftig; ◑ von der Judenscharte zur Roten Flüh unschwierig

⌂ a) Nesselwängle: Gimpelhaus, 1659 m
b) Roßschläg: Musauer Alm, 1290 m; Otto-Mayr-Hütte, 1528 m; Neue Füssener Hütte, 1535 m
c) Grän: Restaurant Sonnenalm am Füssener Jöchl, 1818 m (keine Übernachtung, Bewirtschaftung nur während der Betriebszeit des Doppelsesselliftes)

🚡 ggf. Doppelsessellift von Grän, Talstation, 1205 m, zum Füssener Jöchl, 1818 m (nur Saisonbetrieb, zu Fuß 2 Std.)

8   *Lechtaler Alpen*

Arlberger Klettersteig

19.09.93 Thomas, Jordi, Beate, Doro, Silke, Tina, Heinz

Der sehr anspruchsvolle Klettersteig verbindet die Bergstationen der Valluga-Gipfelbahn und der Kapall-Sesselbahn über den luftigen Vallugagrat hinweg – eine Traumroute für jeden erfahrenen Klettersteigliebhaber. Bei einer Gesamtlänge von 2,8 km und einer Gratlänge von 1,7 km überwindet man etwa 500 Höhenmeter Zwischenanstiege, ermüdende Anstiege entfallen. 500 Haken wurden geschlagen und 1050 Seilklemmen montiert; auf künstliche Tritthilfen wurde weitgehend verzichtet, dafür sind drei Notabstiege möglich.

▲ Weißschrofenspitze, 2752 m

🛏 St. Anton am Arlberg, 1300 m (Bahnhof)

🅿 St. Anton, Talstation der Vallugabahn, 1300 m

➡ ❷ – Seilbahnauffahrt bis Vallugagrat, 2646 m – Matunjoch, 2250 m – 1. und 2. Turm – Knoppenjochspitze, 2680 m – Lorfekopf, 2689 m – Lisunspitze, 2667 m – Lisungrat, 2684 m – Weißschrofenspitze, 2752 m – Kapall, 2333 m, bei Seilbahnbenützung: 4 – 6 Std.; in Gegenrichtung: 5½ – 7½ Std.
Zum Einstieg über ein Schneefeld, im Spätsommer beinhart! (Grödeln!)

📋 schwierig bis sehr schwierig, z.T. sehr exponiert, ideale Routenführung

🏠 Restaurant am Kapall, 2333 m, im ❸, keine Nächtigung

🚠 im ❷ Galzigbahn und Vallugabahn vom 🅿 bis zum Vallugagrat, 2646 m; erste Bergfahrt um 8.20 Uhr; im ❸ Sessellift vom Kapall bis Mittelstation Gampen (letzte Talfahrt 16.15 Uhr), dort umsteigen in Schienenbahn

9   *Lechtaler Alpen*

Augsburger Höhenweg

Die Verbindung zwischen Augsburger und Ansbacher Hütte, der sog. Augsburger Höhenweg, ist einer der großartigsten Höhenwege der Nördlichen Kalkalpen, deren höchster Gipfel, die Parseierspitze, als Ausgangs- oder Endpunkt der Tour erklettert werden kann. Schon durch die Länge des Weges, vor allem aber durch Steinschlag- und Vereisungsgefahr, Schneefelder und steile Eisrinnen wird dieser großartige Steig eine anspruchsvolle Bergfahrt. Die Überschreitung ist nur mit vorabendlicher Nächtigung auf einer der beiden Hütten durchführbar.

▲ Dawinkopf, 2968 m

🛏 a) Grins, 1015 m, im Stanzer Tal
b) Flirsch, 1154 m, oder Schnann, 1167 m, im Stanzer Tal

🅿 a) Grins, Nähe Schwimmbad
b) Flirsch oder Schnann

➡ a) Grins – Augsburger Hütte: 3 – 4 Std.
b) Flirsch – Ansbacher Hütte: 3 – 4 Std.

Überschreitung Augsburger – Ansbacher Hütte 20 km, in beiden Richtungen 8 – 10 Std.; viele Gegenanstiege; Abstiege von den Hütten ins Tal je 2 – 3 Std.
Hochalpine ernste Tour mit vielerlei Gefahrenquellen durch Steinschlag und vereiste Steilrinnen und Steilhänge. Der zusätzliche ❷ zur Parseierspitze ist Kletterei! (Südostwand II, Ostgrat III)

📋 klettersteigtechnisch nur mäßig schwierig bis schwierig, jedoch extreme Steinschlaggefahr unter den Nordwänden des Eisen- und Feuerkopfes, hier gleichzeitig steile Eisrinnen und Schneefelder; Pickel und Steigeisen sowie Seilsicherung u.U. unentbehrlich

🏠 am östl. Ende: Augsburger Hütte, 2289 m
am westl. Ende: Ansbacher Hütte, 2376 m
im Mittelteil: Augsburger Biwakschachtel (Roland-Ritter-Biwak), 2604 m, (4 Liegen!)

10   *Lechtaler Alpen*

Imster Klettersteig

Hinsichtlich seiner Routenführung ist der Steig an der Südwestkante ein Meisterstück: Das Seil zieht fast durchwegs über Kanten, Rippen oder Grate und vermeidet Rinnen und Schluchten. Der feste rauhe Kalk ist weitestgehend naturbelassen, Tritthilfen wurden nur an der schwierigsten senkrechten Wandstelle eingebaut. Seile und Verankerungen sind bombenfest. Der Klettersteig bleibt bis zum letzten Meter spannend und ist streckenweise atemberaubend; ein betont sportliches, ausgiebiges Klettersteigvergnügen mit relativ kurzen Zustiegen, für trainierte Könner eine herrliche Tagestour.

▲ Maldonkopf, 2632 m

🛏 Imst, 827 m (Bahnhof)

🅿 a) Hochimst, 1050 m, Talstation des Sesselliftes auf die Untermarkter Alm
b) von der Paßstraße zum Hahntennjoch auf die 5,2 km lange Schotterstraße zur Obermarkter Alm, ❷ vor der Schranke, etwa 1600 m

➡ a) ❷ Hochimst – Sessellift über Mittelstation Untermarkter Alm, 1491 m, zur Bergstation Vorderes Alpjoch, 2050 m, von hier in ½ Std. bergab zur Muttekopfhütte, 1934 m

b) Obermarkter Alm – Muttekopfhütte: 1¼ Std.

Muttekopfhütte – Maldonkopf über Klettersteig – 🌀 zur Hütte: 3½ – 4 Std.

Bei Hüttennächtigung gut zu verbinden mit dem gesicherten Steig auf die ➡ Vordere Platteinspitze.

📋 sehr schwierig, einige kurze Stellen äußerst schwierig, z.T. sehr exponiert, Höhe 430 m; 🌀 im obersten Teil gesichert, bei Vereisung oder Altschneelage gefährlich! Vor der Schlüsselstelle Notabstieg.

🏠 Muttekopfhütte, 1934 m

🚡 von Hochimst Sessellift (2 Sektionen) zur Bergstation Vorderes Alpjoch, 2050 m

11   *Lechtaler Alpen*

Gesicherter Steig auf die Vordere Platteinspitze

Der relativ kurze Steig in der Südostseite, nach längerem, aber interessantem Zustieg zu erreichen, ist eher gutmütig, aber dennoch reichlich spannend, obwohl nirgends exponiert – ein genußvoller Steig auch für weniger Geübte. Bei Nächtigung an der Muttekopfhütte gut zu verbinden mit dem ➡ Imster Klettersteig.

🔺 Vordere Platteinspitze, 2562 m

🚉 Imst, 827 m (Bahnhof)

🅿 ➡ Imster Klettersteig

➡ 🅿 Obermarkter Alm, 1600 m – Vordere Platteinspitze – 🅿: 5 – 6 Std.; von der Muttekopfhütte verkürzt sich der Aufstieg um mind. 1 Std.

📋 mäßig schwierig, Höhe 150 m

🏠 Muttekopfhütte, 1934 m

🚡 ➡ Imster Klettersteig

12   *Ammergauer Alpen*

Gesicherter Steig Gelbe Wand auf den Tegelberg

Der von einer Seilbahn erschlossene Tegelberg, das Mekka der Allgäuer Drachen- und Gleitschirmflieger, bietet in der Nordflanke ein

vergleichsweise bescheidenes, dafür aber einsames Klettersteigabenteuer. Der Abstieg über die Westseite mit den großartigen Tiefblicken auf Schloß Neuschwanstein ist überaus lohnend, ebenso der Gang am Rand der Pöllatschlucht.

🔺 Tegelberg, 1707 m; Branderschrofen, 1880 m

🚉 Füssen, 808 m (Bahnhof); Schwangau, 796 m

🅿 Talstation der Seilbahn auf den Tegelberg, 821 m

➡ 🅿 – Gelbe Wand – Tegelberg, 1707 m – Branderschrofen, 1880 m – Tegelberg – 🌀 über Westseite zur Marienbrücke bei Neuschwanstein – 🅿: 6½ Std.

Bequeme lohnende Tagestour mit großartigen Ausblicken.

Zusätzlicher 🌀 zum Branderschrofen unbedingt lohnend.

📋 unschwierig, Höhe etwa 200 m, Steinschlag möglich

🏠 Tegelberghaus, 1707 m; Restaurant an der Bergstation der Tegelberg-Seilbahn

🚡 Tegelbergbahn vom 🅿, 821 m, zum Tegelberg, 1707 m

13   *Ammergauer Alpen*

Gesicherter Steig auf den Kofel

Das alpine Wahrzeichen des berühmten Festspielortes ist von Westen her über einen harmlosen Grat mit dem anschließenden bewaldeten Kamm verbunden. Von hier führt auch ein sehr gemütliches gesichertes Steiglein zum Gipfelkreuz, von wo aus man den Ort wie ein Spielzeugmodell unter sich liegen hat. Der kurze Aufstieg ist eine gemütliche Halbtagestour.

🔺 Kofel bei Oberammergau, 1342 m

🚉 Oberammergau, 837 m (Bahnhof)

🅿 Oberammergau, kleiner Kfz-Stellplatz nahe der Ammerbrücke

➡ Gesamtgehzeit 2½ Std.; der Kofel kann auch als kurzer Abstecher auf der langen Bergwanderung am Klammspitzkamm »mitgenommen« werden

📋 unschwierig, sehr kurz

14   **Ammergauer Alpen**

Klettersteig auf das Ettaler Manndl

Die gemütliche Tagestour läßt sich zu einer lohnenden Überschreitung des Labergipfels mit seinem Gipfelrestaurant und den sehenswerten Drachenfliegerstarts ausbauen; der lustige kurze Klettersteig auf das Manndl eignet sich gut als Prüfstein für Anfänger und als alpine Gaudi für Kinder; im Herbst ist er allerdings hoffungslos überlaufen.

🔺 Ettaler Manndl, 1633 m;
Laber, 1686 m

🏠 a) Ettal, 877 m
b) Oberammergau, 837 m (Bahnhof)

🅿 a) Kloster Ettal, nordöstl. Ecke der Klostermauer
b) Oberammergau, Talstation der Seilbahn auf den Laber

➡ Von Ettal und von Oberammergau: je 2½ Std. ➋; im ➌ je 1 Std. kürzer; von der Seilbahn-Bergstation zum Manndlfelsen: etwa ½ Std.; Gipfelanstieg: ¼ Std.
Besonders lohnend ist der 3-stündige ➋ auf den Laber über die Nordflanke, von hier ➌ zum Manndlfelsen und Rückweg nach Oberammergau oder Ettal, Gesamtgehzeit jeweils etwa 5 – 6 Std.

📄 unschwierig bis mäßig schwierig, Sicherung durch Ketten, Höhe etwa 60 m

🏠 ggf. Bergrestaurant an der Bergstation der Laberseilbahn, 1675 m, ganzjährig bewirtschaftet, keine Nächtigung

🚡 Laberseilbahn von Oberammergau zur Bergstation, 1675 m

15   **Wetterstein**

Gesicherter Steig auf die Riffelscharte

Gemessen an den Klettersteigen zur benachbarten ➲ Zugspitze und ➲ Alpspitze hat der Übergang über die Riffelscharte nur einen sehr kurzen Klettersteig – vom Kar des Riffelriß über die Westwand bis zur Scharte – zu bieten. Diese Bergfahrt ist daher für anspruchsvollere Klettersteiggeher eher als »Ausweichtour« zu empfehlen. Für Klettersteiganfänger ist diese Tour schon wegen der großartigen Aussicht auf das Zugspitzmassiv und den Eibsee geeignet.

🔺 Riffelscharte, 2161 m; ggf. Riffeltorkopf, 2231 m, und Südliche Riffelspitze, 2262 m

🏠 Hammersbach, 753 m

🅿 Hammersbach, am Beginn des Weges zur Höllentalklamm oder 400 m nördlich davon

➡ 🅿 – Höllentalklamm – Höllentalangerhütte, 1379 m – Riffelscharte, 2161 m – ➌ durch Westflanke zum Eibsee – über den Unteren Nordsteig zum – 🅿: 7 – 8 Std.
Lange Tour mit kurzem Klettersteig im Abstieg, im ➌ nur wenige gesicherte Stellen.

📄 unschwierig bis mäßig schwierig, bei Altschneelage problematisch, Höhe 200 m

🏠 im ➌ von Hammersbach: Höllentalklamm-Eingangshütte, 1045 m, Höllentalangerhütte, 1381 m

16   **Wetterstein**

Klettersteig durch das Höllental auf die Zugspitze

7 ᴏᴘ.𝟑𝟏 *und Mathias, Samuel, Hanse, Klaus, Christoph*

Die Zugspitze ist in jeder Hinsicht ein Berg der Rekorde – auch der Anstieg über die bayerische Nordseite mit seinen gut 2200 m Höhenunterschied ist einer der längsten und anstrengendsten Klettersteige der Alpen. Die Höllentalklamm und der Höllentalferner bieten zusätzliche seltene Erlebnisse im Aufstieg – ebenso ist jeder der möglichen Abstiege ein eigenes Erlebnis. Eine rassige Klettersteigpassage überwindet die jäh aufragende Felsmauer des abweisenden Talschlusses, einige besonders markante Stellen sind die »Leiter«, die über Steigklammern sehr steil 20 m emporführt, und das »Brett«, wo Trittstifte und ein Halteseil etwa 40 m über eine völlig glatte Wandstelle hinüberleiten. Dem Aufstieg über ein sehr langes Moränenfeld folgt ein kurzer Gang über den Höllentalferner. Eine hervorragend gesicherte, nur mäßig exponierte Route zieht schließlich durch die schneidige Felsflanke bis zum historischen Gipfelkreuz.

🔺 Zugspitze, 2963 m

🏠 Hammersbach, 753 m

🅿 Hammersbach, am Beginn des Weges zur Höllentalklamm oder 400 m nördlich davon

➡ **Ⓟ** – Höllentalklamm – Höllentalangerhütte, 1381 m – Zugspitze: 7 – 8 Std.
Pfad über den Höllentalferner spaltenfrei, im Spätsommer sehr hart, Randkluft mitunter schwierig; u.U. Grödel erforderlich
Abstiege:
a) wie ❷: 4 – 5 Std.
b) über Normalweg nach Garmisch-Partenkirchen: 5 – 6 Std.
c) über ➡ Klettersteig über die Wiener Neustädter Hütte nach Ehrwald: 4 – 5 Std.
d) Fortsetzung der Tour über ➡ Jubiläumsgrat nur mit Nächtigung im Münchner Haus, im Gipfelhotel der Tiroler Zugspitzbahn oder im Schneefernerhaus
e) über das Zugspitzgatterl nach Ehrwald: 5 – 7 Std.
Ausweis mitnehmen!

▤ bei guten Verhältnissen nur mäßig schwierig, in der Nordwand oberhalb der Irmerscharte langzeitig Schneelage, bei verschneiten oder vereisten Seilen sehr gefährlich, hier u.U. Umkehr erforderlich!

⌂ im ❷ Höllentalklamm-Eingangshütte, 1045 m (keine Nächtigung); Höllentalangerhütte, 1381 m, ggf. für Nächtigung zu empfehlen; am Gipfel Münchner Haus, 2957 m, ggf. Gipfelhotel der Tiroler Gipfelbahn, 2950 m, oder Schneefernerhaus, 2650 m, für Nächtigung im Gipfelbereich

🚠 Zugspitzseilbahn vom Eibsee oder Zahnradbahn für eventuelle Talfahrt, ggf. auch Tiroler Zugspitzseilbahn; für Talfahrt von der Ehrwalder Alm nach Ehrwald bei ❷ e)

---

17   *Wetterstein*

Klettersteig über die Wiener Neustädter Hütte auf die Zugspitze

Leicker. 7. 08. 93

Die Zugspitze hat neben dem Aufstieg durch das Höllental einen weniger exponierten – und bei Seilbahnauffahrt bis zur Mittelstation – auch wesentlich weniger anstrengenden Klettersteig zu bieten. Bei zweifelhaften Wetteraussichten ist daher dieser landschaftlich ebenfalls großartige Aufstieg auf die Wetterseite dem Höllentalanstieg vorzuziehen; auch kann er weniger Ausdauernden empfohlen werden. Der für Bergsteiger nicht offiziell freigegebene Werks-Klettersteig von der Stütze IV zur Stütze V ist sehr exponiert und mitunter stark beschädigt.

▲ Zugspitze, 2963 m

🏨 Ehrwald, 994 m (Bahnhof)

Ⓟ Ehrwald, Talstation Obermoos, 1228 m, der Tiroler Zugspitzseilbahn

➡ **Ⓟ** – ❷ zur Wiener Neustädter Hütte, 2209 m – Zugspitzkamm: zu Fuß 4½ – 5 Std.; mit Seilbahnauffahrt zur Mittelstation nur 2½ – 3 Std.; von der Mittelstation zum Hauptgipfel: ½ Std. (Paßkontrolle)
❸: ggf. ➡ Klettersteig durch das Höllental zur Zugspitze!

▤ mäßig schwierig, im oberen Teil Steinschlag; Höhe von der Mittelstation zur Stütze V etwa 200 m, »Stopselzieher« – Zugspitzkamm etwa 550 m; für den Klettersteig von der Stütze IV zur Stütze V absolute Schwindelfreiheit erforderlich, sonst geringere Anforderungen als beim Höllentalanstieg

⌂ im ❷ Wiener Neustädter Hütte, 2209 m; im Gipfelbereich: Schneefernerhaus, 2650 m, ganzjährig geöffnet, Münchner Haus, 2957 m, Gipfelhotel der Tiroler Zugspitzbahn, 2950 m, Restauration und Unterkunft

🚠 Tiroler Zugspitzseilbahn von Obermoos, 1228 m, zur Bergstation, 2805 m

---

18   *Wetterstein*

Gesicherter Steig auf den Schneefernerkopf

Vom Zugspitzplatt aus bildet die flache Kuppe des Schneefernerkopfes einen der Eckpfeiler der Gletscherumrahmung. Die Besteigung ist bei normalen Verhältnissen ein harmloses und kurzes Unterfangen, sofern man die Schneefernerscharte als Ausgangspunkt betrachtet; bei einem Anstieg vom Tal steht man selbstverständlich vor einer tagfüllenden Tour. Jedenfalls bietet sich eine Besteigung des Schneefernerkopfes über den gesicherten Steig am Nordrücken als vergnügliches Zusatzunternehmen im Zugspitzbereich an.

▲ Schneefernerkopf, 2875 m

🏨 Ehrwald, 996 m (Bahnhof)

Ⓟ Ehrwald, Talstation Obermoos, 1227 m, der Tiroler Zugspitzseilbahn

⮕ Schneefernerhaus – Schneefernerkopf: 1 Std.; ◐: ¾ Std.
Zustiege und Abstiege:
➲ Klettersteige auf die Zugspitze

▤ unschwierig

⌂ im Gipfelbereich Schneefernerhaus, 2650 m, ganzj. bewirtschaftet; Münchner Haus, 2957 m; Gipfelhotel der Tiroler Zugspitzbahn, 2950 m

🚡 Tiroler Zugspitzseilbahn von Obermoos, 1227 m, zur Bergstation, 2805 m

19   *Wetterstein*

Alpspitze, Nordanstiege (Schöne Gänge, Nordwandsteig, Alpspitz-Ferrata) und Westabstieg (Mathaisenkar)

Die Besteigung der Alpspitze über die Alpspitz-Ferrata gehört zu den beliebtesten und am meisten begangenen Hochgebirgstouren in Bayern. Dieser schnelle und sehr interessante, leider übermäßig mit Eisen gespickte Klettersteig hat alle anderen Aufstiege auf die Alpspitze an Beliebtheit übertroffen. Mit dem gesicherten Abstieg ins Mathaisenkar kann die Überschreitung der Alpspitze auch anspruchsvollen Klettersteiggehern als ausgesprochene Genußtour empfohlen werden, sie ist mitunter jedoch sehr stark überlaufen!

▲ Alpspitze, 2629 m

🛏 Garmisch-Partenkirchen, 708 m (Bahnhof)

🅿 Garmisch, Talstation der Seilbahn auf den Osterfelderkopf (oder auf das Kreuzeck)

⮕ a) 🅿 – Seilbahnauffahrt zum Kreuzeck, 1625 m – Ostgrat zur Alpspitze: 3 Std.
b) 🅿 – Seilbahnauffahrt zum Osterfelderkopf, 2033 m – Nordwandsteig – Ostgrat zur Alpspitze: 2½ – 3½ Std.
c) 🅿 – Seilbahnauffahrt zum Osterfelderkopf, 2033 m – Nordwand-Ferrata zur Alpspitze: 2½ – 3 Std.
Abstiege:
Alpspitze – (falsche) Grieskarscharte, 2430 m – Mathaisenkar – Höllentalanger-hütte, 1381 m – Höllentalklamm – Hammersbach – 🅿: 4 – 5 Std. (im ◑ 7 Std.)
Alpspitze – Stuibensee – Kreuzeck: 3 – 4 Std.

Großartige Überschreitung, jedoch nur für Geübte mit ausreichender Kondition, ◑ sehr lang!

▤ alle 3 Klettersteigaufstiege sowie Mathaisenkar nur mäßig schwierig, Höhe der Schönen Gänge 200 m, Länge des Nordwandsteiges 500 m, Höhe der Nordwand-Ferrata etwa 750 m, im ◑ Alpspitze – Grieskarscharte 160 m, Mathaisenkar 680 m

⌂ am Kreuzeck A.-Zoeppritz-Haus, 1652 m, im ◐ vom Kreuzeck Hochalm, 1705 m; im ◑ Höllentalangerhütte, 1381 m, Höllentalklamm-Eingangshütte, 1108 m, am Ausgang der Klamm

🚡 Seilbahnen zum Osterfelderkopf, 2033 m, und zum Kreuzeck, 1625 m

20   *Wetterstein*

Jubiläumsweg von der Zugspitze zur Alpspitze

Der 5 km lange hochalpine Grat zwischen Zugspitze und dem Signalgipfel des Hochblassen heißt auch »Jubiläumsgrat« und ist seit 1986 wieder durchgehend gesichert. Die Überschreitung, nur bei bestem Wetter zu empfehlen, ist sicher eine der großartigsten Klettersteig-Unternehmungen im nördlichen Alpenraum – spannend, interessant, aussichtsreich, aber auch sehr anstrengend und bei Gewitter ausgesprochen gefährlich. Nächtigung im Gipfelbereich der Zugspitze empfehlenswert; die Möglichkeit eines gesicherten Zwischenabstiegs zur Knorrhütte entschärft die Risiken. Wer diese Überschreitung mit den Klettersteigen auf die Zugspitze und die Alpsitze verbindet, hat ein Maximum an Erlebnissen und Eindrücken vor sich. Wegen der geringeren Gegensteigungen und des optimal hochgelegenen Ausgangspunktes Zugspitze empfiehlt sich eine Überschreitung von West nach Ost. Ein interessanter Abstecher führt zum Hochblassen, 2707 m. Alle leichteren Anstiege dorthin führen über den Westgrat, die schwierigeren Stellen sind mit Drahtseilen gesichert, die jedoch stark beschädigt waren und entfernt wurden. Die Ersteigung des Hochblassen kann nur für ausdauernde und geübte Felsgeher empfohlen werden.

▲ Zugspitze, 2963 m, im Mittelteil Mittlere Höllentalspitze, 2743 m

🏠 a) Hammersbach, 753 m
  b) Ehrwald, 994 m (Bahnhof)

🅿 a) Hammersbach, Beginn des Weges zur Höllentalklamm oder 400 m nördl. davon
  b) Ehrwald, Talstation Obermoos, 1227 m, der Tiroler Zugspitzseilbahn

➡ Zugspitze, 2963 m – Innere, 2741 m, Mittlere, 2743 m, und Äußere Höllentalspitze, 2716 m – Vollkarspitze, 2618 m – Grieskarscharte: 7 – 8 Std.; Grieskarscharte – Alpspitze: 1 Std.; Abstiege aus dem Bereich der Alpspitze siehe Nordanstiege auf die Alpspitze; Zwischenabstieg vom Grat zur Knorrhütte über ➲ Brunntalgrat-Steig: 1½ – 2 Std. (im ⬢ 3 Std.); Gesamtüberschreitung Zugspitze – Alpspitze – Osterfelderkopf: 9 – 10 Std.

📄 Jeder Teil des Jubiläumsgrates ist schon bei guten Verhältnissen schwierig, jedoch wegen der zusätzlichen Anstiege sehr lang und anstrengend; bei Schlechtwettereinbruch (Gewitter, Schnee) gefährlich! Der westl. Teil ist sparsamer gesichert, einige ungesicherte Stellen mäßig schwierig (II); unter den Hochblassen Steinschlaggefahr!

🏠 am Ausgangspunkt ➲ Klettersteige zur Zugspitze; am Endpunkt ➲ Klettersteige zur Alpspitze; im Mittelteil Biwakschachtel Höllentalgrathütte, 2720 m (6 – 8 Notlager); im Notabstieg Knorrhütte, 2051 m

🚠 ➲ Seilbahnen zu Zugspitze und Alpspitze

21   *Wetterstein*

Klettersteig von der Knorrhütte auf den Jubiläumsgrat (Brunntalgrat-Steig)

Dieser Klettersteig, auf dem auch die Biwakschachtel am Höllentalgrat leicht zu erreichen ist, ist auch als eigene Bergfahrt von der Knorrhütte aus zu empfehlen. Der Ausstieg trifft mitten auf den ➲ Jubiläumsgrat, so daß von hier aus eine Fortsetzung des Klettersteigabenteuers in Richtung Zugspitze oder Alpspitze möglich ist. Eine Übernachtung auf der Knorrhütte ist unumgänglich.

🔺 Innere Höllentalspitze, 2741 m

🏠 a) Garmisch-Partenkirchen, 708 m (Bahnhof); b) Ehrwald, 994 m

🅿 a) Garmisch-Partenkirchen, Weg zur Partnachklamm

b) Ehrwald, Talstation der Kleinkabinenbahn, 1100 m, auf die Ehrwalder Alm

➡ a) 🅿 Garmisch – Partnachklamm – Bockhütte – Reintalangerhütte – Knorrhütte: 7 – 8 Std.;
  b) 🅿 Ehrwald – Sessellift zur Ehrwalder Alm – Knorrhütte: 3 – 4 Std. (zu Fuß 6 Std.); Knorrhütte – Innere Höllentalspitze: 3 Std. (⬢ 1½ – 2 Std.)
  Weitere Abstiege siehe ➲ Jubiläumsweg, Klettersteige zur ➲ Zugspitze und zur ➲ Alpspitze

📄 mäßig schwierig

🏠 Übernachtung: Knorrhütte, 2051 m; im ⬢ Reintalangerhütte, 1370 m; am Grat Biwakschachtel Höllentalgrathütte, 2720 m

🚠 ➲ Klettersteige zur Zugspitze und Alpspitze; von Ehrwald Kleinkabinenbahn zur Ehrwalder Alm, 1502 m

22   *Wetterstein*

Klettersteig auf die Dreitorspitze

Die Partenkirchener Dreitorspitze zählt zu den markantesten Erhebungen im südlichsten, gewaltigsten der drei Wettersteinkämme. Der Westgipfel ist trotz langer mühsamer Aufstiege und der relativ kurzen, aber sehr interessanten Felspartie in der Südflanke eine sehr empfehlenswerte Bergfahrt.

🔺 Partenkirchener Dreitorspitze, Westgipfel, 2633 m

🏠 a) Garmisch-Partenkirchen, 708 m (Bahnhof); b) Leutaschtal, 1100 m

🅿 a) Garmisch-Partenkirchen, Weg zur Partnachklamm
  b) Ober-Lochlehen, 100 m westlich des Hauses 231, Gatter am Waldrand

➡ a) 🅿 Garmisch – Partnachklamm – Wettersteinalm – Schachen – Meilerhütte: 6½ – 7 Std.
  b) 🅿 Leutasch – Berglental – Meilerhütte: 4½ – 5 Std.; Meilerhütte – Barth-Weg (gesichert) – Dreitorspitze: 2 Std.
  Ohne Übernachtung auf der Meilerhütte sehr anstrengende Tagestour; von Leutasch aus Gesamtgehzeit: 10 – 11 Std.

📄 unschwierig bis mäßig schwierig, Höhe 150 m

🏠 Meilerhütte, 2375 m; bei Ausgangspunkt Garmisch im ⬢ Schachenhaus, 1866 m

23 *Mieminger Kette*

Seebener Klettersteig

Für Trainierte ist die rassig-sportliche, wenn auch nur kurze Führe durch die hier 250 m hohe Wandstufe der Seebenerwände eine ideale Alternative zu den bisherigen, etwas langatmigen Anstiegen zur Coburger Hütte. Ein Stahlseil zieht mitten durch die breite Felsbarriere empor, die bisher in weitem Bogen umgangen werden mußte. Der Zugang ist idyllisch, der Durchstieg betont sportlich und luftig angelegt, der Ausstieg liegt nahe der gemütlichen Seebenalm. In Verbindung mit der Besteigung der ➡ Ehrwalder Sonnenspitze eine sehr anspruchsvolle Tagestour!

🔺 keiner, höchster Punkt: Ausstieg, etwa 1560 m

🛏 Ehrwald, 996 m (Bahnhof)

🅿 Ehrwald, Talstation der Kleinkabinenbahn, 1100 m, zur Ehrwalder Alm

➡ Zustieg: 1 Std.; Klettersteig: ½ – ¾ Std. ◐ von der Seebenalm zur Bergstation des Gondelliftes: 1½ – 2 Std., zu Fuß zur Talstation 1 Std. länger; Gesamtgehzeit mit Liftabfahrt: 3 – 4 Std.
Eine mögliche, viel interessantere Abstiegsmöglichkeit führt über den gesicherten Steig Hoher Gang direkt zum 🅿 hinab, Gesamtgehzeit: 4 – 5 Std. Für sehr Geübte, Versierte und Ausdauernde empfiehlt sich bei gutem Wetter der ◑ zur ➡ Ehrwalder Sonnenspitze.

🗄 sehr schwierig, Wandhöhe 250 m; im ◐ ggf. Hoher Gang, unschwierig bis mäßig schwierig, Höhe 400 m

🏠 am Ausstieg Seebenalm, 1575 m

🚡 im ◐ Kleinkabinenbahn von der Ehrwalder Alm zum Ausgangspunkt

24 *Mieminger Kette*

Ehrwalder Sonnenspitze, Führe an der Südseite

Der formschönste Gipfel der Mieminger Kette ist die von allen nördlichen Seitenkämmen am weitesten vorgeschobene Sonnenspitze, neben der Hohen Munde, dem östlichen Eckpfeiler des Hauptkammes, das beliebteste Fahrtenziel

am westlichen Ende der Kette. Der von Süden heraufführende Klettersteig, nicht markiert und nur an den schwierigsten Stellen spärlich gesichert, bietet bereits »mäßig schwierige« Kletterei (II), die an allen wichtigen Stellen eingesetzten Abseilhaken erlauben jedoch eine problemlose Gefährtensicherung.

🔺 Ehrwalder Sonnenspitze, 2417 m

🛏 a) Ehrwald, 994 m (Bahnhof)
    b) Biberwier, 989 m

🅿 a) Ehrwald, Talstation der Kleinkabinenbahn, 1100 m, zur Ehrwalder Alm
    b) Biberwier, Weg zur Biberwierer Scharte

➡ 🅿 Ehrwald – Hoher Gang (gesichert) – Seebensee –Coburger Hütte – Ehrwalder Sonnenspitze, 2417 m – ◑ durch Nordseite – Seebensee – Hoher Gang – 🅿: 8 – 9 Std.
Etwa die gleiche Gesamtgehzeit benötigen die Aufstiege vom 🅿 Ehrwald über den ➡ Seebener Klettersteig und vom 🅿 Biberwier über die Biberwierer Scharte, 1999 m.

🗄 mäßig schwierige Kletterei (II), ein drahtseilgesichertes Band, einige Abseilhaken; Steinschlag durch Vorausgehende! Gesicherter Abstieg über Hohen Gang unschwierig bis mäßig schwierig.

🏠 Coburger Hütte, 1916 m

🚡 ggf. Kleinkabinenbahn vom 🅿, 1100 m, zur Ehrwalder Alm, 1502 m

25 *Mieminger Kette*

Klettersteig auf die Wankspitze

Südöstlich unterhalb der bekannten Grünsteinscharte steigt ein scharfer zersplitterter Grat auf. Hinter mehreren Türmchen, Zacken und Graten ragt auf dem höchsten Punkt dieses wilden Felsenreviers das Gipfelkreuz der Wankspitze empor. Auf der gutmütigen Südseite führt seit alters her vom Lehnberghaus ein Normalweg für jedermann auf diesen weit nach Süden vorgeschobenen Aussichtsposten der Mieminger Kette. Seit dem Jahre 1985/86 führt ein rassig angelegter, pfiffiger Klettersteig durch die Westflanke des Vorgipfels, quert über den schmalen Grat zum Gipfelkreuz und macht aus der aussichtsreichen Wankspitze ein zwar kurzes, aber lohnendes Klettersteigvergnügen.

▲ Wankspitze, 2209 m

🛏 Obsteig, 991 m

🅿 Obsteig, Alpengasthof Arzkasten, 1151 m, Straßenabzweig 500 m westlich des westlichen Ortsende-Schildes

➡ 🅿 – Fahrweg zum Lehnberghaus, 1554 m – auf halbem Weg zur Grünsteinscharte Abzweig ostwärts zum Stöttltörl, 2036 m – Klettersteig zur Wankspitze, 2209 m – ◐ über Südseite (Weg 22) zum Lehnberghaus – 🅿: 6 Std.
Im Hüttenzustieg etwas eintönige Tagestour mit interessantem kurzem Klettersteig unter einem Grat in einer etwas brüchigen Westflanke.

🗒 mäßig schwierig, am Grat luftige ungesicherte Passagen, Höhe 170 m, Länge etwa 600 m

🏠 Lehnberghaus, 1554 m

26　　　　　　　　　　　*Mieminger Kette*

Klettersteig von der Hohen Munde zur Niederen Munde

Auf dem Normalweg ist die Hohe Munde problemlos zu besteigen, erfordert jedoch ein gewisses Maß an Ausdauer und halbwegs gutes Wetter, denn bei Nebel oder Schneesturm wird es reichlich ungemütlich auf den Graten in 2600 m Höhe. Weithin unbekannt und wenig begangen ist der Klettersteig, der vom Hauptgipfel in der felsigen Südflanke des Westgrates zur Niederen Munde weiterleitet. Hier überrascht die Hohe Munde, deren Normalweg gemeinhin als ordinärer Hatscher gilt, durch eine fast dolomitische Felsszenerie, deren drahtseilgesicherte Querung ein allerdings nur kurzes Klettersteigvergnügen bietet.

▲ Hohe Munde, 2662 m

🛏 Leutasch, 1151 m (Ortsteil Buchen, 1193 m)

🅿 Leutasch, Talstation des Sesselliftes zur Rauthhütte

➡ 🅿 – Sesselliftauffahrt zur Rauthhütte, 1605 m – Ostgipfel, 2592 m (= Signalgipfel) – Scharte (Zwischenabstieg 100 m) – Hauptgipfel, 2662 m – Klettersteig von der SW-Flanke des Hauptgipfels (◐ 100 m) durch die Südseite des Zintergrates –

Vorgipfel – Niedermundesattel, 2055 m – Weg 811 bis zur Fahrtstraße nahe der Tillfußalm, 1382 m – 🅿: 9 – 10 Std.
In jedem Fall ein sehr langer Weg mit scheinbar endlosem Rückweg zum 🅿, für Kinder und Untrainierte viel zu anstrengend!

🗒 unschwierig bis mäßig schwierig, Länge 400 m

🏠 im ◐ Rauthhütte, 1605 m, ganzjährig bewirtschaftet

🔀 vom 🅿 Leutasch Sessellift zur Rauthhütte, 1605 m

27　　　　　　　　　*Bayerische Voralpen*

Julius-Mayr-Weg auf den Brünnstein

Der beliebte, vielbegangene Aussichtsberg bietet einen kurzen, harmlosen, gesicherten Steig zum Gipfel, der auch Anfängern und Kindern empfohlen werden kann. Die Zustiege sind allerdings lang und etwas eintönig.

▲ Brünnstein, 1619 m

🛏 a) Bayrischzell, 800 m (Bahnhof)
b) Oberaudorf, 482 m (Bahnhof)

🅿 a) Berggasthof »Feuriger Tatzelwurm«, 765 m
b) Oberaudorf

➡ a) 🅿 – Tatzelwurm – Schoißer Alm, 950 m – Brünnsteinhaus, 1342 m – Brünnstein, 1619 m – 🅿: 4 Std.
b) 🅿 Oberaudorf – Luegsteinsee – Gasthaus Hallermühle – Mühlau – Wildgrubhöfe – Brünnsteinhaus – Brünnstein – 🅿: 6 Std.

🗒 unschwierig, Höhe etwa 230 m

🏠 Brünnsteinhaus, 1342 m, ganzjährig bewirtschaftet

28　　　　　　　　　　　　*Karwendel*

Mittenwalder Höhenweg (= Mittenwalder Klettersteig)

Der gewissenhaft gesicherte Steig über den teils felsigen, teils grasigen Grenzgrat ist etwa 5,5 km lang, enthält 1500 m Stahlseil, etwa 70 m Stahlleitern und einige kurze, luftige Holzstege. Er führt von der Bergstation der

Karwendelbahn südwärts zur winzigen Tiroler Hütte unter dem Brunnstein; im steten Auf und Ab dieses Weges erlebt man, bei gutem Wetter ohne nennenswerte Probleme, ein grandioses Karwendelpanorama und Fernblicke bis tief in die Zentralalpen. Der Steig ist bei guten Verhältnissen für halbwegs Geübte ausgesprochen genußvoll. Als Auftakt empfiehlt sich die problemlose Besteigung der Westlichen Karwendelspitze.

🔺 Westliche Karwendelspitze, 2384 m

🏠 Mittenwald, 912 m (Bahnhof)

🅿 Mittenwald, Talstation der Seilbahn

➡🅿 – Seilbahnauffahrt zur Bergstation, 2244 m – Abstecher zur Westl. Karwendelspitze, 2384 m – Nördl. Linderspitze, 2372 m – Steinerner Zaun – Südl. Linderspitze, 2305 m – Gamsangerl – Sulzleklammspitze, 2321 m – Kirchlespitze, 2301 m – Brunnensteinanger – Tiroler Hütte, 2100 m – Abstecher zur Brunnensteinspitze, 2180 m – Tiroler Hütte – ❷ zur Brunnsteinhütte, 1560 m – Sulzleklamm – Leitersteig – 🅿: 6 – 7 Std.
Aufstiege zur Bergstation über den Karwendelsteig und die Mittenwalder Hütte, 1518 m: 4 Std.; über Dammkar und Dammkarhütte, 1650 m: 4½ – 5 Std.
Bei Seilbahnauffahrt normale Tagestour, bei ❷ zu Fuß sehr anstrengendes Tagespensum!

📑 mäßig schwierig, Länge 5,5 km

🏠 Restaurant an der Bergstation der Karwendelbahn, 2244 m; am Endpunkt des Klettersteigs Tiroler Hütte, 2100 m; im ❷ Brunnsteinhütte 1560 m

🚡 Karwendelbahn von Mittenwald zur Bergstation »Karwendelgrube«, 2244 m

29   **Karwendel**

Brendlsteig, gesicherter Steig zu den Ödkarspitzen und zur Birkkarspitze

Die Birkkarspitze, höchster Gipfel des gesamten Karwendels, ist wegen der landschaftlichen Schönheit und der umfassenden Sicht ein vielbegehrtes und vielbegangenes Ziel. Der gesicherte Steig zum eigentlichen Gipfelaufbau ist allerdings sehr kurz. Wer nicht durch das kräftezehrende Schlauchkar hinaufkeucht, sondern den wenig begangenen, ausreichend gesicherten Brendlsteig wählt, hat am Aufstieg etwa die doppelte Freude und erlebt den herrlichen Gratweg über die drei Ödkarspitzen. Die langen, ermüdenden Zustiege machen eine Nächtigung im Karwendelhaus empfehlenswert.

🔺 Birkkarspitze, 2749 m;
Ödkarspitzen
🏠 a) Hinterriß, 928 m
b) Scharnitz, 964 m (Bahnhof)
🅿 a) Hinterriß, Wirtshaus Alpenhof, 942 m, am Fahrweg ins Johannistal (für Kfz gesperrt)
b) Scharnitz, Fahrstraßen in die Karwendeltäler (für Kfz gesperrt)
➡ a) 🅿 Hinterriß – Karwendelhaus, 1765 m: 3½ Std. (❷ 2½ Std.)
b) 🅿 Scharnitz – Karwendelhaus: 4½ Std. (❷ 3½ – 4 Std.); Karwendelhaus – Birkkarspitze: 3 Std.; ❷ vom Gipfel durchs Hinterautal bis Scharnitz: 5 – 6 Std.
Die Wegvariante Brendlsteig über die Westliche, 2712 m, Mittlere, 2745 m, und Östliche Ödkarspitze, 2738 m, zur Birkkarspitze erfordert etwa 4 Std., ist im Aufstieg jedoch unbedingt lohnend.
Ohne Übernachtung sehr lang und anstrengend; Fahrrad für Hüttenanfahrt empfehlenswert. Im oberen Schlauchkar im Frühjahr Lawinengefahr, im Herbst oft sehr gefährliche Vereisung des Firnfeldes! Bei Nebel problematisch!

📑 bei guten Verhältnissen unschwierig, Höhe des Gipfelsteiges 110 m

🏠 Karwendelhaus, 1765 m; unter dem Gipfel hölzerne Biwakhütte am Schlauchkarsattel, 2635 m

30   **Karwendel**

Freiungen-Höhenweg und gesicherter Steig auf die Reither Spitze

Der nur stellenweise gesicherte Höhenweg durchläuft in der sonnigen Südseite den langen Verbindungsgrat zwischen der Reither Spitze und der Erlspitze und quert dabei abenteuerliche, enge Szenerien zwischen zerklüfteten

Felsbastionen, weite Jöcher, Steilgrashänge und wüste Kare. Am Solsteinhaus bieten sich mehrere Möglichkeiten, das alpine Erlebnis lohnend auszuweiten: Der Klettersteig auf die nahe ➲ Erlspitze lohnt sich allemal. Die Besteigung des Großen und Kleinen Solsteins ist ebenfalls eine lohnende Tagestour. Über den Gipfelstürmerweg kann man, allerdings mit großem Gegenanstieg, den Frau-Hitt-Sattel erreichen und hat hier Anschluß zum großartigen ➲ Innsbrucker Klettersteig.

🔺 Reither Spitze, 2374 m; Freiungspitzen, 2332 m; Kuhljochspitze, 2297 m

🏠 Seefeld in Tirol, 1180 m (Bahnhof)

🅿 Seefeld, Talstation der Standseilbahn Seefeld, 1234 m, zur Roßhütte, 1751 m

➡ 🅿 – Auffahrt zur Roßfeldhütte und zum Seefelder Joch, 2060 m – Gratweg über Seefelder Spitze, 2221 m, und Reither Spitze, 2374 m – Nördlinger Hütte, 2239 m – Ursprungsattel, 2096 m – Freiungen-Höhenweg – Weg 211/ 212 – Eppzirler Scharte – Solsteinhaus, 1806 m. 🔄 über Weg 213 durchs Erltal – Solenalm, 1644 m – Oberbach – Bahnhof Hochzirl, 922 m – Bahnrückfahrt zum 🅿: 8 – 9 Std.

Verkürzte Zustiege:
a) Seilbahnauffahrt von der Roßhütte, 1751 m, zur Bergstation Härmelekopf, 2034 m, und von hier direkt zur Nördlinger Hütte (Zeitersparnis 2 – 3 Std.)
b) von der Roßhütte auf gutem Weg quer durch die Westflanke zur Reither Spitze und zur Nördlinger Hütte (Zeitersparnis 1 – 1½ Std.)

Aufstiege zu Fuß:
Talstation Seefeld – Roßhütte: 2 Std.; Mittelstation Roßhütte – Seefelder Joch: 1 Std.

📶 unschwierig bis mäßig schwierig, Länge 5 – 6 km

🏠 am Ausgangspunkt Nördlinger Hütte, 2239 m; am Endpunkt Solsteinhaus, 1806 m

🚡 Standseilbahn Seefeld, 1234 m – Roßhütte, 1748 m (1. Fahrt 9.30 Uhr); Seilbahn Roßhütte, 1751 m – Seefelder Joch, 2060 m; Seilbahn Roßhütte, 1751 m – Härmelekopf, 2034 m

---

31   *Karwendel*

Klettersteig auf die Erlspitze (Zirler Klettersteig)

Neben dem vielbegangenen Normalweg gibt es auch einen verwegen angelegten Klettersteig über den Westgrat; er erfordert ein gehöriges Maß an Trittsicherheit, Schwindelfreiheit sowie auch Kletterfertigkeit.
In Verbindung mit dem ➲ Freiungen-Höhenweg zu empfehlen, besonders bei Nächtigung am Solsteinhaus.

🔺 Erlspitze, 2405 m

🏠 a) Seefeld, 1180 m (Bahnhof)
b) Zirl, 622 m (Bahnhof)
c) Scharnitz, 964 m (Bahnhof)

🅿 a) Seefeld, Talstation der Standseilbahn Seefeld, 1234 m, zur Roßhütte, 1751 m, Anmarsch über ➲ Freiungen-Höhenweg zum Solsteinhaus
b) Bahnhof Hochzirl, 920 m, Anmarsch über Solenalm oder Auto-Auffahrt
c) Scharnitz, Weg ins Hinterautal/Gleierschtal

➡ Zustieg von Seefeld über ➲ Freiungen-Höhenweg zum Solsteinhaus: 6 Std.
Zustieg von Zirl zum Solsteinhaus auf Fahrwegen (6 km) und Steig: 3 Std.
Zustieg von Scharnitz im Anmarsch durchs Gleierschtal zum Solsteinhaus, bis zur Kristenalm, 1348 m, am besten mit Fahrrad (fahrbare Strecke 12,4 km): 6 Std., mit Fahrrad 4½ Std.

📶 mäßig schwierig bis schwierig, einige Stellen ungesichert, II

🏠 Solsteinhaus, 1806 m

🚡 Standseilbahn Seefeld, 1234 m – Roßhütte, 1751 m (1. Fahrt 9.30 Uhr); Seilbahn Roßhütte, 1751 m – Seefelder Joch, 2060 m; Seilbahn Roßhütte, 1751 m – Härmelekopf, 2034 m

---

32   *Karwendel*

Kaiser-Max-Klettersteig Martinswand

Die gesamte Klettersteiganlage ist in drei Sektionen gegliedert. Sektion I führt mit ca. 200 m Seil bis zur historischen Felsgrotte. Sektion II,

1987 erbaut, enthält ca. 340 m Seil und bietet sicherlich die technisch schwierigste Vertikale, die bisher gesichert worden ist. Diese Sektion II führt über eine Höhe von 110 m durch völlig senkrechten und trittarmen, ja stellenweise sogar leicht ausgebauchten und glatten Fels. Nur ein ziemlich dünnes Stahlseil, aber keinerlei Bügel oder Stifte führen über die kleingriffigen Wandstellen, die ungesichert wohl mit dem VI. Grad zu bewerten wären. Sektion III, der Abstieg vom höchsten Punkt bis zum Grottensteig, ist ebenfalls durchgehend mit etwa 150 m Seil gesichert. Diese gesicherte Extremroute ist nur für Versierte gedacht, die absolut immun gegen schwindelerregende Tiefblicke sind. Für solche ist der zwei- bis dreistündige Kraftakt ein sportliches Vergnügen – alle anderen sollten sich mit dem berühmten Normalweg, der 1883 von Zirl aus zur Grotte gebaut wurde, begnügen.

🔺 höchster Punkt etwa 1025 m

🏨 Zirl, 622 m (Bahnhof)

🅿 Kfz-Stellplatz unter dem Einstieg, 100 m westlich Maximilians-Denkmal

➡ Zustieg: 10 – 15 Min.; ❷ Sektion I: bei guter Kondition etwa ¾ Std.; ❸ und Rückweg: 1½ Std.; Sektion II: zusätzlich 2 Std. Gesamtgehzeit; für alle drei Sektionen mit ❸: 2½ – 3 Std. Keinesfalls vollen Rucksack oder überflüssiges Gepäck mitnehmen. Helm unerläßlich!
Stellenweise Steinschlaggefahr, in den Morgen- und Abendstunden u.U. auch vom Wildwechsel oberhalb der Route ausgelöst.

📇 Sektion I sehr schwierig (Höhe 200 m)
Sektion II äußerst schwierig (Höhe 360 m)
Sektion III mäßig schwierig (Höhe 360 m)

33 *Karwendel*

Julius-Pock-Weg zur Vorderen Brandjochspitze

Nach dem Bau des Innsbrucker Klettersteigs hat die Vordere Brandjochspitze für den anspruchsvollen Klettersteiggeher ihren Anreiz als selbständige Bergtour weitgehend verloren. Trotzdem wird sie von Klettersteiggehern mit guter Kondition weiterhin gern erstiegen – sie ist für viele ein willkommenes Finale im An-schluß an die Begehung des ➲ Innsbrucker Klettersteigs. Nach dem rasanten neuen Eisenweg ist der problemlose Aufstieg auf diesen achten Gipfel nur ein beschaulicher Abschluß; für Anfänger und wenig Trainierte bleibt die Vordere Brandjochspitze jedoch ein lohnendes selbständiges Ziel.

🔺 Vordere Brandjochspitze, 2559 m

🏨 Innsbruck, 574 m (Bahnhof)

🅿 Innsbruck, Talstation oder Bergstation (863 m) der Zahnradbahn Hungerburg

➡ zum Frau-Hitt-Sattel über den Innsbrucker Klettersteig: 4½ Std.; über den alten Höhenweg: etwa 3½ – 4 Std.; über den Schmidhubersteig: etwa 2 Std.; vom Frau-Hitt-Sattel zum Gipfel: 1 Std.; vom Frau-Hitt-Sattel zur Seegrube: 1 – 1½ Std.; vom Frau-Hitt-Sattel zum Solsteinhaus: 3 – 4 Std.

📇 unschwierig, Höhe etwa 100 m, Zustieg über ➲ Innsbrucker Klettersteig mäßig schwierig, z. T. schwierig

🏠 ➲ Innsbrucker Klettersteig

🗺 ➲ Innsbrucker Klettersteig

34 *Karwendel*

Innsbrucker Klettersteig

Die vielbegangene, hervorragend gesicherte Überschreitung von sieben Gipfeln der Nordkette ist ein Weg für Genießer. Der Klettersteig besteht aus zwei völlig getrennten und in ihrem Charakter sehr unterschiedlichen Abschnitten. Vom Hafelekar bis zum Langen Sattel sind es fast 3 Std. genußvoller Gratbummel, mit einigen schärferen Einlagen. In der weiten, gemütlichen Grasmulde des Langen Sattels ist »Halbzeit«. Der kühne Weg durch den zauberhaften Felszirkus der beiden Sattelspitzen übertrifft alle Erwartungen. In eineinhalb Stunden kann man hier fast die ganze Skala dolomitischer Klettersteiggenüsse wie im Zeitraffer erleben – Grate und Scharten, Kaminchen, Türmchen und Rippen wechseln in schneller Folge.

🔺 Kemacherspitze, 2480 m

🏨 Innsbruck, 574 m, (Bahnhof)

🅿 Innsbruck, Talstation oder Bergstation (863 m) der Zahnradbahn Hungerburg

➡ Bergstation Hafelekar – Innsbrucker Klettersteig – Langer Sattel – Frau-Hitt-Sattel – ↻ zur Mittelstation Seegrube: 5½ – 6 Std.; Zwischenabstieg am Langen Sattel zur Mittelstation Seegrube über Schmidhubersteig bei Wetterumschwung möglich, dringend zu empfehlen auch für solche, die sich der Fortsetzung nicht gewachsen fühlen (verkürzte Gesamtgehzeit: 4 – 4½ Std.). Ggf. zu verbinden mit ↻ Julius-Pock-Weg.

📄 vom Hafelekar zum Langen Sattel mäßig schwierig, Länge 2,5 km; von der östl. Sattelspitze zum Frau-Hitt-Sattel schwierig, luftiger, merklich anspruchsvoller, Länge 0,8 km; letzter Steilabstieg sehr exponiert

🏠 auf den Seilbahnstationen Hafelekar und Seegrube große Restaurants, Berghotel Seegrube, 1905 m, ganzjährig bewirtschaftet

🚠 von Innsbruck Zahnradbahn zur sog. Hungerburg, 863 m, hierher auch mit Kfz, großer 🅿; von der Hungerburg Seilbahn zur Mittelstation Seegrube, 1905 m, (1. Fahrt 8 Uhr); von der Seegrube Gipfelseilbahn zur Bergstation Hafelekar, 2334 m

35 *Karwendel*

Klettersteig auf den Großen und Kleinen Bettelwurf

Der alte Klettersteig vom Eisengattergrat auf den Großen Bettelwurf führt durch gewaltige Plattenstufen, Rinnen und Verschneidungen und ist ein relativ unschwieriges, jedoch sehr abwechslungsreiches und befriedigendes Felserlebnis. Der neue Klettersteig auf den westlich gelegenen Kleinen Bettelwurf ist weitgehend naturbelassen und führt über schottrige Felsbänder, Verschneidungen und Risse auf den Grat empor. Eine Verbindung der beiden Bettelwurf-Anstiege über den sehr luftigen Grat mit seinen gebänderten Steilstufen ermöglicht eine Überschreitung der beiden »Bettelwürfe« mit einer Reihe rassiger, senkrechter Passagen und gehört zu den schönsten und spannendsten Klettersteigzielen im Karwendel.

🔺 Großer Bettelwurf, 2726 m; Kleiner Bettelwurf, 2650 m

🛏 Hall in Tirol, 574 m (Bahnhof)

🅿 a) Schlagbaum am Ende der Mautstraße ins Halltal (4 km Mautstraße)
b) an der Mautstraße gegenüber dem Fluchtsteig; 2,2 km ab Mautstelle (direkter Hüttenanstieg)
c) Innsbruck, Talstation oder Bergstation (863 m) der Zahnradbahn Hungerburg

➡ a) 🅿 Schlagbaum – Herrenhäuser, 1482 m – Lafatscher Joch, 2081 m – Weg 222 zur Bettelwurfhütte, 2079 m: 2½ – 3 Std.
b) 🅿 – Bettelwurfeck – Fluchtsteig (Weg 222) zur Bettelwurfhütte: 2 – 2½ Std.
Bettelwurfhütte – Kleiner Bettelwurf: 1½ Std.
Bettelwurfhütte – Großer Bettelwurf: 2 Std.
Verbindung Kleiner – Großer Bettelwurf: 1 Std.
Gesamtgehzeit 🅿 – Bettelwurfhütte – Kleiner Bettelwurf – Verbindungsgrat zum Großen Bettelwurf – Bettelwurfhütte – 🅿: 9 – 10 Std.
c) von der Bergstation Hafelekar der Innsbrucker Nordkettenbahn über den Innsbrucker Höhenweg zur Bettelwurfhütte: 4 – 5 Std.

📄 Kleiner Bettelwurf: schwierig, viele ungesicherte Stellen; Verbindungsgrat: schwierig, z.T. luftig; Gr. Bettelwurf: mäßig schwierig

🏠 Bettelwurfhütte, 2079 m

36 *Karwendel*

Felix-Kuen-Steig

Im Jahre 1975 wurde der Gipfel des Hundskopfes in der Nordflanke durch einen Klettersteig erschlossen, der mit Stahlseilen und Leitern ausgestattet ist und für Schwindelfreie einen problemlosen, aber dennoch spannenden Aufstieg ermöglicht. Mit der anregenden, leichten Kletterei auf die Walderkammspitze kann man das Ziel Hundskopf zu einem sehr lohnenden, aber trotzdem bequemen Tagesunternehmen verlängern.

🔺 Hundskopf, 2243 m; ggf. auch Walderkammspitze, 2565 m

🛏 Hall in Tirol, 574 m (Bahnhof)

🅿 Hinterhornalm, 1522 m; beim Gasthof Speckbacher nordwärts auf die Gnaden-

walder Höhenstraße (asphaltierte Mautstraße, 6 km)

➡ **P** – Felix-Kuen-Steig – **P**: 3 – 3½ Std.;
leichte Halbtagstour; ❷ vom Hundskopf –
Walderkammspitze: 1 Std., nur für Geübte

▤ mäßig schwierig, z.T. jedoch luftig, Länge
300 m; mit Seilsicherung auch für Anfänger und Kinder

⌂ Bergrestaurant Hinterhornalm, 1522 m

---

37 *Karwendel*

Klettersteige auf Lamsenspitze und Hochnißl

*Bei der Lamsenjochhütte steht man vor der
drohenden Wandflucht, die vom Hochnißl zur
Lamsenspitze herüberzieht – eine unnahbare
Felsbarriere, die vom düsteren, eiskalten Lamsentunnel (auch Brudertunnel genannt) durch-
stochen wird. Es ist ein unvergeßliches Erlebnis, wenn man nach der Tunneldurchsteigung
die sonnige Südwestseite des Kammes erreicht.
Die einst extrem steinschlaggefährdete Turner-
rinne am Felsfuß der Lamsenspitze ist heute
durch eine problemlose Drahtseilsicherung in
der westlichen Felsflanke ersetzt. Vom Lamsentunnel führt ein streckenweise gesicherter
Höhenweg zum Hochnißl. Bei Hüttennächtigung sind beide Gipfel bequem an einem Tag
zu ersteigen; als Tagestour sehr anstrengend.*

▲ Lamsenspitze, 2501 m;
Hochnißl, 2547 m

🚉 a) Hinterriß, 940 m
b) Pertisau, 952 m

P a) Gasthof in der Eng, 1203 m (Mautstraße
von Hinterriß)
b) Grammaialm, 1263 m (Mautstraße)

➡ a) **P** – Eng – Lamsenjoch, 1940 m –
Lamsenjochhütte, 1953 m – Lamsentunnel
– Lamsenspitze, 2501 m – **P**: 6½ – 7 Std.
b) bei ❷ vom **P** Grammaialm gl. Gehzeit;
Lamsentunnel – Hochnißl: 2 – 2½ Std.
❷ vom Lamsentunnel durchs Vomperloch
nach Vomp: 4 – 5 Std.

▤ mäßig schwierig, Durchstieg durch Lamsentunnel im Frühsommer manchmal völlig zugeschneit! Klettersteig zum Lamsentunnel: Höhe 200 m, ziemlich luftig;
Klettersteig zur Lamsenspitze: Höhe 100 m
Klettersteig zum Hochnißl: Höhe 100 m

⌂ Lamsenjochhütte, 1953 m

---

38 *Rofan*

Nordanstieg auf den Guffert

*Der Guffert, eine kühne, isolierte Felspyramide
mit einem nach Westen abfallenden Grat, ist
ein beliebter Münchner Aussichtsberg. Der
Aufstieg über die Nordflanke bietet neben
einem einsamen Aufstieg einige unschwierige
gesicherte Stellen.*

▲ Guffert, 2195 m

🚉 Steinberg, 1010 m
P Unterbergalm, 1000 m, **P** vor der Brücke

➡ **P** – Stubachalm, 1376 m – Ißalm, 1489 m
– Guffertnordanstieg bis auf den Gipfelkamm, 1936 m – Normalweg zum Gipfel,
2195 m – ❷ über Guffertstein, 1963 m –
Breitlahneralm, 1470 m – Ißalm – **P**: 6 –
7 Std.
Lange Bergwanderung, teilweise (am Beginn des nordseitigen Zustiegs) schlecht
markiert und bezeichnet. Bei ❷ über
Südseite nach Steinberg zweites Kfz am
Endpunkt empfehlenswert.

▤ unschwierig

⌂ ggf. Ludwig-Aschenbrenner-Hütte (Guffert-
hütte), 1465 m

---

39 *Rofan*

Gesicherter Steig auf den Sagzahn

*Die kurzweilige und harmlose Höhenwande-
rung von der Bayreuther Hütte über das Vordere Sonnwendjoch, den Sagzahn, den Schafsteigsattel, das Markgatterl und den idyllischen
Zireiner See bietet an der Westflanke des Sag-
zahns einen kurzen unschwierigen Klettersteig,
der sich auch für Anfänger und Kinder eignet.*

▲ Sagzahn, 2238 m

🚉 a) Kramsach, 535 m (Bahnhof)
b) Maurach am Achensee, 975 m

P a) Kramsach, Talstation Sonnwendjochbahn
b) Maurach, Talstation Rofanseilbahn

➡ a) **P** Kramsach – Seilbahnauffahrt zur
Sonnwendjoch-Hütte, 1790 m – Zireiner

Alm – Bayreuther Hütte, 1576 m – Sonnwendjochsattel, 2134 m – Vorderes Sonnwendjoch, 2224 m – Sagzahn, 2238 – Schafsteigsattel, 2173 m – Abstecher zur Rofanspitze, 2259 m – ☯ bei »Schokoladetafel« zum Markgatterl, 1911 m – ggf. Abstecher zur Markspitze, 2011 m – Bergstation Sonnwendjoch-Hütte: 6 – 7 Std.
b) 🅟 Maurach – Seilbahnauffahrt zur Erfurter Hütte, 1834 m – Mauritz Hochleger – Gruberstiege – Gruberlacke – Schafsteigsattel, 2173 m – Abstecher zum Sagzahn, 2239 m – zurück zur Erfurter Hütte: 5 Std.; vom Schafsteigsattel auch Fortsetzung der Tour zur Bergstation Roßkogelhütte (zweites Kfz am Talort!).
Ausgedehnte Bergwanderung mit Klettersteigeinlagen und Gipfelabstechern.

🗐 Sagzahn und »Schokoladetafel« unschwierig, Höhe jeweils 50 m
🏠 Bayreuther Hütte, 1576 m;
Erfurter Hütte, 1831 m
🚡 a) Sonnwendjochbahn von Kramsach, 535 m, zur Bergstation Sonnwendjoch-Hütte (Roßkogelhütte), 1790 m
b) Rofanseilbahn von Maurach, 858 m, zur Bergstation Erfurter Hütte, 1831 m

40 *Zahmer Kaiser*

Gesicherter Steig auf die Pyramidenspitze

Der breite Bergklotz der Pyramidenspitze bricht ostwärts unvermittelt ins Winkelkar ab, dessen südliche Umrahmung die schroffen Nordwände der Vorderen und Hinteren Kesselschneid und des Roßkaisers bilden. Aus diesem Kar führt ein gesicherter Steig durch Felslandschaft auf den begrünten Hauptkamm mit seinem schwach ausgeprägten Gipfel.

🔺 Pyramidenspitze, 1997 m

🏛 Durchholzen, 690 m

🅟 Durchholzen, Weg südwärts bis 🅟 vor Fahrverbot
➡️ 🅟 – Großpoitneralm, 928 m – Winkelalm, 1193 m – Gamsänger – Pyramidenspitze, 1997 m – Rückweg wie ❷ zum 🅟: 6 – 7 Std.
Die Abstiege nach Süden ins Kaisertal sind

nur zu empfehlen, wenn das Problem der Rückfahrt zum 🅟 gelöst ist.
🗐 mäßig schwierig, Höhe 400 m, Steinschlaggefahr durch Vorausgehende, im Frühsommer harte Altschneefelder

41 *Wilder Kaiser*

Widauersteig auf den Scheffauer

Der schon 1911 angelegte, vielbegangene gesicherte Widauersteig macht den Aufstieg von Norden auch für weniger Geübte – Schwindelfreiheit vorausgesetzt – zu einem abwechslungsreichen Vergnügen. Bei Benützung der Sesselbahn ist diese Tour im Wilden Kaiser als bequeme Tagesbergfahrt zu bewältigen.

🔺 Scheffauer, 2111 m

🏛 Kufstein, 503 m (Bahnhof)

🅟 Kufstein, Ortsteil Sparchen, Talstation Sessellift »Wilder Kaiser«
➡️ 🅟 – Sessselliftauffahrt bis Steinberg, 1150 m – Kaindlhütte, 1293 m – Widauersteig – Scheffauer, 2111 m – ☯ wie ❷ – Talfahrt zum 🅟: 5 – 6 Std.; südseitiger ☯ über Steinerhochalm – Hinterberger Alm – Bärnstatt, 924 m – Hintersteiner See, 883 m – Waller Alm – Kaindlhütte, 1293 m: 2 – 3 Std. länger
🗐 unschwierig bis mäßig schwierig, Höhe 400 m; Steinschlag durch Vorausgehende
🏠 Kaindlhütte, 1293 m, ganzjährig bewirtschaftet
🚡 Sessellift »Wilder Kaiser«, 3 Sektionen zur Bergstation Steinberg, 1150 m

42 *Wilder Kaiser*

Rote-Rinn-Scharte

Der natürliche Übergang über die hochgelegene Rote-Rinn-Scharte, schon um 1900 gesichert, später aber verfallen, wurde wieder instandgesetzt und bietet nun die Möglichkeit einer gesicherten Überschreitung der Ellmauer Halt von Nord nach Süd. Er ist jetzt im oberen Teil wieder gut gesichert, auf seiner gesamten Länge aber nach wie vor steinschlaggefährdet. An der Jägerwand trifft man auf den von Süden heraufführenden ➲ Gamsängersteig. Nächtigung im Kaisertal empfehlenswert.

▲ Ellmauer Halt, 2344 m

🏠 a) Kufstein, 503 m (Bahnhof)
b) Kössen, 589 m, Reit im Winkl, 695 m
c) St. Johann in Tirol, 569 m (Bahnhof);
Kirchdorf in Tirol, 643 m

P a) Kufstein, nördl. Ortsrand
b) Griesenau, 727 m

➡ 🅟 – Hinterbärenbad – Hans-Berger-Haus,
936 m – Untere, 1400 m, und Obere
Scharlinger Böden, 1700 m – Rote-Rinn-
Scharte, 2093 m – Ellmauer Halt, 2344 m:
7 – 8 Std.
Rückweg wie ❷ oder über den Klettersteig
⮕ Kaiserschützensteig: 5 – 6 Std.
Gesamtgehzeit: 12 – 14 Std.
An der Rote-Rinn-Scharte ❸ auf die Süd-
seite über den ➡ Gamsängersteig möglich
(zweites Kfz am Endpunkt).

📑 schwierig, Sicherungen nur an den schwierigeren Stellen, sehr steinschlaggefährdet;
bei Nässe oder Schlechtwetter dringendst
abzuraten

🏠 von Kufstein Anton-Karg-Haus, 829 m, in
Hinterbärenbad, von Kufstein 2½ Std.;
Hans-Berger-Haus, 936 m; von Osten
Stripsenjochhaus, 1580 m; am Gipfel Bi-
wak Babenstuberhüttchen, Holzhütte für 4
Personen, nicht blitzschlagsicher!

43   *Wilder Kaiser*

Kaiserschützensteig auf die Ellmauer Halt

*Dieser Nordanstieg über die Kleine Halt und
die Gamshalt wurde 1986 angelegt. Die Route
bewegt sich überwiegend südwestlich unter
dem Grat der Halten über den Scharlinger
Böden; sie diente früher vor allem den Kletterern als Abstieg von den jeweiligen Kletterrouten, war aber namentlich bei Schlechtwetter
reichlich gefährlich. Für geübte, trittsichere
und erfahrene Bergsteiger bieten diese beiden
Nordanstiege die Möglichkeit einer abwechslungsreichen Überschreitung der Ellmauer Halt
mit Abstieg über die ➡ Rote-Rinn-Scharte.*

▲ Ellmauer Halt, 2344 m

P ➡ Rote-Rinn-Scharte

➡ 🅟 – Hinterbärenbad – Hans-Berger-Haus,
936 m – Obere Scharlinger Böden,

1700 m – Kleine Halt, 2116 m – Gamshalt,
2291 m – Ellmauer Halt, 2344 m: 7 – 8 Std.
Rückweg wie ❷ oder über den Klettersteig
➡ Rote-Rinn-Scharte: 5 – 6 Std.
Gesamtgehzeit: 12 – 14 Std.
An der Rote-Rinn-Scharte ❸ auf die Süd-
seite über den ➡ Gamsängersteig möglich
(zweites Kfz am Endpunkt).

📑 schwierig, die Versicherungen folgen fast
durchwegs einer alten Kletterroute, sind
aber keineswegs durchgehend, sondern
nur an den schwierigsten Stellen angebracht; streckenweise ist der Weg sehr
ausgesetzt, und bei Nässe ist ein steiler
Wiesenhang zwischen Gamshalt und Ellmauer Halt sehr rutschgefährlich; bei
Nässe oder Schlechtwetter dringendst abzuraten

🏠 ➡ Rote-Rinn-Scharte

44   *Wilder Kaiser*

Gamsängersteig auf die Ellmauer Halt

*Die Ellmauer Halt, der höchste Gipfel des
Kaisergebirges, ragt als Spitze eines gewaltigen
Felsklotzes 1150 m hoch mit furchterregenden
Plattenwänden aus dem nördlichen Kaisertal
empor. Ein kühner und landschaftlich hochin-
teressanter Klettersteig von Süden über die
Gamsänger – der wohl schönste im Kaiserge-
birge – ermöglicht eine relativ problemlose
Ersteigung, ist aber durch Steinschlag sehr
gefährdet.*

▲ Ellmauer Halt, 2344 m

🏠 Ellmau, 804 m

P Wochenbrunner Alm, 1087 m, 1 km
Mautstraße von der Gastwirtschaft Wo-
chenbrunn, 981 m

➡ 🅟 – Gruttenhütte, 1620 m – Gamsänger –
Jägerwand – Ellmauer Halt – ❸ zum 🅟:
7 Std.
Eine längere, aber empfehlenswerte Ab-
stiegsvariante führt durch das wilde
Gschlöß über den landschaftlich großarti-
gen Jubiläumsteig (Klettersteig!) zur Gau-
deamushütte: 1 – 1½ Std. länger.
An der Jägerwand ist ein ❸ über den
Klettersteig ➡ Rote-Rinn-Scharte und ➡
Kaiserschützensteig auf die Nordseite,

nach Kufstein, möglich (zweites Kfz am Endpunkt abstellen).

▤ schwierig, in der Querung der Gamsänger erhebliche Steinschlaggefahr

⌂ im ➋ + ➌ Gruttenhütte, 1620 m, ggf. Gaudeamushütte, 1263 m; am Gipfel Biwak Babenstuberhüttchen, Holzhütte für 4 Personen, nicht blitzschlagsicher!

45   *Wilder Kaiser*

Eggersteig und Steinerne Rinne auf das Ellmauer Tor

Diese Route, früher eine schwierige Kletterei, wurde schon 1903/04 ausreichend gesichert. Die in diesem gewaltigen Felskar unvermeidliche Steinschlaggefahr, aber auch die Schneereste, die den Steig stellenweise im Frühsommer begraben, sind jedoch eine ernste Gefahr geblieben.

▲ Hintere Goinger Halt, 2192 m

🛏 Kössen, 589 m, und Griesenau, 727 m

🅿 Griesener Alm, 988 m, Mautstraße von Griesenau

➔ 🅿 – Eggersteig – Steinerne Rinne, 1450 m bis 1700 m – Ellmauer Tor, 1995 m – Hintere Goinger Halt, 2192 m – Rückweg wie ➋ zum 🅿: 7 Std.
Vom Ellmauer Tor ist ein bequemer ➌ südwärts zur Gruttenhütte (über Jubiläumssteig) oder Gaudeamushütte möglich, von wo sich eine Begehung des ➋ Gamsängersteiges anbietet (Nächtigung nötig).

▤ mäßig schwierig, z.T. Steinschlaggefahr, Höhe 250 m

⌂ am 🅿 Griesener Alm, 988 m; ggf. Stripsenjochhaus, 1577 m (etwa ¼ Std. Umweg)

46   *Wilder Kaiser*

Klettersteig auf die Ackerlspitze und die Maukspitze

Beide Gipfel sind in einer lohnenden Felsfahrt über den teilweise sehr kühnen, nur spärlich mit einzelnen Eisengriffen gesicherten Klettersteig von der Ackerlhütte aus zu besteigen. Die teilweise sehr exponierten Stellen erfordern ein hohes Maß an Schwindelfreiheit und etwas Kletterfertigkeit.

▲ Ackerlspitze, 2329 m; Maukspitze, 2231 m

🛏 Ellmau, 804 m; Going, 773 m; Wörgl, 577 m; St. Johann in Tirol, 659 m (Bahnhöfe)

🅿 beim Stanglwirt an der Straße Wörgl – St. Johann 1,5 km nach Prama bis zum Schlagbaum am Waldrand

➔ 🅿 – Obere Regalm, 1313 m – Ackerlhütte, 1445 m – Ackerlschneid, 2250 m – Ackerlspitze, 2329 m – ➌ zur tiefsten Scharte im Grat – Maukspitze, 2231 m – ➌ über Flachschneide in Niedersessel – Ackerlhütte – 🅿: 8 – 9 Std.

▤ schwierig, sehr spärlich gesichert und z.T. sehr exponiert, Höhe 400 m

⌂ Ackerlhütte, meist verschlossen!

47   *Loferer Steinberge*

Nurracher Höhenweg Klettersteig am Nacketen Hund und am Rothörnl

Der Nurracher Höhenweg erschließt sieben Gipfel der westlichen Hälfte der Loferer Steinberge. Es ist ein langer, anstrengender, dafür aber meist recht stiller Felsgang zwischen 2000 und 2500 m Höhe, mit prächtiger Rundumsicht, bei Hitze eine Durststrecke, bei Gewitter gefährlich. Die beherrschenden und bleibenden Eindrücke sind allerdings weniger die spärlichen Klettersteigpassagen, auch wenn die neuen Leitern und Griffbügel am Großen Hinterhorn eine sehr anregende Klettersteigvariante als Finale bieten. Wer die nötige Ausdauer für 10 – 12 Stunden Gehzeit, dazu Trittsicherheit und Schwindelfreiheit mitbringt, wird an schönen Herbsttagen von diesem Höhenweg ein bleibendes Landschaftserlebnis mit nach Hause nehmen. Die alte Route wurde neuerdings durch zwei interessante Varianten bereichert: Der Klettersteig zum Nacketen Hund ist ein reichlich scharf angelegter, spärlich gesicherter Weg über exponierte Bänder. Er ist auch als selbständige Unternehmung durchaus lohnend. Der technisch eher problemlose Klettersteig zum Rothörnl ist hingegen eher als Abstecher auf dem Nurracher Höhenweg zu empfehlen, aber nur sehr ausdauernden Gehern, die den eineinhalbstündigen Umweg verkraften. Wer allerdings auf dem Nurracher Höhenweg alle beiden Klettersteig-Abstecher »mitnehmen« will, muß mit mindestens 14 Stunden Gehzeit rechnen!

▲ Mitterhorn, 2483 m

▟ St. Ulrich am Pillersee, 847 m

🅿 a) St. Ulrich, großer 🅟 beim Fußballplatz
b) Weißleiten, 928 m, im Lastal

➡ 🅟 St. Ulrich – Weg 612 – Bräualm, 1219 m – Ulrichshorn (Seehorn), 2152 m – Schaflegg, 2175 m – Großes Rothorn, 2409 m – Östl. Rothorn, 2403 m – Ulrichsnieder – Mitterhorn, 2483 m – ❸ über grün markierten Klettersteig zum rot markierten Normalweg – Lastal – 🅟 St. Ulrich: 11 Std.
Mit allen Gegenanstiegen ist ein Höhenunterschied von mindestens 2000 m zu bewältigen! Abzweig vom Schafleck nordwärts und über den Klettersteig aufs Rothörnl, 2395 m, bis zum Rothorn: 1 – 1½ Std.

▤ Nurracher Höhenweg und Rothörnl mäßig schwierig, Nacketer Hund schwierig

⌂ keine! Kein Wasser!

Dopplersteig auf den Untersberg

Der bereits 1876 eröffnete Felsensteig, der eigentliche Höhepunkt des Anstiegs, führt über mehr als 400 teils in Fels gehauene Stufen oft recht luftig, doch überraschend bequem und stets ausreichend durch wandseitige Geländer und Drahtseile gesichert, schräg aufwärts durch die Wand auf den latschenbewachsenen Nordrücken des Geierecks.

▲ Salzburger Hochthron, 1853 m

▟ Grödig, 446 m

🅿 Planegg, Fahrweg zum Gasthaus Rositten

➡ 🅟 – Rosittenbachklamm – Dopplersteig – Zeppezauerhaus, 1664 m – Geiereck (Bergstation der Seilbahn): 3 Std., von hier zum Salzburger Hochthron: ½ Std.; empfehlenswerter ❸: gesicherter Steig über ➋ Mittagsscharte.
Beide Weganlagen wurden mit großem technischen Aufwand so perfekt ausgebaut und gut gesichert, daß sie zwar kaum noch als Klettersteig bezeichnet, dafür aber auch von weniger Geübten bei etwas Schwin-

delfreiheit gefahrlos begangen werden können. Die Begehung beider Steige einschließlich Höhlenbesuch kann zu einer herrlichen Tagestour verbunden werden.

▤ unschwierig, jedoch z.T. sehr luftig, Höhe 150 m

⌂ im ➋ Zeppezauerhaus, 1664 m, Geiereck-Gasthaus, 1805 m, an der Seilbahn-Bergstation

🚡 ggf. für den schnellen »Abstieg« Seilbahn von der Bergstation Geiereck, 1805 m, zur Talstation St. Leonhard

Gesicherter Steig über die Mittagsscharte auf den Untersberg

Der Weg zur Mittagsscharte, 1934/35 gebaut, ist eine größtenteils in den Fels gesprengte Anlage, die über mehrere Tunnels und 450 teils in den Fels gehauene Stufen die senkrechte Wand emporführt. Tunnelfenster bieten prachtvolle Tiefblicke, außerdem genießt man fesselnde Einblicke in die senkrechten Ostwände. Der Weg selbst ist so tief eingesprengt und so gut gesichert, daß er auch weniger Geübten empfohlen werden kann; er mündet auf der Mittagsscharte, der tiefsten Einsattelung des gesamten Untersbergmassivs zwischen Berchtesgadener und Salzburger Hochthron.

▲ Salzburger Hochthron, 1853 m

▟ Grödig, 446 m, oder Marktschellenberg, 477 m

🅿 Paßturm Schellenberg, 505 m (800 m südlich der bayer.-österr. Grenzstation)

➡ 🅟 – Jagdhütte Mitterkaser – Schellenberger Eishöhlenhütte, 1411 m – Mittagsscharte, 1671 m – Salzburger Hochthron, 1853 m: 4 Std.; von der Mittagsscharte zum Salzburger Hochthron: ¾ Std.; empfehlenswerter ❸: ➋ Dopplersteig.

▤ unschwierig, Höhe 120 m

⌂ im ➋ Schellenberger Eishöhlenhütte (Toni-Lenz-Hütte), 1411 m; im Gipfelbereich Geiereck-Gasthaus, 1805 m, an der Seilbahn-Bergstation

🚡 ggf. für den schnellen »Abstieg« Seilbahn von der Bergstation Geiereck, 1805 m, zur Talstation St. Leonhard

50   *Berchtesgadener Alpen*

Klettersteig auf das Wagendrischlhorn

Die Anstiege sind von allen Seiten reichlich lang und anstrengend, oberhalb der Latschenregion aber zieht der Kalk der Reiteralpe alle alpinen Register: wilde Karrenflächen, Gletscherschliffe und Dolinen und riesige kompakte Felsterrassen. Wer neben dem gemütlichen Klettersteig auf die Mayrbergscharte und auf das Wagendrischlhorn und dem Abstieg über den gesicherten Böslsteig auch noch ein bis zwei weitere Hörner »mitnimmt«, erlebt einen landschaftlich außergewöhnlich erfüllten Tag mit relativ gemütlichen Klettersteigeinlagen.

🔺 Wagendrischlhorn, 2251 m

🏠 Raumsau, 670 m

🅿 Raumsau, ❷ südwestlich Hintersee, 805 m

➡ ❷ – Weg in Richtung Bindalm bis kurz vor Engertalm, 959 m – Schafsteig (Weg 473) – Hochgscheidsattel – Loferer Steig (Weg 3) – Mayrbergscharte, 2053 m – Weg 3E zum Wagendrischlhorn, 2251 m – ❸ über Böslsteig – Halsalm – ❷: 8 – 9 Std.
Weghinweise:
a) Von der Mayrbergscharte führt ein sehr lohnender, gut bez. Anstieg zum Stadelhorn, 2287 m, etwa ¾ Std., im Mittelteil einfache felsige Passagen (I).
b) Vom Gipfel des Stadelhorns führt eine anregende Gratkletterei, nicht bez., aber problemlos zu finden, zum Gipfel des Großen Mühlsturzhorns, 2234 m (II), sehr lohnend und anregend, z.T. exponiert, etwas Klettererfahrung erforderlich.
c) Auf der gesamten Hochfläche der Reiteralpe äußerste Aufmerksamkeit bei Nebel! Spärliche Markierung, streckenweise keinerlei Pfadspur!

📋 unschwierige bis mäßig schwierige Klettersteigpassagen, am Wagendrischlhorn 120 m, am Schaflsteig 100 m, am Böslsteig 30 m

🏠 keine Stützpunke! Kein Wasser! Bei ❷ von der Paßhöhe Schwarzbachwacht, 868 m, über den Wachterlsteig zur Saugasse: Neue Traunsteiner Hütte, 1557 m (ggf. Nächtigung)

51   *Berchtesgadener Alpen*

Überschreitung des Watzmanngrates

Der Gang über den majestätischen Grat fordert seinen Tribut: fast 4 Stunden Anstieg auf ermüdenden Wegen bis zur Hütte, die oft überfüllt ist. Auch der weitere Aufstieg über den breiten, schottrigen Nordrücken zum Hocheck, dem ersten der drei Gipfel, ist eher enttäuschend. Hier ändert sich schlagartig der Charakter der Tour: ein schmaler zerklüfteter, doch nicht allzu luftiger Grat, dramatische Tiefblicke, die Schau auf den See, die ersten Seile, ein faszinierender Gang auf dem gut gesicherten Grat, wechselnde Felsszenerien und stets neue Einblicke in steile Wandpartien. Schneller als erwartet steht man auf dem Mittelgipfel. Ein zweiter, längerer und auch etwas anspruchsvoller Felsgang zum Südgipfel ist der größte Eindruck dieser Gratüberschreitung, der durch Einblicke in die berüchtigte Watzmann-Ostwand gewürzt wird.

🔺 Watzmann, Mittelgipfel 2713 m, Südspitze 2712 m
🏠 Ramsau, 670 m

🅿 Ramsau, Wimbachbrücke, 624 m

➡ ❷ – Watzmannhaus, 1928 m – Hocheck, 2651 m – Mittelgipfel, 2713 m – Südspitze, 2712 m – Wimbachgrieshütte, 1326 m – Wimbachschloß – Wimbachklamm – ❷: 13 – 14 Std.
Wegen der außergewöhnlichen Länge der Tour ist eine Nächtigung im Watzmannhaus angeraten. Im ❸ bei Nebel große Orientierungsprobleme, von der Wimbachgrieshütte zum ❷ noch 11 km!

📋 mäßig schwierig, Länge 2,5 km, zwei lange Gegenanstiege, bei Gewitter sehr gefährlich, bei Neuschnee oder Vereisung dringendst abzuraten

🏠 im ❷ Watzmannhaus, 1928 m
im ❸ Wimbachgrieshütte, 1326 m
am Hocheck winzige Unterstandshütte, 2651 m (kein Biwak)

52 *Berchtesgadener Alpen*

Über den Mannlgrat zum Hohen Göll

Der im Jahre 1957 gebaute Klettersteig vom Kehlsteinhaus auf die Göll-Leiten erschließt die landschaftlich außerordentlich interessante und vormals nur Kletterern zugängliche Felsszenerie des Mannlgrates. Zugleich ist dieser Steig der kürzeste, bequemste und auch schönste der normalen Anstiege auf den Hohen Göll – vom Kehlsteinhaus zum Gipfel nur zweieinhalb Stunden! Im Gegensatz zu den meisten Klettersteigen erlebt man die anregenden Stellen nicht erst während des eigentlichen Gipfelanstiegs, sondern gleich zu Beginn des Weges.

🔺 Hoher Göll, 2522 m

🛏 Berchtesgaden, 570 m (Bahnhof)

🅿 Obersalzberg, 971 m, von hier mit Postbus zum 🅿 am Kehlstein, 1710 m

➡ 🅿 Kehlstein, 1710 m – Kehlsteinhaus, 1837 m (ggf. mit Fahrstuhl) – Mannlscharte – Mannlgrat – Hoher Göll, 2522 m: 3 Std.
Abstiege:
a) wie ❷: 2 – 2½ Std. (letzter Postbus 18.20 Uhr)
b) zunächst wie ❷, bei der 1. Weggabelung über den Klettersteig Schusterweg zum Purtschellerhaus und zur Enzianhütte (Roßfeldstraße) – 🅿 Obersalzberg: 3 Std.
c) vom Hohen Göll Überschreitung des gesamten Göllstocks bis zum Jennergipfel, von hier mit der Jennerbahn nach Königssee: bei Bahnbenützung 4 Std., zu Fuß zur Talstation 2 Std. länger

📄 mäßig schwierig, Länge 1,5 km, Schustersteig etwa 50 m Höhe

🏠 am Ausgangspunkt Kehlsteinhaus, 1837 m, keine Übernachtung; bei ❸ b) Purtschellerhaus, 1692 m

🚡 bei ❸ c) Jennerbahn vom Jennergipfel, 1874 m, zum Bahnhof Königssee, 620 m

53 *Berchtesgadener Alpen*

Klettersteig auf das Persailhorn

Der Klettersteig in der sonnigen Südflanke ist fast durchgehend bis zum Ausstieg gesichert. Durch die geschickte Anlage des Steiges ist

eine Steinschlaggefährdung durch Vorausgehende fast ausgeschlossen. Der Gipfel ist mit dem Breithorn durch einen Grat verbunden, über den der gut markierte, aber nicht gesicherte Saalfeldener Höhenweg führt. Dieser bietet Geübten die Möglichkeit einer großartigen, aber reichlich luftigen Gratüberschreitung über mehrere Gipfel, teilweise im II. Grad!

🔺 Persailhorn, 2350 m

🛏 Bachwinkl, 840 m, nördl. Saalfelden

🅿 von Bachwinkel bis zum Öfenbach, 🅿 nach dem Viehrost

➡ 🅿 – Öfenbachsteig – Kreuzweg, 1320 m – Peter-Wiechenthaler-Hütte, 1752 m – Persailhorn, 2350 m – 🅿: 5 – 7 Std.; Verlängerung der Tour über Saalfeldener Höhenweg vom Persailhorn über Mitterhorn – Riemannhaus – Ramseidersteig – 🅿: 7 – 8 Std.
Der Klettersteig ist eine bequeme Tagestour. Mit anschließendem Saalfeldener Höhenweg (II) ausgedehnte und anstrengende Tagestour, die mit Übernachtung auf dem Riemannhaus und anschließender Tour auf die ➲ Schönfeldspitze verbunden werden kann. Trittsicherheit und Schwindelfreiheit erforderlich. Vorsicht bei Nässe. Nicht bei Nebel begehen!

📄 mäßig schwierig, Saalfeldener Höhenweg ungesichert, II, z.T. sehr luftig

🏠 Peter-Wiechenthaler-Hütte, 1752 m

54 *Berchtesgadener Alpen*

Gesicherter Steig auf die Schönfeldspitze

Der Aufstieg durch die Südflanke ist ein äußerst sparsam, jedoch völlig ausreichend mit wenigen Griffbügeln gesicherter Klettersteig. Er quert auf einem etwas ausgesetzten natürlichen Band ansteigend die Südflanke des Berges und führt zur luftigen »Schlüsselstelle«, einer bauchigen Plattenfolge, die mit Eisenklammern gut gesichert ist. In unschwieriger Kletterei mit Hilfe einiger weniger Haltegriffe in die schrofige Ostflanke und über den Ostgrat zum Gipfel.

🔺 Schönfeldspitze, 2653 m

🛏 Maria Alm, 802 m, östl. von Saalfelden

🅿 vor dem Schlagbaum, 3,7 km nördlich Maria Alm

➡ 🅿 – Hüttenanstieg zur Ramseiderscharte (leichter Klettersteig!) – Riemannhaus, 2177 m – Schönfeldspitze, 2653 m – ❸ ab Buchauerscharte in nordöstl. Richtung zum Weg von Hochbrunnsulzen – Riemannhaus – 🅿: 8 Std.

📄 mäßig schwierig, Höhe 200 m

🏠 im ❷ + ❸ Riemannhaus, 2177 m

55   *Berchtesgadener Alpen*

Mooshammersteig zum Hochseiler (Südanstieg)

In der Hinterthaler Wetterwand gähnen die Teufelslöcher, zwei gigantische Felstore, die von der Pinzgauer Seite aus schon von weitem sichtbar sind. Der Mooshammersteig, der den Hochseiler in spannender Wegführung überschreitet, führt durch eines der riesigen Felslöcher direkt auf die Übergossene Alm; die Routenführung über Plattenhänge und Rinnensysteme ist z.T. sehr spannend. Der kurze, doch nur sehr sparsam mit wenigen Eisenstiften gesicherte Aufstieg über die Einrisse und Felsabsätze der Ostkante des Gipfels ist äußerst luftig und führt zum Schluß über einen völlig senkrechten, ebenfalls nur mit Eisenstiften gesicherten Kamin.

🔺 Hochseiler, 2793 m

🛏 Hinterthal am Hochkönig, 1016 m

🅿 Hinterthal, östl. Seite des Baches

➡ 🅿 – Bertgenhütte, 1845 m – Mooshammersteig – Teufelslöcher – Hochseiler, 2793 m (über Ostkante) – ❸ über Mooshammersteig zur Torscharte – 🅿: 8 – 10 Std.
Anstrengende, ausgedehnte, ernste und meist sehr einsame Tagestour ohne Stützpunkt, nur für Trainierte und Schwindelfreie bei gutem Wetter!

📄 schwierig, z.T. äußerst exponiert, Höhe 800 m, Hochseiler-Ostgrat Höhe 150 m, keineswegs für Untrainierte, Anstieg über Mooshammersteig ungesichert (I, z.T. II,

exponiert), ❸ über Herzogsteig gesichert, jedoch sehr nordseitig, mitunter nur mit Steigeisen und Pickel!

🏠 Bertgenhütte, 1845 m, unbewirtschaftet und stets verschlossen!

56   *Berchtesgadener Alpen*

Über das Birgkar auf den Hochkönig (Südanstieg)

Der wenig begangene Südanstieg ist markiert und stellenweise gesichert. Altschneefelder und durch Lawinen beschädigte Seile können jedoch problematisch werden und zur Rückkehr zwingen. Klettersteiggehern bietet dieser höchste Gipfel der Berchtesgadener Alpen eine großartige Überschreitungsmöglichkeit: Aufstieg durch das Birgkar oder gar über die Teufelslöcher in der steilen Südflanke des Berges, Überschreitung des Firnfeldes an seinem südlichen Hochrand und Abstieg über den beliebten und vielbegangenen Normalweg.

🔺 Hochkönig, 2941 m

🛏 Saalfelden, 744 m (Bahnhof 1 km); Bischofshofen, 547 m (Bahnhof)

🅿 Birgkarhaus, 1403 m, am Dientener Sattel

➡ 🅿 – Erichhütte, 1540 m – Birgkar – Fensterl am Grat – Matrashaus am Gipfel, 2941 m – ❸ auf Normalweg – Schartensteig – Mitterfeldalm, 1670 m – Arthurhaus, 1503 m – Höhenverbindungsweg über Rieding- und Wiedersbergalm zum 🅿: 10 – 11 Std.
Mit ❸ zum 🅿 außergewöhnlich lange und anstrengende Tour! Bei ❸ über Mühlbach zweites Kfz am Endpunkt dringendst zu empfehlen!

📄 mäßig schwierig, Höhe 700 m, bei Altschneelage u.U. gefährlich (ggf. nur mit Pickel und Steigeisen)

🏠 im ❷ Erichhütte, 1540 m; am Gipfel Matrashaus, 2941 m
im ❸ Mitterfeldalm, 1670 m, Arthurhaus, 1503 m; bei ❸ über Mühlbach Hochkeilhaus, 1400 m, Mandlwandhaus, 1300 m, Rupertihaus, 1265 m

57 *Tennengebirge*

Klettersteig auf den Hochkogel

Der Hochkogel birgt in seinem Inneren die weithin berühmte Eisriesenwelt, eines der ausgedehntesten Höhlensysteme der Alpen. Der Höhleneingang, etwa in halber Höhe der Westwand, ist bequem über eine Gondelbahn zu erreichen. Hier beginnt auch der beliebte Klettersteig, der problemlos, wenn auch stellenweise sehr exponiert, zum Gipfel führt.

▲ Hochkogel, 2282 m

🛏 Werfen, 548 m (Bahnhof)

🅿 ❶ am Ende der Zufahrtsstraße zur Eisriesenwelt, 6 km von Werfen, etwa 1180 m

➡ ❶ – Talstation Gondelbahn – Gondelauffahrt zum Dr.-Friedrich-Oedl-Haus, 1573 m – Promenadenweg – Weg 212 – Jagdhütte am Hochkogeltief, 2092 m – Hochkogel: 1¾ Std.
❷ wie ❶.
Gesamtgehzeit ab Bergstation: 3 Std.

📋 unschwierig, jedoch z.T. exponiert, Steinschlag, Höhe 350 m

🏠 Dr.-Friedrich-Oedl-Haus, 1582 m

🚡 Eisriesen-Seilbahn, Talstation bei der Wimmerhütte, 1046 m, Bergstation 1570 m

58 *Tennengebirge*

Klettersteig auf das Raucheck

Die lange und anstrengende, aber ansonsten unschwierige Bergwanderung führt an der Werfener Hütte vorbei und gegen Nordwesten am Fuß der Felsaufschwünge des Hochthrons in leichtem Auf und Ab auf die Fieberhörner zu. Noch bevor man diese beliebten Kletterwände erreicht, hält man sich rechts und kommt zu einer Steiganlage. Sie führt anfangs am Drahtseil, dann aber ein respektables Stück über die sog. Hochthronleiter senkrecht zum Throntor hinauf. Diese Passage ist das würzigste Erlebnis der Tour, die in unmittelbarer Umgebung des Gipfels landschaftlich wenig reizvoll ist.

▲ Raucheck, 2431 m

🛏 Werfenweng, 901 m

🅿 Fromm, 967 m

➡ ❶ – Weg Nr. 30 – Gasthaus Gamsblick, 1037 m – Elmau-Alm, 1530 m – Werfener Hütte, 1969 m – Einstieg – Throntor – Raucheck, 2431 m – ❷ wie ❶ zum ❶: 8 – 9 Std.

📋 mäßig schwierig, z.T. sehr luftig, Felsen im Bereich der Seile schon speckig

🏠 im ❶ und ❷ Gasthaus Gamsblick, 1037 m; Elmau-Alm, 1530 m; ggf. Werfener Hütte, 1969 m

59 *Dachsteingebirge*

Klettersteig auf den Schöberl

Wenige hundert Meter südwestlich der Simonyhütte erhebt sich der formschöne Felskegel des Schöberls. In der über 100 m hohen Ostwand wurden etliche Kletterrouten mit fixen Stand- und Zwischensicherungen eingerichtet und neben dem Abseilkamin ein Klettersteig gebaut. Gut zu verbinden mit ➡ Klettersteigen am Dachstein.

▲ Schöberl, 2426 m

🛏 Obertraun, 513 m (Bahnhof)

🅿 a) Talstation Gjaidbahn, 569 m
b) Talstation Dachstein-Seilbahn, 600 m

➡ ❶: a) Bergstation Oberfeld, 1832 m oder b) Station Gjaidalm, 1788 m – Weg 650 – Simonyhütte, 2205 m: 2½ – 3 Std.
Von der Simonyhütte direkt über leichtes, felsiges Gelände zum Wandfuß (Schuttkegel, 2310 m), rechts des von der Hütte bereits gut sichtbaren Kamins empor: ¾ Std.;
❷: wie ❶; Gesamtgehzeit: 6 – 7 Std.

📋 im Mittelteil schwierig, sonst unschwierig, Felshöhe 120 m, unterster Teil leichte Schrofenkletterei, ungesichert

🏠 Simonyhütte, 2205 m; bei Anstieg von Hallstatt auch Wiesberghaus, 1872 m

🚡 a) Gjaidbahn mit beschränktem öffentlichen Verkehr, beide Teilstrecken bis Oberfeld, 1832 m
b) weniger günstig: Dachstein-Seilbahn Obertraun, alle drei Teilstrecken über Krippenstein bis Gjaidalm, 1788 m

60   *Dachsteingebirge*

Klettersteige am Dachstein

Eine Überschreitung des Hohen Dachsteins, des zweithöchsten Berges der Nördlichen Kalkalpen, mit Aufstieg über die Nordostflanke und Abstieg über den Westgrat sowie Rückkehr über die Steinerscharte gehört bei strahlendem Wetter zu den herrlichsten Felsfahrten mit Gletscherüberschreitung, die sich ein Klettersteiggeher erträumen kann. Durch den Bau der Gletscherbahn Ramsau auf den 2687 m hohen Hunerkogel ist der vordem nur nach langen Hüttenanstiegen erreichbare Gipfel in den Rang einer »bequemen Tagestour« gerückt.

🔺 Hoher Dachstein, 2995 m

🛏 Ramsau am Dachstein, 1135 m; von hier Mautstraße zur Talstation Türlwand

🅿 Talstation Türlwand der Dachstein-Südwand-Seilbahn, 1692 m

➡ 🅿 – Seilbahn zur Bergstation Hunerkogel, 2687 m (❷ zu Fuß über Klettersteig zum Hunerkogel: 3 Std.) – Dachsteinwartehütte, 2741 m – ❷ über Nordostflanke (Randkluftaufstieg) oder problemloser über Ostschulter (Felsenzustieg) zum Dachstein, 2995 m – ❸ über Westgrat – Obere Windlucke, 2746 m – Weg 601 am Ostrand des Großen Gosau-Gletschers – Steinerscharte, 2717 m – über den Hallstätter Gletscher zur Dachsteinwartehütte – Seilbahntalfahrt zum 🅿: 4 – 5 Std.
Hochalpine, bei Seilbahnauffahrt bequeme Tagestour; Anfänger und Kinder ans Seil. Mit Anstieg von der Gjaidalm oder von den Gosauseen sehr anstrengend, nur mit Übernachtung!

📒 schwierig, Nordostflanke nur spärlich mit Stiften gesichert, etwas Kletterfertigkeit erforderlich, Steinschlag! Westgrat und Anstieg zum Hunerkogel nur mäßig schwierig; Höhe Westgrat, Nordostflanke (Randkluftanstieg) und Felsenanstieg je 250 m, Steinerscharte von beiden Seiten je etwa 50 m. Bei Vereisung oder Altschneelage dringendst abzuraten!

🏠 Restaurant Hunerkogel der Dachstein-Südwand-Seilbahn, 2687 m (keine Nächtigung)

🚡 Dachstein-Südwand-Seilbahn von der Talstation Türlwand, 1692 m, zur Bergstation Hunerkogel, 2687 m

61   *Dachsteingebirge*

Gesicherter Steig auf den Koppenkarstein

Der langgestreckte Felsgrat östlich der Hunerscharte teilt das Schicksal vieler Nebengipfel: er steht ganz im Schatten des großen Bruders Dachstein. Wer immer zum Hunerkogel emporfährt, wird in aller Regel zunächst westwärts »zum Gipfel« pilgern. Wer aber irgendwie Zeit findet, wird im Koppenkarstein einen sehr befriedigenden zusätzlichen Felsgang mit neuen Aussichtsmomenten erleben. Wenn zweifelhaftes Wetter, vor allem Vereisung der nordseitigen Dachsteinführe den Weg auf den Hauptgipfel verwehren, findet man hier u.U. ein ideales Ausweichprogramm.

🔺 Koppenkarstein, 2865 m

🛏 Ramsau am Dachstein, 1135 m

🅿 Talstation Türlwand der Dachstein-Südwand-Seilbahn, 1692 m, über Mautstraße erreichbar

➡ 🅿 – Seilbahnauffahrt zur Bergstation Hunerkogel, 2687 m – Hunerscharte – Austriascharte, 2704 m – Hinteres Türl, 2622 m – Koppenkarstein, 2865 m – zurück zur Bergstation: 3 Std.
Hochalpine bequeme Halbtagestour, ggf. auch für Ungeübte, Schwindelfreiheit und Trittsicherheit vorausgesetzt.

📒 mäßig schwierig, bei Vereisung oder Schneelage schwierig, Höhe etwa 200 m

🏠 am Ausgangspunkt Restaurant Hunerkogel der Dachstein-Südwand-Seilbahn, 2687 m (keine Nächtigung!)

🚡 Dachstein-Südwand-Seilbahn von der Talstation Türlwand, 1692 m, zur Bergstation Hunerkogel, 2687 m

62   *Dachsteingebirge*

Ramsauer Klettersteig

Dieser 1986 angelegte Steig verbindet den älteren, eher bescheidenen Steig von der Gruberscharte über die Hohe Rams auf die Scheichenspitze bis hinüber zum Hunerkogel und zur Dachstein-Seilbahn. Für den sehr anspruchsvollen Steig wurden 1000 m solides Stahlseil, 200 tadellos verankerte Haken und

30 Trittbügel in den schwierigeren Passagen des teilweise recht wilden Grates eingebaut, ein eher sparsamer, aber ausreichender Materialeinsatz für eine betont sportliche Routenführung in dem bis dahin kaum überkletterten Ramsauer Gebirge. Anspruchsvoll wie die hochalpine, öfters die Felsflanken wechselnde Route ist auch die Gehzeit – auch bei Seilbahnauffahrt ein tagfüllendes Unternehmen.

🔺 Scheichenspitze, 2667 m;
Hohe Gamsfeldspitze, 2655 m
🛏 Ramsau am Dachstein, 1135 m

🅿 Talstation Türlwand der Dachstein-Südwand-Seilbahn, 1692 m, über Mautstraße erreichbar
➡ ❶ – Seilbahnauffahrt zur Bergstation Hunerkogel, 2687 m – Rosmarie-Stollen – Walchersteig – Austriaschartenweg – Hinteres Türl, 2622 m – Edelgrießhöhe, 2489 m – Nied. Gamsfeldspitze, 2611 m – Hohe Gamsfeldspitze, 2655 m – Schmiedstock, 2634 m (Gipfel wird südlich umgangen) – Scheichenspitze, 2667 m – Hohe Rams, 2551 m – Gruberscharte, 2364 m – Weg 618 zum Guttenberghaus, 2147 m – ❷ Ghf. Feisterer in der Vorderen Ramsau: 6 – 7 Std.; in umgekehrter Richtung 2 – 3 Std. länger (Feisterer – Guttenberghaus: 3 Std.). Am Endpunkt Busverbindung zum 🅿, jedoch sehr langwierig, zweites Kfz am Gasthof Feisterer dringendst zu empfehlen!
📑 schwierig, z.T. exponiert; bei Schneelage, Vereisung oder Schlechtwetter dringend abzuraten
🏠 Restaurant Hunerkogel der Dachstein-Südwand-Seilbahn, 2685 m; nach 4 – 5 Std. Wegzeit Guttenberghaus, 2147 m, bei Aufstiegsrichtung von Ost nach West Nächtigung hier dringend angeraten
🚡 Dachstein-Südwand-Seilbahn von der Talstation Türlwand, 1692 m, zur Bergstation Hunerkogel, 2687 m

63 *Dachsteingebirge*

Jubiläumsklettersteig über den Eselstein-Südgrat

Dieser ideal angelegte Klettersteig wurde 1991 errichtet und führt über Grate und kompakte Pfeiler praktisch steinschlagsicher zum Gipfelbereich des Eselsteins.

🔺 Eselstein, 2556 m

🛏 Ramsau, 1135 m

🅿 Gasthof »Feisterer«, 1133 m

➡ ❶: 🅿 – Weg Nr. 616 – Guttenberghaus, 2147 m – Weg Nr. 618 20 Min. Richtung Gruberscharte bis 2230 m (Tafel rechts »Klettersteig«) – über Steigspuren zum Einstieg, 2280 m – Jubiläumsklettersteig – Eselstein, 2556 m
❷: auf Steigspuren über die Ostflanke des Eselsteins zur Feisterscharte, 2198 m – Guttenberghaus – Gasthof »Feisterer«
Gesamtgehzeit: 6½ – 7 Std.
📑 schwierig, Pfeiler im Mittelteil sehr schwierig, durchgehend Stahlseilsicherung, Klammern, Felshöhe 220 m (2280 bis 2500 m), zum Gipfel Gehgelände: ca. 1 Std.
🏠 Guttenberghaus, 2147 m

64 *Dachsteingebirge (Grimming)*

Grimming-Nordanstieg

Von den drei markierten Anstiegen auf den Grimming ist der von Norden mit 1400 Höhenmetern der kürzeste. Die beiden Südanstiege bringen es auf 1700 Höhenmeter; jener über das Multereck weist zwischen 1620 und 1700 m Seilsicherung auf (unschwierig). Der anspruchsvollere Südostgrat ist ungesichert und erfordert Kletterei im I. und II. Grad.

🔺 Grimming, 2351 m

🛏 Bad Mitterndorf, 809 m (Bahnhof Tauplitz, 830 m)
🅿 Kulm, 962 m

➡ ❶: 🅿 – Weg Nr. 683 – Grimming, 2351 m Biwakschachtel am kleinen Gipfelplateau
❷: wie ❶, Gesamtgehzeit: 6 – 6½ Std.
📑 Der Felsgürtel zwischen 1550 m und 1720 m weist in der unteren Hälfte fast durchgehende, in der oberen Hälfte vereinzelt Stahlseilsicherungen auf; unschwierig, einige Passagen mäßig schwierig. Das Felsgelände von 1910 m bis 2270 m (Gipfelplateau) erfordert vielfach leichte Kletterei (I).
🏠 für die Südanstiege Grimminghütte, 966 m

65　　　　　　　　　*Totes Gebirge*

Gesicherter Steig auf den Sandling

Der Sandling weist mit 1717 m eine eher geringe Höhe gegenüber der umgebenden Bergwelt (Totes Gebirge, Sarstein) auf, doch seine freistehende Lage mitten im Ausseerland stempelt ihn zu einem Aussichtsberg erster Klasse. Die beiden markierten Anstiege von Westen und Norden verlangen Trittsicherheit, wobei der Westanstieg, an dem 100 Höhenmeter gesichert sind, der anspruchsvollere ist.

🔺 Sandling, 1717 m

🏠 Altaussee, 723 m (Bahnhof Bad Aussee, 639 m)

🅿 Oberlupitsch, Gasthaus »Sarsteinblick«, 935 m

➡ ↻: 🅿 – Weg Nr. 250 – Vordersandlingalm, 1340 m – gesicherter Steig durch die Westflanke – Sandling, 1717 m
↺: Weg Nr. 251 nach Norden, dann Weg Nr. 201 – Ausseer Sandlingalm, 1220 m – Weg Nr. 252 am Osthang des Sandlings über den Salzberg – 🅿; Gesamtgehzeit: 5 Std.

🗐 Westflanke zwischen 1460 m und 1560 m durchgehende Stahlseilsicherung, einige Klammern, mäßig schwierig, einige Kletterstellen I; Nordabstieg bei 1580 m und 1600 m seilgesichert, unschwierig

66　　　　　　　　　*Totes Gebirge*

Grießkarsteig

Dieser gesicherte Steig führt – besonders im oberen Teil – landschaftlich ungemein eindrucksvoll zwischen den teils überhängenden Wänden des Elfers und den gewaltigen Plattenschüssen des Zwölfers zur Grießkarscharte. Von dieser läßt sich der Zwölfer, der höchste Gipfel der Almtaler Sonnenuhr und zugleich prachtvolle Aussichtskanzel in der Nordkette des Toten Gebirges, in einer Dreiviertelstunde besteigen. Als zeitmäßig ausgewogene Zwei-Tages-Tour empfiehlt sich der Aufstieg über den Grießkarsteig – Zwölfer – Pühringerhütte (Nächtigung) – ➡ Rotgschirr – Röllsattel – ↺ über den ➡ Sepp-Huber-Steig.

🔺 Zwölfer(kogel), 2099 m

🏠 Grünau im Almtal, 528 m (Bahnhof)

🅿 Wh. Seehaus am Almsee, 590 m

➡ ↻: 🅿 – Weg Nr. 213 (Grießkarsteig, bis Kote 808 mit Nr. 214 gemeinsam) – Grießkarscharte, 1927 m – weglos über leichtes Felsgelände (Steindaubenmarkierung) auf den Großen Rabenstein, 2068 m, und über einen Rücken weiter zum Zwölfer(kogel), 2099 m: 4½ – 5 Std.
↺: wie ↻: 3½ – 4 Std.
Gesamtgehzeit: 8 – 9 Std.
oder von der Grießkarscharte Weg Nr. 213 zum Abblasbühel, ca. 1850 m – Weg Nr. 201 über Elmgrube, 1622 m, zur Pühringerhütte, 1637 m: 1½ – 2 Std.

🗐 unschwierig; Stahlseile bei 1350 m und 1420 m sowie von 1740 m bis 1790 m Seehöhe im Bereich des etwas ausgesetzten Urban-Bandes

🏠 Pühringerhütte am Elmsee, 1637 m

67　　　　　　　　　*Totes Gebirge*

Sepp-Huber-Steig und Rotgschirr

Zu den Almtaler Felsenwegen in den Nordabstürzen des Toten Gebirges zählen der ➡ Grießkarsteig, der Sepp-Huber-Steig und der Aufstieg aufs Rotgschirr. Alle drei Wege sind unschwierig und erschließen einen Teil der großartigen Karstlandschaft des Toten Gebirges. Ihre Begehung in beliebiger Richtung läßt sich in einer Zwei-Tages-Tour mit Nächtigung auf der Pühringerhütte gut verbinden.

🔺 Rotgschirr, 2261 m

🏠 Grünau im Almtal, 528 m

🅿 Wh. Seehaus am Almsee, 590 m

➡ ↻: 🅿 – Weg Nr. 214 (Sepp-Huber-Steig) – Röllsattel, 1755 m – Pühringerhütte, 1637 m – Weg Nr. 201 Richtung Gr. Priel – Weg Nr. 266 – Rotgschirr, 2261 m
↺: wie ↻: vom Rotgschirr zur Pühringerhütte; Gesamtgehzeit: 11 Std.

🗐 am Sepp-Huber-Steig zwischen 1030 m und 1570 m immer wieder mit Seilen und Leitern gesicherte Abschnitte, unschwierig;

auf dem Rotgschirr von 2140 m zum Gipfel fast durchgehend Seile, unschwierig
⌂ Pühringerhütte am Elmsee, 1637 m

68 *Totes Gebirge*

Stodertaler Steig

Die Spitzmauer stand früher etwas im Schatten des 2515 m hohen Großen Priel, des höchsten und schon daher begehrtesten Gipfels dieses stillen Kalksteinmassivs. Dazu kam der sehr umständliche, vierstündige Normalweg, bei dem man in weitem Bogen einen westwärts ziehenden Felsausläufer des Gipfelstocks umgehen mußte. Meist waren es daher nur Kletterer, die über eine der vielen Führen der Nordost- oder Nordwand den Gipfel erreichten und dann nach Norden durch die sog. Nordwestrampe wieder zur Klinserscharte abstiegen.
Der 1988 angelegte Klettersteig zieht nun in gerader Linie eine kühne Direttissima durch die niedrigste Wandstelle dieses Felsgürtels und verkürzt den Anstieg um eine gute Stunde. Der Steig ist so gut gesichert, daß er auch im Abstieg keinerlei Probleme aufwirft – der Weg zum und vom Gipfel der Spitzmauer ist somit um gute 2 – 3 Std. kürzer geworden und hat auch einiges an Würze gewonnen.

▲ Spitzmauer, 2446 m

🏠 Hinterstoder, 591 m

🅿 Hinterstoder, **P** 400 m hinter der Kirche (Beginn der Forststraße)
➡ **P** – Prielschutzhaus, 1420 m – Klettersteig – Spitzmauer, 2446 m – ☽ wie ☼ zum **P**: 5 – 6 Std.
Wer auf einen schnellen Rückweg Wert legt, wählt den Klettersteig auch im Abstieg. Der »Umweg« über den Normalweg ist mindestens eine Stunde länger, aber landschaftlich durchaus lohnend. Für 3,5 km lange Fahrstraße u.U. Fahrrad empfehlenswert.
▤ mäßig schwierig, luftig, Höhe 250 m; wegen der nordseitigen Lage neigen die Klettersteigpassagen zu Glätte und Vereisung!
⌂ Priel-Schutzhaus, 1420 m, ganzjährig geöffnet, auf Wunsch ggf. Rucksacktransport mit Materialseilbahn

69 *Totes Gebirge*

Hans-Rubenzucker-Gedächtnisweg

Im Jahre 1983 wurden die Kletterstellen am Nordgrat des Schrocken gesichert, um von der leicht erreichbaren Huttererhöß einen kurzen, problemlosen Zugang zum Hauptkamm der Warscheneckgruppe zu schaffen. Vom Schrocken ist der Hochmölbing, 2336 m, rasch ersteigbar, und auch der Weiterweg zur Hochmölbinghütte und über die Türkenkarscharte zurück nach Hinterstoder ist im Rahmen einer ausgiebigen Tagestour problemlos zu bewältigen.

▲ Schrocken, 2281 m

🏠 Hinterstoder, 591 m

🅿 Talstation der Seilbahn in Hinterstoder, 600 m, oder Ende der Mautstraße auf den Huttererböden, 1380 m
➡ ☼: Bergstation des Sesselliftes auf die Huttererhöß, 1840 m – Weg Nr. 217 über den Schafkogel, 1990 m, zum Fuß des Schrocken-Nordgrates, ca. 2000 m – Klettersteig – Schrocken, 2281 m
☽: wie ☼; Gesamtgehzeit: 2½ – 3 Std.
▤ unschwierig, zwischen 2200 und 2230 m auf ca. 100 m Strecke Ketten und Seile
⌂ Gasthöfe auf den Huttererböden und Berggasthof Höß, 1840 m
⚡ Kleinkabinenseilbahn oder Mautstraße auf die Huttererböden, 1380 m
Sessellift von den Huttererböden auf die Huttererhöß, 1840 m

70 *Totes Gebirge*

Klettersteig über den Südostgrat auf das Warscheneck

Als mit dem Frauenkarlift das Skigebiet Wurzeralm erweitert wurde, war die Versicherung des Südostgrates auf das Warscheneck die logische Folge, da sich die Bergstation nahe dem Fuß des Grates befindet. Es war kein großer Aufwand nötig, um etliche Passagen des ohnehin nur stellenweise mäßig schwierigen Grates (II) so zu versichern, daß er für den trittsicheren Bergsteiger den bei weitem kürzesten Anstieg auf das Warscheneck darstellt.

▲ Warscheneck, 2388 m

🛏 Spital am Pyhrn, 640 m (Bahnhof)

🅿 Talstation, 807 m, der Standseilbahn auf
die Wurzeralm

➡ ☀: von der Bergstation, 1427 m, der
Wurzeralmbahn in ¼ Std. zur Talstation,
1397 m, des Frauenkar-Sesselliftes – Berg-
station, 1863 m – Klettersteig über den
Südostgrat – Warscheneck, 2388 m:
1½ Std. vom Frauenkarlift
☀: Weg Nr. 201 über den Toten Mann und
Brunnsteinersee, 1422 m, zur Wurzeralm,
1427 m: 2½ Std. – Talfahrt
Gesamtgehzeit: 4 – 4½ Std.

📑 unschwierig, einige kurze Stellen mäßig
schwierig, bei 2200 m Beginn der Versicherungen, Felshöhe 200 m

🏠 Wurzeralm, 1427 m, oder knapp unterhalb das Linzer Haus, 1371 m

🚡 Standseilbahn auf die Wurzeralm
Frauenkar-Sessellift

Hochtausing-Überschreitung

*Der Hochtausing, der das Ennstal zwischen
Liezen und Stainach um 1200 m überragt,
bietet von Ost bzw. West den Anblick eines
kühnen Felshorns. Während der Normalanstieg über den Ostgrat seit langem an schwierigen Passagen Sicherungen trägt, steht von Westen her erst seit Oktober 1991 ein an-
spruchsvollerer Klettersteig als der Normalanstieg, der Tonisteig, zur Verfügung. Der Normalanstieg ist in den Karten eingetragen, doch
der neue Tonisteig erfordert umständlichen
Zugang ohne Hinweistafeln.*

▲ Hochtausing, 1823 m

🛏 Wörschach im Ennstal, 650 m (Bahnhof)

🅿 Wörschachberg-Schönmoos, ca. 1120 m

➡ ☀: 🅿 – Weg Nr. 281 Richtung Hochmölbinghütte (bei 1400 m Wegweiser zum
Hochtausing-Ostanstieg) bis Sattel,
1580 m – Weg Nr. 278 zur Schneehitzalm,
1611 m – unmarkierter Almweg nach
Südosten in den Sattel, ca. 1580 m,
nördlich des Hochtausing – Steigspur und

rote Markierung zum Westgrat – Tonisteig
– Hochtausing, 1823 m
☀: gesicherter Steig (Weg Nr. 282) bis
Einmündung in Weg Nr. 281 (bei 1400 m)
– diesen bis Schönmoos, 🅿; Gesamtgehzeit: 4½ – 5 Std.

📑 Tonisteig mäßig schwierig, durchgehende
Stahlseilsicherung, zwei Leitern, kurze
Passagen schwierig, Felshöhe 70 m (von
1680 bis 1750 m), aber durch Quergänge
und kurze Abstiege ca. 200 m lang; Ostgrat
mäßig schwierig, wenige seilgesicherte
Passagen, viele ungesicherte, teils erdige
Kletterstellen (I+)

Klettersteig im Bergführer-Klettergarten Burgstall bei Pürgg im Ennstal

*In diesem Klettergarten dient ein gesicherter
Steig als Zugang zu einzelnen Führern bzw. als
Abstiegsweg. Er bietet dem Klettersteigfreund
die Möglichkeit, durch die Südwand des
Burgstalls auf dessen Gipfel zu gelangen, wo
sich ein Rastplatz mit Bänken befindet. An-
schließend kann die malerische Ortschaft
Pürgg besucht werden.*

▲ Burgstall, ca. 870 m

🛏 Untergrimming, ca. 660 m (Bahnhof
Pürgg-Untergrimming, 720 m)

🅿 Straßenunterführung bei Untergrimming,
ca. 660 m

➡ ☀: von der Unterführung direkt zur
Felswand, diese auf unbezeichnetem Steiglein rechts entlang – Klettersteig –
Burgstall, ca. 870 m
☀: auf unbezeichnetem Weg oberhalb der
Felswände nach Pürgg zur Kirche, 790 m –
🅿 bei der Unterführung; Gesamtgehzeit:
1½ Std.

📑 kurze, ungesicherte Kletterstellen, I, zu
Beginn der Versicherungen bei 700 m –
Kamin mit 5 kurzen Leitern, dann auf
einem Band mit Seilsicherungen zunächst
horizontal nach links, später ansteigend
zum Ende der Sicherungen bei 800 m;
mäßig schwierig (unmarkiert, aber leicht
auffindbar), Felshöhe gut 100 m, Steiglän-
ge 200 – 300 m

Gesicherter Steig auf den Schober

Der Schober ist die höchste und westlichste Erhebung im Kammverlauf zur Drachenwand zwischen Fuschlsee und Mondsee. Trotz seiner relativ geringen Höhe von 1328 m bietet sich von seinem Gipfel der Blick auf fünf Salzkammergutseen. Neben dem alten gesicherten Anstieg vorbei an der Ruine Wartenfels wurde 1979 ein Weg über den knapp südlich gelegenen Frauenkopf markiert und damit die Möglichkeit einer hübschen Rundwanderung mit kleinem Klettersteigerlebnis geschaffen.

🔺 Schober, 1328 m

🏠 Thalgau, 545 m, oder Fuschl am See, 670 m

🅿 Jausenstation Wartenfels, 924 m

➡ ◐: 🅿 – Ruine Wartenfels, ca. 1000 m – gesicherter Steig – Schober, 1328 m; Unterstandshütte unmittelbar unter dem Gipfel
◑: kurzer Übergang zum Frauenkopf, 1303 m – Jausenstation Wartenfels; alles rot markiert
Gesamtgehzeit: 2 Std.

📑 unschwierig, ab 1170 m Seehöhe immer wieder Seile, am Gipfelaufbau auch einige Klammern

Gesicherter Steig auf die Drachenwand

Zu den eindrucksvollsten Berggestalten rund um den Mondsee zählt auch die Drachenwand, die mit ihrer mehrere hundert Meter hohen Nordwand den See etwa 600 m überragt. Der einzige markierte Aufstieg führt auf den Ostgipfel und benützt tiefeingeschnittene Schluchten und Waldgelände, ehe man den Ostkamm betritt und zunächst durch ein imposantes Felsenfenster und dann vom Gipfel den Tiefblick zum See genießt.

🔺 Drachenwand-Ostgipfel, 1060 m

🏠 Mondsee, 483 m

🅿 Gasthof Plomberg am Mondsee, 485 m

➡ ◐: 🅿 – Theklakapelle, 540 m – Weg Nr. 12a (im Verlauf 80 m Abstieg in die Klausbachschlucht) – Drachenwand, 1060 m
◑: wie ◐; Gesamtgehzeit: 3½ Std.

📑 unschwierig, eine Passage mäßig schwierig, zwischen 650 und 710 m Seehöhe ist eine ca. 150 m lange Strecke mit Seilen gesichert und mit drei Leitern ausgestattet; auch ansonsten ist auf den steilen Wegen Trittsicherheit erforderlich

Gesicherte Steige am Schafberg

Rund 100 Jahre alt ist die Zahnradbahn auf den Schafberg – eine beachtliche Touristenattraktion. Dem Trubel am Gipfel kann man aber leicht entfliehen, wenn man auf einem der markierten Wege zu Tal wandert. Zwei davon, der Purtschellersteig und der Anstieg zur Himmelspforte weisen gesicherte Abschnitte auf, und man kann sie in einer abwechslungsreichen Rundwanderung unter Einbeziehung der Schafbergbahn bequem verbinden.

🔺 Schafberg, 1782 m

🏠 St. Wolfgang im Salzkammergut, 548 m

🅿 Talstation der Zahnradbahn auf den Schafberg, ca. 540 m

➡ Bergstation der Zahnradbahn, 1730 m – Schafberg, 1782 m – ◑ über den Himmelspfortsteig (Weg Nr. 04) in die Nordflanke bis 1420 m – rote Markierung vorbei am Mittersee zum Mönichsee, 1280 m – Purtschellersteig aufwärts bis 1530 m – rote Markierung zur Station Schafbergalm, 1364 m, der Zahnradbahn – Talfahrt – 🅿: 3½ – 4 Std. Gesamtgehzeit

📑 unterhalb der Himmelspforte, 1730 m, in den Fels gehauene Stufen, Stahlseilsicherung auf 50 m Länge, unschwierig; am Purtschellersteig in einer 80 m langen Verschneidung von 1440 bis 1480 m Stufen in den Fels gehauen, durchgehendes Stahlseil, unschwierig

🏠 Hotel am Schafberggipfel, 1782 m

🚟 Zahnradbahn auf den Schafberg

Gesicherter Steig auf den Sparber

Zwischen Postalm und Wolfgangsee erhebt sich der markante Doppelgipfel des Sparbers. Der markierte Anstieg ist in seinem obersten Teil gesichert, so daß der felsige Gipfelaufbau problemlos bestiegen werden kann.

🔺 Sparber, 1502 m

🏠 Weißenbach, 560 m, östl. des Wolfgangsees

🅿 Gasthof Kleefeld, 690 m

➡ ⚲: 🅿 – rote Markierung – Dürntalalm, 977 m – Sparber, 1502 m
🔽: wie ⚲; Gesamtgehzeit: 3½ Std.

📋 unschwierig; zur Scharte, ca. 1450 m, zwischen Süd- und Hauptgipfel 2 Leitern, kurzer, seilgesicherter 🔽 nach Westen, dann 2 Leitern zum Gipfel über die Westflanke; von der Scharte zum Südgipfel, ca. 1490 m, kurze Kletterei (II – III), dann mit Aluseil dürftig gesichertes, schmales Grasband, zuletzt steil durch Latschengasse zum Gipfel

Gesicherter Steig auf den Rinnkogel

Neben den zahlreichen Wanderungen, die man von der Postalm-Mautstraße durchführen kann, ist die etwas anspruchsvollere Besteigung des Rinnkogels empfehlenswert.

🔺 Rinnkogel, 1823 m

🏠 Weißenbach, 560 m, östl. des Wolfgangsees

🅿 Simonhütte, 720 m, an der Postalm-Mautstaße

➡ ⚲: 🅿 – rote Markierung (anfangs Forststraße) – gesicherter Steig – Rinnkogel, 1823 m
🔽: wie 🔽; Gesamtgehzeit: 5½ – 6 Std.

📋 in der Schlucht zum Gipfelgrat, 1630 m – 1700 m, Stahlseile, leicht;
am Gipfelgrat zwei seilgesicherte Passagen, einige Stifte, mäßig schwierig, Felshöhe 200 m

Gesicherte Steige am Rettenkogel und am Hohen Bergwerkskogel

Diese nahezu gleich hohen Gipfel – 600 m voneinander entfernt – sind durch einen Kamm verbunden, der nur geringen Höhenverlust mit sich bringt. Die Überschreitung der aussichtsreichen Gipfel kann in beliebiger Richtung durchgeführt werden.

🔺 Rettenkogel, 1780 m,
Hoher Bergwerkskogel, 1781 m

🏠 Ramsau, 542 m, zwischen Bad Ischl und Wolfgangsee

🅿 Forststraße, ca. 560 m, südl. Ramsau

➡ ⚲: 🅿 – rote Markierung über Ramsaualm, 805 m, und Sonntagkaralm, 1070 m, auf den Rettenkogel, 1780 m – Kamm zum Hohen Bergwerkskogel, 1781 m
🔽: rote Markierung über Laufenbergalm, 1307 m, und Ramsaualm, 805 m, zum 🅿; Gesamtgehzeit: 6½ – 7 Std.

📋 oberer Teil des Anstieges zum Rettenkogel leicht bzw. mäßig schwierig, kurze, ungesicherte Kletterstellen, I; Gipfelaufbau (30 m, Seile, Stifte) schwierig; am Kamm zum Bergwerkskogel und im oberen Abstiegsbereich stellenweise Seilsicherungen, leicht/mäßig schwierig

Brennerriesensteig

Den Westabschluß des Höllengebirges bildet die Mahdlschneid, durch deren Nordabstürze der gesicherte Brennerriesensteig zum phantastischen Aussichtspunkt des Dachsteinblickes hinaufführt. Der landschaftlich schönste Abstieg führt über ebendiesen luftigen, aussichtsreichen Kamm der Mahdlschneid nach Weissenbach am Attersee. Auch auf dem östlich gelegenen Weg Nr. 822 kann über den sogenannten »Stieg« (Steilstufe mit Leiter) zur Aubodenhütte und weiter nach Steinbach bzw. Forstamt abgestiegen werden.

🔺 Brennerin (Dachsteinblick), 1559 m, bzw. Brennerin-Nordostgipfel, 1602 m

🏠 Steinbach am Attersee, 509 m

🅿 Forstamt, 470 m (2 km südl. Steinbach)

➡ ⚫: 🅿 – Brennerriesensteig (Weg Nr. 821) – Brennerin (Dachsteinblick), 1559 m: 3 Std. Weiterweg zum Brennerin-Nordostgipfel, 1602 m: ½ Std.
⚫: über die Mahdlschneid und Schoberstein, 1037 m (Weg Nr. 820, identisch mit Weitwanderweg 04) – Weißenbach am Attersee, ca. 500 m – Nikoloweg – 🅿: 3 Std.
Gesamtgehzeit: 6 – 7 Std.

📋 unschwierig; eine 60 m hohe Steilstufe (860 – 920 m) ist mit einer langen Eisenleiter und Seilen versehen; unterhalb des Schobersteins zwei seilgesicherte Passagen, leicht; der Nikoloweg ist bei Weißenbach ein Stück in den Fels gesprengt und mit einem Geländer gesichert, leicht

80 *Salzkammergutberge*

Schafluckensteig

Dieser gesicherte Steig überwindet den Talschluß beim Hinteren Langbathsee im niedrigsten Bereich der Wandbildungen auf einer zum Teil in den Fels gehauenen Trasse, auf der man den westlichen Teil der latschenbedeckten Hochfläche des Höllengebirges erreicht, wo das Hochleckenhaus einen wichtigen Stützpunkt bildet. Der beherrschende Gipfel dieses Teiles ist der aussichtsreiche Brunnkogel mit einem 14 m hohen Gipfelkreuz.

🔺 Brunnkogel, 1708 m

🛏 Ebensee, 443 m (Bahnhof)

🅿 Gasthof am Vorderen Langbathsee, 664 m

➡ ⚫: 🅿 – Weg Nr. 828 – Hinterer Langbathsee, 732 m – Schafluckensteig – bei 1430 m Wegweiser rechts »Brunnkogel« – Brunnkogel, 1708 m
⚫: wie ⚫; Gesamtgehzeit: 6 Std.
Der Schafluckensteig kann auch im Zuge einer Rundwanderung begangen werden, bei der die Taferlklause an der Straße Traunkirchen – Steinbach am Attersee als Ausgangspunkt dient: Taferlklause, 760 m – »Froschweg« über einen Sattel, 940 m, zum Hinteren Langbathsee, 732 m –

Schafluckensteig – Brunnkogel, 1708 m – Hochleckenkogel, 1691 m, oder Hochleckenhaus, 1574 m – Taferlklause: 7 Std.
📋 unschwierig; von 870 m bis 1000 m fast durchgehend Seile, ebenso von 1180 m bis 1220 m Seehöhe
🏠 evtl. Hochleckenhaus, 1574 m

81 *Oberösterreichische Voralpen*

Naturfreundesteig und Hernlersteig am Traunstein

Über den idyllischen Gestaden des Traunsees klettert der 1928/29 angelegte Naturfreundesteig listig die schroffen Westwände des Traunsteinmassivs empor, z.T. über sehr exponierte Bänder in sehr steilen grasbewachsenen Felsspornen, z.T. im Hochwald, in der Latschenzone, durch steile Felsrinnen und zuletzt durch ein großartiges Felsentor mit grandiosem Tiefblick. Der etwas weniger attraktive Hernlersteig, weiter nördlich angelegt, bietet sich als Abstieg für eine sehr interessante Überschreitung auf Klettersteigen an.

🔺 Traunstein, 1691 m

🛏 Gmunden, 440 m (Bahnhof, 479 m)

🅿 nahe der Jausenstation Moaristidl, 425 m; 5 km südl. Gmunden

➡ 🅿 – Naturfreundesteig – Traunsteinhütte, 1580 m – Traunstein, 1691 m – ⚫ zur Gmundner Hütte, 1661 m, und über den Hernlersteig zum 🅿: 6 – 7 Std. (auch in umgekehrter Richtung)
📋 mäßig schwierig, z.T. sehr luftig, Hernlersteig einfacher, Höhe am Hernlersteig etwa 300 m, am Naturfreundesteig etwa 600 m Drahtseilsicherungen
🏠 Traunsteinhaus, 1580 m; Gmundner Hütte, 1661 m

82 *Oberösterreichische Voralpen*

Gesicherte Steige auf die Kremsmauer

Die aus dem Alpenvorland 1000 m jäh aufstrebende Kremsmauer besitzt in ihrem oberen Bereich nur steile Zustiege, die Trittsicherheit erfordern. Der kürzeste Weg führt von Norden vom Kremsursprung zum Törl (Scharte mit

Felsentor) und ist im obersten Teil gesichert, aber auch der eigentliche Gipfelanstieg von Süden weist Sicherungen auf.

🔺 Kremsmauer, 1604 m

🛏 Kirchdorf a.d. Krems, 450 m (Bahnhof)

🅿 nahe Kremsursprung, ca. 540 m

➡ ☀: 🅿 – Weg Nr. 446 über Parnstalleralm, 1160 m, zum Törl, 1457 m – kurzer ☾ auf die Südseite bis 1420 m – unmarkierter Klettersteig (kurz nach Beginn Tafel »Nur für Geübte«) – Kremsmauer, 1599 m
☾: Weg Nr. 442 nach Süden – knapp 100 m Gegenanstieg zum Törl, 1457 m – 🅿; Gesamtgehzeit: 6 Std.

📋 unschwierig; von Norden von 1380 m bis zum Törl, 1457 m, fast durchwegs Ketten oder Stahlseile, von Süden nur die letzten 15 m gesichert; der markierte Normalanstieg von Süden zum Gipfel weist drei seilgesicherte Passagen auf; der unbezeichnete Steig vom Törl führt erst durch die Südflanke, dann am Kamm entlang (Kletterstellen I – II), eine mit Klammern gesicherte Wandstufe ist mäßig schwierig

83　　　*Oberösterreichische Voralpen*

Triftsteig im Reichraminger Hintergebirge

Zwischen Annerlsteg und Schleierfall wurde der wohl interessanteste, ca. 2 km lange Abschnitt des Triftsteiges entlang des Großen Baches wieder begehbar gemacht. Man durchwandert die großartige Dolomitschlucht meist einige Meter über dem glasklaren Wasser des Großen Baches. Die Forststraßen, die den Zugang zum Triftsteig vermitteln, dürfen an Samstagen, Sonntagen und Feiertagen vom 1.5. bis 31.10. mit dem Fahrrad befahren werden.

🔺 keiner

🛏 a) Reichraming, 356 m (Bahnhof)
b) Unterlaussa, 535 m (an der Hengstpaßstraße zwischen Altenmarkt und Windischgarsten), Pkw-Zufahrt über Mooshöhe, 846 m, nach Weißwasser gestattet

🅿 a) Reichramingtal, 400 m
b) Weißwasser, 670 m

➡ a) 🅿 – ca. 11 km auf der Forststraße den Großen Bach aufwärts bis zum Annerlsteg, 515 m (nur mit dem Fahrrad interessant)
b) 🅿 – ca. 4 km auf der Forststraße bachabwärts bis zum Schleierfall, 540 m: 1 Std.
Triftsteig: 1 Std., egal ob bachaufwärts oder bachabwärts
Während der Triftsteig am rechten Ufer verläuft, befindet sich am linken eine Forststraße, die aber die Flußschlingen durch Tunnels abschneidet und dadurch das Bild der Schlucht wenig stört. Als Rückweg – so man den Triftsteig nicht in beide Richtungen gehen möchte – nimmt sie kaum eine halbe Stunde in Anspruch.
Rückweg für den Ausgangspunkt b): vom Schleierfall den Hochschlachtsteig (eindrucksvolle Tiefblicke zum Triftsteig) zur Anlaufalm, 982 m – Hirschkogelsattel, 882 m – Forststraße entlang des Sonnbergbaches (alles rot markiert) zum 🅿: 2 – 2½ Std.
Gesamtgehzeit für b): kürzeste Variante 3½ Std., mit Hochschlachtsteig über Anlaufalm: 5 Std.

📋 unschwierig, größtenteils mit Stahlseilen gesichert; einige kurze Stellen, wo früher Stege gebaut waren, mäßig schwierig, Stifte

🏠 evtl. Anlaufalm, 982 m (Imbiß/Getränke)

84　　　*Ennstaler Alpen (Haller Mauern)*

Bad-Haller-Steig auf den Großen Pyhrgas

Dieser gesicherte Steig führt entlang der Westflanke des Kleinen Pyhrgas in das eindrucksvolle Holzerkar, gewinnt über die Ostflanke die Höhe des Nordgrates des Großen Pyhrgas und leitet zuletzt über diesen Grat zum höchsten Gipfel der Haller Mauern.

🔺 Großer Pyhrgas, 2244 m

🛏 Spital am Pyhrn, 640 m (Bahnhof)

🅿 Ghf. »Großhütte« (Pyhrgasblick), 1017 m

➡ ☀: 🅿 – Weg Nr. 618 – Holzeralm, 1120 m – Gowilalmhütte, 1375 m – Bad-Haller-Steig (Weg Nr. 616) – Großer Pyhrgas, 2244 m

❍: Weg Nr. 614 über den Westrücken zur Hofalm, 1305 m – Weg Nr. 618 – **❷**; Gesamtgehzeit: 6 – 7 Std.

🗐 unschwierig, Seilsicherungen in der Westflanke des Kleinen Pyhrgas, in der Ostflanke des Nordgrates und am Nordgrat selbst, der in 2000 m Seehöhe erreicht wird; dazwischen immer Gehgelände

🏠 Gowilalmhütte, 1375 m

85　　　*Ennstaler Alpen (Haller Mauern)*

Gesicherter Steig auf Hexenturm, Natterriegel und Grabnerstein

Während die Sicherungen auf den Hexenturm (auch Bärenkarmauer) und den Natterriegel schon lange bestehen, wurde der Verbindungsweg vom Grabnertörl zum Grabnerstein erst in den letzten Jahren markiert und im Bereich der Jungfrauenscharte mit ihren bizarren Dolomittürmchen gesichert. Alle drei Gipfel lassen sich in einer ausgiebigen Tagestour mit 1700 bis 1800 Höhenmetern zusammenfassen, doch bietet das Admonter Haus einen günstigen Stützpunkt, um die Tour auf zwei Tage aufzuteilen, wodurch der Mittagskogel, 2041 m, ein Nebengipfel des Natterriegels, 2065 m, und die Admonter Warte, 1804 m, direkt über dem Admonter Haus, leicht »mitgenommen« werden können.

🔺 Hexenturm (Bärenkarmauer), 2172; Natterriegel, 2065 m; Grabnerstein, 1847 m

🚏 Admont, 640 m (Bahnhof)

🅿 Buchauer Sattel, 861 m

➡ **❷**: **❷** – Weg Nr. 636 über Grabneralm, 1391 m, zum Admonter Haus, 1723 m, am Grabnertörl – Weg Nr. 634 auf den Natterriegel, 2065 m – **❍** ins oberste Roßkar, ca. 1900 m – Hexenturm, 2172 m **❍**: gleicher **❍** bis Admonter Haus (Grabnertörl), 1723 m – Weg Nr. 36 über Jungfrauenscharte, 1718 m, auf den Grabnerstein, 1847 m – Grabneralm, 1391 m – Weg Nr. 636 – **❷**: ca. 9 Std.

🗐 Natterriegel: 1820 – 1850 m, 1990 m Seilsicherung, leicht
❍ ins Roßkar: 1900 – 1950 m Seilsicherung, leicht
Hexenturm: ab 2100 m etliche seilgesicherte Passagen, leicht

Grabnerstein: im Bereich der Jungfrauenscharte seilgesicherte Auf- und Abstiege, mäßig schwierig

🏠 Grabneralmhaus, 1391 m; Admonter Haus, 1723 m

86　　　*Ennstaler Alpen (Gesäuseberge)*

Wengerweg auf den Großen Buchstein

Der Wengerweg durch die Westwand des Großen Buchsteins ist – wenn man vom Buchsteinhaus kommt – eine willkommene Abkürzung gegenüber dem Normalweg durch die Westschlucht und wird von Kletterern gerne als Abstiegsweg gewählt. Steigt man von Norden (St. Gallen) auf, ist es zeitmäßig gleich, doch der Klettersteig, der durch kleine Schluchten emporführt, ist auf jeden Fall lohnender als die schuttreiche und deshalb Vorsicht erfordernde Westschlucht mit dem Normalweg.

🔺 Großer Buchstein, 2224 m

🚏 Gstatterboden, 580 m (Bahnhof)

🅿 Ennsbrücke westl. Gstatterboden, 577 m

➡ **❷**: **❷** – Weg Nr. 641 (rot markiert) – Buchsteinhaus, 1546 m – weiter unter die Westwand des Großen Buchsteins bis 1970 m, Wegweiser rechts »Wengerweg« (blau markiert) bis Einmündung in Weg Nr. 642 bei 2120 m – Großer Buchstein, 2224 m **❍**: Weg Nr. 642 durch die Westschlucht nördl. des Wengerweges bis Einmündung in Weg Nr. 641 – Buchsteinhaus, 1546 m – Ennsbrücke; Gesamtgehzeit: 7½ – 8 Std.

🗐 mäßig schwierig, ungesicherte Stellen (I und vereinzelt II), Felshöhe 150 m; **❍** durch die schuttreiche Westschlucht von 2080 m bis 1930 m (eine Passage seilgesichert) unschwierig, kurze Kletterstellen I

🏠 Buchsteinhaus, 1546 m

87　　　*Ennstaler Alpen (Gesäuseberge)*

Gesicherter Steig auf die Tieflimauer

Auf den wenig besuchten, aussichtsreichen Gipfel führt von Osten ein ehemals blau bezeichneter, leicht auffindbarer Weg. Von der

Markierung ist nichts mehr zu sehen und von den einstmals längeren gesicherten Abschnitten sind jetzt drei Passagen mit Aluseilen versehen.

▲ Tieflimauer, 1820 m

🛏 Gstatterboden, 580 m (Bahnhof)

🅿 Gstatterboden, 580 m

➡ ☼: 🅿 – Ennstaler Hütte, 1544 m – ½ – ¾ Std. auf roter Markierung Richtung Kleiner Buchstein bis zum Steig auf die Tieflimauer, 1530 m – über den Ostkamm auf die Tieflimauer
☾: wie ☼; Gesamtgehzeit: 7 – 8 Std.

📄 unschwierig, teils ausgesetzter Grat mit leichten, ungesicherten Kletterstellen (I); Felsgelände 300 m

🏠 Ennstaler Hütte, 1544 m

88 *Ennstaler Alpen (Gesäuseberge)*

Gesicherter Steig auf die Riffel

Von Admont lassen sich Kreuzkogel und Riffel im Rahmen einer größeren Rundtour überschreiten, wobei der Kamm zwischen den beiden Gipfeln Trittsicherheit verlangt und der Gipfelanstieg auf die Riffel gesichert ist. Da zur Oberst-Klinke-Hütte, die bei dieser Tour berührt wird, eine Mautstraße führt, kann die Hütte (jetzt ein großer Gasthof) als Ausgangspunkt dienen, wobei allerdings der unmarkierte Steig von letzterer zur Scheiblegger Hochalm benützt werden muß. Die Gehzeit verkürzt sich von 7 auf 4 Stunden, so daß Kalbling, 2196 m, und Sparafeld, 2247 m, als höhere Gesäusegipfel »mitgenommen« werden können. Einen kurzen Abstecher von der Scheiblegger Hochalm stellt der Hahnstein, 1697 m, dar, (Gipfelfelsen gesichert).

▲ Kreuzkogel, 2011 m
Riffel, 2106 m

🛏 Admont, 640 m (Bahnhof)

🅿 Kematen, ca. 830 m, südl. Admont

➡ ☼: 🅿 – Weg Nr. 655 = Nr. 601 alpin – Scheiblegger Hochalm, 1660 m – Kreuzkogel, 2011 m – Riffel, 2106 m
☾: 🅿 – Weg Nr. 655 – Kalblinggatterl,

1542 m – Weg Nr. 601 – Oberst-Klinke-Hütte, 1486 m – Sieglalm, 1140 m – 🅿; Gesamtgehzeit: 7 Std.

📄 unschwierig, Seilsicherung von Westen zum Riffelgipfel (Höhe 40 m); am Hahnsteingipfel Klammern und Drahtseil

🏠 Oberst-Klinke-Hütte, 1486 m

89 *Ennstaler Alpen (Gesäuseberge)*

»Bergführersteig« vom Haindlkar zu den Planspitze-Kletterführen

Dieser Klettersteig wurde geschaffen, um von der Haindlkarhütte die Einstiege der Kletterführen in der Nordwestwand der Planspitze erreichen zu können. Die Querung des wild zerrissenen Geländes unter den grandiosen Wandfluchten bedingt Auf- und Abstiege in Schluchtflanken (einmal nahezu 100 m) sowie die Begehung von schuttreichen, ungesicherten Bändern und wird bei Via-ferrata-Begehern kaum in Mode kommen.

▲ keiner

🛏 Gstatterboden, 580 m (Bahnhof)

🅿 Ennstal-Bundesstraße bei Kilometerpunkt 100,0, gut 2 km westl. Gstatterboden, 600 m

➡ ☼: 🅿 – Weg Nr. 658 zur Haindlkarhütte, 1121 m: 1¼ Std.; hierher auch aus dem Johnsbachtal: 2 km südl. Ghf. »Bachbrücke«, 626 m, auf die Gsengscharte, 1220 m (1½ Std.) und 10 Min. abwärts zur Haindlkarhütte (die letzten 20 m zur Gsengscharte sind mit desolaten Holzstiegen und Eisenketten versehen) – von der Haindlkarhütte den Peternpfad bis zum eigentlichen Wandfuß, ca. 1650 m, aufwärts (1½ Std.), links Tafel »Bergführersteig«, diesen in stetigem Auf und Ab bis zu jenem Waldrücken, wo der Zugang zum Pichlweg (leichtester Durchstieg, II, durch die Planspitze-Nordwestwand) heraufkommt, Seehöhe 1500 m (1½ Std.)
☾: Abstieg auf diesem unbezeichneten Waldweg zur Gesäusestraße bei Kilometerpunkt 101,2 (1 km westl. Gstatterboden): 1½ Std.
Gesamtgehzeit: 6 Std.

📄 mäßig schwierig, wenige Passagen schwierig, viele seilgesicherte Strecken, zwei kurze Eisenleitern, Stifte, aber auch ausgesetzte, ungesicherte Schuttbänder; Steig ist nicht markiert, daher ist an manchen Stellen Wegsuche nicht ausgeschlossen

🏠 Haindlkarhütte, 1121 m

90　*Ennstaler Alpen (Gesäuseberge)*
Wasserfallweg

Bereits 1891 wurde dieser kühne Zugang vom Gesäuse zur Heßhütte mit Stiegen und Seilen problemlos gangbar gemacht. Mit einer Besteigung der Planspitze und des Hochtors, des höchsten Gesäusegipfels, 2369 m, über den ➲ Josefinensteig gehört diese Tour zu den eindrucksvollsten Bergfahrten im Gesäuse. 1991 wurden anläßlich des 100jährigen Bestehens des Weges alte Stiegen durch Alustiegen ersetzt.

🔺 Heßhütte, 1699 m;
oder Planspitze, 2117 m

🛏 Gstatterboden, 580 m (Bahnhof)

🅿 Kummerbrücke, 577 m, an der Gesäusestraße

➡ ➲: 🅿 – Weg Nr. 660 = Wasserfallweg – Ebersanger – Heßhütte: 3½ Std. oder ab Ebersanger, 1500 m, Weg Nr. 66 über den Kölblplan zur Planspitze: insgesamt 4½ Std. (bei 2050 m leichte Kletterei, I – II, ungesichert)
⛄: wie ➲ (von der Heßhütte): 2 – 2½ Std. von der Planspitze: 3 Std.; Gesamtgehzeit (nur Heßhütte): 6 Std.; Planspitze: 8 Std.

📋 mäßig schwierig

🏠 Heßhütte, 1699 m, am Ennseck

91　*Ennstaler Alpen (Gesäuseberge)*
Josefinensteig

Dieser Klettersteig führt über den Gugelgrat auf das Hochtor, den höchsten Gesäusegipfel. Er wurde nach der Erbauung der Heßhütte errichtet und stellt den beliebtesten Anstieg aufs Hochtor dar. Mit dem Aufstieg über den ➲ Wasserfallweg aus dem Ennstal zur Heßhütte und dem Josefinensteig auf Hochtor sowie Abstieg über das Schneeloch nach Johnsbach ergibt sich die wohl großartigste Überschreitung mit Klettersteigen im Gesäuse.

🔺 Hochtor, 2369 m

🛏 Johnsbach, 753 m

🅿 Gasthof Kölbl, 870 m

➡ ➲: 🅿 – Weg Nr. 601 über Untere Koderalm und Stadlalm zur Heßhütte, 1699 m – Josefinensteig (Nr. 664) – Hochtor
⛄: über das Schneeloch (rot bezeichnet, ungesichert, Stellen I) zur Unteren Koderalm – Gasthof Kölbl; Gesamtgehzeit: 8 Std.

📋 mäßig schwierig, bei 1800 m Beginn des Felsgeländes, kurze Seilsicherungen, ungesicherte Passagen I, ab 2050 m längere, seilgesicherte Passagen vielfach auf Bändern, bei 2220 m erreicht man den Gugelgrat, nur mehr wenige Seile, meist auf bequemen Bändern in der Südflanke des Grates

🏠 Heßhütte am Ennseck, 1699 m

92　*Eisenerzer Alpen*
Grete-Klinger-Steig

Vom Eisenerzer Reichenstein zieht der Zackenkamm der Vordernberger Mauern nach Südosten und endet mit einem Waldrücken bei Trofaiach. Über diesen Kamm führt der Grete-Klinger-Steig zunächst bis zum Fahnenköpfl (Rastbänke und Blechfahne) und weiter zur Kammerhebung mit Kote 1909, wo sich die letzten Versicherungen befinden. Der höchste Punkt der Vordernberger Mauern ist die Wiesenkuppe des Vordernberger Zinken, von wo man über das Rottörl zur reizvoll gelegenen Krumpalm mit dem kleinen Krumpsee und weiter zur Hirnalm absteigen kann. Die Krönung dieser Tour ist jedoch die Besteigung des Eisenerzer Reichensteins mit Abstieg über den Reichhals und die Krumpalm, was allerdings mit diversen Gegensteigungen 1500 Höhenmeter ergibt.

🔺 Vordernberger Zinken, 2010 m;
Eisenerzer Reichenstein, 2165 m

🛏 Trofaiach, 658 m (Bahnhof);
Vordernberg, 839 m (Bahnhof)

🅿 Hirnalm, 934 m, im Krumpengraben

➡ ➲: 🅿 – Weg Nr. 605 – Barbarakreuz, 1058 m – Grete-Klinger-Steig (rot markiert) über Fahnenköpfl, 1648 m, auf den Vordernberger Zinken, 1971 m und 2010 m

: rote Markierung zum Rottörl, 1865 m – Krumpalm, 1430 m – Weg Nr. 605 – **P**; Gesamtgehzeit: 6 – 6½ Std.

⊘: Weiterweg vom Rottörl zum Reichenstein, 2165 m: 1 Std.

: Weg Nr. 605 über Reichhals, 2035 m – Krumphals, 1700 m – Krumpalm, 1430 m – **P**; Gesamtgehzeit: 8 – 9 Std.

ab 1360 m bis fast 1900 m immer wieder seilgesicherte Passagen (leicht und mäßig schwierig); oberhalb des Fahnenköpfls bei 1700 m 10 bis 20 m hoher Grataufschwung mit dickem Aluseil (schwierig); unterhalb des Fahnenköpfls bei 1600 m Höhe zweigt links ein rot markierter Weg ab, der den anspruchsvollsten Abschnitt des Grete-Klinger-Steiges in der Westflanke des Kammes umgeht und bei 1710 m wieder auf letzterem mündet; beim Aufstieg zum Reichenstein ist eine 30 m lange, steile Felsrinne mit Eisenstiegen versehen (leicht)

 Reichensteinhütte, 2128 m, unweit südwestlich des Reichensteingipfels, 2165 m

---

93   *Hochschwab*

Seemauernsteig beim Leopoldsteiner See

Dieser Steig benützt eine Steilrampe im östlichen Teil der Seemauern und besitzt nur wenige gesicherte Stellen – allerdings muß man an einigen Stellen aufgrund der Steilheit Hand an den Fels legen. Immer wieder ergeben sich phantastische Tiefblicke zum Leopoldsteiner See, zuletzt vom Roßloch, 1649 m, einem Vorgipfel des Hochblasers, wo der Blick 1000 m zum See abfällt.

▲ Hochblaser, 1771 m

🏠 Eisenerz, 736 m (Bahnhof)

P Leopoldsteiner See, 628 m

➡ **⊘**: **P** – Seemauernsteig – Hochblaser, 1771 m
: wie **⊘**:
Wer die 600 m Steilabstieg zum See vermeiden möchte, kann vom Hochblaser über die Hasenwilzinghütte (Jagdhütte) zur Seeau, 659 m, absteigen und auf einer

---

Forststraße zum Leopoldsteiner See wandern; Gesamtgehzeit: 5 – 6 Std.

unschwierig

---

94   *Hochschwab*

Markussteig auf den Pfaffenstein

Dieser Steig weist nur zwischen 1550 und 1600 m Seile bzw. Eisengeländer auf und berührt bei 1530 m den Fuß des Westgrates, welcher den logischen Anstieg zum Westgipfel darstellt. Der Westgrat ist unbezeichnet, der schwierigste Aufschwung ist gesichert.

▲ Pfaffenstein-Westgipfel (mit Kreuz), 1865 m, Hauptgipfel, 1871 m

🏠 Eisenerz, 736 m (Bahnhof)

P nördlicher Ortsrand von Eisenerz, ca. 800 m

➡ **⊘**: **P** – wie **➲** Südwandsteig bis 870 m – Abzweigung links (Nr. 825) – Markussteig – Westgipfel; : wie **⊘** oder **➲** Südwandsteig; Gesamtgehzeit: 5 Std.

unschwierig, Felsgelände ab 1530 m (ca. 300 m); Westgrat bis 1630 m leichte Kletterei I, dann gesicherte Wand (10 m, schwierig) und Rampe, anschließend 5-m-Wand (III, ungesichert), weitere Kletterei meist I, wenig II

---

95   *Hochschwab*

Südwandsteig auf den Pfaffenstein

Dieser Steig führt durch eine Schlucht im niedrigsten Teil der Südwand. Hier ist Steinschlaggefahr gegeben. Solange im Frühjahr noch Schnee in der Schlucht liegt, ist diese gefährlich.

▲ Pfaffenstein-Westgipfel (Kreuz), 1865 m, Pfaffenstein-Hauptgipfel, 1871 m

🏠 Eisenerz, 736 m (Bahnhof)

P nördlicher Ortsrand von Eisenerz, ca. 800 m

➡ **⊘**: **P** – Südwandsteig (Nr. 826) – Westgipfel; : wie **⊘** oder **➲** Markussteig – Eisenerz; Gesamtgehzeit: 5 Std.

mäßig schwierig, Felshöhe knapp 200 m (1580 – 1770 m)

96   *Hochschwab*

Übers G'hackte auf den Hochschwab

Vom Gasthof »Bodenbauer« auf der Südseite des Hochschwabmassivs führt der kürzeste Weg auf den Gipfel. Man durchwandert das von eindrucksvollen Felswänden gesäumte Trawiestal bis in den Bereich des Trawiessattels, wo man über eine Schwachstelle der Südabstürze in Form einer Steilrampe, das G'hackte, die Hochfläche bei der Fleischer-Biwakschachtel erreicht und über einen sanft ansteigenden Hang zum Gipfel gelangt.

🔺 Hochschwab, 2277 m

🛏 Aflenz Kurort, 763 m

🅿 Gasthof »Bodenbauer«, 884 m

➡ ☻: 🅿 – Weg Nr. 839 über Trawiesalm, 1234 m, zur Wegteilung beim G'hacktbrunnen, 1785 m, weiter übers G'hackte zur Fleischer-Biwakschachtel, ca. 2150 m – Hochschwabgipfel, 2277 m
☻: wie ☻ oder von der Fleischer-Biwakschachtel Weg Nr. 801 über die Hochfläche zur Häuselalm, 1526 m – dann Weg Nr. 840 zum Bodenbauer;
Gesamtgehzeit: 7 – 8 Std.

📋 unschwierig; mit Eisenleitern, Stahlseilen, Ketten und niedrigen Eisengeländern durchgehend reichlichst gesichert, allerdings kann die lange Leiternreihe im unteren Bereich bis in den Juni unter Schnee liegen; Höhe 230 m

🏠 evtl. Schiestlhaus, 2153 m, ¼ Std. östl. des Gipfels; Häuselalm, 1526 m, (Getränke)

97   *Hochschwab*

Klettersteig auf den Feistringstein

Die Mitteralm ist eine kleine, meist durch steile Felsflanken abgegrenzte Hochfläche im östlichen Hochschwabmassiv und vom Bürgeralmlift bei Aflenz in gemütlicher Höhenwanderung erreichbar. Ihr östlichster Gipfel, der Feistringstein, ist durch eine 40 bis 50 m tiefe Einschartung von der Hochfläche getrennt und durch einen kurzen, etwas anspruchsvollen Klettersteig erschlossen.

🔺 Feistringstein, 1836 m

🛏 Aflenz Kurort, 763 m

🅿 Bürgeralm-Sessellift, Talstation, ca. 850 m

➡ ☻: 🅿 – mit dem Sessellift auf die Bürgeralm, ca. 1520 m – Weg Nr. 862 (blau markiert) bis Zlaken (Sattel, 1743 m), Wegweiser »Feistringstein« – teilweise undeutliches Steiglein, aber ausreichend rot markiert bis zum Ostende der Mitteralm, ca. 1830 m – ☻ in die Scharte, ca. 1790 m – Klettersteig auf den Feistringstein, 1836 m
☻: gleicher Rückweg, evtl. mit Wanderung über die Windgrube, 1809 m;
Gesamtgehzeit: 4½ Std.

📋 zuerst 40 m ☻ (ungesichert, I) in die Scharte westl. des Feistringsteins, Einstieg zum Klettersteig knapp nördl. unterhalb der Scharte, anfangs schwieriger Rißkamin, dann mäßig schwierig, durchgehende Aluseilsicherung, wenige Stifte; Höhe 50 m

🏠 Gasthöfe auf der Bürgeralm, ca. 1520 m

🚡 Bürgeralm-Sessellift

98   *Fischbacher Alpen*

Naturfreundesteig auf den Hochlantsch

Dieser ausschließlich mit Stahlseilen gesicherte Klettersteig führt durch die Lantschmauern, wie die Nordabstürze des Hochlantsch genannt werden.

🔺 Hochlantsch, 1720 m

🛏 St. Jakob, 607 m

🅿 Ghf. »Zirbisegger«, 1000 m

➡ ☻: 🅿 – rote Markierung (Nr. 740) Richtung Ghf. »Steirischer Jokl« bis 1100 m (Wegweiser links »Naturfreundesteig«) – Steig nur mit Steindauben markiert, aber problemlos auffindbar – Hochlantsch-Westkamm – Gipfel, 1720 m
☻: über Ghf. »Steirischer Jokl«, 1398 m, zum Ghf. »Zirbisegger«;
Gesamtgehzeit: 3½ – 4 Std.

▤ mäßig schwierig, Beginn des Felsgeländes
bei 1450 m, im Steigverlauf 50 m ↻ in
eine Schlucht, Ausstieg zum Westkamm,
1650 m, entweder über einen schwierigen
Grat oder links davon unschwierig durch
eine Rinne

⌂ Ghf. »Steirischer Jokl«, 1398 m

---

99   *Bucklige Welt*

Pittentaler Steig auf den Türkensturz

*Der 1926 angelegte Steig führt durch die be-
deutendste Wandbildung im Pittental zu der
1826 errichteten künstlichen Ruine Türkensturz. Von hier Abstecher zur Burg Seebenstein
lohnend.*

▲ Türkensturz, 610 m

🛏 Gleißenfeld, 362 m, im Pittental (Bahnhof)

🅿 an der Straße Gleißenfeld – Sollgraben in
490 m Seehöhe

➡ ❶: ❷ – Forststraße zur Ruine Türkensturz –
↻ über unbezeichnetes Steiglein in einer
Südschleife zum Einstieg, 540 m – Klettersteig zur Ruine
↻: über Forststraße wie ❶;
Gesamtgehzeit: 2 Std.

▤ sehr schwierig und ausgesetzt, nur im
oberen Teil fixe Seile, daher im unteren
Teil keine Selbstsicherung möglich, Beherrschung des II. – III. Schwierigkeitsgra-
des erforderlich, Höhe 70 m

---

100   *Raxalpe*

Camillo-Kronich-Steig

*Der gesicherte Steig über den abwechslungs-
reichen Kamm der Brandschneide zählt zu den
reizvollsten Anstiegen aufs Raxplateau. Nur
zwei seilgesicherte Passagen und drei kleine
Leitern weist der Weg auf, an manchen Stellen
ist Hand an den unschwierigen Fels zu legen.*

▲ Bergstation der Rax-Seilbahn, 1547 m

🛏 Hirschwang, 500 m

🅿 Kaiserbrunn, 521 m, an der Höllental-Bundesstraße

➡ ❶: ❷ – Camillo-Kronich-Steig (gelb markiert) – Bergstation der Rax-Seilbahn,
1547 m
↻: wie ❶; Gesamtgehzeit: 5 Std.

▤ unschwierig, zwischen 900 m und 1300 m
vereinzelt Felsgelände mit wenigen Sicherungen

⌂ Gasthof bei der Bergstation der Rax-Seilbahn, 1547 m

---

101   *Raxalpe*

Wachthüttelkamm

*Von der Höllentalstraße führt der Steig durch
steiles, stark gegliedertes Felsgelände, das aber
durch über 20 Eisenleitern problemlos gangbar
ist, bis in etwas über 1000 m Seehöhe. Dann
Wanderweg mit anfangs atemberaubenden
Tiefblicken ins Große Höllental und weiter –
nur mehr mäßig ansteigend, zuletzt eben –
zum Ottohaus. Der südwestlich gelegene Jakobskogel, 1736 m, mit seinem mächtigen
Gipfelkreuz kann in einer Viertelstunde bestiegen werden.*

▲ Ottohaus, 1644 m;
bzw. Jakobskogel, 1736 m

🛏 Weichtalhaus, 547 m, an der Höllental-
Bundesstraße

🅿 Weichtalhaus, 547 m, oder 5 – 10 Min.
taleinwärts bei Beginn des Steiges (570 m)

➡ ❶: ❷ – rote und blaue Markierung (bei
600 m zweigt rechts der Schönbrunnersteig ins Große Höllental ab) – bei 1250 m
von rechts Einmündung des ➲ Teufelsbadstubensteiges aus dem Großen Höllental –
Ottohaus, 1644 m
↻: wie ❶ oder über ➲ Teufelsbadstubensteig; Gesamtgehzeit: 5 – 5½ Std.

▤ leicht, ca. 450 m Felsgelände

⌂ Ottohaus, 1644 m, unter dem Jakobskogel,
1736 m

---

102   *Raxalpe*

Gaislochsteig (Liststeig)

*Das Große Höllental ist der imposanteste Ein-
schnitt in das Raxmassiv – aus diesem führt
kein Wanderweg zur Hochfläche, dafür aber
fünf wenn auch meist nur mäßig schwierige
Klettersteige. Im hintersten Talgrund leitet der*

Gaislochsteig mit der geringsten Felshöhe zwischen Klobenwand und Loswand empor. Im hinteren Teil des Großen Höllentales erreicht man nacheinander folgende benachbarte Klettersteige: ➲ *Hoyossteig,* ➲ *Teufelsbadstubensteig und* ➲ *Alpenvereinssteig mit* ➲ *Gustav-Jahn-Steig.*

🔺 Ottohaus, 1644 m

🏠 Weichtalhaus, 547 m, an der Höllental-Bundesstraße

🅿 Weichtalhaus, 547 m, oder 5 – 10 Min. taleinwärts bei Beginn des Steiges (570 m)

➡ ❂: 🅿 – rote und blaue Markierung kurz empor – bei 600 m rechts Abzweigung der gelben Markierung über den Schönbrunnersteig (anfangs Kettengeländer, dann die knapp 50 m lange Schönbrunnerstiege mit 160 Stufen) in das Große Höllental – Gaislochsteig – Gaislochboden – bei 1330 m Abzweigung ➲ Gustav-Jahn-Steig – Dirnbacherhütte, 1477 m (offenes Unterstandshüttchen) – Höllentalaussicht, 1620 m – Ottohaus, 1644 m
❂: ➲ Wachthüttelkamm;
Gesamtgehzeit: 5½ – 6 Std.

📄 zum Gaisloch (große Halbhöhle) unschwierig, dann mäßig schwierig (oft naß), Höhe 80 m (von 1190 bis 1270 m); solange oberhalb im Gaislochboden Schnee liegt (etwa bis Ende Mai) ist die Quelle beim Ausstieg ergiebig und die Begehung des Steiges eine reichlich feuchte Angelegenheit; im Winter beliebte Eistour

🏠 Ottohaus, 1644 m, unter dem Jakobskogel, 1736 m

103   *Raxalpe*

Ernst-Graf-Hoyos-Steig

Dieser wenig begangene Steig führt gegenüber des ➲ *Teufelsbadstubensteiges durch einen schütter bewaldeten, z.T. rampenartigen Teil der Klobenwand und bietet auch aufschlußreiche Einblicke in das Gelände des* ➲ *Alpenvereinssteiges. Vom Klobentörl sind die Wanderung zur Scheibwaldhöhe, 1943 m, dem höchsten Punkt des niederösterreichischen Teils der Raxalpe und auch der Weiterweg über das Plateau zum Habsburghaus empfehlenswert.*

🔺 Klobentörl, 1634 m; Scheibwaldhöhe, 1943 m; Habsburghaus, 1786 m

🏠 Weichtalhaus, 547 m, an der Höllental-Bundesstraße

🅿 Weichtalhaus, 547 m, oder 5 – 10 Min. taleinwärts bei Beginn des Steiges (570 m)

➡ ❂: 🅿 – ins Große Höllental bis 800 m Seehöhe – Abzweigung rechts (Tafel »Hoyossteig«) rot markiert mühsam über Schutt zum Einstieg, 1005 m – Hoyossteig – bei 1538 m Einmündung in den Rudolfsteig – Klobentörl; weiter zur Scheibwaldhöhe, 1943 m, bzw. zum Habsburghaus
❂: vom Klobentörl über den Rudolfsteig (zwei kurze, seilgesicherte Passagen, leicht) zur Höllental-Bundesstraße: 1½ – 2 Std., auf dieser 1,5 km zum Weichtalhaus oder über ➲ Gaislochsteig – Großes Höllental – Weichtalhaus;
Gesamtgehzeit: 5 Std. bzw. 7 – 8 Std. (mit Scheibwaldhöhe und Habsburghaus)

📄 mäßig schwierig, Einstieg etwas anspruchsvoller, im weiteren Verlauf ansteigende Querungen mit viel Schutt und teils beschädigten bzw. gerissenen Stahlseilen; Vorsicht geboten; Höhe 350 m; Ende der Sicherungen bei 1350 m, im oberen Teil meist Gehgelände

🏠 Habsburghaus, 1786 m

104   *Raxalpe*

Teufelsbadstubensteig

Bereits 1802 ließ Erzherzog Johann einen Jagdsteig mit einfachen Versicherungen anlegen, doch geriet der Anstieg für Jahrzehnte in Vergessenheit, bis der Österreichische Touristenklub Steiganlagen errichtete, so daß die Eröffnung im Jahre 1894 erfolgen konnte. Der Teufelsbadstubensteig zählt mit dem ➲ *Alpenvereinssteig zu den beliebtesten Anstiegen im Großen Höllental.*

🔺 Ottohaus, 1644 m

🏠 Weichtalhaus, 547 m, an der Höllental-Bundesstraße

🅿 Weichtalhaus, 547 m, oder 5 – 10 Min. taleinwärts bei Beginn des Steiges (570 m)

➡ ❂: 🅿 – ins Große Höllental bis 840 m Seehöhe – Abzweigung links (Tafel »Teufelsbadstubensteig«) rot markiert – Einstieg bei 890 m – bei 1250 m Einmündung in den ➲ Wachthüttelkamm – Ottohaus, 1644 m

❂: über ➲ Wachthüttelkamm oder zur Höllentalaussicht, 1620 m – ➲ Alpenvereinssteig – Großes Höllental – Weichtalhaus; Gesamtgehzeit: 6 Std.

▤ mäßig schwierig, im oberen Teil viel Schuttgelände, Höhe 350 m

⌂ Ottohaus, 1644 m, unter dem Jakobskogel, 1736 m

---

105   *Raxalpe*

Alpenvereinssteig

Der Weg führt durch den östlichen Teil des Talschlusses des Großen Höllentales und weist den größten Höhenunterschied der Klettersteige aus dem Großen Höllental auf. Sein Endpunkt, die Felskanzel mit der Höllentalaussicht, bietet den eindrucksvollsten Blick ins Große Höllental.

▲ Höllentalaussicht, 1620 m; Ottohaus, 1644 m

🛏 Weichtalhaus, 547 m, an der Höllental-Bundesstraße

🅿 Weichtalhaus, 547 m, oder 5 – 10 Min. taleinwärts bei Beginn des Steiges (570 m)

➡ ❂: 🅿 – ins Große Höllental bis 880 m Seehöhe – Abzweigung links (Tafel »Alpenvereinssteig«) blau markiert – Einstieg bei 980 m – bei 1380 m unterhalb einer Eisenleiter nach rechts Abzweigung des ➲ Gustav-Jahn-Steiges – Höllentalaussicht, 1620 m – Ottohaus, 1644 m
❂: ➲ Wachthüttelkamm;
Gesamtgehzeit: 5½ – 6 Std.

▤ mäßig schwierig, überwindet am Beginn mit 4 Eisenleitern eine 50 m hohe Wand, Höhe 640 m, immer längere Strecken normaler Weg

⌂ Ottohaus, 1644 m, unter dem Jakobskogel, 1736 m

---

106   *Raxalpe*

Gustav-Jahn-Steig

Dieser Steig quert vom Gaislochboden oberhalb des ➲ Gaislochsteiges ostwärts zum ➲ Alpenvereinssteig. Wer beispielsweise nach der Begehung des Gaislochsteiges das Kletter-

steigerlebnis steigern möchte, kann über den anspruchsvolleren Jahnsteig zum Alpenvereinssteig gelangen und dessen oberen Teil bis zur Höllentalaussicht begehen.

▲ Höllentalaussicht, 1620 m; Ottohaus, 1644 m

🛏 Weichtalhaus, 547 m, an der Höllental-Bundesstraße

🅿 Weichtalhaus, 547 m, oder 5 – 10 Min. taleinwärts bei Beginn des Steiges (570 m)

➡ ❂: 🅿 – Gaislochsteig bis zum Gaislochboden – bei 1330 m Wegweiser links »Gustav-Jahn-Steig«, rot markiert – Alpenvereinssteig von 1380 m bis zur Höllentalaussicht, 1620 m – Ottohaus, 1644 m
❂: Wachthüttelkamm;
Gesamtgehzeit: 6 – 6½ Std.

▤ schwierig, ausgesetzte Querungen

⌂ Ottohaus, 1644 m, unter dem Jakobskogel, 1736 m

---

107   *Raxalpe*

Kronich-Eisenweg

Vor wenigen Jahren wurde unweit östlich des Ottohauses am Törlkopf am Hochflächenrand beim Ende des Törlweges ein Klettergarten eingerichtet, der einige Führen im unteren Schwierigkeitsbereich und einen kurzen, aber anspruchsvollen Klettersteig aufweist.

▲ Törlkopf, ca. 1610 m; Ottohaus, 1644 m

🛏 Hirschwang, 500 m

🅿 a) Talstation der Raxseilbahn, 532 m
b) Knappenhof, 711 m, Zufahrt von Edlach a.d. Rax

➡ ❂: a) 🅿 – Raxseilbahn-Bergstation, 1547 m – Praterstern, 1630 m (kurz vor dem Ottohaus) – den Törlweg wenige Minuten abwärts zur Südwand des Törlkopfes, 1570 m, Einstiegstafel
b) 🅿 – Törlweg bis 1570 m
Kronich-Eisenweg: ¼ Std.
❂: Übergang zur Hochfläche über eine kleine Scharte (kurze Kletterei, I)
a) zur Seilbahn
b) Törlweg zum Knappenhof
Gesamtgehzeit mit Seilbahnbenützung: 1½ Std., vom Knappenhof: 4 Std.

schwierig, Höhe 40 m

Ottohaus, 1644 m, unter dem Jakobskogel, 1736 m

Raxseilbahn

108 *Raxalpe*

Preinerwandsteig

Dieser Steig führt mit Stahlseilen gut gesichert durch den östlichen, bereits stark gegliederten Teil der Preinerwand und bietet damit den leichtesten Durchstieg durch diese eindrucksvolle Wand.

Preinerwand, 1783 m

Prein a.d. Rax, 680 m

Grisleiten, 860 m

➜ ☸: ℗ – gelbe Markierung Richtung Waxriegelhaus bis 1020 m – dann rechts grüne Markierung zum Holzknechtsteig – auf diesem (rot markiert) zum Bachingerbründl, 1280 m – Preinerwandsteig (Tafel, rot markiert) – Preinerwand, 1783 m ☾: wie ☸ oder über den westl. gelegenen Holzknechtsteig; Gesamtgehzeit: 4 Std.

unschwierig, Seilsicherungen stellenweise von 1590 m bis 1700 m, Ausstieg bei 1770 m 100 m östlich des Gipfels, Felshöhe ca. 300 m

evtl. Seehütte, 1648 m, nur Getränke

109 *Raxalpe*

Hans-von-Haid-Steig

Diesen landschaftlich großartigen Steig ließ 1913 Camillo Kronich auf eigene Kosten errichten. Er kann als schönster und interessantester Klettersteig der Rax bezeichnet werden und ist dementsprechend vielbegangen.

Preinerwand, 1783 m

Prein a.d. Rax, 680 m

Grisleiten, 860 m

➜ ☸: ℗ – gelbe Markierung Richtung Waxriegelhaus bis 1020 m, dann rechts

grüne Markierung zum Holzknechtsteig – auf diesem (rot markiert) Richtung Seehütte bis zu den Einstiegen: alter Haidsteig, 1300 m, neuer Haidsteig, 1350 m (blau markiert) – Ausstieg in 1750 m Höhe 150 m westl. des Preinerwandgipfels, 1783 m

☾: westl. über den Holzknechtsteig oder östl. über den ➡ Preinerwandsteig zum Bachingerbründl – Griesleiten; Gesamtgehzeit: 4½ – 5 Std.

schwieriger, teils sehr schwieriger Klettersteig; der alte Haidsteig umgeht leicht die Schwierigkeiten des unteren Teiles des neuen Haidsteiges mit dem luftigen Einstiegssteigbaum (Vereinigung bei 1500 m), Höhe 450 m bzw. 400 m

evtl. Seehütte, 1648 m, nur Getränke

110 *Raxalpe*

Königschußwandsteig

Die 1979 wieder instandgesetzte Steiganlage zählt zu den schwiersten der Ostalpen. Sie wird am bequemsten von der Raxseilbahn her erreicht, wodurch sich eine aussichtsreiche Höhenwanderung bietet und der mühselige Zustieg vom Holzknechtsteig entfällt.

Preinerwand, 1783 m

Hirschwang, 500 m

Talstation Raxseilbahn, 535 m

➜ Bergstation Raxseilbahn, 1547 m – Ottohaus, 1644 m – Preinerwand, 1783 m – über den Holzknechtsteig abwärts und Querung auf Steigspuren zum Einstieg des Malersteiges, 1540 m – unterer Teil Malersteig – Königschußwandsteig – Rückweg über Preinerwandgipfel oder Seeweg zur Bergstation: 5 Std.

unterer Teil des Malersteiges (ungesichert, I+, eine Stelle II) von 1540 m bis 1620 m – hier Einstiegstafel des Königschußwandsteiges – sehr schwierig, Schlüsselstelle äußerst schwierig – Ausstieg bei 1740 m, Gesamthöhe 200 m

Ottohaus, 1644 m

Raxseilbahn

111　　　　　　　　　　　*Raxalpe*

Bismarcksteig

Um vom Karl-Ludwig-Haus zur Seehütte zu gelangen (oder umgekehrt), kann man gemütlich die flache Kuppe des Predigtstuhls, 1902 m, überschreiten oder – für Klettersteiggeher natürlich interessanter – den Bismarcksteig begehen, der in etwa 1800 m Seehöhe in leichtem Auf und Ab die Ostabstürze des Predigtstuhls quert, dort wo diese in die felsigen Steilflanken des Siebenbrunnenkessels übergehen.

▲ evtl. Predigtstuhl, 1902 m

⬈ Prein a.d. Rax, 680 m

🅿 Preiner Gscheid, 1070 m

➡ ✆: 🅿 – Weg Nr. 829 (rote Markierung) bis in den Sattel, 1768 m, knapp nördlich des Karl-Ludwig-Hauses – vom Sattel nordwärts wenige Minuten Richtung Predigtstuhl bis in 1800 m Höhe, Tafel rechts »Bismarcksteig« – bis zum Waxriegelsteig, 1820 m
✆: Waxriegelsteig (rot) – Waxriegelhaus, 1361 m – Weg Nr. 829 zum Preiner Gscheid;
Gesamtgehzeit: 4 Std.

▤ mäßig schwierig, meist ausgesetzt

⌂ Waxriegelhaus, 1361 m

112　　　　　　　　　　　*Raxalpe*

Karl-Kantner-Steig

Vom Preiner Gscheid führen die beliebtesten – weil kurzen – Anstiege auf die Heukuppe, den höchsten Punkt der Raxalpe. Der bequemste Aufstieg ist der Schlangenweg durch den Siebenbrunnenkessel. Südlich bzw. südöstlich davon gibt es durch den Felsenkranz der Raxenmäuer etliche markierte Wege, von denen drei gesichert sind (mit ➲ bezeichnet). Von Ost nach West findet man folgende Steige: ➲ Karl-Kantner-Steig, Raxenmäuersteig, Martinsteig, ➲ Gretchensteig, ➲ Reißtalersteig, Großes Fuchsloch. Sie können alle als Zugang zum Karl-Ludwig-Haus oder zur Heukuppe dienen.

▲ Heukuppe, 2007 m

⬈ Prein a.d. Rax, 680 m

🅿 Preiner Gscheid, 1070 m

➡ ✆: 🅿 – Weg Nr. 829 (rote Markierung zum Karl-Ludwig-Haus) – unter dem Waxriegelhaus vorbei – Schlangenweg bis 1480 m (Tafel links »Karl-Kantner-Steig«) – Karl-Ludwig-Haus, 1804 m – Heukuppe, 2007 m
✆: über Schlangenweg oder ➲ Gretchensteig bzw. ➲ Reißtalersteig;
Gesamtgehzeit: 4 – 4½ Std.

▤ unschwierig, mit Klammern, Eisenstiften und Eisengeländer, Felshöhe 140 m (von 1580 bis 1720 m); beim Ende des Felsgeländes kommt von links der blau markierte Raxenmäuersteig herauf, der im Bereich des 30 m hohen Felsgeländes unterhalb der Vereinigung seilgesichert ist (leicht)

⌂ Karl-Ludwig-Haus, 1804 m

113　　　　　　　　　　　*Raxalpe*

Gretchensteig

Dieser kurze Klettersteig führt durch den östlichen Teil der Raxenmäuer auf die Hochfläche nahe dem Karl-Ludwig-Haus.

▲ Heukuppe, 2007 m

⬈ Prein a.d. Rax, 680 m

🅿 Preiner Gscheid, 1070 m

➡ ✆: 🅿 – Reißtalersteig (gelb markiert) bis Kote 1426 – Abzweigung: u.a. Raxenmäuersteig, Gretchensteig – vom grün markierten Gretchensteig bei Kote 1638 rechts Abzweigung des Martinsteiges (rot markiert, bei 1680 m kurze gesicherte Kletterstelle) – Hochfläche, 1840 m, nahe dem Karl-Ludwig-Haus – Heukuppe, 2007 m
✆: über Schlangenweg (Nr. 829) oder ➲ Reißtalersteig;
Gesamtgehzeit: 4 – 4½ Std.

▤ unschwierig, Felshöhe ca. 100 m (von 1730 bis 1840 m), im oberen Teil Seilsicherung

⌂ Karl-Ludwig-Haus, 1804 m

114   *Raxalpe*

Reißtalersteig

Dieser Klettersteig führt durch den mittleren Abschnitt der südschauenden Raxenmäuer und ist mit Seilen, wenigen Klammern und einer Leiter problemlos gangbar gemacht.

▲ Heukuppe, 2007 m

🛏 Prein a.d. Rax, 680 m

🅿 Preiner Gscheid, 1070 m

➡ ❷: ❿ – durchwegs gelbe Markierung vorbei an der Reißtalerhütte, 1450 m, privat, bis Kote 1937 im Gipfelbereich – zuletzt rote Markierung auf die Heukuppe, 2007 m: 2½ – 3 Std.
❸: rote Markierung zum Karl-Ludwig-Haus, 1804 m – Schlangenweg (Nr. 829) – Preiner Gscheid oder ➲ Gretchensteig bzw. ➲ Karl-Kantner-Steig; Gesamtgehzeit: 4½ – 5 Std.

▤ Einstieg mäßig schwierig, sonst unschwierig; Höhe ca. 100 m (von 1730 bis 1840 m)

🏠 Karl-Ludwig-Haus, 1804 m

115   *Raxalpe*

Bärenlochsteig

Der Bärenlochsteig zählt mit der Wildfährte zu den landschaftlich abwechslungsreichsten gesicherten Steigen der Rax. Zuerst führt er als Wanderweg duch die breite Bärenlochklamm mit ihren bis 100 m hohen Felswänden und wendet sich dann rechts ins eigentliche Bärenloch, wo die Versicherungen beginnen.

▲ Habsburghaus, 1786 m

🛏 Hinternaßwald, 711 m

🅿 Hinternaßwald, 711 m

➡ ❷: ❿ – Forststraße durch die Reißtalklamm auf den Rehboden Richtung Kaisersteig – bei 1050 m Tafel »Wildfährte und Bärenlochsteig« – Bärengraben – Habsburghaus
❸: über Kaisersteig (kurze gesicherte Passage, leicht) auf den Rehboden – Hinternaßwald; Gesamtgehzeit: 5 – 5½ Std.

▤ mäßig schwierig, am Beginn des Felsgeländes, ca. 1300 m, ungesicherte Felsrinne, I – bei ca. 1400 m (Tafel) gerade weiter rot bez. ➲ Wildfährte, nach links grün bez. Bärenlochsteig (kurze schwierige Stellen) mit einigem Auf und Ab in den Bärengraben; Ende des Felsgeländes bei 1450 m

🏠 Habsburghaus, 1786 m

116   *Raxalpe*

Wildfährte

Im unteren Teil mit dem Bärenlochsteig identisch, der obere Teil durch die Kahlmäuer ist jedoch aussichtsreicher.

▲ Heukuppe, 2007 m

🛏 Hinternaßwald, 711 m

🅿 Hinternaßwald, 711 m

➡ ❷: ❿ – wie beim Bärenlochsteig bis zur Teilung in 1400 m Seehöhe – die rot markierte Wildfährte weiter bis zur Hochfläche, 1670 m – weiter in 1 Std. auf die Heukuppe, 2007 m
❸: ➲ Gamsecksteig – Naßkamm – Hinternaßwald oder über den ➲ Bärenlochsteig (etwas länger, aber reizvoller); Gesamtgehzeit: 6 – 6½ Std., mit Heukuppe 7½ – 8 Std.

▤ mäßig schwierig, kurze Stellen schwierig, bzw. ungesichert (I), Felshöhe mit dem gemeinsamen unteren Teil des ➲ Bärenlochsteiges knapp 400 m

🏠 evtl. Karl-Ludwig-Haus, 1804 m, östl. der Heukuppe

117   *Raxalpe*

Gamsecksteig

Von Hinternaßwald der kürzeste und leichteste Anstieg auf die Heukuppe. Der Steig ist durch Stahlseile gesichert – eine Steilstufe wird durch eine Leiter entschärft, allerdings ist wegen des losen Schuttes Vorsicht geboten.

▲ Heukuppe, 2007 m

🛏 Hinternaßwald, 711 m

🅿 Hinternaßwald, 711 m

➡ **❷: 🅿** – Forststraße durch die Reißtalklamm – Naßriegel – Naßkamm, 1210 m – Gamseckhütte, 1330 m, privat, unbewirtschaftet – Gamsecksteig (Felsgelände von 1600 bis 1800 m) – Heukuppe, 2007 m
❸: wie **❷** oder über die anspruchsvollere Wildfährte oder den ebenfalls anspruchsvolleren Bärenlochsteig; Gesamtgehzeit: 7 – 7½ Std.

📖 leicht, eine Passage mäßig schwierig, Felshöhe 200 m

🏠 evtl. Karl-Ludwig-Haus, 1804 m, östl. der Heukuppe

118 *Schneeberg*

Weichtalklamm und Turmstein

Durch diese Trockenklamm führt einer der interessantesten Aufstiege auf den Schneeberg. Die eindrucksvollste Strecke liegt zwischen 700 und 820 m Seehöhe, wo die Klamm nur wenige Meter breit ist und über 50 m hohe, senkrechte Begrenzungswände zeigt. Die Klamm weist nur an einigen Stellen Eisenleitern und Kettensicherung auf, doch geht es bedeutende Strecken infolge von Unwettern fast weglos über Stock und Stein. Mit einer Besteigung des Schneeberggipfels, 2076 m (höchster Berg Niederösterreichs), ausgiebige Tagestour mit über 1500 m Höhenunterschied (1½ – 2 Std. von der Kientaler Hütte zum Gipfel).

🔺 Turmstein, 1416 m; bzw. Schneeberg, 2076 m

🚏 Weichtalhaus, 547 m, an der Höllentalstraße

🅿 Weichtalhaus, 547 m

➡ **❷: 🅿** – rote Markierung in die Weichtalklamm, Beginn bei 700 m – Klammende bei 1170 m (Querung einer Forststraße) – Kientaler Hütte, 1380 m
unmittelbar bei der Kientaler Hütte Anstieg auf den Turmstein, 1416 m: 5 – 10 Min.
❸: gleicher Weg zur Forststraße, dann über den gelb und rot markierten Ferdinand-Mayr-Weg westl. der Weichtalklamm zum Weichtalhaus; Gesamtgehzeit: 4 Std.

📖 mäßig schwierig, Höhe 470 m; Turmstein schwierig, Höhe 36 m (gleicher **❸**)

🏠 Kientaler Hütte, 1380 m, Selbstversorgerhütte, an Wochenenden von Ostern bis Allerheiligen geöffnet

119 *Schneeberg*

Krummholzsteig

Der Zugangsteil vom ehemaligen Baumgartnerhaus (aus Wasserschutzgründen abgetragen) bis zum Felsgelände ist verwachsen und schwer aufzufinden. Es gibt keine Hinweistafel mehr, die alte rote Markierung ist nur mehr vereinzelt vorhanden. Hat man aber (vom noch vorhandenen Steinfundament des ehemaligen Baumgartnerhauses in west- bis nordwestliche Richtung ansteigend) den Felsteil erreicht, so ist der gesicherte Abschnitt durch eine steile Fels- bzw. Schuttrinne bis zur Einmündung in den Emmysteig nicht zu verfehlen. Die Eisenketten im unteren, mäßig schwierigen Teil überdauern noch Jahrzehnte, die rostigen Stahlseile weiter oben werden ohnehin kaum gebraucht.

🔺 Damböckhaus, 1810 m; oder Waxriegel, 1888 m

🚏 Puchberg am Schneeberg, 585 m (Bahnhof)

🅿 Schneebergdörfl, 719 m

➡ **❷: 🅿** – gelbe Markierung durchs Mieseltal – Kaltwassersattel, 1320 m – Haltestelle Baumgartner, 1394 m, einfache Gaststätte, der Schneeberg-Zahnradbahn – Südlicher Grafensteig (rot) bis zum ehemaligen Baumgartnerhaus, 1447 m – Krummholzsteig – Emmysteig (gelb) – Damböckhaus, 1810 m, oder Waxriegel mit großem Gipfelkreuz, 1888 m
❸: durch den Schneidergraben (blau markiert) oder interessanter über Herminensteig (rot markiert, im oberen Teil leichte Kletterei, I) – Mieseltal; Gesamtgehzeit: 6 Std.

📖 Beginn mäßig schwierig, dann leicht, Felshöhe 100 m (von 1570 bis 1670 m)

🏠 Damböckhaus, 1810 m, evtl. Berghotel Hochschneeberg, 1795 m, 10 Min. östl. des Waxriegels

🚠 evtl. Zahnradbahn auf den Schneeberg

120 *Gutensteiner Alpen (Hohe Wand)*

Drobilsteig

Geruhsamer Waldanstieg zum Herrgottschnitzerhaus, das allerdings auch über eine Mautstraße erreicht werden kann.

🔺 Herrgottschnitzerhaus, 826 m

🛏 Dreistetten, 528 m

🅿 Dreistetten, westl. Ortsrand

➡ ➋: ➊ – rote Markierung Richtung Herrgottschnitzerhaus – ab 670 m blaue Markierung, Wegweiser »Drobilsteig« – Herrgottschnitzerhaus – ➌: wie ➋: 1½ – 2 Std.

📑 leicht, einige Eisenleitern zwischen 730 m und 780 m

🏠 Herrgottschnitzerhaus, 826 m

121 *Gutensteiner Alpen (Hohe Wand)*

Währinger Steig, ursprünglich Toni-Baltzarek-Steig

Dieser Klettersteig, der 1934 erbaut und 1983 von den Währinger Naturfreunden wiedererrichtet wurde, führt ausgesetzt durch die senkrechte Ostwand des Hirnflitzsteins.

🔺 Hirnflitzstein, 611

🛏 Dreistetten, 528 m

🅿 Dreistetten, westl. Ortsrand

➡ ➋: ➊ – gelbe Markierung Richtung Einhornhöhle bis zum Wandfuß des Hirnflitzsteins – Währingersteig – Hirnflitzstein
➌: südlich um den Hirnflitzstein herum, vorbei an der Einhornhöhle (kleine Schauhöhle) – Dreistetten;
Gesamtgehzeit: 1 – 1½ Std.

📑 sehr schwierig, Höhe 40 m

122 *Gutensteiner Alpen (Hohe Wand)*

Ganghofersteig

Am nördlichsten Ende der Mautstraße auf die Hohe Wand liegt das Herrgottschnitzerhaus. Unterhalb befindet sich eine senkrechte Felswand, durch die der 1928 errichtete, nach Ludwig Ganghofer benannte Klettersteig führt.

🔺 Herrgottschnitzerhaus, 826 m

🛏 Dreistetten, 528 m

🅿 Herrgottschnitzerhaus oder westl. Ortsrand von Dreistetten

➡ vom Herrgottschnitzerhaus kurz den grün markierten Zischkasteig abwärts und rechts zum Einstieg, 770 m – Ganghofersteig: ¼ – ½ Std.; ➋ von Dreistetten: 1 Std.
➌: über ➍ Drobilsteig:
Gesamtgehzeit 1½ Std.

📑 sehr schwierig, Höhe 50 m

🏠 Herrgottschnitzerhaus, 826 m

123 *Gutensteiner Alpen (Hohe Wand)*

Hanselsteig

Der Steig wurde 1911 vom Spenglermeister Johann Hansel angelegt und berührt in seinem Verlauf eine weithin sichtbare, große, dreieckige Wandnische, das »Karnitschstüberl«, das einen prachtvollen Rastplatz darstellt. Diese Tour ist also wie geschaffen also für einen kurzen und gemütlichen Ausflug – im Rucksack den Picknickkorb.

🔺 Plateaurand beim unbewirtschafteten Hanselsteighaus, 850 m, an der Hohe-Wand-Straße

🛏 Stollhof, 459 m

🅿 nahe Loderhof, ca. 530 m

➡ ➋: ➊ – rote Markierung (Wegweiser »Hanselsteig«) – Klettersteig
➌: über einen nördlich gelegenen, blau markierten Weg oder den südlich gelegenen ➍ Leiterlsteig zum Loderhof;
Gesamtgehzeit: 2 Std.

📑 leicht bis mäßig schwierig, Höhe knapp 100 m

124   Gutensteiner Alpen (Hohe Wand)

Leiterlsteig

Der Klettersteig ist kurz, aber recht hübsch und für Kinder geeignet, auch als Abstiegsweg.

🔺 Hohe-Wand-Straße, ehemaliger Gasthof Wieser, 770 m

🔖 Stollhof, 459 m

🅿 Waldstraße 1 km westl. Loderhof, 560 m

➡ ❷: ❶ – gelbe Markierung – kurzer Klettersteig – Hohe-Wand-Straße
❸: wie ❷ oder über Hohe-Wand-Straße und rote Markierung zurück zum ❶; Gesamtgehzeit: 1 Std.

🗒 mäßig schwierig, Höhe 20 – 30 m

125   Gutensteiner Alpen (Hohe Wand)

Völlerin (Frauenlucke)

Die Versicherungen durch die Völlerin wurden bereits 1897 vom Österreichischen Touristenklub angelegt; im Verlauf des Anstieges gelangt man in eine weit ausladende Halbhöhle. Oberhalb dieser ist es möglich, als schwierigere Variante den später angelegten Steig durch die Frauenlucke, einer senkrechten Druchgangshöhle, zu begehen.

🔺 Plateaurand, Gasthof »Postl«, 892 m

🔖 Maiersdorf, 502 m

🅿 Kehre der Hohe-Wand-Straße, 580 m

➡ ❷: ❶ – grüne Markierung, Wegweiser »Völlerin-Steig I« – Völlerin – Gasthof »Postl«
❸: wie ❷, am lohnendsten: ❷ Frauenlucke, ❸ Völlerin; Gesamtgehzeit: 1½ Std.

🗒 leicht, ungesicherte Passagen I, Höhe des Felsgeländes 230 m; Frauenluckensteig schwierig, Höhe 30 m

🏠 Gasthof »Postl«, 892 m

126   Gutensteiner Alpen (Hohe Wand)

Springlessteig

Ein problemloser Anstieg durch den Südteil der Hohen Wand zum Hubertushaus, von wo man unbedingt westwärts zur Großen Kanzel, einem prachtvollen Aussichtspunkt, wandern sollte.

🔺 Plateaurand beim Hubertushaus, 946 m, oder Große Kanzel, 1052 m

🔖 Oberhöflein, ca. 500 m (Bahnhof Unterhöflein, 460 m)

🅿 Oberhöflein, nördlicher Ortsrand, 540 m

➡ ❷: ❶ – rote Markierung – Springlessteig – Hubertushaus – Große Kanzel (Eicherthütte), 1052 m; ❸: wie ❷ oder über ➡ Wagnersteig; Gesamtgehzeit: 2½ Std.

🗒 leicht, eine kurze Leiter, Geländerseile

🏠 Eicherthütte, 1052 m

127   Gutensteiner Alpen (Hohe Wand)

Wildenauersteig

Ursprünglich eine Abseilroute, wurde diese 1919 mit Sicherungen versehen und führt originellerweise durch einen 10 m hohen, senkrechten Höhlenschlot (Wildenauerhöhle), benannt nach dem Erschließer der Hohen Wand, dem Pfarrer Dr. Alois Wildenauer, später Domprälat zu St. Stephan in Wien.

🔺 Plateaurand, 960 m; Große Kanzel, 1052 m

🔖 Oberhöflein, ca. 500 m (Bahnhof Unterhöflein, 460 m)

🅿 Oberhöflein, nördlicher Ortsrand, 540 m

➡ ❷: ❶ – rote Markierung – Springlessteig bis 870 m (Wegweiser links »Turmsteig, Wildenauersteig«) – zuerst 20 m den Turmsteig (I – II) hinauf, dann Abzweigung Wildenauersteig – Plateaurand – Große Kanzel; ❸: über ➡ Wagnersteig; Gesamtgehzeit: 2½ Std.

🗒 sehr schwierig, kein fixes Seil, daher Klettersteigsicherung nicht möglich, Felshöhe 100 m, Versicherungen 60 m

🏠 Eicherthütte, 1052 m

128　　*Gutensteiner Alpen (Hohe Wand)*

Wagnersteig

Einige schräge Eisenleitern und Geländerseile machen diese Route zu einem bequemen Anstieg, der an einem der schönsten Punkte der Hohen Wand, der aussichtsreichen Großen Kanzel, endet.

▲ Große Kanzel, Eicherthütte, 1052 m

🚉 Oberhöflein, ca. 500 m (Bahnhof Unterhöflein, 460 m)

🅿 Oberhöflein, nördlicher Ortsrand, 540 m

➡ ⭕: 🅿 – gelbe Markierung – Wagnersteig – Große Kanzel
⭘: wie Anstieg oder über den östl. gelegenen ⮞ Springlessteig oder den westl. gelegenen Grafenbergsteig;
Gesamtgehzeit: 2½ Std.

📋 leicht, Versicherungen ab 850 m Seehöhe

🏠 Eicherthütte, 1052 m

129　　*Gutensteiner Alpen (Hohe Wand)*

Waldeggersteig durch die Große Klause

Diese Trockenklamm mit Höhlenbildungen stellt ein leichtes Klettersteigerlebnis in reizvoller Umgebung dar.

▲ Waldegger Haus auf einem südlich gelegenen Gipfel, 1000 m

🚉 Waldegg, 365 m (Bahnhof)

🅿 Dürnbachtal, 477 m

➡ ⭕: 🅿 – Dürnbachtal, 477 m – Große Klause, Ende bei 700 m – Waldegger Haus, 1000 m
⭘: ⮞ Naturfreundesteig durch die Kleine Klause – Dürnbachtal;
Gesamtgehzeit: 2½ Std.

📋 leicht, Höhe 230 m

🏠 Waldegger Haus, 1000 m

130　　*Gutensteiner Alpen (Hohe Wand)*

Naturfreundesteig durch die Kleine Klause

Diese vom Touristenverein »Die Naturfreunde« erbaute, 1924 eröffnete Steiganlage bietet ein kurzes, aber reizvolles Erlebnis.

▲ Waldegger Haus auf einem nordöstlich gelegenen Gipfel, 1000 m

🚉 Waldegg, 365 m (Bahnhof)

🅿 Dürnbach, 583 m

➡ ⭕: 🅿 – rot-grüne Markierung – Kleine Klause (gelb markiert) – Waldegger Haus, 1000 m
⭘: über die grün markierte Krumme Ries zum Beginn der Kleinen Klause – Dürnbach; Gesamtgehzeit: 2 Std.

📋 mäßig schwierig, eigentlicher Klettersteig nur 50 Höhenmeter von 740 bis 790 m, dann nur mehr kurze Kletterstellen (I)

🏠 Waldegger Haus, 1000 m

131　　　　　　　*Gutensteiner Alpen*

Jubiläumssteig auf die Flatzer Wand

Die reichgegliederte, südschauende Flatzer Wand ist auch im Winter bei Schneearmut ein hübsches Ziel. Die beiden gesicherten Steige (⮞ Fürststeig) können bequem wahlweise im Aufstieg oder Abstieg gemacht werden.

▲ Neunkirchner Naturfreundehaus, 772 m

🚉 Flatz, 461 m

🅿 nördl. Ortsrand von Flatz, ca. 490 m

➡ ⭕: 🅿 – grüne Markierung (Wegweiser »Jubiläumssteig«) – gesicherter Steig zum Hochflächenrand, ca. 690 m – Neunkirchner Naturfreundehaus
⭘: über die Kranzstetten nach Flatz oder lohnender über den ⮞ Fürststeig;
Gesamtgehzeit: 1½ Std.

📋 leicht, Höhe 50 m

🏠 Neunkirchner Naturfreundehaus, 772 m

132   *Gutensteiner Alpen*

Fürststeig auf die Flatzer Wand

Gesicherter Steig mit kleinem Höhlenerlebnis.

🔺 Neunkirchner Naturfreundehaus, 772 m

🏠 Flatz, 461 m

🅿 nördl. Ortsrand von Flatz, ca. 490 m

➡ ⊘: ℗ – Wegweiser »Fürststeig« – zuerst gelbe und blaue Markierung, dann rot – gesicherter Steig zum Hochflächenrand, ca. 650 m – Neunkirchner Naturfreundehaus

↩: ostwärts zum ➡ Jubiläumssteig und über ihn abwärts nach Flatz oder westwärts über Kranzstetten nach Flatz; Gesamtgehzeit: 1½ – 2 Std.

📋 leicht, Höhe 50 m; hübscher Abstecher: von den Schiebbögen (Felsentor) westwärts in 5 Minuten (blau markiert) zum Flatzerloch, ⊘ zu dieser kleinen Höhle mäßig schwierig

🏠 Neunkirchner Naturfreundehaus, 772 m

133   *Gutensteiner Alpen*

Der Rudolf-Decker-Steig in der Steinwandklamm

Bereits im Jahre 1884 hat der Österreichische Touristenklub die Steinwandklamm mit Stegen, Treppen und Brücken bequem gangbar gemacht. 1927 wurde ebenfalls vom ÖTK der Rudolf-Decker-Steig durch das Felsgelände, das die Klamm südlich begrenzt, angelegt. Eine besondere Note verleihen dem Steig drei Höhlen, die durchstiegen werden (Mitnahme einer Taschenlampe nützlich).

🔺 Gasthof »Jagasitz«, ca. 710 m

🏠 Weißenbach a.d. Triesting, 362 m (Bahnhof)

🅿 Jausenstation Reischer, 550 m, am Ende des Steinwandgrabens

➡ ⊘: ℗ – blaue Markierung in 10 Min. zur Steinwandklamm und in dieser 5 Min. zum linkerhand beginnenden Rudolf-Decker-Steig (Tafel), 620 m; nach Durchkletterung zweier Höhlen unterhalb der dritten, dem

Türkenloch, Vereinigung mit dem normalen Klammweg, durchs Türkenloch (Durchgangshöhle mit Stiege) bis zum Ende des Felsgeländes, 710 m, über eine flache Kuppe zum Gasthof »Jagasitz«, 710 m

↩: über eine Forststraße in 20 Min. zur Jausenstation Reischer oder etwas länger, aber lohnender über den normalen Weg durch die Steinwandklamm; Gesamtgehzeit: 1½ Std.

📋 mäßig schwierig, der schwierigere Durchstieg durch die Wildschützenhöhle mit der senkrechten 13-m-Leiter kann seit 1983 auf einer kurzen Stiege umgangen werden

🏠 Gasthof »Jagasitz«, 710 m

134   *Waldviertel*

Hoher Stein bei Zwettl

Dieser hübsche Aussichtspunkt ist durch Eisenklammern erschlossen, seine Besteigung kann sinnvoll mit einer romantischen Wanderung entlang des Kampes verbunden werden.

🔺 Hoher Stein, 659 m

🏠 Utissenbach, 586 m, südwestl. Zwettl

🅿 Utissenbachmühle, 552 m, im oberen Kamptal

➡ ⊘: ℗ – rote Markierung zum Hohen Stein und ⊘: ½ Std.

↩: wie Zugang

📋 leicht, Höhe 15 m

135   *Südliches Waldviertel*

Vettersteig im Kremszwickel

Zum Teil schlechter, steiler Steig mit wenigen Seilsicherungen. Er bildet einen Zugang zu den kleinen, aber urgeschichtlich interessanten Höhlen Schusterlucke und Teufelskirche. Zu beiden führen Eisenleitern und Seilsicherungen. Abstieg über Weg, der an der Eichmayerhöhle und dem Steinernen Saal, urgeschichtlich ebenfalls von Bedeutung, vorbeiführt. Im Tal selbst ist über einen Steg die unter der Burg Hartenstein liegende, aufgrund ihrer Funde aus der Altsteinzeit bedeutende Gudenushöhle zugänglich.

🔺 Teufelsrast, ca. 650 m

🛏 Purkersdorf, ca. 620 m

🅿 Maigenmühle, 516 m, an der Kleinen Krems

➡ ☯: ☯ nahe der Maigenmühle – Forststraße, rote Markierung, unter der Burg Hartenstein vorbei, entlang der Kleinen Krems abwärts bis gut 100 m vor »Am Zwickl«, 450 m, Zusammenfluß der Großen und Kleinen Krems, blaue Markierung (20 m oberhalb des Beginnes Tafel »Vettersteig«) – Schusterlucke, 560 m – weiter auf gelber Markierung zur Teufelskirche, 568 m – gelbe Markierung zum Aussichtsplatz Teufelsrast, ca. 650 m

☯: gelbe, dann blaue Markierung vorbei am Steinernen Saal, 584 m, und Eichmayerhöhle, 548 m, zur Kleinen Krems nahe Hartenstein; Gesamtgehzeit: 2 Std.

📋 mäßig schwierig

136   ***Südliches Waldviertel (Wachau)***

Vogelbergsteig

Dieser gesicherte Weg führt meist an der Ostflanke des Vogelbergkammes entlang; von einigen leicht erreichbaren Punkten des Kammes prachtvolle Tiefblicke ins Donautal. Die auf einer Strecke von gut 100 m vorhandene Seilsicherung des teils ausgesetzten, aber bequemen Steigleins wird dem trittsicheren Bergsteiger ein Lächeln entlocken, dem Wanderer aber doch willkommen sein.

🔺 Vogelberg, 546 m

🛏 Dürnstein, 209 m (Bahnhof)

🅿 nördliches Ortsende von Dürnstein, ca. 200 m

➡ ☯: ☯ – rote und grüne Markierung in den Talgraben bis 260 m, dort Wegweiser »Vogelbergsteig« (rot markiert) – Vogelberg, 546 m

☯: durch den östlich gelegenen Talgraben (grün markiert), oder wesentlich interessanter über Gasthof »Fesslhütte«, ca. 520 m, und Starhembergwarte auf dem Schloßberg, 564 m, dann hinunter zur Ruine Dürnstein und nach Dürnstein, grün markiert; Gesamtgehzeit: 2 – 2½ Std.

📋 leicht

🏠 Gasthof »Fesslhütte«, ca. 520 m

137   ***Dunkelsteiner Wald (Wachau)***

Hoher Stein in der Wachau

Diese prachtvolle Aussichtskanzel – 500 m über der Donau – mit ihrer senkrechten, 50 m hohen Westwand ist über den 20 m hohen, gegliederten Ostabsturz leicht ersteigbar. Allerdings führt zu diesem geheimnisvollen Platz keine Markierung, es existiert auch keine Hinweistafel, doch leiten Forststraßen in unmittelbare Nähe.

700 m südlich des Hohen Steins befindet sich der dem Wald entragende Friedrichsfelsen, 732 m (höchster Punkt des Dunkelsteiner Waldes), auf den zum Zwecke der Erreichbarkeit des trigonometrischen Punktes eine Holzleiter hinaufführt.

🔺 Hoher Stein, ca. 700 m

🛏 Mitterarnsdorf, 210 m, in der Wachau

🅿 Dürnbachbrücke, 553 m, an der Straße Mitterarnsdorf – Nesselstauden

➡ ☯: ☯ – Forststraße »Poppenbergstraße« zuerst nach Westen, dann nach Norden (gut 1 km), dann Abzweigung nach NW, bis sich die Straße dem steilen Abfall zur Donau nähert (¾ km) und eine halbkreisförmige Rechtskurve beschreibt, 700 m Seehöhe; von hier 100 m westwärts leicht bergab zum Hohen Stein

☯: Rückweg auf derselben Route; Gesamtgehzeit: 1 – 1½ Std.

📋 unschwierig (1 kurze Holz- und 1 Eisenleiter) und leichte Kletterei (I – II), Höhe 20 m

138   ***Dunkelsteiner Wald (Wachau)***

Hirschwand

Wie der gut 4 km südwestlich gelegene Hohe Stein entragt dieser schroffe Felsklotz dem Waldgebiet. Der zwar nicht kürzeste, aber landschaftlich reizvollste Zustieg erfolgt über die Steinige Ries mit ihren bizarren Felsbildungen und dem Mischwald (Eiche, Buche, Föhre), wo sich immer wieder Tiefblicke zur Donau bieten.

▲ Hirschwand, 634 m

🛏 St. Lorenz, 205 m, in der Wachau

🅿 nördliches Ortsende von St. Lorenz, 210 m

➡ ➊: 🅿 – gelbe Markierung bis in den Sattel südwestl. der Hirschwand, dann blaue Markierung zur Hirschwand
➋: blaue Markierung (großteils Forststraße) vorbei am Rührsdorfer Roten Kreuz – rote Markierung (Karrenweg) nach St. Lorenz; Gesamtgehzeit: 3 Std.

📋 ➊ Südostwand schwierig, ➋ Südwestgrat mäßig schwierig, Felshöhe 20 m

ZENTRALE
OSTALPEN

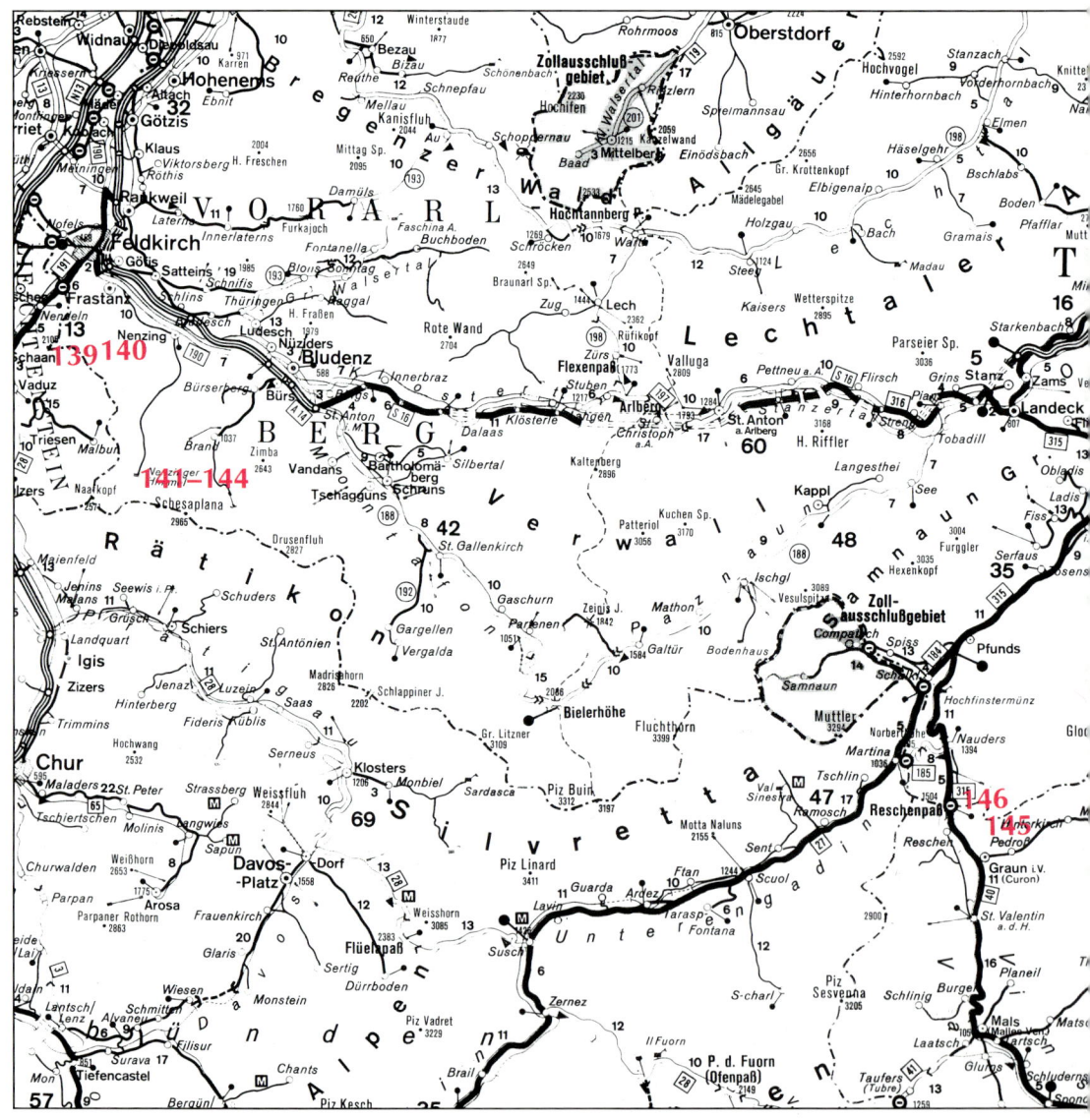

Überfirnte Hochgipfel und spaltenreiche Gletscher, wie sie in den zentralen Ostalpen vorherrschen, sind ebenso wie »kombinierte« Felsfahrten eine schlechte Voraussetzung für den Bau von Klettersteigen. Einige der älteren gesicherten Felspassagen finden sich deshalb – wie in den Westalpen – im Bereich von Normalanstiegen auf bekannte Aussichtsgipfel oder auf Hüttenverbindungswegen. Das Landschaftserlebnis und die Schwierigkeiten in Eis und Firn übertreffen die klettersteigtechnischen Schwierigkeiten und Erlebnisse zumeist

bei weitem. Erst in den letzten Jahren sind auch in den Zentralalpen einige wenige Klettersteige nach Dolomitenart angelegt worden. Im Bereich des Rätikons – das manche Alpingeographen den Nördlichen Kalkalpen zuordnen – ist die 2965 m hohe Schesaplana das erklärte Ziel aller Bergsteiger, die durchwegs sehr lange und mühsame Zustiege in Kauf nehmen. Schon der Gang über den Brandnergletscher übertrifft auch hier die durchaus erlebenswerten, gesicherten Passagen im luftigen, künstlich aus dem Fels herausgespreng-

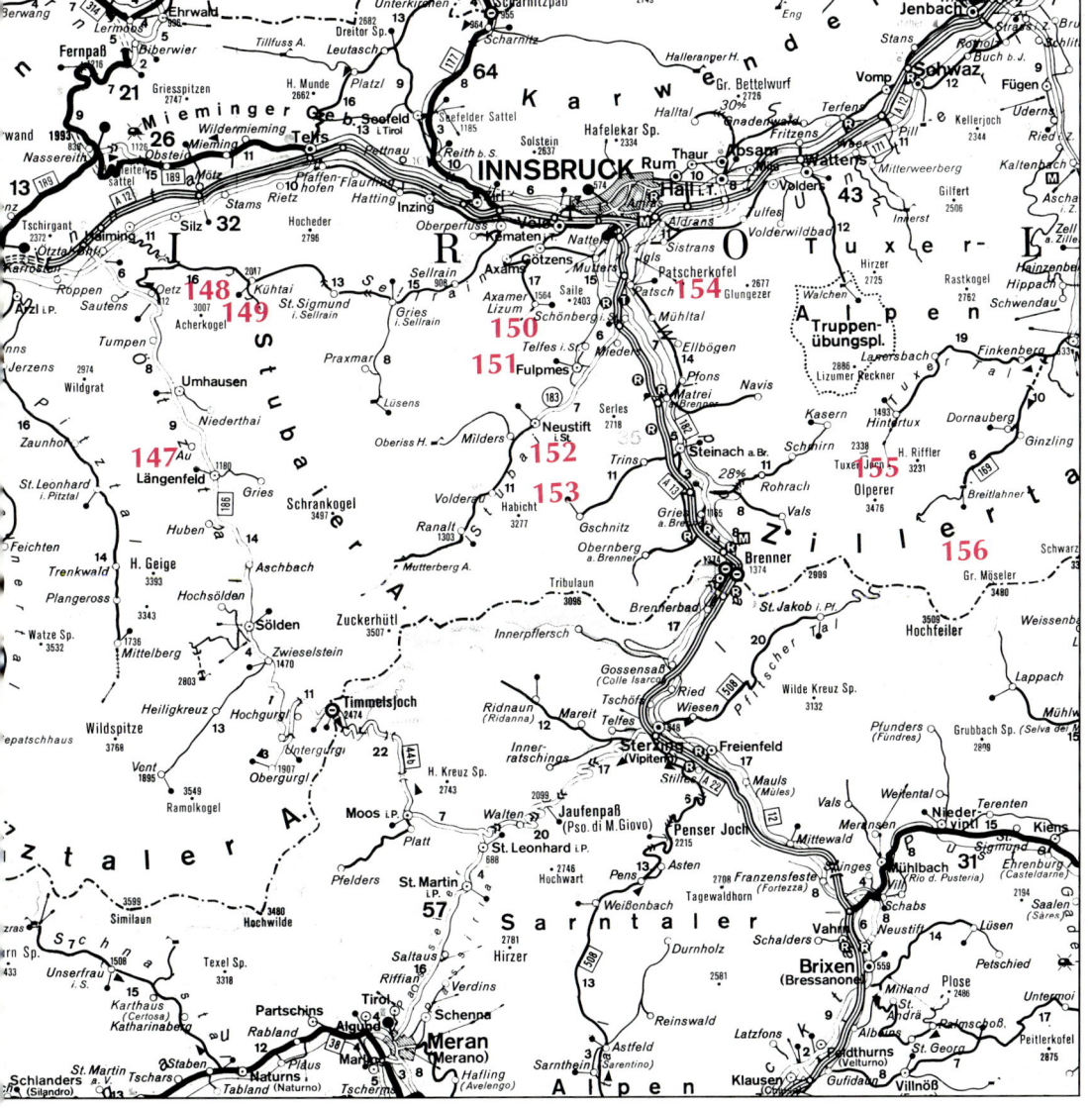

Unterwegs auf dem Zimbajochsteig.

Der Aufstieg am straff gespannten Seil über den kaum steinschlaggefährdeten Nordgrat auf die Plamorterspitze ist bei guten Verhältnissen eine wahre Wonne.

ten Band in der Südwand des Salaruelkopfes. Ähnliches gilt auch für die weiteren gesicherten Felsenpassagen Vorarlbergs.

Die bisher wohl eindrucksvollsten Urgesteins-Klettersteige wurden im Bergwanderparadies Nauders nahe dem Reschenpaß angelegt: Tiroler Weg und Goldweg führen über steile Rippen, Kanten und Verschneidungen bis nahe unter die 3000-m-Marke; die Routenführung ist so direkt und verwegen, ja an einer Stelle so tollkühn, daß die Begehung nur sehr versierten Könnern anzuraten ist. Die Seilbahnauffahrt löst die Probleme der langen Zustiege.

Ausgedehnte hochalpine Bergwanderungen mit sehr kurzen gesicherten Passagen kann man von Kühtai aus erreichen: Hochreichkopf und Mittertaler Scharte.

Ein wirkliches kleines Klettersteigparadies ist allerdings das Stubai mit seinen dolomitischen Kalkgipfeln, die so gar nicht ins Bild der Zentralalpen passen. Technisch weitgehend unschwierig ist nur der Aufstieg zur Marchreisenspitze im Osten der Kalkkögel. Die rassi-

gen Steilseilführen an der Großen Ochsenwand und die kecke »Wegführung« über die Gipfel und Grate am Elferkamm verlangen schon ein hohes Maß an Übung und Können, die Zustiege sind durch Liftauffahrten stark verkürzbar.

Das luftige Felsgebilde der Ilmspitze ist nur nach längerem Zustieg erreichbar, bietet wohl das prickelndste Klettersteigerlebnis, erfordert jedoch ausreichende Klettergewandtheit und

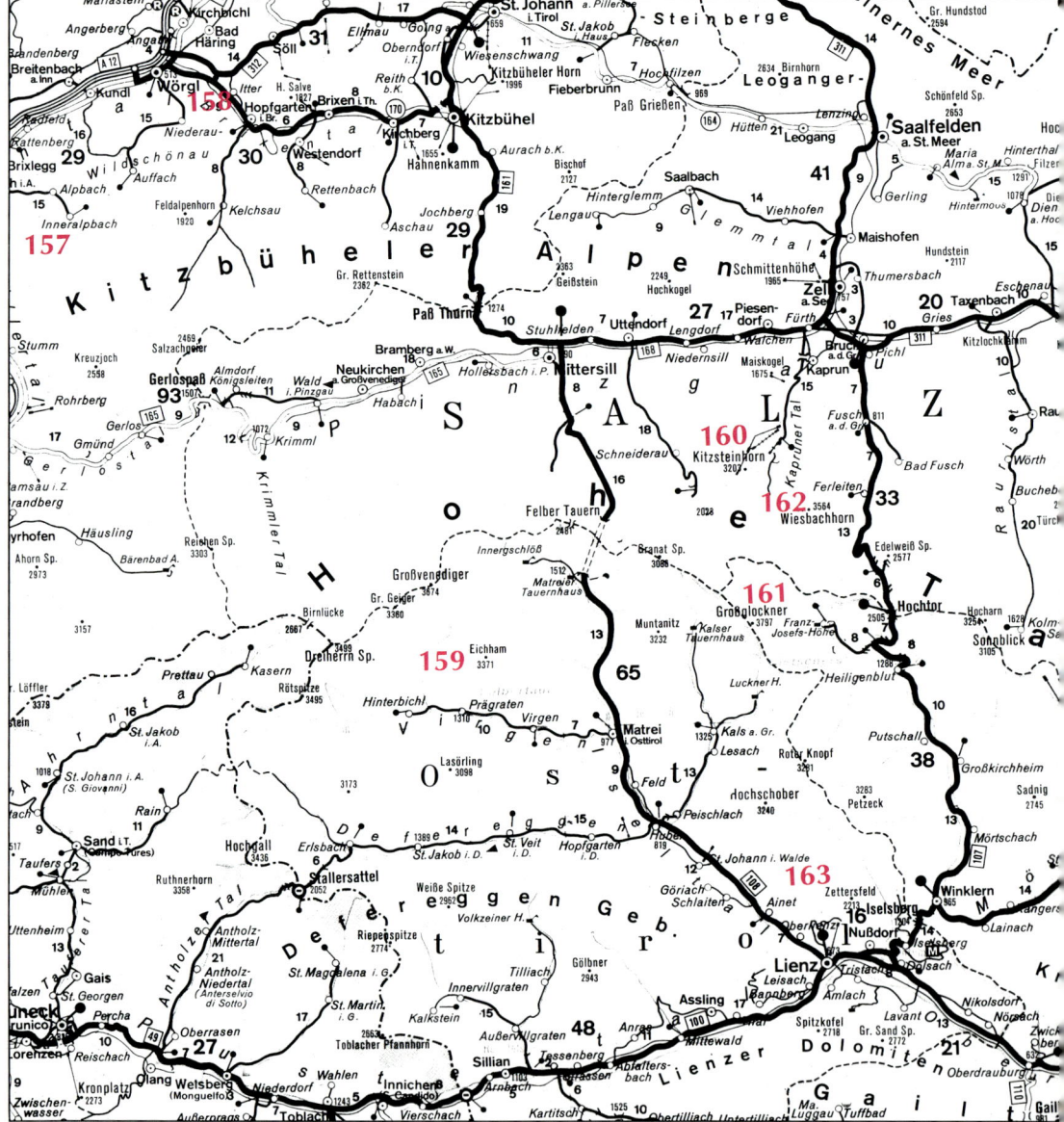

absolute Schwindelfreiheit, namentlich im ungesicherten Schlußstück des Abstiegs.

In den Zillertaler Alpen kann jeder ausreichend trainierte Bergsteiger die großartige Überschreitung des Schönbichler Horns bei einwandfreien Verhältnissen wagen. Der Olperer hingegen ist trotz einiger Sicherungen eine hochalpine Kletterei im II. Grad, die bei Vereisung oder hohen Altschneeresten wesentlich schwieriger werden kann; Kletteraus-

rüstung und ein klettergewandter Partner sind auch auf der einfachsten Route unverzichtbar. In der Glocknergruppe kann man zwar ohne nennenswerte Probleme den gesicherten Steig auf den Gipfel des Kitzsteinhorns emporsteigen, doch dies nur dank der bis in Gipfelnähe emporreichenden Seilbahnerschließung.

Der Hohe Tenn und erst recht der Großglockner sind ernste kombinierte Touren zwischen Fels, Eis und Firn, mit allen hochalpinen

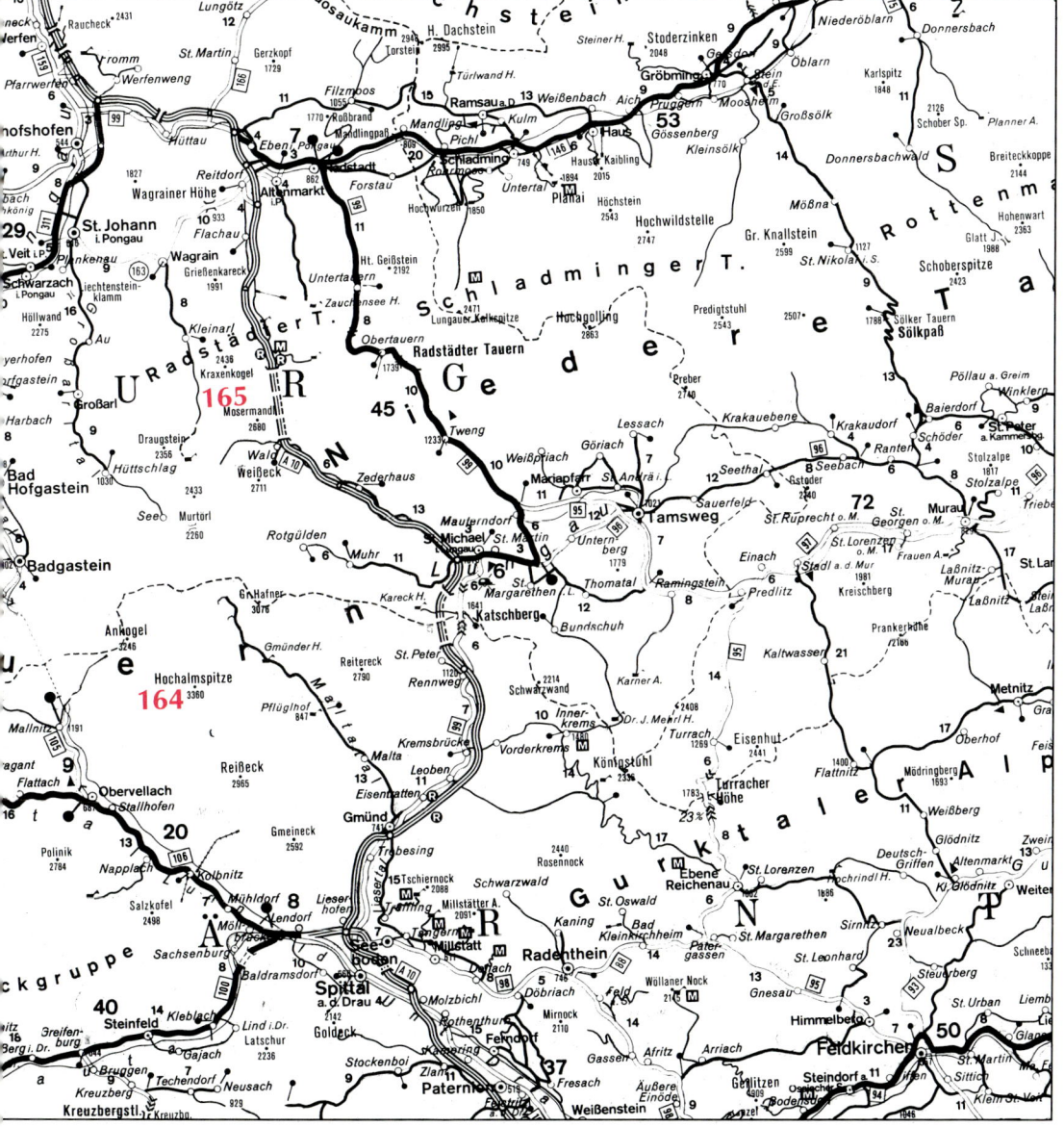

Risiken behaftet. Trotz der Sicherungen an den schwierigsten Stellen ist zumindest am Glockner ein Gehen in Seilschaft obligatorisch. Auf beiden Touren muß man auch mit Pickel und Steigeisen ausgerüstet sein und ein hohes Maß an Bergerfahrung und Ausdauer mitbringen. Durch das Urgestein der einsamen Ankogel-Gruppe führt der Detmolder Steig über den blockreichen Südwestgrat auf die 3360 m hohe Hochalmspitze – ein hochalpiner Gang von Gipfel zu Gipfel, durch einige Steighilfen entschärft. Die schwierigste Stelle, eine 30 m hohe, sehr steile Wandstufe, ist in der Höhenlage über 3000 m, notgedrungen mit schwerem Rucksack, schon eine Herausforderung, viel mehr aber noch die enorme Weglänge.   ■

Oben: Abstieg von der Ilmspitze.

Rechts: Hochalpin, aber klettersteigtechnisch einfach – der Berliner Weg.

Links: Durch das Felslabyrinth des Elferkammes führt ein rassiger Eisenweg.

Unten: Im Abstieg von der Großen Ochsenwand im Stubai.

Drei-Schwestern-Steig

Der Drei-Schwestern-Steig zählt zu den traditionellen Steigen im Vorarlberger Oberland, wobei die Verbindung zum Fürstensteig eine ideale Kombination ist. Hervorzuheben ist die herrliche Aussicht ins Rhein- und Illtal. Dieser Steig bietet sich besonders für Frühsommer und Herbst an. Oberhalb des Sarojasattels überraschen besonders spannende Wegstücke mit großartigen Felstoren. Über den südwärts anschließenden Fürstensteig kann man auch zum Alpenhof Gaflei, 1483 m, oberhalb Vaduz im Fürstentum Liechtenstein absteigen.

🔺 Drei Schwestern, 2053 m

🛏 Frastanz, 509 m; Amerlügen, 763 m; südl. Feldkirch

🅿 Amerlügen, bei der Materialseilbahn Feldkircher Hütte, 850 m

➡ 🅟 – Amerlügen – Älpeleweg Nr. 102 – Feldkircher Hütte, 1204 m – Vorderälpele – Hinterälpele, 1474 m – Drei-Schwestern-Steig – Rundweg Garsella-Alpe, 1759 m – Hinterälpele – Vorderälpele – 🅟: 7 Std.

📶 mäßig schwierig; gesicherte Passagen z.T. mit Leitern

🏠 Naturfreundehaus (Feldkircher Hütte), 1204 m

Hohe-Köpfe-Steig

Ein wenig begangener, ruhiger Steig mit einer herrlichen Blumen- und Tierwelt, mit guter Aussicht ins Tal. Besonders geeignet für den Frühsommer und den Spätherbst.

🔺 Hohe Köpfe, 2066 m;
Gurtisspitze, 1778 m

🛏 Gurtis, 904 m, bei Frastanz südl. Feldkirch

🅿 Gurtis, Dorfmitte

➡ 🅟 – Sattelalpe, 1383 m – Spitzwiesle – Gurtisspitze – zurück zum Spitzwiesle – Hohe-Köpfe-Steig – Hohe Köpfe – Galinaalpe, 1566 m – Sattelalpe – 🅟: 6½ Std.

📶 mäßig schwierig; gesicherte Passagen

Liechtensteiner Höhenweg

Der landschaftlich großartige Höhenweg entlang des Rätikon-Hauptkammes durch die österreichischen und schweizerischen Grenzberge, vom Latschengürtel bis ins ewige Eis, bietet eine unglaubliche Fülle sich stetig steigernder Eindrücke. Die Höhepunkte dieser Tour sind zweifellos die ausgesetzte, teils in den Fels gesprengte Klettersteigpassage unterhalb des Schaflochsattels, die Firnfelder des Brandnergletschers und natürlich der weite Rundblick vom gutmütigen Gipfel. Selbst ausdauernde Geher benötigen für den gewaltigen Wegabschnitt mit Rückweg zwei volle Tage.

🔺 Schesaplana, 2965 m

🛏 Malbun in Liechtenstein, 1600 m

🅿 Malbun, Talstation des Sessellifts

➡ *1. Tag:* 🅟 – Sesselliftauffahrt zum Sareiser Joch, 2015 m – Pfälzer Hütte, 2108 m – Große Furka, 2359 m – Kleine Furka, 2246 m – über Klettersteig auf Grenzpunkt oberhalb Schaflochsattel, 2713 m – Mannheimer Hütte, 2679 m: 6–7 Std.
2. Tag: Mannheimer Hütte, 2679 m – Schesaplana, 2965 m, 🔵 wie ➋ zum 🅟: 7 – 8 Std. (mit Sesselliftabfahrt); zum Nenzinger Himmel über Straußsteig und Spusagang bis nach Nenzing: 9 – 10 Std.
Vom Schesaplanagipfel ostwärts mehrere Wegvarianten: ins Seetal/Brandnertal nach Bludenz, ins Rellstal nach St. Anton im Montafon, ins Gauertal nach Schruns.
Alle Anstiege sind hochalpin und erfordern neben Trittsicherheit vor allem sehr viel Ausdauer, für die Klettersteigpassage ist Schwindelfreiheit unerläßlich. Bei guten Bedingungen technisch problemlos, bei Nebel guter Orientierungssinn erforderlich, vor allem am Gletscher.

📶 mäßig schwierig, Länge 300 m

🏠 im ➋ Pfälzer Hütte, 2108 m; Mannheimer Hütte, 2679 m, am Nordrand des Brandnergletschers (Nächtigung unerläßlich)

🚡 im ➋ Sessellift in Malbun (Liechtenstein), Talstation, 1600 m, zur Bergstation Sareiser Joch, 2015 m

142   *Rätikon*

Straußsteig

Der Straußsteig ist eine der ältesten alpinen Steiganlagen der Ostalpen. Wegen der Schneefelder ist diese ausgedehnte Bergtour im Frühsommer nicht ideal zu begehen, weiters ist er steinschlaggefährdet; ansonsten eher problemlos.

🔺 Panüelerkopf, 2859 m

🛏 Brand, 1035 m, im Brandner Tal südwestl. Bludenz

🅿 Brand, ❷ Palüd-Sessellift

➡ ❷ – Oberzalimhütte, 1889 m – Spusagangscharte, 2365 m – 100 Schritte leicht abwärts, dann links weg zum Straußsteig – Panüelerkopf, 2859 m – Mannheimer Hütte, 2679 m – Querung Brandner Gletscher – Südwandsteig – Totalphütte, 2385 m – Lünersee, 1970 m – Douglasshütte, 1979 m – Talfahrt mit Lünersee-Seilbahn – Schattenlagant, 1483 m, mit Postauto nach Brand zum ❷: 7 – 8 Std.

📋 mäßig schwierig; gesicherte Passagen

🏠 Oberzalimhütte, 1889 m; Mannheimer Hütte, 2679 m; Totalphütte, 2385 m; Douglasshütte, 1979 m

🚡 Lünersee-Seilbahn, Talstation 1565 m, Bergstation 1979 m

143   *Rätikon*

Saulakopfsteig

Der Saulakopf ist einer der bekannten Kletterberge im Montafon. Der herrliche Blick zum Lünersee und die gewaltige Alpenflora am Saulajoch sind seine Highlights.

🔺 Saulakopf, 2516 m

🛏 Brand, 1035 m

🅿 Talstation Lünersee-Seilbahn, 1565 m

➡ ❷ – Seilbahnauffahrt zur Douglasshütte, 1979 m – Saulajoch, 2065 m – Saulakopf, 2516 m – zurück zur Douglasshütte, 1979 m – Seilbahntalfahrt zum ❷: 5 Std.

📋 unschwierig, kurze gesicherte Passagen

🏠 Douglasshütte, 1979 m

🚡 Lünersee-Seilbahn, Talstation 1565 m, Bergstation 1979 m

144   *Rätikon*

Zimbajochsteig

Der Zimbajochsteig dient als Übergang von der Heinrich-Hueter-Hütte ins Sarotlatal zur Sarotlahütte und als Zugang zum beliebten Kletterberg Zimba. Der Steig ist nur als Übergang vom Montafon ins Brandner Tal oder umgekehrt zu empfehlen.

🔺 Zimbajoch, 2387 m

🛏 Vandans, 648 m, zwischen Bludenz und Schruns

🅿 Vandans, Gemeindeamt (Bushaltestelle), Autobus: Abfahrt 8.00 und 9.30 Uhr

➡ ❷ – Busfahrt ins Rellstal – Rellskirche – Heinrich-Hueter-Hütte, 1766 m – Zimbajoch, 2387 m – Sarotlahütte, 1611 m – Postautohaltestelle Tschapina, 924 m – Busfahrt nach Bludenz und zum ❷: reine Gehzeit 4 – 5 Std.

📋 mäßig schwierig; gesicherte Passagen, im Frühsommer Schneefelder auf der Sarotlaseite

🏠 Heinrich-Hueter-Hütte, 1766 m, und Sarotlahütte, 1611 m

145   *Ötztaler Alpen (Nauderer Berge)*

Klettersteig Tiroler Weg auf die Plamorter Spitze

Schon das erste Seil des Klettersteiges zeigt, daß hier Meister am Werk waren, die ganze Arbeit geleistet haben – hier gibt es keine mühseligen Passagen durch Schutt und keinerlei »eisensparende« Strecken durch steinschlaggefährdete Rinnen, hier geht's vom Kar bis zum Gipfel auf bombenfestem Granit über Rippen und Grate! Schneidig, luftig und spannend bis zum letzten Meter! Auch der Abstieg ist anfänglich mit kühnen Effekten gewürzt, führt aber bald durch eine steile Geröllrinne hinab. Der Tiroler Weg ist wohl der bisher schönste Urgesteins-Klettersteig.

▲ Plamorter Spitze, 2982 m

🕭 Nauders, 1394 m

🅿 Talstation der Bergkastelseilbahn, 1365 m, 2 km südwärts von Nauders

➡ 🅟 – Seilbahnauffahrt zur Bergstation, 2173 m – Skitrasse zur Bergstation des Schlepplifts, 2460 m – Nauderer Goaßloch – Einstieg, 2610 m – Plamorter Spitze – ◗ über Abstiegsklettersteig – 🅟: 6 – 7 Std.

Die Besteigung der benachbarten Bergkastelspitze über den noch etwas schwierigeren Klettersteig ➲ Goldweg empfiehlt sich; eine Nächtigung ist nur im Tal möglich

🗐 sehr schwierig, Höhe im ◗ 372 m, im ◗ 100 m; das Urgestein dieser Region ist von Algen und Flechten bewachsen und wird schon bei geringster Nässe gefährlich schlüpfrig und »seifig«; die Aufstiegsrippe liegt extrem nordseitig, trocknet nach Regen nur langsam und neigt zu Vereisung

⌂ Selbstbedienungsrestaurant an der Bergstation der Bergkastelseilbahn, 2173 m, keine Nächtigung

🚡 4-Personen-Gondel, Talstation 1365 m, zur Bergstation auf 2173 m (erste Fahrt 9 Uhr, letzte Fahrt 16.40 Uhr)

146   *Ötztaler Alpen (Nauderer Berge)*

Klettersteig Goldweg auf die Bergkastelspitze

Vom Einstieg am Fuß der 3. ausgeprägten Felsrippe der abweisenden Nordseite geht's noch relativ unschwierig an gut verankertem Stahlseil über die etwas brüchige, von Grasflecken und erdigen Stellen durchsetzte Gratrippe empor. Erst in der Mitte bäumt sich die Rippe zu einem bedrohlichen Turm auf. Die schauerliche Schlüsselstelle – ungesichert sicher ein »alpiner Vler« – ist mit einigen Trittstiften besteigbar gemacht. Gewandtheit ist hier wichtiger als rohe Kraft, aber absolute Immunität gegen den gähnenden Tiefblick ist allemal nötig! Die völlig senkrechte, zu einem kleinen Teil sogar leicht überhängende, aber kompakte Wandstelle verlangt aber auch Besonnenheit, hier will jeder Griff und Tritt überlegt sein. Nach einem etwas beruhigenderen Felsgang über den nur mäßig steilen oberen Teil der Rippe folgt nochmals eine kurze Kraftprobe über senkrechten Fels.

▲ Bergkastelspitze, 2912 m

🕭 Nauders, 1394 m

🅿 Talstation der Bergkastelseilbahn, 1365 m, 2 km südwärts von Nauders

➡ 🅟 – Seilbahnauffahrt zur Bergstation, 2173 m – Pfad zum Einstieg (schwer zu finden!) – Goldweg – Bergkastelspitze – ◗ zum Goldsee über Normalweg – 🅟: 5 – 6 Std.

Die Besteigung der benachbarten Plamorter Spitze über den etwas leichteren Klettersteig ➲ Tiroler Weg ist unbedingt zu empfehlen; Nächtigung nur im Tal möglich

🗐 sehr schwierig, Höhe 300 m; Schlüsselstelle äußerst schwierig und extrem exponiert; das Urgestein dieser Region ist von Algen und Flechten bewachsen und wird schon bei geringster Nässe gefährlich schlüpfrig und »seifig«; die Aufstiegsrippe liegt extrem nordseitig, trocknet nach Regen nur langsam und neigt zudem zu Vereisung! Die Verankerungen der Seile sind öfters ausgerissen!

⌂ ➲ Tiroler Weg

🚡 ➲ Tiroler Weg

147   *Ötztaler Alpen*

Jubiläumsklettersteig »Lehner Wasserfall«

Die Ortschaft Lehn bei Längenfeld ist volkskundlich und heimatkundlich Interessierten schon seit Jahren ein Begriff: Hier wurde mit viel Liebe und mit wissenschaftlichem Anspruch das »Ötztaler Freilichtmuseum« aufgebaut; das Heimatmuseum ist durchaus einen Besuch wert.

Seit 1991 besitzt diese wirklich sehenswerte Oase alter bäuerlicher Baukultur und Wohngesittung auch eine alpinistische Attraktion, nämlich einen rassigen Übungsklettersteig mit rauschender Geräuschkulisse. – Der nahe Wasserfall von Lehn hat die Erbauer zu einer Ferrata inspiriert, die jeden Klettersteigliebhaber reizen und auch befriedigen dürfte. Freilich, eine »richtige« Bergtour ist es nicht, ein Gipfel wird nicht erreicht. Aber wem der sehr anregende Aufstieg nicht reicht, der kann getrost und nicht minder anregend den Klettersteig auch im Abstieg begehen.

🔺 Ausstieg nahe dem Austritt des Wasserfalls, ca. 1530 m

🛏 Längenfeld, 1177 m, im Ötztal

🅿 Lehn, 1160 m, ℗ südl. des Freilichtmuseums

➡ ℗ – Einstieg – Klettersteig – ℗: 1½ – 2 Std.

📃 mäßig schwierig bis schwierig, Höhe 180 m; Variante über Überhang extrem schwierig, gefährlich (3,5 m Höhe)

148   *Stubaier Alpen*

Theodor-Streich-Weg über die Mittertaler Scharte

Die beiden Hochtäler Mittertal und Wörgetal, weite und beschaulich-idyllische Urgesteinslandschaft, sind in über 2600 Meter Höhe durch den abenteuerlichen Theodor-Streich-Weg miteinander verbunden. In einer dolomitisch anmutenden Felsszenerie überschreitet man auf schmalen, teilweise drahtseilgesicherten Bändern die einsame Scharte mit ihren berauschend schönen Ausblicken nach beiden Seiten.
Wer anschließend noch über die harmlose Gipfelkette der Windeggspitzen wandert, erlebt eine große Fülle wechselnder Eindrücke.

🔺 Mittertaler Scharte, 2631 m; ggf. Wetterkreuzkogel, 2591 m

🛏 Gries im Sellrain, 1238 m; Oetz, 820 m

🅿 Kühtai, Paßhöhe 1967 m (Dortmunder Hütte, 1948 m)

➡ ℗ – Weg 148 längs des Längentaler Speichersees – Mittertal – Mittertaler Scharte – Wörgetal – ℗: 7 Std.
Ausgedehnte, landschaftlich streckenweise großartige Bergwanderung in einsamer Urgesteinslandschaft

📃 unschwierig, kurze gesicherte Stellen im Bereich der Scharte

149   *Stubaier Alpen*

Gesicherte Strecken am Wilhelm-Oltrogge-Weg zum Hochreichkopf

In der wilden, urwüchsigen Felslandschaft des Stubai liegt in völliger Einsamkeit der fast vergessene Hochreichkopf. Das Längental, das

im Aufstieg durchwandert wird, überrascht durch die Sinfonie seines stillen Wasserlaufes; schließlich, verborgen zwischen Moränenrücken und allseits herabreichenden Grießströmen, die traumhafte Stille der beiden winzigen Bergseen im obersten Talschluß! Die sehr kurzen Drahtseilsicherungen durch die zerklüftete Westflanke bieten ein spannendes Erlebnis; bei Schnee oder Eis können hier für den Normalbergsteiger unter Umständen aber auch unüberwindliche Hindernisse auftreten.

🔺 Hochreichkopf, 3008 m

🛏 Gries im Sellrain, 1238 m; Oetz, 820 m

🅿 Kühtai, Paßhöhe 1967 m (Dortmunder Hütte, 1948 m)

➡ ℗ – Niederreichscharte, 2728 m – Wilhelm-Oltrogge-Weg – Hochreichscharte, 2912 m – Hochreichkopf – Rückweg wie ⊘ zum ℗: 8 – 10 Std.
Sehr lange, anstrengende, landschaftlich großartige Hochgebirgstour mit kurzen Klettersteigpassagen

📃 unschwierig bis mäßig schwierige, sehr kurze Klettersteigstellen, bei Schneelage gefährlich; Seile sehr oft zerstört oder stark beschädigt! (Länge 200 m)

150   *Stubaier Alpen*

Lustige-Bergler-Steig und Gsallerweg an der Marchreisenspitze

Die Marchreisenspitze ist der einzige Gipfel im dolomitischen Klettergebiet der Kalkkögel, der auf relativ einfachen, teilweise gesicherten Steigen zugänglich ist. Der neue Lustige-Bergler-Steig und der alte Gsallerweg, beides landschaftlich großartig angelegte Steige mit problemlosen Klettersteigpassagen, bieten eine eindrucksvolle Überschreitung dieser zerklüfteten Felsgruppe.

🔺 Marchreisenspitze, 2623 m

🛏 Innsbruck, 574 m (Bahnhof); Götzens, 868 m; Birgitz, 859 m; oder Axams, 894 m

🅿 Axamer Lizum, 1564 m

➡ ℗ – Sesselliftauffahrt Birgitzköpfl, 2035 m – Halsl, 1922 m (hierher zu Fuß in 1¼ Std.) – Lustige-Bergler-Steig – Abstecher zum

Ampferstein, 2556 m – Marchreisenspitze, 2623 m – ☉ über Malgrubenscharte, 2401 m – Alpenklubscharte, 2451 m – Weg 111 zum Hoadl, 2340 m: 7 – 8 Std.

Auch in umgekehrter Richtung reichlich lange, anstrengende Überschreitung ohne technische Probleme, Schwierigkeiten macht u.U. die Vereisung der steilen Schneerinnen, die Grödeln oder Steigeisen erfordern.

▤ unschwierig, Höhe 250 m

⌂ im ☉ Altes und Neues Birgitzköpflhaus, 2035 m, an der Bergstation des Sessellifts; im ☉ Selbstbedienungsrestaurant am Hoadl, 2340 m, Bergstation Standseilbahn

◪ von der Axamer Lizum, 1564 m; Sessellift zur Birgitzköpflhütte, 2035 m (erste Fahrt 8.30 Uhr); Standseilbahn zum Hoadl, 2340 m

Schlicker Klettersteig

Die wuchtige Große Ochsenwand, die beherrschende Felsgestalt der westlichen Kalkkögel, wurde 1983 durch einen sehr anspruchsvollen Klettersteig erschlossen, der über den rassigen Südostpfeiler emporführt. Der Anstieg durch die 850 m hohe, im unteren Teil sehr steile Wandpartie und der Abstieg über die wildzerklüftete Nordgratflanke mit ihren bizarren, abgesplitterten Türmchen, Nadeln und Zacken ist ein tagfüllendes Felsabenteuer; den Aufstieg über die eintönigen Fahrwege kann man durch Sesselliftauffahrten entfallen lassen.

▲ Große Ochsenwand, 2700 m

⌂ Fulpmes, 937 m

ℙ Fulpmes, Talstation des Sessellifts zur Schlicker Alm

➡ ℗ – Sesselliftauffahrt bis Froneben, 1326 m – Schlicker Alm, 1643 m – Einstieg, 1850 m – Schlicker Klettersteig – Großer Ochsenkopf, 2700 m – ☉ über Klettersteig Nordostgrat zur Alpenklubscharte, 2451 m – Gsaller Weg – Schlicker Alm – Froneben – ℗: 7 – 8 Std.; bei Sesselliftauffahrt bis zum Kreuzjoch etwa 1 Std. kürzer

▤ schwierig, z.T. sehr kraftraubend, Höhe 850 m; Nordostgrat-Klettersteig (Abstieg)

etwas weniger schwierig, jedoch sehr luftig, Höhe 200 m

⌂ Berggasthof Schlicker Alm, 1643 m

◪ Sessellift zur Bergstation Froneben, 1326 m (8 – 17 Uhr);
Bequeme fahren von der Mittelstation Froneben, 1326 m, mit dem 2. Sessellift bis zum Kreuzjoch, 2139 m, Bergstation mit Panoramarestaurant, von hier auf breiten Pistentrassen über die Zirmachalm, 1936 m, bis zum Abzweig Klettersteig in ¾ Std., etwa 300 Höhenmeter abwärts

Klettersteige im Elferkamm

Wie eine gigantische Felsbastion ragt aus den Karen der Westflanke als nördliches Bollwerk das Zwillingspaar der Elfertürme mit völlig senkrechten Wänden auf. Diese beiden »Elfertürme« des Elferkofels sind an der Nordseite bis an den Felsfuß durch eine steile, enge Felsschlucht gespalten. Durch diesen fast senkrechten Felsspalt zieht die Nordwandroute. Wer diese sehr sparsam gesicherte Kletterroute im exponierten Fels als Ouvertüre furchtlos meistert, darf dem Folgenden gelassen entgegenblicken: Es sind luftige Hochgenüsse in einem klettergartenähnlichen Felsenzirkus, dessen heller, fester Kalk einen vergessen läßt, daß man sich in den Zentralalpen befindet.

▲ Elferspitze, 2505 m,
Westlicher Elferturm, 2480 m

⌂ Neustift im Stubaital, 993 m

ℙ Neustift, Talstation des Elferliftes

➡ ℗ – Sesselliftauffahrt zur Bergstation, 1812 m – Elferhütte, 2080 m – Nordwandroute – Nordwestturm des Elfers, 2480 m – ☉ zum Normalweg – Elferspitze, 2505 m – ☉ zum Zwölfernieder, 2335 m – ☉ über Panoramaweg zur Elferhütte – Sessellift-Talfahrt – ℗: 7 Std.

▤ schwierig, Nordwandroute z.T. sehr schwierig, Zustieg z.T. sehr exponiert; alle Steige durchwegs sehr luftig!
Höhe: Nordwandroute und Elferturm 300 m; Elferspitze beidseits je etwa 80 m.
☉ zum Zwölfernieder etwa 1 km lang, Höhenunterschied etwa 160 m.

🏠 Berghotel Elferhütte, 2080 m

🚡 Sessellift, Elferlift von Neustift, 993 m, zur Bergstation, 1812 m (8 – 17 Uhr)

Klettersteig auf die Ilmspitze

Die Ilmspitze im Serleskamm zwischen Habicht und Kirchdachspitze zählt seit 1986 zu den spannendsten Klettersteigzielen. Kühne Bänder führen quer durch ein Felslabyrinth mit wilden, senkrechten Schuchten, die Wegführung folgt stets dem natürlichen Geländelauf, niemals wird dem Fels ein mutwilliger, eisengespickter Senkrechtaufschwung aufgetrotzt, wo es nicht nötig wäre, dafür geht es aber – wie bei einer richtigen Kletterroute – kreuz und quer und auf und ab. Da sind einige Bänder dabei, die absolute Immunität gegen schwindelerregende Tiefblicke erfordern. In der Mitte der Felsenburg, kommt echte Begeisterung auf, und die Spannung wächst bis zum Gipfelklotz! Der Abstieg beschert eine weitere, richtige Durchschreitung im Stil der Brenta-Klettersteige, und die Spannung hält bis zur letzten Eisenklammer an. Leider führt der Abstieg im unteren Teil über teilweise gefährlich schmale, ungesicherte und extrem exponierte Bänder!

🔺 Ilmspitze, 2690 m

🏠 Gschnitz, 1242 m

🅿 a) Gschnitz, 450 m südl. der Pfarrkirche
b) Talstation der Materialseilbahn vor dem Talschluß (Gasthof Feuerstein, 1281 m)

➡ 🅿 Gschnitz – Innsbrucker Hütte, 2369 m – Kalkwand, 2564 m – Klettersteig zur Ilmspitze, 2690 m – ⟲ über eigenen Klettersteig zurück bis zum Einstieg – Innsbrucker Hütte – 🅿: 9 – 10 Std.; über Weg vom Gasthof Feuerstein insgesamt 1 Std. kürzer, aber sehr anstrengend und eher eintönig;
nahe der Hütte kurzer Übungsklettersteig!

📑 sehr schwierig, Höhe 260 m; Abstieg im unteren ungesicherten Teil streckenweise gefährlich exponiert!

🏠 Innsbrucker Hütte, 2369 m

Glungezer Klettersteig

Die gesicherte Route führt im wesentlichen auf jenem Grat zum Gipfel, den man von Hall aus als markante Abgrenzung des Glungezers in Richtung Osten erkennt. Die Markierung zieht eine wirklich abwechslungsreiche, stellenweise sehr überraschende Route über und durch alle jene Stellen, die an diesem von Türmchen, Zacken und Graten bestückten Blockhang die höchsten Schwierigkeiten bieten – logisch ist diese Wegführung also nicht, dafür aber gerade für geländegängige Kinder ein Vergnügen, sofern man sie an kniffligen Stellen mit einem Seil ordentlich sichert. Obwohl man diesen Klettersteig eigentlich unter Anführungszeichen zitieren müßte, wird er als reizvolles lustig-pfiffiges Vergnügen viele Freunde finden.

🔺 Glungezer, 2677 m;
Sonnenspitze, 2639 m
🏠 Tulfes, 923 m

🅿 Tulfes, Talstation der Glungezerbahn

➡ 🅿 – Sesselliftauffahrt zur Bergstation, 2059 m – Tulfeinalm, 2035 m – Bergstation des Kalte-Küchle-Schleppliftes – Einstieg, 2200 m, nahe Schäferhütte – Klettersteig zum Glungezer – ⟲ über Normalweg 333 – Sessellifttalfahrt zum 🅿: 3 – 4 Std.
Längere Abstiegsvariante: auf dem bequemen, sehr aussichtsreichen Verbindungsweg 46 hinüber in Richtung Patscherkofl, bis zum Zusammentreffen mit dem Zirbenweg; die über diesem Weg gelegene Viggarspitze, 2306 m, kann leicht »mitgenommen« werden; auf östl. Hälfte des Zirbenweges zurück zur Tulfeinalm (2 Std. länger)

📑 bis auf einige kurze schwierige Wandstellen unschwierig bis mäßig schwierig; Höhe 400 m; bei Schnee oder Vereisung nicht zu empfehlen; Kinder und Ungeübte an ein kurzes Seil nehmen, sehr genau auf die etwas undeutlichen Markierungen achten

🏠 nahe der Bergstation Bergrestaurant Tulfeinalm, 2035 m; unter dem Gipfel Glungezerhütte, 2610 m

🚡 Glungezerbahn von Tulfes über die Mittelstation, 1545 m, zur Bergstation, 2059 m, nahe Tulfeinalm (Sessellift)

Teilweise gesicherte Führe über Nordgrat oder Südgrat auf den Olperer

Der Gipfelanstieg ist vom Spannaglhaus, von der Olperer- und von der Geraer Hütte möglich, der einfachste Anstieg führt von der Wildlahnerscharte über den Nordgrat. Dieser und der Südostgrat sind an einigen Stellen mit Eisenstangen versehen, dennoch sind beide Grate ernste, hochalpine Touren; sie sind bei guten Verhältnissen zwar nur Schwierigkeitsgrad II, können bei Schnee oder Vereisung aber wesentlich schwieriger werden.

🔺 Olperer, 3476 m

🛏 a) Vals, 1280 m, Innerschmirn, 1450 m, im Schmirntal
b) Hintertux, 1494 m, Mayrhofen, 630 m, im Zillertal (Bahnhof)

🅿 a) Innerschmirn, 1450 m
b) Hintertux, Talstation der Gletscherbahn, 1500 m
c) Schlegeisspeicher, Zamsgatterl, 1800 m

➡ *Anstieg zur Geraer Hütte:*
aus dem Valser Tal von St. Jodok 4 – 5 Std., vom Gasthaus Touristenrast: 3 Std. (Weg 502); aus dem Schmirntal von Innerschmirn: 3 Std.
Anstieg zum Spannaglhaus:
von Hintertux 3½ – 4 Std., über die Sommerbergalm 4 – 4½ Std.; ggf. auch Liftauffahrt
Anstieg zur Olpererhütte:
vom Schlegeisspeicher 2 Std.
Gipfelaufstiege:
von der Geraer Hütte zur Wildlahnerscharte, 3220 m, und über den Nordgrat zum Gipfel 4½ Std. (II);
vom Spannaglhaus über das Gefrorene-Wand-Kees, Riepensattel und Wildlahnerscharte und über Nordgrat zum Gipfel 4 – 5 Std. (II);
von der Olpererhütte über den Riepengrat (»Schneegupfgrat«, Südostgrat) in 3 Std. (II, ungefährlicher als der Nordostgrat, etwas bessere Sicherungen), hierher vom Spannaglhaus in 4½ – 5 Std.

📑 beide Anstiege sind ernste hochalpine Fahrten, die Felspartien trotz der gelegentlichen Versicherungen II; bei Schnee oder

gar Vereisung sind beide Aufstiege problematisch; weniger Geübte nur mit erfahrenem Begleiter (Seilsicherung)

🏠 Geraer Hütte, 2324 m; Spannaglhaus, 2533 m; Olpererhütte, 2389 m

🚡 ggf. zum Spannaglhaus: mit der Gletscherbahn bis zur Sommerbergalpe, 1969 m, von hier mit Seilbahn bis zur Bergstation etwas oberhalb des Spannaglhauses; ein Sessellift führt weiter bis in 2920 m Höhe

Berliner Weg auf das Schönbichler Horn

Die steilen Blockflanken dieses beliebten Dreitausenders sind heute von beiden Seiten durch bescheidene Drahtseilpassagen so weit gesichert, daß die Überschreitung über den Berliner Weg bei guten Verhältnissen keine besonderen Probleme aufwirft. Die Fülle landschaftlicher Erlebnisse, die Ausblicke in die Gletscherregionen und das großartige Gipfelpanorama sind bleibende Eindrücke. Die Länge der Zustiege macht eine Nächtigung unumgänglich.

🔺 Schönbichler Horn, 3133 m

🛏 Mayrhofen, 630 m (Bahnhof), Ginzling, 980 im Zillertal

🅿 a) Gasthof Breitlahner, 1257 m, am Beginn des Zemmgrundes
b) Schlegeisspeicher, 1800 m (❷ am Zamsgatterl)

➡ ❶ Breitlahner – Klausenalm, 1301 m – Schwemmalm, 1354 m – Grawandhütte, 1640 m – Gasthaus Alpenrose, 1873 m – Berliner Hütte, 2040 m: 3 Std.; von der Berliner Hütte über Berliner Weg zum Schönbichler Grat, 2587 m – Schönbichler Scharte, 3081 m – Schönbichler Horn, 3133 m: 4 Std.; ❷ zum Furtschaglhaus, 2295 m – Schlegeisspeicher – Fahrt zum ❶ mit zweitem Pkw oder Bus: 5 Std.

📑 hochalpine Zweitagestour für geübte und trainierte Bergwanderer; bei guten Verhältnissen technisch eher problemlos, bei Schlechtwetter, Schnee oder gar Vereisung eine ernste, hochalpine Überschreitung; ggf. nur mit Steigeisen, Pickel und bewährtem Begleiter; mäßig schwierig; Höhe von Ost etwa 250 m, von West 150 m

Berliner Hütte, 2040 m, und Gasthaus Alpenrose, 1878 m, an der Ostseite; Furtschaglhaus, 2295 m, an der Westseite

157   *Kitzbüheler Alpen*

Gamssteig vom Dristenjoch zur Sagtalerspitze

Dieser gesicherter Steig vereinfacht die Begehung dieses 2 km langen Kammes (teils in seiner Südflanke) und hat seine logische Fortsetzung im Übergang zum Hochstand und Wiedersberger Horn (3 km). Auch umgekehrt problemlos und weniger mühsam, da der Aufstieg zum Wiedersberger Horn unter Zuhilfenahme der Gondelbahn auf den Hornboden auf ¾ Stunde verkürzt werden kann. Busfahrt von Inneralpbach zurück zur Talstation.

Sagtalerspitze, 2241 m

Inneralpbach, 1031 m

Inneralpbach, 1031 m

❷: ❷ – Greither Graben – Farmkehr-Niederalm, 1521 m – Tristenjoch, 1998 m (Tafel »Gamssteig«) – Gamssteig über Gamskopf, 2205 m, und Tapenkopf, ca. 2240 m, zur Sagtalerspitze, 2241 m: 4 – 4½ Std.
❸: Kammwanderung über Hochstand, 2058 m, zum Wiedersberger Horn, 2127 m – Inneralpbach: 3 – 3½ Std.
In umgekehrter Richtung mit Seilbahnauffahrt insgesamt 5½ – 6 Std. Rückfahrt von Inneralpbach, 1031 m, zur Talstation, 822 m, mit Autobus (4 – 5 km)

leicht, wenige kurze Passagen mäßig schwierig

evtl. Kleinkabinenbahn zum Hornboden

158   *Kitzbüheler Alpen*

Simwel-Klettersteig

Die steile Westwand des Großen Pölven wirkt zwar sehr ernst, der sonnige, z.T. gesicherte und gut markierte Aufstieg ist jedoch sehr gutmütig und belohnt mit prächtigem Ausblick.

Pölvenkreuz, 1478 m

Bad Häring, 590 m, bei Wörgl

Kreuzung unter dem Weiler Burg, etwa 700 m

❷ – Forststraße – Einstieg, ca. 1280 m – Gipfel – ❸ wie ❷ zum ❷: 3½ – 4 Std.

leicht

159   *Venedigergruppe*

Rote-Saile-Ostkantensteig und Kreuzspitzsteig

Der weiche Kalkglimmerschiefer mit seinen rundlichen Formen und den gewaltigen Plattenschüssen ist für den Klettersteiggeher ebenso überraschend wie die spektakuläre, 15 m hohe Eisenleiter an völlig senkrechter Wand und das umfassende Alpenpanorama vom Gipfel der Kreuzspitze: eine lohnende, aber lange Tour voll ungewöhnlicher und einmaliger Effekte.

Rote Saile, 2879 m; Kreuzspitze, 3164 m

Prägraten, 1310 m, im Virgental, westl. Matrei

Bichl, 1495 m

❷ – Sajathütte, 2600 m – Einstieg zum Ostkantensteig, ca. 2280 m – Rote Saile, 2879 m – ❸ über Südseite – Sajathütte – ❷: 7 Std.; zusätzlicher Zeitaufwand für Besteigung der Kreuzspitze ab Sajathütte: 3½ Std. (Rückweg nur auf Anstiegsweg).
Als Tagestour (10½ – 11 Std.) sehr anstrengend, besser mit Nächtigung auf Hütte

Rote-Saile-Ostkantensteig schwierig, Höhe 150 m, z.T. äußerst luftig angelegte Leitern; brüchiges Gestein!
Kreuzspitzsteig unschwierig.

Sajathütte, 2600 m

160   *Glocknergruppe*

Gesicherter Steig auf das Kitzsteinhorn

Die Besteigung des Gipfels ist unschwierig, sofern der Fels nicht vereist oder noch stark von Altschnee bedeckt ist, und auch die Überschreitung ist kein Problem, sofern der bratschige Nordgrat trocken und der Gletscher gut begehbar ist. Die Schlüsselstelle der Über-

schreitung ist der steile Übergang vom Kammer- zum Schmiedingerkees. Hier kann echte Eisarbeit erforderlich werden, wobei Steigeisen und Pickel unerläßlich sind. Wer dieses Werkzeug nicht dabei hat, braucht dennoch nicht auf den Versuch einer Überschreitung zu verzichten – bei evtl. Schwierigkeiten kann man ja wieder umkehren. Im Rahmen einer – bequemen! – Tagestour ist die Besteigung leider nur bei konsequenter Seilbahnbenützung möglich.

🔺 Kitzsteinhorn, 3202 m

🛏 Kaprun, 786 m

🅿 Talstation der Kitzsteinhorn-Gletscherbahn im Kapruner Tal, 7 km südl. von Kaprun

➡ 🅿 – Seilbahnauffahrt – Bergstation Nordwestgrathöhe, 3029 m – Klettersteig zum Gipfel: ½ – ¾ Std.; ↻ vom Gipfel zur Krefelder Hütte: 2 – 2½ Std.

📋 Aufstieg über Nordwestgrat bei besten Verhältnissen unschwierig, Höhe 170 m; ↻ vom Gipfel zum Kammerkees 250 m; dieser ↻ über den Gletscherkamm kann ernste Eisarbeit erfordern und ohne entsprechende Ausrüstung und Routine zum Rückweg über den Gipfel zwingen

🏠 Restaurant Bergstation Nordwestgrathöhe, 3029 m; ggf. am Endpunkt des Abstiegs Krefelder Hütte, 2294 m

🚡 Kitzsteinhorn-Gletscherbahn über Mittelstation, 2452 m, zur Nordwestgrathöhe, 3029 m

161   *Glocknergruppe*

Über das Glocknerleitl auf den Großglockner

Der höchste Gipfel Österreichs, ein wuchtiger Berg von westalpinem Charakter mit schroffem Felsaufbau, gilt als einer der schönsten der Ostalpen. Die Ersteigung – nur bei gutem Wetter anzuraten – erfordert als Tagestour enorme Kondition; eine Nächtigung auf der Erzherzog-Johann-Hütte ist wegen Überfüllung regelmäßig ein Problem. Nach dem langen Abstieg von der Franz-Josefs-Höhe folgt zwar eine problemlose Querung der Pasterze, der Einstieg in den Fels erfordert aber reichlich Orientierungsvermögen. Nach dem Aufstieg folgt ein langer Gang über Schnee, mitunter auch über Eis – zuletzt, am Glocknerleitl,

reichlich steil. Der Aufstieg über die Gipfelfelsen ist zwar nur mäßig exponiert, bei Schnee und Vereisung aber dennoch gefährlich. Auch der Gang über den sehr schmalen, verschneiten und nur spärlich gesicherten Verbindungsgrat zwischen Vor- und Hauptgipfel – mit schauerlichen Tiefblicken – kann mitunter große Überwindung kosten.

🔺 Großglockner, 3798 m

🛏 a) Fusch / Großglocknerstraße, 820 m (Bahnhof); b) Heiligenblut, 1300 m

🅿 Franz-Josefs-Höhe, 2300 m

➡ 🅿 – Hofmannshütte, 2444 m – Überquerung der Pasterze – ↻ zur Adlersruhe (Erzherzog-Johann-Hütte), 3454 m: 4½ Std.; von der Adlersruhe über das Glocknerleitl – Kleinglockner – Obere Glocknerscharte, 3783 m – Großglockner, 3798 m: 1½ – 2 Std.; Gesamtgehzeit von 🅿 zu 🅿: 10 – 12 Std.

Hochalpine Tour, vollständige Gletscherausrüstung und Gehen in Seilschaft obligatorisch, ohne Nächtigung auf der Adlersruhe sehr anstrengend, aber mitunter besser als nach einer schlaflosen Nacht in drangvoller Enge

📋 schwierig, nur spärlichste Sicherungen (oft völlig verschneit), streckenweise sehr exponiert; Länge vom obersten Punkt des Glocknerleitls zum Gipfel etwa 1000 m

🏠 Erzherzog-Johann-Hütte, 3454 m, klassischer Ausgangspunkt für Glockner-Besteigung, meist überfüllt; alternativ: Hofmannshütte, 2438 m, ebenfalls überlaufen

162   *Glocknergruppe*

Gleiwitzer Höhenweg auf den Hohen Tenn

Der gesicherte Normalweg über den Nordwestgrat, der sogenannte Gleiwitzer Weg, wird zwar nur als »Einser« (I) eingestuft, kann aber bei schlechten Verhältnissen wesentlich schwieriger sein; auf jeden Fall verlangt die Querung der lehmigen, oft glitschigen Spitzbrettwand mit ihren dürftigen Grasbändern über der gähnenden Tiefe ein ziemliches Maß an Überwindung. Der Gang über den Nordostgrat gehört hingegen zu den großartigen Erlebnissen zwischen Fels und Firn.

▲ Hoher Tenn, 3368 m

🛏 Fusch an der Großglocknerstraße, 820 m (Bahnhof)

🅿 Fusch, 🅿 am Hirzbach nahe dem großen Holzlager

➡ 🅿 – Hirzbachklamm – Hirzbachalm – Gleiwitzer Hütte, 2176 m: 3½ – 4 Std. (Nächtigung); Gleiwitzer Hütte – Hoher Tenn: 4½ – 5 Std.; ◐ zurück zur Hütte und zum 🅿: 7 – 8 Std.
Hochalpine, sehr ernstzunehmende Bergfahrt, gefährlicher Steilgrashang, über 3000 m ist stets mit Neuschnee zu rechnen; Gipfelhang zum Schneetenn und Grat zum Hohen Tenn stets verfirnt, ggf. auch Blankeis (I). Kleiner Tenn sehr luftig (drahtseilgesichert). Pickel unbedingt erforderlich, zusätzlich Steigeisen und Seil empfehlenswert. Bei Schlechtwetter abzuraten.

📑 mäßig schwierig bis schwierig, am Spitzbrett äußerst exponiert, Höhe 900 m (nur stellenweise gesichert!)

🏠 Gleiwitzer Hütte, 2176 m

163   *Schobergruppe*

Klettersteig Sattelköpfe-Schleinitz

Die Zettersfeld-Mautstraße ermöglicht es, diese großzügige Tour an einem Tag auszuführen. Bis zum Östlichen Sattelkopf handelt es sich um eine Wanderung auf markierten Wegen, teilweise in Kammlage mit entsprechend schöner Aussicht. Die Überschreitung der Sattelköpfe II – IV (jeweils kurze Zwischenabstiege von 30 bis 50 Höhenmetern) ist vereinzelt mit Stahlseilen und Eisenklammern gesichert und mit einer dürftigen, gelben Markierung versehen. Am Aufstieg zum Schleinitz bietet eine 20-m-Wand handfestes Klettersteigvergnügen.

▲ Schleinitz, 2904 m

🛏 Lienz, 673 m (Bahnhof)

🅿 Zettersfeldstraße, ca. 1870 m (nahe Rotmannalm, 1894 m)

➡ ◐: 🅿 – Rotmannalm, 1894 m – Neualplschneid – Neualplseen, 2438 m – Östl. Sattelkopf, 2651 m – Scharte, ca. 2630 m, mit Tafel »Klettersteig Sattelköpfe-Schleinitz« – Sattelkopf II, 2697 m – Sattelkopf III, 2685 m – Sattelkopf IV, ca. 2690 m –

Trelebitsch-Scharte, 2663 m – Schleinitz, 2904 m: 4½ – 5½ Std.; ◐: Schleinitz – Neualplschneid – Zettersfeldstraße: 2½ – 3 Std.; Gesamtgehzeit: 7 – 8 Std.

📑 Überschreitung der Sattelköpfe II – IV mäßig schwierig (teilweise ungesicherte Stellen I – II), 20-m-Wand beim Aufstieg zum Schleinitz schwierig

164   *Ankogelgruppe*

Detmolder Grat

Die sehr lange, anspruchsvolle, hochalpine Gratüberschreitung führt in etwa 3000 m Höhe über Gipfel und Scharten hinweg und ist eine der eindrucksvollsten Bergfahrten in der Ankogel-Gruppe. Der rot markierte Steig überwindet an der schwierigsten Stelle eine 30 m hohe, sehr steile Wandstufe in Nähe der Gussenbauerspitze und neigt rasch zu Vereisung; hochalpine Ausrüstung ist ebenso wichtig wie beste Wettervorhersage!

▲ Hochalmspitze, 3360 m

🛏 a) Mallnitz, 1190 m (Bahnhof)
b) Gmünd im Maltatal, 732 m

🅿 a) 🅿 am Beginn des Dösener Tals, 1450 m
b) Kohlmayralm (Gasthaus Mentebauernhütte) im Gößgraben, 1124 m

➡ 🅿 – A.v.Schmid-Haus, 2281 m – Grazer Schartl, 2864 m – Detmolder Weg – Gussenbauerspitze, 2951 m – Schneewinkelspitze, 3016 m – Lassacher Winkelscharte, 2862 m – Winkelspitz, 3112 m – Detmolder Grat – Obere Winkelscharte, 3130 m – Hochalmspitze, 3360 m – Gießener Hütte, 2215 m: 10 – 12 Std.
Diese Route besteht eigentlich aus zwei eigenständigen Touren:
a) Detmolder Weg: Grazer Schartl – Lassacher Winkelscharte;
b) Detmolder Grat: Lassacher Winkelscharte – Hochalmspitze

📑 schwierig, hochalpine Verhältnisse

🏠 A.v.Schmid-Haus, 2281 m; Villacher Hütte, 2194 m (Selbstversorger-Hütte); Celler Hütte, 2239 m (Selbstversorger-Hütte); Gießener Hütte, 2215 m

Der Nordgrat auf den Faulkogel

Zu den höchsten Gipfeln der Radstädter Tauern zählt der Faulkogel, dessen Normalanstieg, der Nordgrat, Versicherungen aufweist. Interessanterweise handelt es sich um einen Kalkstock, wo man neben dem Aufstiegsweg in 2030 m Seehöhe zwei größere Höhlen besuchen kann. Der Faulkogel kann von Norden aus dem Flachautal in abwechslungsreichem Aufstieg als Tagestour unternommen werden; von Süden aus dem Zederhaustal ist der Anstieg länger, und hier bietet sich die Franz-Fischer-Hütte als Stützpunkt an.

▲ Faulkogel, 2654 m

▙ Flachau, 927 m

🅿 südl. Flachauwinkel, Beginn einer Forststraße, 1106 m

➡ 🌣: 🅿 – Weg Nr. 730 über Marbachalmen, 1183 m und 1240 m, und Ursprungalm, 1534 m, zur Wegteilung mit Kote 2013 – Weg Nr. 734 über Neukarscharte, 2263 m, und den Nordgrat auf den Faulkogel, 2654 m: 4 – 4½ Std.
🌣: wie 🌣: 2½ – 3 Std.
Gesamtgehzeit: 7 – 7½ Std.

▤ unterhalb von Kote 2013, von 1960 m bis 1980 m, 50 m lange Querung mit Aluseilsicherung, leicht; am Nordgrat bei 230 m Seilsicherung in einer schluchtartigen Rinne von 2340 m bis 2390 m Stifte und Seile, mäßig schwierig, weiter oben ungesicherte Kletterstellen (I)

Berauschend schöne Szenerie an der Südflanke des Triglav – auf dem Weg zum Luknjapaß, von dem der luftige Pragweg emporführt.

SÜDÖSTLICHE KALKALPEN

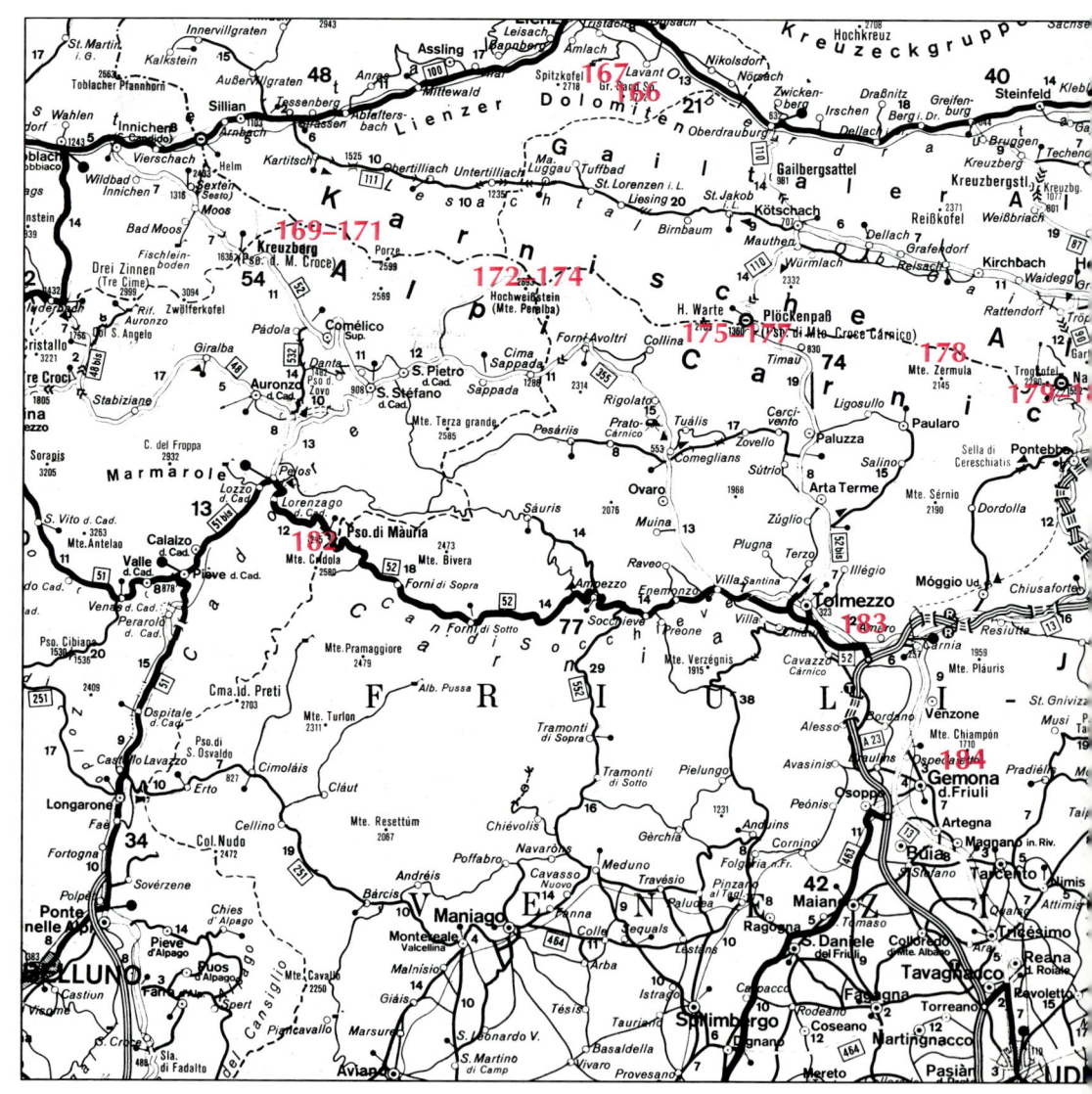

— Karnische Alpen und Karawanken —

Die Karnischen Alpen setzen bei Sillian in Osttirol an und reichen nordwärts bis zur Drau; ihr Hauptkamm bildet bis zum Grenzübergang bei Arnoldstein die Grenze zwischen Österreich und Italien. Von hier bis nach Unterdrauburg (Dravograd) bezeichnet man das Grenzgebirge zwischen Österreich und Slowenien als Karawanken. Die beiden langgezogenen Kettengebirge – Wasserscheide zwischen Adria und Schwarzem Meer – bringen es am Grenzkamm auf eine Gesamtlänge von etwa 120 km. Im Westen beginnt die Reihe der Klettersteigberge mit landschaftlich sehr schönen Zielen: Große Kinigat, Porze, Hochweißstein, Westliche Raudenspitze – am besten vom Gailtal über sehr lange Zustiege zu erreichen, bequeme kurze Klettersteigpassagen, herrliche Ausblicke, vor allem auf die nahen Sextener Dolomiten.

Einen wirklich rassigen, anspruchsvollen Klettersteig findet man auf der Nordseite des Monte Chiadenis, dessen Gipfel eine genußreiche, vollständig gesicherte Überschreitung bietet. Zusammen mit dem Hochweißstein ist diese Tour am bequemsten von der italienischen Seite, vom Rifugio Calvi, zu bewältigen. Von beiden Seiten über durchwegs lange Zustiege erreicht man die Hohe Warte, mit 2780 m der höchste Gipfel der gesamten Bergkette, die Nordwandroute mit ihrem harten, steilen Schneefeld kann mit sehr hochalpinen Problemen überraschen.

Über dem Plöckenpaß verdichten sich dramatisch die allgegenwärtigen Spuren des Ersten Weltkrieges: Der Kleine Pal östlich der Paßhöhe, einer der blutgetränkten Kriegsschauplätze, wurde von Walther Schaumann mit archäologischer Akribie zu einem wirklich erlebnisreichen Freilichtmuseum des alpinen Stellungskrieges rekonstruiert. Westlich des Passes, am Frischenkofel (Cellon), wurde sogar ein alter Kriegsstollen wieder gangbar gemacht; er ist nunmehr der abenteuerliche Auftakt zum alten, gesicherten Steinbergerweg, der ebenfalls zu eindrucksvollen Resten ehemaliger Gipfelstellungen emporführt. Am Naßfeld beschließen zwei eher beschauliche Gipfel mit kurzen, aber anregenden Eisenpassagen die Reihe der Klettersteigziele im Karnischen Hauptkamm: Trogkofel und Roßkofel, beide in landschaftlich begeisterndem Rahmen.

In den Karawanken ist der Hochstuhl, 2238 m, der höchste Gipfel und das wohl lohnendste Klettersteigziel mit tadellos gesicherter Nordwandroute, daneben der Koschutnikturm und der weit ostwärts gelegene Kordeschkopf. Die »Felsentore« am Erlberg (Uschowa) sind hingegen ein Naturwunder, das durch Sicherung kurzer exponierter Steilstellen auch für Bergwanderer erschlossen ist.

Große Klettersteig-Sensationen erwarten uns also nicht in Kärntens südlichen Grenzbergen – dafür aber ein eher stiller, noch weitgehend ungetrübter Landschaftsgenuß.

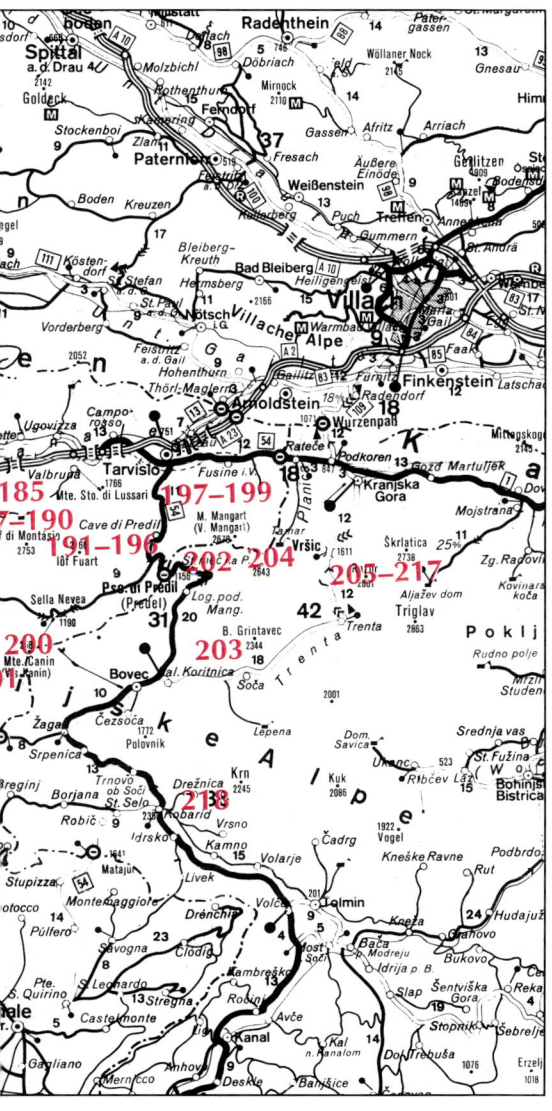

Kurze Leiter am Beginn des Klettersteigs auf den Hochweißstein (Monte Peralba).

Rechts: Spannender Felsdurchstieg durch das zweite »okno« auf dem langen Weg vom Prisojnik zum Razor.

──────── **Julische Alpen** ────────

Als mächtigstes Gebirgsmassiv im Osten der Südlichen Kalkalpen sind die Julischen Alpen eine weitverzweigte Gebirgskette, deren einzelne Berggruppen zwischen idyllischen Bergtälern emporragen.

Im Norden bilden das Kanaltal und das Tal der Save die Begrenzung gegen den Karnischen Hauptkamm und die Karawanken. Im Osten schließen die Steiner Alpen an. Gegen Westen trennen das Fellatal, die Friauler Ebene, der Natisone und der Isonzo die Julischen Alpen von den angrenzenden, wenig bekannten Bergen. Die südseitige Grenzziehung gegen das Dinarische Gebirgssystem ist ungenau und kompliziert.

Montasch- und Wischberggruppe liegen zur Gänze auf italienischem Gebiet, über den Kanin, über den Mangart und über den Ponca-Zug verläuft die italienisch-slowenische Grenze. Durch die Grenzziehungen von 1919 und 1945 gehören heute politisch zwei Drittel der Julischen Alpen zu Slowenien. Geographisch teilen das Tal des Raibler Sees, der Predilpaß und die tiefen Einschnitte des Koritnica- und Isonzotales die Julischen Alpen in einen westlichen und östlichen Teil. Wesentlich deutlicher als die Dolomiten zeigen sich die Julischen Alpen geophysikalisch und geomorphologisch als mitunter verblüffend ähnliches Gegenstück zu den Nördlichen Kalkalpen – der Bergsteiger aus dem nördlichen Alpenraum, namentlich aus Bayern, fühlt sich hier sehr schnell an seine geliebten Hausberge erinnert.

Charakteristisch für diese Bergregion sind neben einigen kühn aufragenden Gipfelformen vor allem die ungewöhnlich großartigen, sehr hohen Wandbildungen, die zusammen

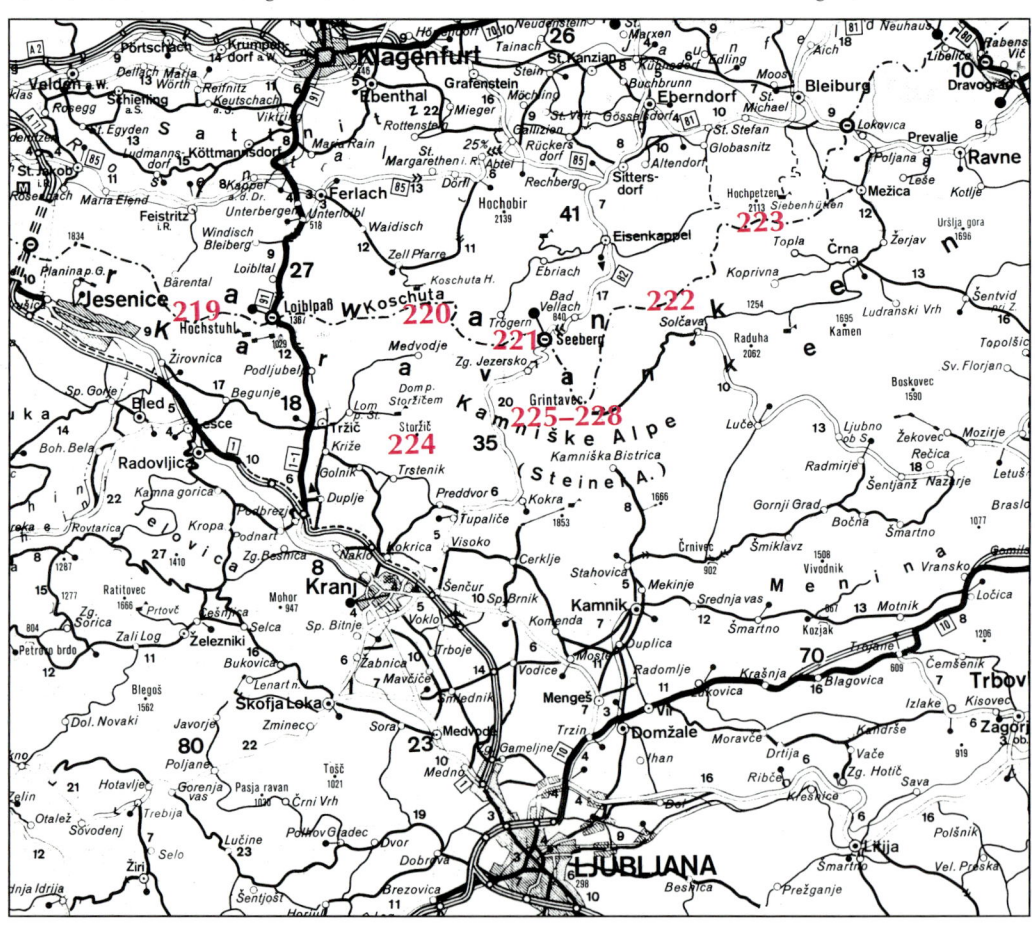

mit den meist tiefgelegenen Tälern und mit stillen kleinen Bergseen unvergeßliche Landschaftsbilder ergeben. Viele Klettersteigerlebnisse werden von solchen Landschaftsbildern und von Nordwänden geprägt, in deren Schatten langlebige vereiste Firnfelder und Lawinenkegel den Zustieg zum Wandfuß erschweren.

An der schattigen Nordwand des Kanin hat sich sogar ein kleiner Gletscher eingenistet, dessen letztes Steilstück man oft nur mit Steigeisen erklimmen kann. Im Gegensatz zur schwierigen italienischen Nordwand-Ferrata ist der Aufstieg über die sonnige slowenische Südseite eine problemlose Höhenwanderung. Der Kanin ist der einzige Klettersteigberg in den Julischen, dessen langer Zustieg sich durch eine Seilbahnauffahrt verkürzen läßt – und dies von beiden Seiten!

Viel deutlicher sind die Schwierigkeitsunterschiede zwischen Nord- und Südseite am Montasch: Der südseitige, nur mäßig lange Klettersteig gilt als Normalweg und wird vielbegangen, die beiden langen gesicherten Nordwandführen werden nur von wenigen unerschrockenen und sehr versierten Felsgehern erstiegen. Auch der sehr lange gesicherte Felsensteig Ceria-Merlone stellt hohe Anforderungen an Mut, Erfahrung und Ausdauer. Noch viel krasser ist dieses Nordwand/Südrücken-Schwierigkeitsgefälle am Wischberg: Dem südseitigen, nur an kurzer Steilwandstelle gesicherten Normalweg steht eine schaurige steinschlaggefährdete Felsschlucht als Nordwandvariante gegenüber. Der Felsenweg Anita Goitan, die traumhaft schöne Felsquerung von der Kaltwasserscharte durch die Südwände der Gipfelkette östlich des Wischbergs, ist bei Schönwetter nur mäßig schwierig und weitgehend problemlos; der Zustieg von der Nordseite hingegen führt teilweise über beinharte, sehr gefährliche Schneefelder in einer düsteren Schlucht und wird nur von sehr verwegenen Experten durchstiegen. Kürzer, südseitig und technisch problemlos ist der Große Nabois im Norden der Wischberggruppe zu ersteigen. Von der Scharte unter seinem Gipfelaufbau lädt der Carlo-Chersi-Steig dazu ein, die furchterregenden Nordwände des Wischbergs in tieferer Lage sicher zu queren.

An der Korscharte in der Weißenbachgruppe und am Mittagskofelzug sind lange gesicherte Höhenwege längs ehemaliger Frontlinien sehr empfehlenswerte, nur mäßig schwierige Unterfangen. Ein Klettersteigrevier für gehobene Ansprüche ist die imposante Kette der Grenzgipfel, die in gigantischem Halbkreisbogen die Weißenfelser Seen umrahmt. Die italienischen Nordwandführen auf den Mangart und auf die Veunza gehören zum Kühnsten, was im Fels der Julischen Alpen gesichert worden ist. Leichter zu ersteigen ist nur die Westseite der Großen Ponza. Den ebenfalls von hier ausgehenden kühnen Klettersteig durch die Nordwand des Strug hat man hingegen völlig verfallen lassen! Von slowenischer Seite ist hier nur der Mangart erschlosen, dessen Gipfelklotz man vom Predilpaß her über eine Militärstraße erreicht, die bis auf 2000 m Höhe emporführt. Ein wichtiger Ausgangspunkt für Klettersteigabenteuer ist die Paßstraße zum Vršič. An ihrer nördlichen Zufahrt liegt der Aufstieg zum Špik, an der Südseite, im Trentatal, liegen die Zugänge zu Jalovec und zum Bavški Grintavec.

Vom Scheitel der Paßstraße erreicht man westwärts die rassige Nordwandführe auf die Kleine Mojstrovka. Ostwärts aber lockt eines der großartigsten Klettersteigerlebnisse – zwei schwierige gesicherte Führen durch die Nordwand des Prisojnik – Felsrouten mit hochdramatischen landschaftlichen Effekten und mit überraschenden technischen Raffinessen in beängstigenden Steilpassagen. Unvergeßlich bleiben auch die grandiosen Wegstrecken am »Jubiläumsweg«, einem hochalpinen Übergang zum Razor. Die von Mojstrana südwärts emporziehenden Täler Vrata, Kot und Krma erschließen von Norden her den gewaltigsten Bergkomplex, die Triglavgruppe; das nur 1015 m hoch gelegene Aljažev-Haus wird in der Hauptsaison zu einem überfüllten internationalen Basislager.

Der von Göttermythen umwobene Triglav, mit 2864 m der höchste Berg Sloweniens, wirkt mit seiner bedrohlichen Nordwand zunächst wirklich beängstigend, zwei der drei nordseitigen Zustiege und erst recht die Gipfelanstiege erweisen sich jedoch als recht gutmütig, erfordern aber gewaltige Ausdauer. Hütten auf dem weiten Felsplateau unter dem Gipfelstock verkürzen den Zustieg zu einigen gesicherten, sehr lohnenden, aber weniger begangenen Felstrabanten des Triglav: Cmir, Vrbanova špica, Rjavina. Von der Aljažev-Hütte sind aber auch einige Gipfel in der Škrlatica-Martuljek-Gruppe gut – aber stets lang und mühsam! – zu erreichen: Škrlatica und Kriška stena. Wer sich nicht nur Eisenwegen verschrieben hat, wird auch auf der weiten Südseite des Triglav besonders reizvolle Landschaftsbilder finden.

Die Julischen Alpen sind geschichtsträchtiger Boden. Sie sind wohl der einzige Teil der Alpen, der seinen heutigen Namen schon in der Antike von römischen Gelehrten erhielt – nach der Siedlung Forum Julii an der Stelle des heutigen Cividale, die wiederum nach der kaiserlichen Dynastie der Julier benannt wurde. Der schon immer heißumkämpfte Boden wurde in Gefechten des Ersten Weltkrieges stellenweise mit Blut getränkt; was sich am Kanin, am Mangart, Montasch und Wischberg an Überresten aus diesem sinnlosen Stellungskrieg in hochalpinen Felsburgen erhalten hat, ist mindestens so erschütternd wie in den Dolomiten.

Für immer mit den Julischen Alpen verbunden bleibt der Name Julius Kugy – die Noblesse dieses gelehrten alpinen Pioniers täuscht nur allzu leicht über die oft unmenschlichen Strapazen und Widerwärtigkeiten hinweg, unter denen er so manche winterliche Erstbegehung erkämpft hat. Sein literarischer Nachlaß »Aus dem Leben eines Bergsteigers« bezeugt eine grenzenlose Liebe zum Berg, fern jeder Publicity und Rekordsucht – dieses alpine Testament sollte auch heute noch jedem Bergsteiger ein Wegweiser zur Seele der Julischen Alpen sein. Auch manche spätere Klettersteigroute wurde von Kugy erstmals durchstiegen.

─────── **Steiner Alpen** ───────

Bevor die Felsmassive der Südlichen Kalkalpen in den Hügelketten des Pannonischen Tieflandes verebben, bäumen sie sich in den Gipfeln der Steiner Alpen ein letztes Mal zu alpinen Höhen auf. Dieser Gebirgszug liegt südlich der Karawanken zwischen Laibach und der österreichischen Grenze und hängt durch den Seebergsattel mit den Karawanken zusammen; er gehört geologisch und morphologisch jedoch eher zu den Julischen Alpen. Man benannte dieses Bergmassiv nach dem Ort Stein (Kamnik) oder dem Flüßchen Savinja, daher die slowenische Bezeichnung »Kamniške in Savinjske Alpe«. In der älteren alpinen Literatur finden wir auch die Benennung Sulzbacher oder Sanntaler Alpen. Die Bergkette ragt an klaren Tagen aus dem Dunst

der slowenischen Tiefebene auf und bildet die eindrucksvolle alpine Kulisse der Hauptstadt Laibach. Zwischen der Storžičgruppe im Westen und der Raduhagruppe im Osten liegt der wildzerklüftete zentrale Felskamm mit den Eckpfeilern Jezerska Kočna und Ojstrica.

Die Steiner Alpen sind durch ein Netz von gut markierten Wegen und Steigen zugänglich und durch romantisch gelegene und gepflegte Berghütten gut erschlossen. Drei Gipfel der Zentralgruppe – Kočna, Grintavec und Skuta – sind durch bemerkenswert rassige, gut gepflegte Klettersteige von Norden her erschlossen und über landschaftlich großartige, zum Teil sehr luftige, aber ebenfalls ausreichend gesicherte Gratwege miteinander verbunden. Zentraler Ausgangspunkt für diese Klettersteige ist die Tschechische Hütte (Češka koča) im riesigen Felsenkessel der Nordwände. Der teilweise wildromantische Zugang führt aus dem malerischen Ort Jezersko empor, den man von Kärnten sehr schnell über den Seebergsattel erreicht. Die reichlich anspruchsvolle Überschreitung dieser drei Gipfel ist bei Übernachtung auf der Hütte unter großen Anstrengungen zwar noch an einem einzigen Tag zu bewältigen, ist aber nur dann genußvoll, wenn man sie in wenigstens zwei Tagesetappen unterteilt.

Der Zugang zum Storžič geht vom Ort Tržič aus, den man ebenfalls problemlos über den Loiblpaß erreicht. Den gesicherten Steig auf die Ojstrica, den östlichsten Hochgipfel der Zentralgruppe, erreicht man hingegen von Norden her nur über Bleiburg, von wo langwierige, verschlungene Nebenstraßen bis nahe zur Klemenšova-Hütte heranführen. Man wird in den Steiner Alpen eine sehr liebenswürdige, aber durchaus ernstzunehmende kleine Bergwelt entdecken, die wie die Julischen Alpen sehr stark an unsere Nördlichen Kalkalpen erinnert. ■

Landschaftlich großartige Felsszenerie auf dem Sentiero attrezzato Anita Goitan. Atemberaubend der Blick durch eine Scharte in die unheimliche Nordwand.

166 *Lienzer Dolomiten*

Klettersteig »Ari Schübel«

Über die Mautstraße von Tristach bei Lienz erreicht man mühelos die Lienzer-Dolomiten-Hütte und kann von dort den höchsten Gipfel der Lienzer Dolomiten bzw. der gesamten Gailtaler Alpen als Tagestour machen. Im Tourenbereich der Karlsbader Hütte sind etliche nicht gesicherte Kletterführen im II. – IV. Schwierigkeitsgrad dezent markiert und mit einzementrierten Sicherungshaken versehen, so z.B. die Kleine Sandspitze, 2762 m, die bei Beherrschung des II. bis III. Grades bei der vorgestellten Tour überschritten werden kann. Aufstieg vom Schartenschartl südl. der Kleinen Sandspitze, Abstieg (leicht) in die Scharte zwischen den Sandspitzen.

🔺 Große Sandspitze, 2770 m

🛏 Lienz, 673 m

🅿 knapp vor der Lienzer-Dolomiten-Hütte, 1616 m

➡ ☀: 🅿 – rote Markierung zur Karlsbader Hütte, 2260 m – Wegweiser »Klettersteig Ari Schübel« – dürftig blau markierter Weg zum Schartenschartl, ca. 2610 m, südl. der Kleinen Sandspitze – Klettersteig um die Kleine Sandspitze westl. herum in die Scharte, ca. 2710 m, zwischen dieser und der Großen Sandspitze und auf letztere hinauf, 2770 m: 4 Std.
🌙: wie ☀: 3 Std.; oder ab Karlsbader Hütte ➲ Rudl-Eller-Steig zur Lienzer-Dolomiten-Hütte: 4 Std.; Gesamtgehzeit: 7 – 8 Std.

📋 schwierig, Felshöhe 100 -150 m, Klettersteig aufgrund der Querung der Kleinen Sandspitze wesentlich länger

🏠 Karlsbader Hütte, 2260 m

167 *Lienzer Dolomiten*

Rudl-Eller-Steig über die Zellin-Scharte

Dieser Steig stellt eine anspruchsvollere Variante zum Wanderweg von der Lienzer-Dolomiten-Hütte zur Karlsbader Hütte dar. Wem eine Gipfeltour zu lange ist, kann diese beiden Wege als durchaus lohnendes Tagesprogramm begehen.

🔺 Zellin-Scharte (Hohes Törl), 2233 m

🛏 Lienz, 673 m

🅿 knapp vor der Lienzer-Dolomiten-Hütte, 1616 m

➡ ☀: 🅿 – Wegweiser »Rudl-Eller-Steig« – Zellin-Scharte (Hohes Törl), 2233 m – Karlsbader Hütte, 2260 m: 2½ – 3 Std.
🌙: Normalweg zur Lienzer-Dolomiten-Hütte: 1½ Std.
Gesamtgehzeit: 4 – 5 Std.

📋 unschwierig, ca. 100 m Seilsicherung nördl. und südl. der Zellin-Scharte sowie beim kurzen Steilaufstieg auf den Weißstein unweit der Lienzer-Dolomiten-Hütte

🏠 Karlsbader Hütte, 2260 m

168 *Gailtaler Alpen*

Norbert-Schluga-Steig durch die Hohe Wand zum Spitzegel

Vom März bis in den Spätherbst kann man dieses nur dreistündige Klettersteigvergnügen auskosten, doch nur bei ausreichender Übung im exponierten Fels. Die Route ist mit etwa 300 m Drahtseilen und mehr als 50 Trittstiften gesichert; im Einstieg ist ein II. Grad zu überwinden. Der dreistündige Weiterweg zum Gipfel des Spitzegels ist eine reine »Fleißarbeit«.

🔺 Ausstieg in etwa 1000 m Höhe; ggf. Spitzegel, 2118 m

🛏 Hermagor, 590 m (Bahnhof)

🅿 von Vellach bis Schluga zum Gasthof, 🅿 in 600 m Höhe

➡ 🅿 – Einstieg am »Fuchsloch« – Ausstieg, 1000 m – 🌙 über Forststraße und Weg 248 zum 🅿: 3 Std.

📋 schwierig

169 *Karnischer Hauptkamm*

Gesicherter Steig auf die Große Kinigat

Von Schöntal führt ein langer, aber landschaftlich sehr reizvoller Zustieg über einen idyllischen See zu einer einladenden Hütte kurz unter dem Gipfel. Der problemlose Steig durch die Südwand führt auf den gutmütigen

Westrücken, von wo sich bereits eine grandiose Sicht auf die Sextener Dolomiten öffnet. Ein zweiter Zustieg führt vom Winklertal über einen künstlich aus dem Fels gesprengten, gesicherten Steig zur Obstansersee-Hütte am gleichnamigen See und über den Gipfel des Grenzgrates zur Großen Kinigat.

🔺 Große Kinigat, 2689 m

🏠 Kartitsch, 1350 m

🅿️ a) vom Kartitsch-Sattel, 1526 m, abzweigendes Sträßchen ins Schöntal (Weg 464) bis nahe zum Talschluß, etwa 1600 m
b) ❷ am Talschluß des Winklertales, etwa 1500 m (Weg 466)

➡️ a) Schöntal – Schöntalsee, 1870 m – Schöntalwiesen – Filmoor-Standschützenhütte, 2350 – Filmoorsattel (Forc. del Cavalino), 2453 m – Große Kinigat, 2689 m – ❸ wie ❷ zum ❷: 6 –7 Std.
b) ❷ Winklertal – Weg 466 – Obstanser Alm mit Prinz-Heinrich-Kapelle, 1957 m – Obstansersee-Hütte, 2304 m – Pfannspitze, 2678 m – Kleine Kinigat – Scharte »Sandiger Boden« – Große Kinigat – ❸ wie ❷ zum ❷: 6 – 7 Std. Ausweis mitnehmen!

📧 mäßig schwierig

🏠 bei ❷ vom Schöntal: Filmoor-Standschützenhütte, 2350 m; bei ❷ vom Winklertal: Obstansersee-Hütte, 2304 m

170   *Karnischer Hauptkamm*

Sentiero attrezzato d'Ambros Corrado

Über den wilden Grat zwischen Filmoorsattel und Porzescharte verläuft dieser gut gesicherte, stellenweise reichlich ausgesetzte, etwa 2 km lange Steig, den man in zweieinhalb Stunden durchschreiten kann. Er folgt großenteils alten Frontsteigen und führt auch durch einen finsteren Kriegsstollen hindurch. Sehr Ausdauernde können über diesen sehr abwechslungsreichen Steig Porze und Große Kinigat und sogar noch den anstrengenden Abstieg ins Tal an einem Tag »schaffen« – aber erst mit Zwischenübernachtung wird dieses Unterfangen wirklich ein Erlebnis. Wer auf die sehr leicht besteigbaren Gipfel verzichtet, kann den Steig auch in nachstehend beschriebener Kurzform begehen. In
der Mitte des Sentiero Corrado führt ein Notabstieg direkt zum Oberen Stucksee.

🔺 Filmoorhöhe, 2457 m

🏠 Obertilliach, 1450 m, im Osttiroler Gailtal

🅿️ letzter ❷ im Obertilliacher Tal an kleinem Bergsee, etwa 1700 m (6,9 km Schotterstraße)

➡️ ❷ – Neue Porzehütte, 1942 m – Weg 403 – Weg 9 – Porzescharte (Passo di Cima Vallone), 2362 m – Sentiero Corrado – Filmoorhöhe, 2457 m – Filmoor-Standschützenhütte, 2350 m – Rückweg über Karnischen Höhenweg 403 zum Oberen Stucksee, 2030 m – Heretriegel, 2170 m – ❸ über nördl. Wegvariante zum ❷: 7 – 8 Std.; zusätzlicher Zeitaufwand für Besteigung der Porze über ❷ Austriaweg und für ❷ Große Kinigat: 2 – 3 Std.

📧 mäßig schwierig

🏠 im ❷ Neue Porzehütte, 1942 m; im   ❸   Filmoor-Standschützenhütte, 2350 m

171   *Karnischer Hauptkamm*

Austriaweg auf die Porze

Bis auf den heutigen Tag prägen alte italienische Grenzbefestigungen und Kampfstellungen den Gipfelgrat der Porze, und wieder einmal erschließt ein neuer Klettersteig neben großartigen landschaftlichen Eindrücken ein Freilichtmuseum des Ersten Weltkrieges. Der Steig, erst 1989 feierlich eingeweiht, ist betont beschaulich angelegt, ermöglicht eine vollständige Überschreitung des gesamten Grenzgrates und begegnet dem geübten Klettersteiggeher mit keinerlei nennenswerten Schwierigkeiten; er ist mit 150 m Drahtseil gesichert und führt südlich der Porzescharte 100 m hoch zum Westgrat hinauf, wo er in den Normalweg der Porze einmündet.

🔺 Porze (Cima Palombino), 2599 m

🏠 Obertilliach, 1450 m, im Osttiroler Gailtal

🅿️ letzter ❷ im Obertilliacher Tal an kleinem Bergsee, etwa 1700 m (6,9 km Schotterstraße)

➡ ℗ – Neue Porzehütte, 1942 m – Tilliacher Joch (Forc. Dignàs), 2094 m – Einstieg, 2368 m – Ausstieg, 2480 m, am Normalweg 160 – Porze, 2599 m – Porzescharte (Passo di Cima Vallone), 2362 m – Weg 461 – Neue Porzehütte – ℗: 5 – 6 Std. Ausweis mitnehmen!

📄 unschwierig, relativ kurze und technisch anspruchslose Klettersteigpassagen, auch für wenig Geübte, Höhe im ➋ + ➍ je 100 m

🏠 Neue Porzehütte, 1942 m

172   *Karnischer Hauptkamm*

Via ferrata E. Sartor

Eine kurze Klettersteigpassage mit Einstiegsleiter und zwei Aufstiegsvarianten würzt den ansonsten biederen Aufstieg in der Südostflanke dieses vielbegangenen und beliebten Aussichtsberges. Auch auf diesem Gipfel findet man allenthalben Reste alter Stellungen und Stacheldrahtverhaue. Auch für weniger Geübte empfehlenswert.

🔺 Monte Peralba (Hochweißstein), 2693 m

🛏 a) von Italien: Cima Sappada, 1290 m
b) von Österreich: St. Lorenzen im Lesachtal, 1220 m

🅿 a) Casera Sesis, 1882 m
b) Ochsneralm, 1500 m, am Ende des 12 km langen Frohntales

➡ a) ℗ Casera Sesis – Rif. Calvi, 2167 m – Einstieg, 2350 m – Monte Peralba, 2693 m – ➍ über Nordostgrat auf dem Normalweg – Hochalpljoch, 2287 m – Passo di Sesis – Rif. Calvi – ℗: 4 – 5 Std.
b) ℗ Ochsneralm – Hochweißsteinhaus, 1868 m – Hochalpljoch, 2287 m – Monte Peralba, 2693 m: 4 Std.
Mit Zwischennächtigung am Rif. Calvi ideal zu verbinden mit der ➲ Via ferrata di Guerra auf den Monte Chiadenis!

📄 unschwierig bis mäßig schwierig

🏠 auf italienischer Seite Rif. Calvi, 2167 m; auf österreichischer Seite Hochweißsteinhaus, 1868 m

173   *Karnischer Hauptkamm*

Via ferrata di Guerra auf den Monte Chiadenis

Die sehr lohnende Überschreitung des Gipfels, für Könner eine ausgesprochene Genußtour, empfiehlt sich von Nord nach Süd. Der rassige Klettersteig über die Wandstufen, Rinnen und Kaminchen der Nordostseite ist betont sportlich angelegt und erfordert stellenweise vollen Einsatz der Armkräfte. Der südseitige Steig ist hingegen recht gutmütig, er kann auch weniger Geübten im Auf- und Abstieg empfohlen werden.

🔺 Monte Chiadenis, 2450 m

🛏 a) von Italien: Cima Sappada, 1290 m
b) von Österreich: St. Lorenzen im Lesachtal, 1220 m

🅿 a) Casera Sesis, 1882 m
b) Ochsneralm, 1500 m, am Ende des 12 km langen Frohntales

➡ a) ℗ Casera Sesis – Rif. Calvi, 2167 m – Passo di Sesis (Bladner Joch) – Steig zum Passo Cacciatore (Jägerpaß) bis zum Einstieg – Klettersteig über die Nordostseite – Monte Chiadenis, 2450 m – ➍ auf Klettersteig über Südwestflanke – Rif. Calvi – ℗: 4 – 5 Std.
b) ℗ Ochsneralm – Hochweißsteinhaus, 1868 m – Hochalpljoch, 2287 m – Passo di Sesis: etwa 3 Std.
Mit Zwischennächtigung am Rif. Calvi ideal zu verbinden mit der ➲ Via ferrata E. Sartor zum Monte Peralba!

📄 Klettersteig über die Nordostseite schwierig, über Südwestflanke mäßig schwierig

🏠 auf italienischer Seite Rif. Calvi, 2167 m; auf österreichischer Seite Hochweißsteinhaus, 1868 m

174   *Karnischer Hauptkamm*

Klettersteig auf die Westliche Raudenspitze

Dieser Aufstieg über den breiten felsigen Westrücken des Grenzberges folgt den natürlichen »Schwachstellen« im Felsaufbau und ist nur an den nötigen Stellen mit Drahtseilen gesichert, Kletterstellen im leichten Fels (I) erfordern etwas Schwindelfreiheit und Tritt-

sicherheit. Die Alpenflora ist erstaunlich mannigfaltig, der Gesteinsaufbau besteht aus Kalkbänken und vulkanischem Gestein, aus Schiefer und Tuffstein.

🔺 Westliche Raudenspitze (Monte Fleons), 2507 m

🏠 St. Lorenzen im Lesachtal, 1220 m

🅿 Ochsneralm, 1500 m, am Ende des 12 km langen Frohntales

➡ ❷ – Hochweißsteinhaus, 1868 m – Öfnerjoch (Giogo Veranis), 2011 m – Westliche Raudenspitze – ❶ wie ❷ zum ❷: 5 – 6½ Std.
Der ❶ nach Osten in die Raudenscharte (Forc. di Fleons), 2298 m, ist zwar gesichert, wegen schlechter Markierung des weiteren ❶ ist jedoch Weg 455 zur Obergailalm und nach Obergail zu empfehlen. Ausweis mitnehmen!

📖 mäßig schwierig; bei Nebel dringend abzuraten!

🏠 im ❷ + ❶ Hochweißsteinhaus, 1868 m

175   *Karnischer Hauptkamm*

Nordanstieg auf die Hohe Warte

Die Nordwandroute auf die Hohe Warte ist ein verwegener Kriegssteig, der steile Felsstufen überwindet und im Mittelteil über ein langes, oft beinhartes Schneekar führt. Am luftigen Nordwestgrat, heute Grenzgrat, finden sich wiederum Überreste aus dem Ersten Weltkrieg.

🔺 Hohe Warte (Monte Coglians), 2780 m

🏠 Kötschach-Mauthen, 707 m (Bahnhof, Busverbindung zum Plöckenpaß)

🅿 a) Untere Valentinalm, 1220 m, Zufahrt vom Heldenfriedhof auf der Plöckenpaßstraße (oder ❷ an der Paßstraße)
b) Untere Wolayeralm, 1100 m, vom Ort Birnbaum im Lesachtal 9 km

➡ a) ❷ Valentinalm – Weg 133 – Obere Valentinalm, 1540 m – Valentintörl, 2138 m – Einstieg – Hohe Warte, 2780 m – ❶ wie ❷ zum ❷: 10 – 12 Std.
b) ❷ Wolayeralm – Obere Wolayeralm, 1709 m – Eduard-Pichl-Hütte, 1967 m – Valentintörl, 2138 m – Einstieg – Hohe Warte, 2780 m – ❶ wie ❷ zum ❷: 9 – 11 Std. Auf alle Fälle Ausweis mitnehmen!

📖 schwierig, z.T. sehr ausgesetzt, Drahtseile öfters schadhaft; Schneekar meist hart, dann Pickel und Steigeisen unbedingt erforderlich

🏠 bei ❷ b) Eduard-Pichl-Hütte, 1960 m

176   *Karnischer Hauptkamm*

Sentiero Spinotti – Hoher Gang – Rifugio Marinelli: Rundtour an der Hohen Warte

Die nur teilweise gesicherte Felsenroute vermittelt großartige landschaftliche Eindrücke und erreicht den Gipfel in unschwieriger Kletterei von Süden. Drei Hütten bieten die Möglichkeit einer Übernachtung auf diesem sehr langen Rundweg.

🅿 wie ➡ Nordanstieg auf die Hohe Warte

➡ von beiden ❷ zunächst zur Eduard-Pichl-Hütte, 1960 m – auf dem Sentiero Spinotti über den Wolayerpaß, 1974 m, zum Rif. Lambertenghi unter dem Paß – Schneid, 2100 m – Forca di Monument, 2240 m – Normalweg – Hohe Warte, 2780 m: 7 – 8 Std.; vom Plöckenpaß auf Weg 146 zum Rif. Marinelli – Sentiero Spinotti – Eduard-Pichl-Hütte: 5½ – 6 Std.; Forca di Monument – Hohe Warte: 1½ Std.
Gut zu verbinden mit ➡ Nordanstieg auf die Hohe Warte.

📖 mäßig schwierig

🏠 Eduard-Pichl-Hütte, 1960 m; Rif. Marinelli, 2120 m; Rif. Lambertenghi, ca. 1955 m

177   *Karnischer Hauptkamm*

Über einen gesicherten Felsstollen und den Steinbergerweg auf den Frischenkofel

Walther Schaumann, der seit vielen Jahren den Kriegsschauplatz am Kleinen Pal mit archäologischer Akribie freilegt und rekonstruiert, ließ diesen ehemaligen Kriegsstollen am Plöckenpaß hervorragend sichern. Der unterirdische Felsgang ist nunmehr als aufregender Auftakt zum abenteuerlichen Steinbergerweg durch die gewaltige Felsrinne fast »obligatorisch« geworden. Der südseitige Gipfelhang, ein ehemaliger Kriegssteig, ist heute Teil des Normalweges. Der gegenüberliegende Kleine Pal ist für kriegshistorisch Interessierte eine »Pflichtvorlesung«!

🔺 Frischenkofel (Cellon), 2238 m

🏠 Kötschach-Mauthen, 707 m (Bahnhof, Busverbindung zum Plöckenpaß)

🅿 Plöckenpaß, 1360 m; Grenzparkplatz auf österreichischer Seite

➡ 🅟 – Cellonstollen – Obere Schulter, 1829 m – Einstieg zum Steinbergerweg – Ausstieg am Sattel, 2100 m – Cellon, 2238 m – ◗ über Normalweg auf italienischer Seite zum 🅟: 6 Std. Taschenlampe und Ausweis mitnehmen!

📋 mäßig schwierig bis schwierig, Länge des Stollens 170 m; am Steinbergerweg mitunter Steinschlag

178   *Karnischer Hauptkamm*

Via ferrata durch die Nordflanke auf den Monte Zermula

Die bequeme Halbtagstour ist durch einen 300 m langen Klettersteig über Wandstufen, Felsrinnen und Kamine gewürzt, der technisch problemlos, teilweise jedoch steinschlaggefährdet ist. Auch hier begegnet man neben herrlicher Alpenflora ehemaligen Kriegsstellungen.

🔺 Monte Zermula, 2145 m

🏠 Pontebba, 568 m (Bahnhof)

🅿 Lanzenpaß (Passo del Cason di Lanza), 1552 m, von Pontebba 16 km

➡ 🅟 – Einstieg, 1600 m – Ausstieg, 2000 m – Monte Zermula, 2145 m – ◗ über Forc. di Lanza, 1831 m, und Weg 442A zum 🅟: 4 – 5 Std.

📋 mäßig schwierig, im unteren Teil durch Vorausgehende große Steinschlaggefahr!

179   *Karnischer Hauptkamm*

Uiberlacher Weg und Via ferrata Crete Rosse per rampa Sud auf den Trogkofel

Die alte biedere Uiberlacher Route, wo nötig mit Eisenketten gesichert, und der neue rassige

italienische Klettersteig bieten bei kurzem Zustieg eine weitgehend problemlose Möglichkeit einer Überschreitung; eine zu Recht sehr beliebte Klettersteigunternehmung. Die südseitige Via ferrata ist bis spät in den Herbst begehbar.

🔺 Trogkofel (Creta di Aip), 2280 m

🏠 Hermagor, 590 m (Bahnhof); Tröpolach, 600 m; in Italien: Pontebba, 568 m (Bahnhof)

🅿 Rudnigalm, 1622 m

➡ 🅟 – Weg 413 – ◗ Uiberlacher Weg – Gipfel – ◗ Via ferrata Crete Rosse zum 🅟 oder Überschreitung in umgekehrter Richtung: 5½ – 6 Std.

📋 Uiberlacher Weg unschwierig, Crete Rosse mäßig schwierig

180   *Karnischer Hauptkamm*

Via ferrata Enrico Contin auf den Roßkofel

Viel mehr als der kurze Klettersteig durch eine gutmütige Felsrinne und der harmlose Felsgang zum Gipfel sind es die Naturschönheiten und die Blumenpracht des Zustiegs, welche diese kurze Bergtour so empfehlenswert machen. Großartig ist auch die Fernsicht, besonders auf die Sextener Dolomiten.

🔺 Roßkofel (Monte Cavallo di Pontebba), 2240 m

🏠 Hermagor, 590 m (Bahnhof); Tröpolach, 600 m; in Italien: Pontebba, 568 m (Bahnhof)

🅿 in einer großen Kehre 3 km südl. des Naßfeldpasses

➡ 🅟 – Weg 433 – Alm Winckel, 1470 m – Scharte, 2050 m – Roßkofel, 2240 m – ◗ wie ◗ zum 🅟: 5½ – 6 Std.; nordseitiger ◗ über Rudnigsattel, 1945 m – Roßalm, 1697 m – Naßfeldhaus, 1528 m: 1 – 2 Std. länger; vom Naßfeld zum 🅟: 3 km Fahrstraße

📋 unschwierig bis mäßig schwierig

🏠 bei nordseitigem ◗ ggf. Biwakschachtel am Rudnigsattel, 1945 m

Sentiero attrezzato Rio degli Ucceli

Eine der schauerlichsten Schluchten wird an Drahtseilen und Eisenketten in sehr verwegener Manier gequert, ehe man in diesem ehemaligen Grenzgebiet des Ersten Weltkriegs mit seinem verwirrenden System von verfallenen militärischen Steigen und Stegen in etwas umständlicher Wegführung den Gipfel erreicht. Auch im Abstieg finden sich traurige Zeugnisse des wahnwitzigen Gebirgskrieges.

▲ Brisiach (Monte Brizzia), 1540 m

🏠 Pontebba, 568 m (Bahnhof)

🄿 Ende der Fahrstraße östl. Pontebba in Richtung Kalvarienberg

➡ 🄿 – Vogelbachschlucht bis in 950 m Höhe – Monte Brizzia – 🌀 zum 🄿: 6½ – 7½ Std. Bei Hochwasser ist der Vogelbach nicht zu überqueren!

🗐 mäßig schwierig, z.T. sehr exponiert, bei Nässe abzuraten

Sentiero attrezzato Olivato

Szenerien urwüchsiger, unberührter Berglandschaft, eine Wegführung ohne Gipfel und noch dazu leicht bergab, mit steilem Gegenanstieg, dies erschließt dieser einsame Steig in einer weitgehend unbekannten Berglandschaft an der Piave.

▲ Forca del Cridola, 2176 m

🏠 Lorenzago di Cadore, 880 m

🄿 Passo della Mauria, 1295 m

➡ 🄿 – La Balota – Sentiero Olivato – Biv. Vaccari, 2050 m – Forc. del Cridola, 2176 m – Forc. della Mescola, 1967 m – Való dei Cadorini – 🄿: 6½ – 7 Std.

🗐 unschwierig, jedoch Steinschlag

🏠 Biv. Vaccari, 2050 m

Gesicherter Steig auf den Monte Amariana, 1905 m

Dieser schrofige Berg in den südlichen Voralpen des Friaul bietet sich als leichte Klettersteigtour für Anfänger im Frühjahr oder Spätherbst an, bei klarer Sicht Blick bis zur Adria.

▲ Monte Amariana, 1905 m

🏠 Amaro, 290 m

🄿 1. Parkmöglichkeit an der 1. Brücke der Bergstraße, von dort Auffahrt noch 6 km bis in 930 m Höhe möglich (schlechte steile Schotterstraße)

➡ 🄿 – Weg 414 – Valeriefelsen, 1340 m – Monte Amariana, 1905 m – 🌀 zum 🄿: 6½ – 7 Std. Für eine Steilrinne bei vereistem Altschnee ggf. Pickel erforderlich

🗐 unschwierig

Gesicherter Steig auf den Monte Chiampon

Die leichte, beliebte Tagestour auf diesen grasdurchsetzten Felsklotz nordöstlich von Gemona kann man beinahe das ganze Jahr über unternehmen, bei guten Verhältnissen auch mit Ungeübten. Auch hier in diesem südlichen Voralpengebiet des Friaul trifft man auf Schützengräben und Stellungen aus dem Ersten Weltkrieg. Die Rundsicht vom Gipfel reicht von der Adria bis zu den Dolomiten, den Karnischen und Julischen Alpen.

▲ Monte Chiampon, 1709 m

🏠 Gemona, 250 m

🄿 von Gemona ostwärts zu einem 🄿 in 400 m Höhe

➡ 🄿 – Sella Foredor, 1067 m – Passo della Signorina, 1250 m – Monte Chiampon, 1709 m – 🌀 wie 🄴 oder über gesicherte Nordvariante über die Cresta Storta nach S. Agnese und zurück zum 🄿: 5 – 6 Std.

🗐 unschwierig, ungesicherte Strecken I, im Frühling Pickel empfehlenswert

Gesicherte Steige am Mittagskofelzug

Die außergewöhnlich lange Höhenwanderung in der Südseite des Hauptkammes mit ihren gesicherten Gipfelaufstiegen bietet eine instruktive Schau in die wilden Nordwände, auf die Gipfel und Grate des Montasch. Auch auf diesem teilweise sehr einsamen Felsweg sind die Spuren der Gebirgsfront allgegenwärtig. Die nur stellenweise gesicherte Route ist mitunter kompliziert; die vielen alten Kriegspfade können leicht verwirren.

▲ Großer Mittagskofel (Jof di Miezegnot), 2087 m; Monte Piper, 2069 m; Due Pizzi, Westgipfel, 2046 m

🏠 a) Valbruna, 807 m
b) Dogna, 500 m

Ⓟ a) Valbruna, Wegabzweig 607, etwa 100 m vor dem österreichischen Soldatenfriedhof, 820 m
b) Seisera-Alm, 1004 m
c) Sella di Sompdogna, 1392 m, interessante Gebirgsstraße, von Dogna ausgehend

➡ a) Valbruna – Weg 607 – Malga Rauna (Kaiserin-Zita-Kapelle), 1515 m – Großer Mittagskofel, 2087 m: 4 Std.
b) Seisera-Alm – Weg 611 – Rif. Grego, 1389 m – Sella di Sompdogna, 1398 m – Großer Mittagskofel: 3½ – 4 Std.
c) ❷ Sella di Sompdogna – Weg 609 – Gr. Mittagskofel: 2½ – 3 Std.
Überschreitung auf Weg 649 vom Mittagskofel, 2087 m – Monte Piper, 2069 m – Forchia di Cianalòt, 1902 m – Due Pizzi, 2046 m – ❶ über Weg 605 oder 648 ins Dognatal: 8 – 10 Std.
Die lange Tour erfordert u.a. guten Orientierungssinn; bei Schnee oder Nebel abzuraten

📄 mäßig schwierig;
für Tunnel am Ostgipfel der Due Pizzi Taschenlampe erforderlich

🏠 nahe dem Ausgangspunkt Rif. Fratelli Grego, 1389 m;
unter dem Mittagskofel befindet sich das Biv. Ricovero Battaglione Alpini Gemona, 1946 m;
unter dem Due Pizzi das Biv. Ricovero Armando Bernardis, 1970 m

Via ferrata Norina

Dieser 1984 sehr sorgfältig angelegte Klettersteig ist der einzige Aufstieg von der Nord- bzw. Ostseite aus dem Dognatal, der ohne Kletterei zu begehen ist; er führt durch eine der wildesten Felsszenerien der Julischen Alpen über tief eingeschnittene Scharten, über ausgesetzte Bänder und Felsstufen; große bizarre Eisgebilde und Eistürme in der tiefen Gletscherschlucht können im Spätsommer und Herbst große Hindernisse aufbauen.

▲ Monte Cimone del Montasio, 2379 m

🏠 Dogna, 500 m

Ⓟ Wegabzweig zur Sotgolitzalm in 700 m Höhe; 4,2 km oberhalb der Eisenbahnbrücke hinter Dogna

➡ ❶ – über den Dognabach auf Weg 640 – Biv. Alpino Cividale, 1414 m, auf der Sotgolitzalm – durch Schlucht zu Saline Galerie – Rio Saline – Einstieg Via ferrata Norina, 1700 m – Ausstieg am Vienegipfel, 2100 m – Vienescharte – Monte Cimone, 2379 m: 7 Std.; ❶ wie ❷ oder über Klettersteig zur Vandulscharte – Pecolalm

📄 mäßig schwierig, Höhe 400 m

🏠 im ❷ Biv. Alpino Cividale, 1414 m; am Gipfel Biv. Torso, 2379 m; am Endpunkt ggf. Rif. Brazza, 1670 m, auf der Pecolalm

Via Amalia Zuani Bornettini (Weg der italienischen Jäger) durch die Nordwand auf den Montasch

Der rassige Nordwandsteig aus der Seisera zum Bivacco Suringar, zuvor eine Führe des II. und III. Grades, ist 1957 mit Drahtseilen sowie 70 Klammern und Stiften gesichert worden. Trotzdem ist diese lange, spannende Route ein ernstes Unterfangen geblieben, das nur sehr Geübten bei gutem Wetter anzuraten ist. Kletterfertigkeit im II. Grad ist erforderlich.

▲ Montasch (Jof di Montasio), 2754 m

📷 Valbruna, 807 m

🅿 Seisera-Alm, 1004 m

➡ 🅿 – Biv. Stuparich, 1587 m – Klettersteig – Biv. Suringar, 2430 m – Findeneggschlucht – Montasch, 2754 m: 7 – 7½ Std.; ❸ wie ❷ oder über die Grande Cengia oder den ➲ »Klettersteig über die Leiter« hinab zum Rif. Brazza, 1660 m: 3 Std.
Lange, anstrengende und anspruchsvolle Klettertour, bei Schlechtwetter dringendst abzuraten; Höhendifferenz über 1700 m!

📋 sehr schwierig, stellenweise II, Höhe 600 m; bis in den Spätsommer steile harte Schneefelder und Eisrinnen, exponierte Steilgrashänge

🏠 am ❶: Gastwirtschaft Seisera-Alm, 1004 m, ganzjährig geöffnet; im ❷ Rif. Fratelli Grego, 1389 m, 1 Std. oberhalb Seisera; Wandfuß: Biv. Stuparich, 1587 m, je nach Aufstiegsweg 1½ – 2½ Std.; an Cengia Grande Biv. Suringar, 2430 m

188   *Julische Alpen*

Kugyweg (Villacher Weg) auf den Montasch

Diese gesicherte »direkte« Nordwandführe ist der schwierigste und anspruchsvollste, aber auch spannendste Klettersteig auf den Montasch. Die Sicherungen wurden 1960 erneuert und umfassen etwa 350 m Stahlseil und mehr als 800 Trittstifte; sie sind jedoch sehr spärlich und nur an den schwierigsten Stellen angebracht, so daß Kletterfertigkeit bis zum III. Grad und eine große alpine Erfahrung erforderlich sind.

🔺 Montasch (Jof di Montasio), 2754 m

📷 Valbruna, 807 m

🅿 Seisera-Alm, 1004 m

➡ 🅿 – Biv. Stuparich, 1587 m – Kugyweg – Montasch, 2754 m: 5½ – 6½ Std.; ❸ über Findeneggsteig zur Grande Cengia oder über den ➲ »Klettersteig über die Leiter« zum Rif. Brazza, 1660 m: 3 Std.
Ernste Klettertour! Steiler Gletscherrest am Felsfuß meist nur mit Steigeisen und Pickel begehbar!

📋 sehr schwierig, viele Stellen II, am Einstieg III, Steinschlag; Seil dringendst angeraten; z.T. sehr ausgesetzt, hohe Kletterfertigkeit unverzichtbar

🏠 ➲ Via Amalia Zuani Bornettini

189   *Julische Alpen*

Klettersteig über die Leiter durch die Südwand auf den Montasch

Obwohl im Ersten Weltkrieg der Montasch mit seinen abweisenden Nordwänden eine unangreifbare Felsbarriere für die Österreicher bildete, hatten die Alpini auf den Gipfeln und Scharten Stellungen ausgebaut, die sie auch im Winter besetzt hielten. Eine Hinterlassenschaft dieses Krieges ist die Scala Pippan, eine über 60 m lange, schwankende Seilleiter über die steilste Wandpartie; diese 1963 völlig erneuerte Leiter ist das Paradestück des heutigen Klettersteigs durch die Südwand.

🔺 Montasch (Jof di Montasio), 2754 m

📷 Chiusaforte, 394 m; Tarvis, 800 m; Cave del Predil, 900 m

🅿 Pecolalm, 1519 m

➡ 🅿 – Rif. Brazza, 1660 m – über den Klettersteig auf den Montasch, 2754 m – ❸ wie ❷ zum ❶: 5 – 6 Std.; über den Findeneggsteig jeweils ½ Std. länger.
Der Normalweg über die Verde-Scharte, gerne als ❸ benützt, umgeht zwar die Leiter, führt aber über sehr exponierte, bei Nässe gefährlich rutschige Bänder in einem Steilgrashang.

📋 mäßig schwierig, Leiter 60 m hoch, auf ihr und darunter große Steinschlaggefahr durch Vorausgehende

🏠 im ❷ Rif. Giacomo di Brazza, 1660 m, etwa 20 Min. oberhalb des ❶, ggf. für Nächtigung zu empfehlen

190   *Julische Alpen*

Sentiero attrezzato Ceria-Merlone

Der hochinteressante hochalpine Steig verläuft in einer Höhe von über 2000 m über den Grat und erfordert ein sehr hohes Maß an Ausdauer und Erfahrung, dazu völlige Schwindelfreiheit und ausreichend Kletterfertigkeit. Die Über-

schreitung vermittelt Eindrücke vom Kriegsge-
schehen an der einstigen Gebirgsfront. Nur bei
bestem Wetter!

▲ Modeon del Buinz, 2554 m

🏠 Chiusaforte, 394 m; Tarvis, 800 m; Cave
del Predil, 900 m

🅿 Pecolalm, 1519 m

➡ 🅟 – Rif. Brazza, 1660 m – Huda Paliza/
Forca di Terra Rossa, 2360 m – Cima di
Terra Rossa, 2420 m – Cima Gambon,
2405 m – Forca de lis Sieris, 2274 m –
Foronon del Buinz, 2531 m – Modeon del
Buinz, 2554 m – Cima delle Puartate,
2436 m – Punta Plagnis, 2412 m – Monte
Cregnedul, 2351 m – Passo degli Scalini,
2001 m – Bärenlahnscharte/Lavinal dell'
Orso, 2138 m – Doppelgipfel der Kastrein-
spitzen, 2502 m / 2495 m – Mosesscharte,
2271 m – Rif. Corsi: 8 – 9 Std.; vom Rif.
Corsi ➲ Sentiero attrezzato Anita Goitan

📋 sehr schwierig, teils sehr ausgesetzt, Länge
des Steiges Ceria-Merlone bis zur Bärenlahnscharte über 8 km

🏠 kein Stützpunkt; im Zustieg ggf. Rif.
Giacomo di Brazza, 1660 m

191   *Julische Alpen*

Gesicherter Steig auf den Großen Nabois

*Eine großartige Rundschau auf die höheren
Felsriesen, besonders faszinierende Einblicke
in die wilden Nordwände des Wischbergs,
dazu allenthalben erschütternde bauliche Dokumente des Ersten Weltkriegs: alles zu erleben auf einem eher problemlosen gesicherten
Steig in einer Südflanke – eine empfehlenswerte Tour im Schatten der Bergriesen.*

▲ Großer Nabois (Monte Nabois Grande),
2313 m

🏠 Valbruna, 807 m

🅿 Seiseratal, in Höhe von etwa 890 m
Abzweig des Weges 616

➡ 🅟 – Weg 616 zum Rif. Pellarini, 1499 m –
Weg 616 bis 60 m unterhalb Nabois-
Scharte, 1970 m – Einstieg – Großer
Nabois, 2313 m – Rückweg wie ❷ zum 🅟:
7 Std.

Gut zu verbinden mit ➲ Sentiero attrezzato Carlo Chersi

📋 unschwierig bis mäßig schwierig

🏠 im ❷ + ❸ Rif. Luigi Pellarini, 1499 m

192   *Julische Alpen*

Sentiero attrezzato Carlo Chersi

*Dieser interessante Steig verbindet das Rif.
Pellarini am Fuß der Wischberg-Nordwand mit
dem Rif. Grego, das vor dem Panorama der
Nordwandfluchten des Montasch steht. Der
Steig ist ein Teil der Alta Via Alpina Tarvisiane
und erschließt großartige Landschaftsbilder im
Schatten eisiger, bedrohlicher Nordwände.*

▲ Sella Nabois, 1970 m

🏠 Valbruna, 807 m

🅿 Seiseratal, in Höhe von etwa 890 m
Abzweig des Weges 616

➡ 🅟 – Weg 616 zum Rif. Pellarini, 1499 m –
Weg 616 zur Nabois-Scharte, 1970 m –
Biv. Mazzeni – Weg 616/611 – Biv. Stu-
parich, 1578 m – Weg 611 zum Rif. Grego
– 🅟: 6 – 7 Std.; ebenso gut in umgekehrter
Richtung zu empfehlen. Bei verkürztem ❸
oder bei Nächtigung gut zu verbinden mit
Besteigung des ➲ Großen Nabois.

📋 unschwierig bis mäßig schwierig, jedoch
im Frühsommer harte Firnfelder (Pickel
und Steigeisen ratsam), kein Weg für
Anfänger oder Kinder! Keine Sicherungen!

🏠 im ❷ Rif. Luigi Pellarini, 1499 m; im
Wegverlauf Biv. Mario Mazzeni, 1630 m;
Biv. Stuparich, 1587 m; am Endpunkt Rif.
Fratelli Grego, 1389 m

193   *Julische Alpen*

Klettersteig durch die Nordost-schlucht auf den Wischberg

*Die spärlich markierte und nur an einigen
wenigen Stellen gesicherte Kletterführe des II.
Grades durch die einzige »Schwachstelle« der
Nordwand ist nur kletterfertigen und sehr versierten Bergsteiger zu empfehlen, die auch den
Umgang mit Pickel und Steigeisen gewohnt
sind und schwächere Gefährten mit dem Seil
sichern können.*

▲ Wischberg (Jof Fuart), 2666 m

⬛ Valbruna, 807 m

🅿 Seiseratal, in Höhe von etwa 890 m Abzweig des Weges 616

➡ ℗ – Weg 616 zum Rif. Pellarini, 1499 m – ❷ durch Nordostschlucht zum Wischberg: 6 – 7 Std.; ❸ vom Gipfel zum Rif. Corsi: 1 Std.; Rückweg vom Rif. Corsi – Bärenlahnscharte, 2138 m – Biv. Mazzeni, 1630 m – Seisera-Alm, 1004 m: 3 Std.; Gesamtgehzeit bis zum ℗: 11 – 12 Std. Sehr anstrengende und ernste Tour

🗎 sehr schwierig, mehrere ungesicherte Stellen II, Steinschlag; steile, harte Schneefelder und Eisrinnen (Pickel, Steigeisen, Seil, Helm)

🏠 im ❷ + ❸ Rif. Luigi Pellarini, 1499 m; am Endpunkt Rif. Guido Corsi, 1874 m; am Rückweg ggf. Biv. Mario Mazzeni, 1630 m

194   *Julische Alpen*

Sentiero attrezzato Anita Goitan

Der Wischberg ist heute nicht nur ein Freilichtmuseum des Ersten Weltkriegs, sondern auch ein Klettersteigparadies. Die sehr geschickt angelegte Via ferrata folgt an vielen Stellen Kriegssteigen von 1915/18 und erschließt in technisch meist problemloser, aber aufregender und raffinierter Wegführung eines der eindrucksvollsten Felsreviere der Julischen Alpen. Wischberggipfel und Kastreinspitze, aber auch schon Mosesscharte und Korscharte heißen die lohnenden Ziele. Westwärts kann man das Klettersteigabenteuer in dem verwegenen Felsensteig ➲ Ceria-Merlone fortsetzen.

▲ höchster Punkt am Ostkamm, 2440 m; ggf. auch Wischberg, 2666 m

⬛ a) Cave del Predil, 900 m
b) Riofreddo, 833 m

🅿 a) Neveasattel (Sella Nevea), 1180 m
b) abzweigende Militärstraße an der Paßstraße im Seebachtal; 4,2 km östl. des Neveasattels
c) für Nordsteig: auf Karrenweg 618 noch 5 km ins Kaltwassertal, miserabler Straßenzustand; Zugang hierher auch über das Rif. Pellarini, 1499 m (Übergang Weg 627 vom Seiseratal ins Kaltwassertal über die Sella Carnizza, 1767 m)

➡ a) ℗ Neveasattel – Cregnedul di Sopra, 1515 m – Sella degli Scalini, 2001 m – Rif. Corsi: 3 Std.
b) ℗ Seebachtal – Grand Agar, 1530 m – Rif. Corsi: 2 – 2½ Std.; Rif. Corsi – Steig zur Sella degli Scalini (Weg 627) – Forc. di Riofreddo (= Kaltwasserscharte), 2240 m – Sentiero Goitan bis zur Mosesscharte, 2271 m – ❸ zum Rif. Corsi: 7 – 8 Std.
c) Nordanstieg – Weg 618 – Biv. Calligaris (verfallen!), 1250 m – Weg 618/627 zur Kaltwasserscharte, 2240 m: 3 – 3½ Std.

🗎 Südseite: Klettersteigpassagen mäßig schwierig, einige wenige steile Stellen schwierig; sog. Variante Nord schwierig, meist nur mit Pickel und Steigeisen! Der ❷ von Norden zur Kaltwasserscharte ist wegen der meistens beinharten, sehr steilen Schneefelder und wegen der oft zerstörten und verschneiten Sicherungen sehr problematisch und mitunter ausgesprochen gefährlich!

🏠 Rif. Guido Corsi, 1874 m, für Nächtigung zu empfehlen

195   *Julische Alpen*

Gesicherter Steig auf den Wischberg

Der westliche Teil des Felskammes der Wischberg-Gruppe war im 1. Weltkrieg von den Österreichern zu einer Bergfestung ausgebaut worden; auch heute noch erinnern zahlreiche Stellungsreste, kühne Steiganlagen und Kavernen an die Zeit des Krieges.
Der gesicherte Steig zum Gipfel nützt die einzige »Schwachstelle« im südseitigen senkrechten Felsfuß, kreuzt dann den ➲ Sentiero attrezzato Anita Goitan und führt über den schotterbedeckten Südrücken in vielen Serpentinen zum Gipfel.

▲ Wischberg (Jof Fuart), 2666 m

⬛ Cave del Predil, 900m

🅿 a) Neveasattel (Sella Nevea), 1180 m
b) abzweigende Militärstraße an der Paßstraße im Seebachtal; 4,2 km östl. des Neveasattels

➡ a) ℗ Neveasattel – Rif. Corsi: 3 Std.
b) ℗ Seebachtal – Rif. Corsi: 2 – 2½ Std.; Rif. Corsi – Weg 627 – Wegabzweigung

zum Einstieg – Wischberg – ◐ zum Rif. Corsi: 3 – 4 Std.
Der steile schottrige Südrücken des Gipfels mit seinen vielen einander kreuzenden Pfadspuren erfordert bei Nebel größte Aufmerksamkeit in der Orientierung! Die relativ kurze Besteigung läßt sich gut mit einer Begehung des West- oder Ostteils des ➡ Sent. attrezzato Anita Goitan verbinden.

📃 mäßig schwierig, aber sehr kurz

⌂ Rif. Guido Corsi, 1874 m

196   *Julische Alpen*

Sentiero attrezzato Centenario

Dieser ehemalige Kriegssteig, landschaftlich hervorragend angelegt und vorzüglich gesichert, erschließt in technisch weitgehend problemloser Weise herrliche Landschaftsbilder und ein erschütterndes Szenario des Ersten Weltkriegs.

🔺 Korscharte, 2180 m (= Forcella del Vallone)
🛏 Cave del Predil, 900 m

🅿 ❷ an der Brücke über den Weißenbach (Rio Bianco), 5 km südwestl. Cave del Predil, bei 980 m
➡ ❷ – Weg 625 – Rif. Brunner, 1432 m – Korscharte, 2180 m – Kriegsstollen, 2160 m – Ausstieg an Forc. Alta di Rio Bianco, 2150 m – Biv. Gorizia, 1950 m – auf Weg 625 zurück zum ❷: 7 – 8 Std.
Im Frühsommer und Spätherbst für ❷ zur Korscharte und für ◐ von der Forc. Alta di Rio Bianca Steigeisen und Pickel erforderlich.
📃 unschwierig; Taschenlampe für Tunnelbegehung notwendig
⌂ im ❷ Rif. Guido Brunner, 1432 m, (unbewirtschaftet!); Biv. Fisso Gorizia, 1950 m

197   *Julische Alpen*

Gesicherter Steig auf die Hohe Ponza

Im Gegensatz zu der schaurig-düsteren Nordwandführe auf die Veunza hat der Klettersteig auf die Große Ponza eher eine heiter-warme Note. Die kurze, aber rassige, sonnendurchflutete Steilstufe in der Südwestflanke mit ihrer bravourösen Wegführung bietet einen wohltuenden Kontrast zu den kalten Nordwänden der Veunza mit ihren ausgesetzten, abdrängenden und düsteren Schleichwegen.

🔺 Hohe Ponza (Ponza Grande, Visoka Ponca), 2272 m
🛏 Fusine (Weißenfels), 787 m

🅿 Lago di Fusine Superiore (Oberer Weißenfelser See), 936 m
➡ 🅿 – Weg 512 zum Rif. Zacchi, 1380 m – Hohe Ponza – Rückweg wie ❷ zum 🅿: 5 – 7 Std.
Von allen Anstiegen von den Weißenfelser Seen noch der harmloseste, aber trotzdem nicht für Ungeübte oder gar Anfänger!
📃 mäßig schwierig bis schwierig, oberste Steilstufe sehr luftig, in der Schlucht streckenweise Steinschlag; Höhe: durch Latschen und Geschröf 300 m, Felsstufe 150 m
⌂ Rif. Luigi Zacchi, 1380 m

198   *Julische Alpen*

Klettersteig Via della Vita auf die Veunza

Die sehr schwierige, düstere Nordwand wurde um 1920 bis zur Forcella Sagherza mit italienischer Phantasie und Kühnheit gesichert, dabei wurden auch Kletterstellen des IV. Grades verwegen überwunden. Die großartige, beklemmend spannende Eisenroute wurde 1980/81 erneuert, ist aber nur sehr versierten, unerschrockenen Klettersteiggehern anzuraten.

🔺 Veunza (Vevnika), 2351 m

🛏 Fusine (Weißenfels), 787 m

🅿 Lago di Fusine Superiore (Oberer Weißenfelser See), 936 m
➡ 🅿 – Weg 515/513 oder Weg 512 zum Rif. Zacchi, 1380 m, von hier Weg 513 bis zum Zusammentreffen der direkten Wegvariante in 1314 m Höhe; von hier zum Einstieg, 1780 m, und über die Via della Vita zur Veunza, 2351 m: 4 – 5 Std.
Die einstmals auf den Nachbargipfel Strug führenden Versicherungen sind restlos vergammelt, Anstieg sehr gefährlich und dringendst abzuraten!

sehr schwierig, größerenteils sehr ausgesetzt, Steinschlag, nur bei bestem Wetter! Am Einstieg befindet sich ein eisiger Lawinenkegel mit problematischer Randkluft.

 ggf. auf Zustiegsvariante Rif. Luigi Zacchi, 1380 m; Cap. Ghezzi, 1065 m

199 *Julische Alpen*

Via Italiana auf den Mangart

Dieser außergewöhnlich kühne, aber meisterhaft gesicherte Klettersteig durch die Nordwand verdankt seine Entstehung der Grenzziehung nach 1945. Die Grenze führt mitten durch den Gipfelaufbau des Mangart und verwehrte den Italienern den Zugang zum Gipfel aus dem Koritnicatal. Dieser Eisenweg durch die stellenweise fast senkrechte, ungegliederte Nordwand des Kleinen Mangart wurde eine richtige Direttissima mit Stahlseilen und Eisenbügeln. Verblüffend ist der Ausstieg auf das sanfte Gelände der slowenischen Seite.

 Mangart, 2677 m

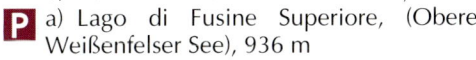 a) von Italien: Fusine (Weißenfels), 787 m
b) von Slowenien: Cave del Predil, 900 m

 a) Lago di Fusine Superiore, (Oberer Weißenfelser See), 936 m
b) Koča na Mangrtskem sedalu, 1906 m, oder Scheitelpunkt der Militärstraße in 2037 m Höhe; 13,5 km vom Passo del Predil

➜ ❷ Lago di Fusine – Alpe Tamer, 1010 m – Weg 513/517A/517 – Biv. Nogara, 1850 m – Via Italiana – Ausstieg am Grenzpunkt, 2273 m: 4 Std.; von hier über den »slowenischen Klettersteig« zum Mangart: 2 Std. (= verkürzter Gipfelanstieg bei Auto-Auffahrt von der slowenischen Seite bis zum höchsten ❷);
❸ vom Gipfel zur Mangarthütte über leichten Normalweg 1½ Std., zum Lago di Fusine: 4 Std.
Wer den sehr mühsamen Zustieg von Weißenfels vermeiden möchte, kann bei Auto-Auffahrt auf den höchstgelegenen Punkt der slowenischen Militärstraße zuerst bequem den Gipfel ersteigen und anschließend die Via Italiana bis zum Biv. Nogara absteigen und dann wieder aufsteigen – jedesmal ohne größeres Gepäck!

 Via Italiana schwierig, sehr luftig, Höhe 300 m; slowenischer Klettersteig mäßig schwierig, Höhe 470 m

 an Via Italiana Biv. Nogara, 1850 m; auf slowenischer Seite Koča na Mangrtskem sedalu, 1906 m

200 *Julische Alpen*

»Via Divisione Julia« über die Nordseite auf den Kanin

Nach langem, aber interessantem Zustieg – zuletzt über einen mäßig steilen kleinen Gletscher – erlebt man eine kühne, spannende Nordwanddurchsteigung: auf der »Via Divisione Julia« über eine gut gesicherte Direttissima, auf der »Via delle Cenge« über ausgesetzte schmale Felsbänder, die pfiffig miteinander verbunden wurden. Am Grat überrascht ein völlig problemloser Pfad im Grenzverlauf hinüber zu einem Gipfel mit überwältigender Fernsicht.

 Kanin, 2585 m

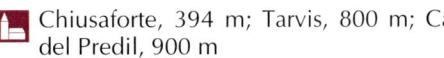 Chiusaforte, 394 m; Tarvis, 800 m; Cave del Predil, 900 m

⬛P Neveasattel (Sella Nevea), 1180 m

➜ ❷ – Seilbahnauffahrt zum Rif. Gilberti, 1850 m – Bela-Peč-Sattel, 2005 m – Mulatteria – Gletscherfuß – Einstieg, 2380 m – ❼ über einen der beiden Steige zum Kanin, 2585 m – ❽ wie ❼ oder wahlweise über den anderen Steig bis zum Rif. Gilberti: 6 – 7 Std.; Neveasattel – Rif. Gilberti zu Fuß: 2 Std.
❼ über den Gletscher zu beiden Einstiegen im Spätsommer beinhart, nur mit Pickel und Steigeisen oder zumindest Grödel!
Bei ungünstigen Verhältnissen in der »Via Divisione Julia« kann man auch von der italienischen Seilbahn-Bergstation auf bez. Pfad über den Prevalasattel, 2067 m, die slowenische Bergstation und somit den leichten Zugang zum Kanin erreichen. Der Grenzübergang wird im allgemeinen stillschweigend geduldet, doch empfiehlt sich in jedem Fall die Mitnahme eines Reisepasses, ggf. Erkundigungen über die Grenzverhältnisse!

 schwierig, Höhe 200 m, z.T. sehr luftig, stellenweise Steinschlaggefahr, bei evtl.

Schneeresten in den oberen Partien sehr schwierig, für weniger Geübte dann nur mit Seilsicherung; Weg über die Bänder (Via delle Cenge, ehem. Normalweg) sehr ausgesetzt, teilweise II

🏠 Rif. Celso Gilberti, 1850 m, an der Bergstation der Seilbahn

🚡 Seilbahn vom Neveasattel, 1180 m, zur Bergstation, 1830 m, wenige Min. unter dem Rif. Gilberti

201   *Julische Alpen*

Von der Südseite auf den Kanin

Während an der Nordseite der Kaningletscher ausgesprochen hochalpine Akzente setzt, überraschen die tieferen Zonen der Südseite durch eine geradezu mediterran-üppige Busch- und Strauchflora. Hinter dem Felssporn des Prestreljenik betritt man eine Felsarena, die sich, von Felskämmen in weitem Bogen gerahmt, in großartiger Weite gegen Süden öffnet. In diesem Kessel empfängt uns eine Karrenlandschaft mit Trichtern und Kratern, Rinnen und Rillen, darüber steigt aus den Schuttkaren in einem riesigen Halbkreis die gebänderte Felsszenerie der Südwände. Einem technisch problemlosen Aufstieg auf die Gratschneide folgt ein landschaftlich großartiger, neu angelegter und sehr gut bezeichneter Höhenweg bis auf den Gipfel mit ausreichenden und guten Sicherungen an allen nötigen Stellen. Der alte Südanstieg wird kaum begangen.

▲ Kanin, 2585 m

🏠 Bovec (Flitsch), 460 m

🅿 Bovec, Talstation der Seilbahn, 436 m

➡ ❷ – Seilbahnauffahrt zur Bergstation, 2202 m – Škrbina pod Prestreljenikom – Gratweg zum Kanin, 2585 m –Rückweg zur Bergstation: 4½ – 5½ Std.
Problemlose, gutmütige Kletterpassagen auf kaum ausgesetztem Höhenweg; Klettersteigpassagen am alten Weg hingegen etwas ausgesetzt und steinschlaggefährdet. Bei Gewittern ist der Kanin besonders dem Blitzschlag ausgesetzt.
Von einem ❷ zu Fuß von Bovec ist wegen der enormen Weglänge, der großen Höhenunterschiede und auch wegen der trockenen Hitze dringend abzuraten; dies gilt auch für den ❷ !

📋 unschwierig, Länge der Gratüberschreitung am neuen Weg 2 km, einige gesicherte Stellen

🏠 Restaurant an der Bergstation der Seilbahn, 2202 m

🚡 Gondellift von Bovec zur Bergstation, 2202 m, unter dem Gipfel der Prestreljenik

202   *Julische Alpen*

Gesicherter Steig auf den Jalovec

Der gewaltige Felskegel mit seinen eisigen Couloirs und endlosen beinharten Firnrinnen an der Nordseite kann über mehrere Zustiegsvarianten und zwei gesicherte Gipfelaufstiege erreicht werden, von denen der Nordwestgrat der landschaftlich erlebnisreichere ist. Die Klettersteigpassagen sind technisch nur mäßig schwierig, alle Zustiege sind jedoch lang und sehr anstrengend.
Das Couloir an der Nordseite ist nur sehr versierten Bergsteigern anzuraten, die den Umgang mit Steigeisen, Pickel und Seil gewohnt sind.

▲ Jalovec (Jaluz), 2643 m

🏠 Kranjska Gora, 810 m

🅿 a) Vršič, 1611 m
b) Koča pri izviru Soče, 878 m, Auffahrt zum ❷ in etwa 960 m Höhe (hinteres Trenta-Tal)
c) Planinski dom Tamar, 1108 m, im Planica-Tal

➡ a) ❷ Vršič – Weg 1 (Weg über die Bänder z.T. gesichert) – Weggabelung an Jagdhütte – Variante über Jalovska škrbina, 2126 m, oder Variante über Zavetišče pod Špičkom zum Jalovec: 6 Std.
b) ❷ Koča pri izviru Soče – bis zum Gipfel über die o.g. Wegvariante: 6 Std.
c) ❷ Tamar-Hütte – Jalovska škrbina – Couloir – Gipfel: 5 Std.; über die o.g. Wegvarianten: 6 Std.; Tamar-Hütte – Kotovo sedlo, 2138 m – Nordwestgrat – Gipfel: 4 – 5 Std.; ❷ je nach Variante: 3 – 4 Std.

📋 mäßig schwierig, Nordwestgrat exponiert

🏠 für die südwestseitige Aufstiegsvariante Zavetišče pod Špičkom, 2010 m

203   *Julische Alpen*

Gesicherte Steige auf den Bavški Grintavec

Die Führe durch die Nordflanke aus dem hintersten Talwinkel der Trenta, vorher eine Kletterroute im II. Grad, ist jetzt als Klettersteig mit Eisenstiften und Stahlseilen gesichert. Dennoch sind Gewandtheit im Fels und ein ausreichendes Maß an Schwindelfreiheit für diese Route erforderlich.
Der ungesicherte Anstieg von Süden, von Soča, ist leicht, aber noch eine Idee länger als der schon reichlich anstrengende Aufstieg von Norden.

▲ Bavški Grintavec, 2344 m

🏠 Kranjska Gora, 810 m;
Soča, 487 m, Trenta-Tal

🅿 Koča pri izviru Soče, 878 m, Auffahrt zum 🅿 in etwa 960 m Höhe (hint. Trenta-Tal)

➡ 🅿 – Planina – Zapotok – Nordgrat – Bavški Grintavec, 2344 m – ❸ wie ❷ zum 🅿: 7 – 8 Std.; ❷ von Soča: 4½ Std.
Ein geringerer Höhenunterschied ist zu überwinden, wenn man nach vorheriger Nächtigung auf der Zavetišče pod Špičkom, 2010 m, startet (zunächst allerdings 300 m Zwischenabstieg!)

📋 mäßig schwierig bis schwierig

204   *Julische Alpen*

Klettersteig durch die Nordwand der Kleinen Mojstrovka

Durch die Nordwand führt ein spannender, rassiger und ausreichend gesicherter Klettersteig, der Gipfel selbst ist in einfachem Felsgelände (I) zu erreichen. Der relativ kurze Zustieg und der problemlose Abstieg über den Normalweg ermöglichen eine sehr bequeme kurze Tagestour, die sich durch weglosen Aufstieg (I) auf die Große Mojstrovka erlebnisreich verlängern läßt.

▲ Kleine Mojstrovka (Mala Mojstrovka), 2332 m

🏠 Kranjska Gora, 810 m

🅿 Vršič, 1611 m, oder Kilometerstein 11 nördl. des Passes

➡ 🅿 – Vratica, 1807 m – Einstieg – Klettersteig – Gipfel – ❸ über Normalweg auf Südseite zum 🅿: 3½ – 4½ Std.
Am Steilhang zum Einstieg bis in den Frühsommer steiler Hartschnee, ggf. Pickel angeraten.

📋 schwierig, Höhe 300 m, im unteren Teil exponiert und Steinschlaggefahr!

205   *Julische Alpen*

Klettersteig auf den Špik

Der Schlußanstieg auf der nur mäßig steilen südseitigen Felsflanke ist ein eher problemloser, kurzer Klettersteig, den man mit einem relativ langen Zustieg erkaufen muß. Soviel sei hier verraten: Die von Norden her sehr markante Felspyramide mit ihren drohenden Felswänden ist für den Klettersteigfreund dennoch ein lohnendes Ziel.

▲ Špik, 2472 m

🏠 Kranjska Gora, 810 m

🅿 Mihov dom (Mihov-Hütte), 1180 m

➡ 🅿 – Koča v Krnici, 1118 m – Lipnica, 2418 m – Špik, 2472 m – ❸ wie ❷ oder nach W durch den »Schlangengraben« zum 🅿: 7 – 8 Std.
Vorsicht bei Nebel, bei ❸ durch den »Schlangengraben« unbedingt auf dem Steig bleiben – Giftschlangen!

📋 mäßig schwierig

🏠 im ❷ + ❸ Koča v Krnici, 1118 m

206   *Julische Alpen*

Gesicherter Steig zum Wasserfall des Martuljek-Baches

Der romantische Weg durch den klammartigen Graben des Martuljek-Baches, eine bequeme, spannende und empfehlenswerte Halbtagswanderung, wird durch den drahtseilgesicherten Zugang durch eine kleine Felsflanke zu dem grandiosen Wasserfall gekrönt. Wer die Tour ausdehnen will, findet auch im mühseligen Steilabschnitt des Aufstiegs zum Biwak III, mitten im Wald, mehrere gesicherte Seillängen.

🔺 Martuljekov slap, 900 m;
ggf. Biwak III, 1340 m

🛏 Gozd Martuljek, 750 m

🅿 Gozd Martuljek, Beginn des Weges 6

➡ 🅿 – Wasserfall – 🅿: 3 Std.;
🅿 – Wasserfall – Biwak III – 🅿: 5 Std. (z.T. schlecht markiert!)

📄 Wasserfall unschwierig, ➋ zum Biwak III mäßig schwierig

🏠 Biwak III, 1340 m

207   *Julische Alpen*

Gesicherte Steige auf die Škrlatica

Der zweithöchste Gipfel in den östlichen Julischen Alpen ist nur über einen sehr langen Zustieg zu erreichen, überrascht aber durch einige sehr originelle und spannende Klettersteigpassagen in glatter Steilwand.

🔺 Škrlatica, 2738 m

🛏 Kranjska Gora, 810 m, Mojstrana, 640 m

🅿 Aljažev dom, 1015 m

➡ 🅿 – Planinska Turkova – Biwak IV, 1980 m – Streme police, 1981 m – Škrlatica, 2738 m: 6 Std.; ➊ wie ➋: 4 – 5 Std.
Vom Gipfel bietet sich u.U. eine Überschreitung zur Koča v Krnici, 1118 m, an.

📄 mäßig schwierig bis schwierig, z.T. sehr luftig und spärlich gesichert

🏠 Biwak IV, 1980 m

208   *Julische Alpen*

Gesicherter Steig auf die Kriška stena und auf den Križ

Der Steig erschließt eigenartige Landschaftsbilder und eine interessante Wegführung durch die Križwand. Die Tour wird auch oft als Zugang zur ➔ Škrlatica oder zum ➔ Razor unternommen.

🔺 Kriška stena, 2300 m; Križ, 2410 m

🛏 Kranjska Gora, 810 m

🅿 Mihov dom (Mihov-Hütte), 1180 m

➡ 🅿 – Koča v Krnici, 1118 m – Einstieg – Kriška stena, 2300 m – Križ, 2410 m – ➊ wie ➋ zum 🅿: 7 – 8 Std.
Bei Nebel größte Orientierungsprobleme auf den unübersichtlichen felsigen Križböden; schlechte Markierung.

📄 mäßig schwierig, steiles Firnfeld mit Randkluft am Fuß der Kriška stena

🏠 nur bei Überschreitung nach Süden Pogačnikov dom, 2052 m

209   *Julische Alpen*

Klettersteig durch das Fenster auf den Prisojnik (Jeseniška pot)

Der Prisojnik, ein breiter Felskamm mit mehreren Gipfeln, bildet die großartige Felskulisse von Kranjska Gora. Vom Vršič führt ein atemberaubend spannender Klettersteig, der eine Reihe einmaliger Eindrücke und Erlebnisse vermittelt, zum Hauptgipfel. Da ist zuerst eine riesige Felsenbildung in Form eines menschlichen Gesichts – eine dämonische Laune der Natur. Es folgt eine senkrechte, überaus kühne, aber vorzüglich gesicherte Klettersteigpassage sowie ein Kriechkamin mitten in der steilsten Wandpartie.
Höhepunkt aber ist das »Okno«, das wohl größte Felsenfenster der Alpen, das aus der schaurig-düsteren Nordwandroute auf die Südseite leitet und einen völligen Wechsel der Szenerie vermittelt.

🔺 Prisojnik (Prisank), 2547 m

🛏 Kranjska Gora, 810 m

🅿 Vršič, 1611 m

➡ 🅿 – Tičarjev dom, 1620 m – Einstieg – Prednje okno (1. Felsenfenster) – Ausstieg, 2270 m – durch die Südflanke zum Gipfel: 5 Std. (bis zum Ausstieg aus dem »Fenster«: 4 Std.); ➊ 3 – 4 Std.
Für sehr Ausdauernde empfiehlt sich die Fortsetzung der Klettersteigüberschreitung des Prisojnik über den ➔ »Jubiläumsweg« ggf. bis zum ➔ Razor.

📄 sehr schwierig, z.T. sehr exponiert und kraftraubend; nur bei bestem Wetter; Höhe 940 m

210 *Julische Alpen*

Hanzasteig durch die Nordwand auf den Prisojnik (Hansova pot)

Dieser faszinierende Felsaufstieg ist das einsame Gegenstück zum vielbegangenen ➲ »Klettersteig durch das Fenster« und führt durch die Nordwand direkt auf den Gipfel – landschaftlich großartig, luftig, lang und kompliziert, sehr sportlich, sparsam gesichert – für Versierte ein prickelnder Felsgang voller Überraschungen.

🔺 Prisojnik (Prisank), 2547 m

🛏 Kranjska Gora, 810 m

🅿 Koča na Gozdu, 1226 m

➡ 🅿 – Einstieg, 1400 m – Scharte, 2200 m – Prisojnik, 2547 m: 5 Std.; ❂ über Normalweg: 3 – 4 Std., ggf. ❂ über den Klettersteig durch das »Fenster« oder Fortsetzung der Klettersteigüberschreitung des Prisojnik über den ➲ »Jubiläumsweg«, ggf. bis zum Razor

📊 sehr schwierig, einige kurze Stellen äußerst schwierig, für die Querung von Schneefeldern Steigeisen und Pickel erforderlich; nicht vor Juli, nur bei bestem Wetter! Höhe fast 1500 m!

211 *Julische Alpen*

»Jubiläumsweg« vom Prisojnik zum Razor

Die eigentlichen Klettersteigpassagen dieses Verbindungsweges reichen vom Prisojnik bis hinab in die tiefe Koritascharte, 2000 m; der 600 m hohe Gegenanstieg von hier zum Razor ist ein problemloser Normalweg, nur stellenweise gesichert, für sehr Ausdauernde also eine zusätzliche »Fleißaufgabe«. Die gesicherten Strecken des landschaftlich außergewöhnlich schönen »Jubiläumsweges« verlaufen größtenteils auf natürlichen Bändern in der wildromantischen Nordflanke zwischen dem Hauptgipfel und dem Hinteren Prisojnik; Höhepunkt ist das zweite Fenster, durch das man in die steile Südflanke absteigt. Der Gegenaufstieg in der überraschend harmlosen Westflanke des Razor ist der beschauliche Ausklang dieser ausgedehnten Tagestour, die – zusammen mit

dem Aufstieg durchs erste Fenster – an Erlebnisfülle und Überraschungsmomenten fast alles enthält, was die Julischen Alpen für den Liebhaber gesicherter Steige zu bieten haben: einen steilen schwierigen Nordwandklettersteig und lange Felsbänder mit großartiger Aussicht, dazu die Naturwunder der beiden Felsfenster.

🔺 Prisojnik (Prisank), 2547 m

🛏 Kranjska Gora, 810 m

🅿 Vršič, 1611 m

➡ 🅿 – ➲ »Klettersteig durch das Fenster« oder ➲ Hanzasteig oder Normalweg auf den Prisojnik – »Jubiläumsweg« – Koritascharte, 2000 m – Razor: 9 Std.; ❂ über Normalweg – transversaler Höhenweg bis zum 🅿: 12 – 13 Std.; Gegenanstiege 250 m!
Verkürzte Variante: bis zur Koritascharte, von dort zurück zum 🅿: 10 – 11 Std.
Äußerst anstrengend, Gesamtstrecke mit ❂ nur extrem gut Trainierten anzuraten; auch ohne ❷ auf den Razor sehr lohnend.

📊 mäßig schwierig, ❷ über ➲ »Klettersteig durch das Fenster« oder ➲ Hanzasteig jedoch sehr schwierig: Länge des Klettersteigs vom Prisojnik zur Koritascharte 2 km, Höhendifferenz etwa 500 m

212 *Julische Alpen*

Gesicherte Steige auf den Bovški Gamsovec

Die lange und sehr anstrengende Überschreitung über Steilrinnen, Bänder, Schrofen und leichten Fels bietet große landschaftliche Vielfalt und hervorragende Ausblicke, erfordert aber viel Ausdauer und auch ein gehöriges Maß an Schwindelfreiheit.

🔺 Bovški Gamsovec, 2389 m

🛏 Mojstrana, 640 m

🅿 Aljažev dom, 1015 m

➡ 🅿 – Luknjapaß, 1758 m – Bovški Gamsovec, 2389 m – Sovatnasattel, 2180 m – Skok, 1949 m – 🅿: 7 – 8 Std.

▤ mäßig schwierig

⌂ bei einer Überschreitung westwärts ggf. Pogačnikov dom, 2052 m

213   *Julische Alpen*

Komarsteig und Nordwand-bänderweg am Kanjavec

Der abenteuerliche Weg durch die steile ge-bänderte Nordwand ist erst für den Spätsom-mer oder Herbst angeraten, da in den steilen, tiefen Felsschluchten und auch auf den völlig verschatteten Bändern Schnee und Eis sehr lange liegenbleiben. Obwohl die Route gut ge-sichert ist, sind Steigeisen und Pickel fast im-mer unentbehrlich und die Unternehmung nur für sehr erfahrene Bergsteiger zu empfehlen.

▲ Kanjavec, 2568 m

🛏 Kranjska Gora, 810 m;
Soča, 487 m, im Trenta-Tal

🅿 Koča Zlatorog, 622 m, von hier 3 km auf der Straße ins Zadnjica-Tal zum letzten 🅿 vor Schranke

➡ 🅿 – Weg in Richtung Dolič – Komarsteig – Nordwandbänderweg – Prehodavcih-Hüt-te, 2071 m – Čez dol, 1632 m – Zadnjiški dol – 🅿: 8 Std.; mit Absteicher zum Gipfel des Kanjavec, 2568 m: 3 – 4 Std. länger

▤ mäßig schwierig, jedoch wegen extremer Nordlage stets große Probleme mit Alt-schneeresten und Firnfeldern

⌂ Zasaska koča na Prehodavcih, 2071 m; ggf. auch Tržaška koča, 2151 m

214   *Julische Alpen*

Gesicherter Steig auf den Cmir

Dem langen Zustieg im Schatten der Triglav-Nordwand folgt eine genußreiche, phantasie-voll angelegte Klettersteigroute über den Grat des Rjavčeve glave. Die Tour empfiehlt sich besonders in Verbindung mit der Besteigung des ➲ Triglav und weiterer Klettersteigziele in diesem Gebiet.

▲ Cmir, 2393 m

🛏 Mojstrana, 640 m

🅿 Aljažev dom, 1015 m

➡ 🅿 – Tominšek-Weg (= 1) oder Prag-Weg bis Staničeva koča, 2323 m: 4½ – 5 Std.; von hier zum Cmir: 2 – 3 Std.; Geh-samtgehzeit mit Rückweg zum 🅿: 12 – 13 Std.
Die Tour empfiehlt sich am besten in Verbindung mit der Besteigung der ➲ Vrbanova špica, der ➲ Rjavina und des ➲ Triglav (Nächtigung auf Staničev-Hütte).

▤ mäßig schwierig bis schwierig, teilweise sehr ausgesetzt, schlechte Markierung

⌂ Staničeva koča, 2323 m; bei Verbindung mit Triglav-Besteigung auch Triglavski dom, 2515 m

215   *Julische Alpen*

Gesicherter Steig auf die Vrbanova špica

Die sehr komplizierte, dreistündige Über-schreitung des wilden Felsgrates, die zweimal tief in die Ostflanke ausweicht, ist ein einsames Felsabenteuer mit einzigartigen Tiefblicken. Der Steig ist auch an ausgesetzten Stellen vielfach ungesichert und nur erfahrenen Fels-gehern anzuraten.

▲ Vrbanova špica, 2408 m

🛏 Mojstrana, 640 m

🅿 letzter 🅿 im Kot-Tal, etwa 1000 m

➡ 🅿 – »Debeli kamen« – Einstieg, 1900 m – Ostflanke der Spodnja, 2299 m – Vrbano-va špica, 2408 m – Stanič-Haus – Rückweg über Pekel zum 🅿: 9 Std.
Die Besteigung empfiehlt sich besonders in Verbindung mit den Unternehmungen am ➲ Cmir, an der ➲ Rjavina und am ➲ Triglav (Nächtigung auf Staničev-Hütte).

▤ schwierig, z.T. sehr ausgesetzt, mehrere ungesicherte Stellen, Höhe etwa 500 m; viele Gegenanstiege, bei Schnee oder Nässe dringendst abzuraten; schlechte Markierung

⌂ Staničeva koča, 2323 m, ¼ Std. unter dem Gipfel

216   *Julische Alpen*

Gesicherter Steig auf die Rjavina

Der Aufstieg durch die Nordwestflanke und die Überschreitung des wilden Grates über Scharten und Türmchen ist ein verwegener Felsgang, der nur sehr versierten Klettersteiggehern empfohlen werden kann. Vor allem aber sollte man ihn nur bei bestem Wetter wagen – trotz aller Seile und der mehr als 200 Stifte und Klammern.

▲ Rjavina, 2532 m

🛏 Mojstrana, 640 m

🅿 letzter 🅿 im Kot-Tal, etwa 1000 m

➡ 🅿 – »Debeli kamen« – Einstieg, 2100 m – Ausstiegsscharte, 2480 m – Hauptgipfel – Gratüberschreitung zur Dovška vrata (Scharte), 2254 m – Staničeva koča, 2323 m – ◗ über Pekel zum 🅿: 10 – 12 Std.
Die Besteigung empfiehlt sich besonders in Verbindung mit den Unternehmungen am ➡ Triglav, am ➡ Cmir und an der ➡ Vrbanova špica (Nächtigung auf Staničev-Hütte).

🗎 schwierig bis sehr schwierig, z.T. exponiert

⌂ Staničeva koča, 2323 m, vom südl. Einstieg zum Grat-Klettersteig 1 Std.

217   *Julische Alpen*

Gesicherte Steige auf den Triglav

Zu beiden Seiten der gut 3 km breiten, über 1500 m hohen abweisenden Nordwand der Triglav führen drei markierte und gesicherte Steige verschiedenen Charakters und unterschiedlicher Schwierigkeit zu den gipfelnahen Stützpunkten Stanič-Hütte, Triglav-Hütte, Planika-Haus und Dolič-Hütte. Jeder dieser Wege enthüllt auf seine Art die gigantischen Maße dieser Nordwand, die zu den fünf höchsten der Ostalpen zählt. Die drei Klettersteige auf den eigentlichen Gipfelstock selbst sind kurz, anregend, freundlich und problemlos. Ein vor allem von Einheimischen vielbegangenes Ziel; vielfach überfüllte Hütten, aber allemal sehr lohnend.

▲ Triglav, 2864 m

🛏 Mojstrana, 640 m

🅿 Aljažev dom, 1015 m, 12 km lange Schotterstraße von Mojstrana

➡ a) 🅿 – Tominšek-Weg – Triglav-Hütte: 5½ Std.
b) 🅿 – Pragweg – Triglav-Hütte: 5 Std.
c) 🅿 – Luknjapaß, 1785 m – Bambergweg – Plemenica –Bovška škrbina, 2515 m – Triglav: 7 Std.; von der Triglav-Hütte und dem Planika-Haus auf den Triglav: je 1 Std.; von der Dolič-Hütte: 2½ Std.; Dolič-Hütte –Planika-Haus: 1½ Std.
d) »Čez-Nogo«-Weg: schön und lohnend, wenn auch wenig bekannt ist der Klettersteig vom Dom Planika »čez nogo«, d.h. »über den Fuß« zur Bovška škrbina (Flitscher-Scharte), 2515 m; von dort noch 1 Std. zum Triglav.

🗎 alle Steige mäßig schwierig; Pragweg relativ problemlos; Tominšek-Weg oben etwas ausgesetzt, Steinschlag möglich; Bambergweg weitaus schwierigster Anstieg, zum größten Teil ungesichert, schmale, schuttbedeckte Bänder, Klettersteigpassagen anspruchsvoll, bei Nässe, Nebel, Schnee oder Vereisung unbedingt abzuraten.
Alle Klettersteige auf den Gipfelstock problemlos. Auf dem Triglav-Plateau ist bei Nebel besondere Vorsicht geboten. Höhe der Klettersteige: am Pragweg etwa 100 m, am Tominšek-Weg etwa 300 m, Bambergweg 600 m.
Gipfelanstiege je etwa 350 m Klettersteig.

⌂ Triglav-Hütte (Triglavski dom na Kredarici), 2515 m, höchstgelegenes Schutzhaus;
Stanič-Hütte (Dom Valentina Stanica pod Triglavom), 2332 m, nordöstlich der Kredarica auf dem Hochplateau des Triglav;
Dolič-Hütte (Tržaška koča na Doliču), auch Triester Hütte, 2120 m, am Dolič-Sattel südwestlich unter dem Triglav;
Planika-Haus (Dom Planika pod Triglavom), 2408 m, unmittelbar südlich des Gipfelstocks

218   *Julische Alpen*

Gesicherter Steig auf den Krn

Der Krn, einer der südlichsten Gipfel der Julischen Alpen, war im Ersten Weltkrieg heißumkämpft; noch heute finden sich allenthalben erschütternde Reste dieses wahnwitzigen Gebirgskrieges. Der mühsame Zustieg wird durch einen abwechslungsreichen gesicherten Felsgang mit herrlichen Ausblicken belohnt.

🔺 Krn (Monte Nero), 2245 m

🛏 Kobarid (Karfreit), 234 m

🅿 Drežnica, 553 m, letzter ❷ 1 km hinter dem Ort

➡ ❷ – Alm Na Svinjha – Biwak, 1100 m – Einstieg, 1400 m – Klettersteig – Kanzel mit Tafel, 1700 m – Krnhütte, 2210 m – Krn – ❸ wie ❷ oder über gesicherte Abstiegsvariante (Zahodna Smer Drežinska) zum ❷: 7½ – 8½ Std.

📑 mäßig schwierig, bis tief in den Herbst gangbar, am Einstiegsfirnfeld u.U. Grödeln erforderlich

🏠 Krn-Hütte (Gomiščkove zavestišče), 2210 m, einfache Sommerbewirtschaftung, Notunterkunft

219   *Karawanken*

Gesicherter Steig auf den Hochstuhl

Dieser Grenzberg, der höchste Gipfel der Karawanken, ist von der Nordseite mit über 300 m Drahtseil und mehreren Trittstiften tadellos gesichert. Der Aufstieg aus dem Kar über Rinnen, Wandstufen, Grate und eine Schlucht auf das Gipfeldach ist bei guten Verhältnissen eher problemlos; der Abstieg führt ein Stück über die slowenische Südseite.

🔺 Hochstuhl (Stol), 2238 m

🛏 Feistritz im Rosental, 643 m (Bahnhof)

🅿 Gastwirtschaft Stouhütte, 960 m, im Bärental

➡ ❷ – Johannsenruhe, 1250 m – Karkehre, 1430 m, unter der Klagenfurter Hütte – Einstieg, 1680 m – Hochstuhl, 2238 m –

Preschernhütte, 2172 m – Bielschietzasattel, 1840 m – Klagenfurter Hütte, 1664 m – ❷: 7 – 8 Std.

Im ❸ bei Nebel genauestens auf Markierungen achten; Paß mitnehmen!

📑 mäßig schwierig

🏠 ggf. Klagenfurter Hütte, 1664 m; Preschernhütte (Prešernova koča), 2172 m

220   *Karawanken*

Klettersteig auf den Koschutnik-Turm (ÖTK-Steig)

Die eigentliche Klettersteigpassage führt durch die niedrigste Stelle der verschatteten Nordwand direkt auf die Grenztafel, eine Reihe von Wandstufen, Rinnen, Bändern und Kaminen wäre ungesichert II. – III. Grad. Der Gipfelgrat ist gutmütig, die Aussicht prächtig.

🔺 Koschutnik-Turm (Košutnikov turn), 2136 m

🛏 Zell Pfarre, 948 m

🅿 Koschutahaus, 1279 m

➡ ❷ – Steig 603 – Großalm – Einstieg, 2000 m – Grenzscharte – über den Grenzgrat zum Gipfel – ❸ wie ❷ oder durch die Ostschlucht (Weg 642) – ❷: 5 Std.

Bequeme Tagestour, im Frühsommer harte Schneefelder im steilen Kar unter dem Einstieg, u.U. nur mit Steigeisen und Pickel gangbar; Paß mitnehmen!

📑 mäßig schwierig, Sicherungen oft in schlechtem Zustand, Steinschlaggefahr; ❸ durch Ostschlucht nur spärlichst gesichert, große Steinschlaggefahr; bei Nebel oder Schneelage unbedingt auf dem Anstiegsklettersteig absteigen!

221   *Karawanken*

Krainersteig auf den Kärntner Storschitz

Der etwas eintönige Aufstieg durch Wald und Latschen bringt nur eine kurze Klettersteigstelle unter dem flachen Gipfelrücken; die Aussicht ist informativ. Im Abstieg kann man sich leicht verlaufen.

▲ Kärntner Storschitz (= Vellacher Storschitz), 1759 m

🛏 Eisenkappel, 556 m;
Bad Vellach, 844 m

🅿 Seebergsattel, 1216 m (Gasthof)

➡ 🅿 – Weg 626 – Scharte, 1690 m – Gipfel, 1759 m – Pasterksattel – Weg 628 – 🅿: 3½ Std.

📋 unschwierig

222   *Karawanken*

Gesicherter Steig zu den Felsentoren der Uschowa

Die am Westhang des österreichischen Westgipfels gelegenen riesigen Felsentore sind eines der Naturwunder der Karawanken – sie sind über einen kurzen gesicherten Steig problemlos zu erreichen.
Nicht weniger faszinierend an dieser ansonsten etwas langatmigen Bergwanderung sind die beiden slowenischen Wallfahrtskirchen St. Margarethen – am Ausgangspunkt – und St. Leonhard. Eine weitere Überraschung ist der klammartige Steig durch die Schlucht der Sava – die Kupitzklamm.

▲ Uschowa (Erlberg), 1929 m

🛏 Eisenkappel, 556 m

🅿 Linkskurve unterhalb der Kirche St. Margarethen (Smarjeta) im Remschenig-Tal, 926 m

➡ 🅿 – Lipuschmühle – Weg 610 – Unteres Tor, 1410 m – Mittleres Tor – Oberes Tor, 1500 m – ❸ über Grenzweg zur Kirche St. Leonhard – Kupitzklamm bis Gasthof (hier zweites Kfz abstellen!): 6 – 6½ Std.; Gipfelbesteigung (Westgipfel) über Weg 611 zusätzlich 2½ Std. ❷!
Keinesfalls die Grenze überschreiten!

📋 unschwierig

223   *Karawanken*

Klettersteig Zavarovana pot auf den Kordeschkopf

Die gut gesicherte Führe auf den Grenzgipfel ist ein bequemer, kurzer Felsgang, der auch weniger Geübten zu empfehlen ist.

▲ Kordeschkopf (Kordeževa glavaveliki glava), 2126 m

🛏 Bleiburg, 479 m (Bahnhof); Feistritz ob. Bleiburg, 550 m

🅿 von Unterort zur Alm Siebenhütten, 1700 m (11 km Mautstraße, 15% Steigung, Berggasthof)

➡ 🅿 – Einstieg, 1850 m – Kniepssattel, 2100 m – Kordeschkopf, 2126 m – ❸ über Dom na Peči – 🅿: 2 – 3 Std. Vorsicht bei Nebel! Paß mitnehmen!

📋 mäßig schwierig

🏠 im ❸ Dom na Peči, 1665 m

224   *Steiner Alpen*

Klettersteig Skozi Žrlelo auf den Storžič

Die Überschreitung des Felskegels über die beiden eher gutmütigen Gratrücken – Westgrat und Nordostgrat – ist ein relativ kurzes empfehlenswertes Unterfangen auch für weniger Geübte; für Berggewandte ein unterhaltsamer Felsgang.

▲ Storžič, 2132 m

🛏 Tržič, 515 m

🅿 Dom pod Storžičem, 1100 m

➡ 🅿 – Einstieg – Scharte, 1800 m – Mali Storžič – Hauptgipfel, 2132 m – ❸ durch die Nordostflanke oder wie ❷ – 🅿: 4 5 Std.

📋 mäßig schwierig, Steinschlag durch Vorausgehende

225   *Steiner Alpen*

Klettersteig auf die Jezerska Kočna

Aus den Tälern von Jezersko und Kokra erhebt sich mit schroffen Wänden und Pfeilern das breit ausladende Massiv der Kočna, des westlichen Eckpfeilers der Zentralgruppe. Die Besteigung über den transversalen Alpenweg, der als rassiger Klettersteig über den nordwärts auslaufenden Felssporn zur Seelander Scharte führt, hier in einen Kriechkamin mündet und im spärlichst gesicherten Gipfelaufbau mit einigen teilweise ausgesetzten, teilweise anspruchsvolleren Felspassagen aufwartet, ist die schwierigste der Klettersteigtouren in den Steiner Alpen.

🔺 Jezerska Kočna, 2520 m

🏠 Jezersko, 880 m

🅿 Marof, von hier noch 1,9 km Auffahrt auf sehr schlechter Straße möglich

➡ 🅿 – Češka koča, 1540 m – Seeländer Scharte – Kočna, 2520 m: 4½ – 5½ Std. (❂ zum 🅿: 4 Std.)
Für ausreichend Trainierte empfiehlt sich eine Fortsetzung der Tour: nach ❂ von der Kočna zur Seeländer Scharte, von dort aus weiter über den Grat zum ➲ Grintavec, von dort zum Mlinarsko sedlo und ❂ über den leichteren Klettersteig in der Nordwand zur Češka koča.

📋 mäßig schwierig, kurze Stellen schwierig, einige Bänder sehr luftig und schmal; Steig zur Kočna nur an wenigen Stellen gesichert (I)

🏠 Češka koča, 1540 m

226 *Steiner Alpen*

Gesicherte Steige auf den Grintavec

Die Besteigung des Grintavec ist nordseitig über zwei Klettersteige möglich, über den Nordwand-Klettersteig zum Mlinarsko sedlo und auf dem Klettersteig über den nordwärts auslaufenden Felssporn zur Seeländer Scharte, über den man auch die ➲ Jezerska Kočna erreicht. Beide Gipfel können von Geübten und ausreichend Trainierten durchaus an einem Tag erreicht werden, besonders bei Nächtigung auf der Češka koča. Für reinrassiges Klettersteigvergnügen sorgen auch die gesicherten Verbindungswege zwischen beiden Scharten, die teils über luftige Grate führen.

🔺 Grintavec, 2558 m

🏠 Jezersko, 880 m

🅿 Marof, von hier noch 1,9 km Auffahrt auf sehr schlechter Straße möglich

➡ 🅿 – Češka koča, 1540 m – Seeländer Scharte – Dolska Škrbina, 2317 m – Grintavec, 2558 m – Mlinarsko sedlo,

2334 m – ❂ über Nordwandklettersteig zur Češka koča – 🅿: 10 – 12 Std.; bei zusätzlicher Besteigung der Jezerska Kočna 2 Std. länger (Češka koča – Grintavec: 3½ Std.); Unverwüstliche können auch die Besteigung der ➲ Skuta dranhängen (Nur bei Nächtigung auf Hütte zu empfehlen.)

📋 bei normalen Verhältnissen mäßig schwierig; Höhe beider Klettersteige je etwa 500 m

🏠 Češka koča, 1540 m

227 *Steiner Alpen*

Gesicherter Steig auf die Skuta

Der rassige, gesicherte Gratweg vom Mlinarsko sedlo über den Dolgi hrbet bietet Einblicke in die gähnenden Felsschluchten der Nordwände; optisches Hauptmotiv ist der faszinierende Überblick auf die urweltliche Karstlandschaft der »Podi«, der »Böden« oder »Tennen«, von Urkräften zerfetzte Karrenfelder, Gesteinschichten, die sich senkrecht aufstellen und mit scharfen Kanten wie Granatsplitter zum Himmel ragen, dazwischen Trichter und Krater – ein Schlachtfeld ungebändigter Naturgewalten. Der Gipfel selbst bietet gute Übersicht über die gesamte Gruppe und einen weiten Blick nach Süden in das romantische Tal der Kamniska Bistrica.

🔺 Skuta, 2532 m

🏠 Jezersko, 880 m

🅿 Marof, von hier noch 1,9 km Auffahrt auf sehr schlechter Straße möglich

➡ 🅿 – Češka koča, 1540 m – Mlinarsko sedlo, 2334 m – Dolgi hrbet – Skuta – ❂ wie ☉: 10 – 12 Std. (Češka koča – Skuta: 4 Std.)
Unverwüstliche können am selben Tag vom Mlinarsko sedlo auch den ➲ Grintavec besteigen oder gar die Seeländer Scharte überschreiten! (Nur bei Nächtigung auf Hütte zu empfehlen.)

📋 mäßig schwierig, teilweise luftig

🏠 Češka koča, 1540 m

228   *Steiner Alpen*

Klettersteig auf die Ojstrica

Der spannend angelegte, luftige Klettersteig über die Nordwestflanke erschließt eine abenteuerliche Felsenburg und landschaftlich unerwartete Szenerien, der Abstieg durch die »Grlo« (Gurgel) ist ein Erlebnis für sich.

▲ Ojstrica, 2350 m

▙ Solčava, 642 m (Sulzbach)

🅿 im Logartal nahe einer Brücke (Hinweistafel »Klemenšova koča«), etwa 850 m

➡ 🅟 – Klemenshütte, 1200 m – Skrbina, 1800 m, hier Einstieg – Ojstrica, 2350 m – ◐ über Škarje und Grlo zur Straße und zum 🅟: 8 – 9 Std.

▤ schwierig, z.T. sehr luftig, im ◐ viel Orientierungssinn erforderlich; Vorsicht bei Nebel (schlechte Markierung!)

⌂ Klemenšova koča (Klemenshütte), 1200 m

Abbildung folgende Doppelseite:
Der Sentiero ferrato Ivano Dibona führt im mittleren Teil streckenweise über natürliche Felsbänder.

DOLOMITEN

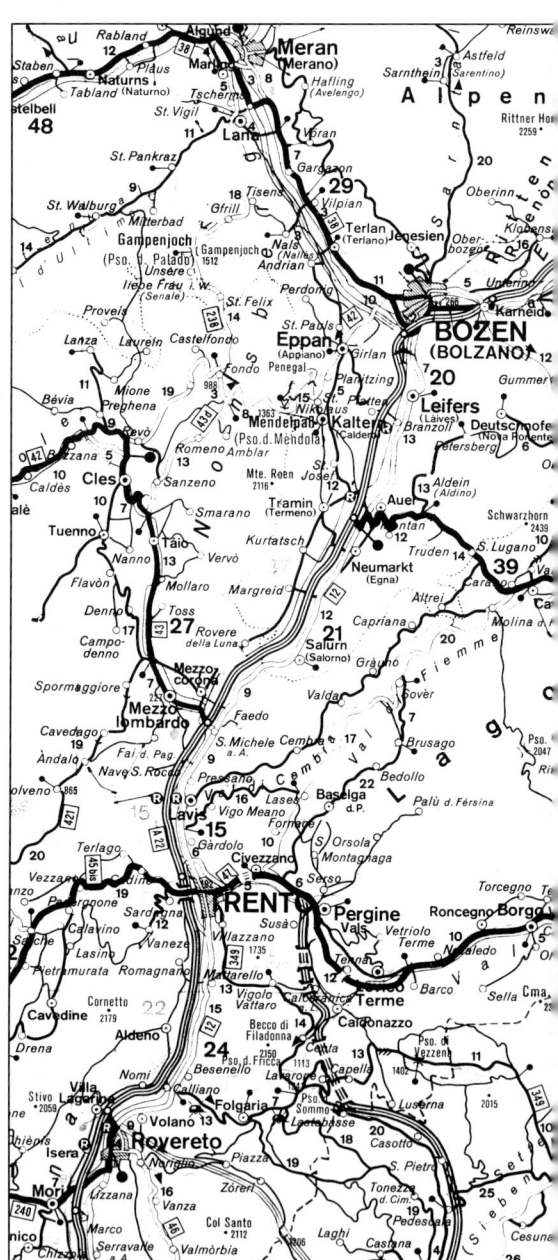

--------- **Westliche Dolomiten** ---------

»Das Land der Dolomiten am Schnittpunkt dreier Völkerfamilien, ein Born landschaftlicher Schönheit und geschichtsträchtiger Gegenwart, in dem sich tausendjährige Geschichts- und Kulturepochen spiegeln, es ist oft erlebt und entdeckt worden, und es wird von jedem Besucher neu entdeckt und erlebt.« Diese schwärmerischen Worte von Franz Hieronymus Riedl vom Jahre 1955 stammen aus einem Bildband über die Dolomiten, in dem das Wort »Klettersteig« kein einziges Mal auftaucht. Gerade der letzte Halbsatz hat sich jedoch für eine unmeßbare Zahl von Bergsteigern tief bewahrheitet: Die Dolomiten sind mehr als jeder andere Gebirgsraum Europas gerade von den Klettersteiggehern »neu entdeckt und erlebt« worden – nämlich als größtes Klettersteigparadies der Alpen. Nirgendwo sonst findet sich ein so großes Netz an Klettersteigen, das weiterhin auch halbwegs vernünftig verdichtet und auch renoviert und verbessert wird. In kein anderes Gebiet der Welt reisen jeden Sommer so viele Bergsteiger mit dem Vorsatz, hauptsächlich oder gar nur Klettersteige zu »machen« – und fast jeder kommt hier auf seine Rechnung: der bescheidenere Bergwanderer, der sich nur an die einfachen Steige wagt, und der versierte Könner, der von einer Stahlseil-Direttissima zur nächsten hastet.

Dennoch gibt es auch hier neben größten Unterschieden in der Schwierigkeit und Länge der gesicherten Felsrouten sehr verschiedenartige Formen und Qualitäten der Sicherungsmethodik – neben einwandfrei angelegten, perfekt verankerten und richtig dimensionierten Stahlseilführen in ansonsten naturbelassenem Fels begegnen uns vereinzelt auch recht gewaltsam angelegte Führen in brüchigem Gestein oder schlampige Sicherungsmethoden, ja sogar völlig vergammelte Drahtseilpassagen an weniger begangenen Routen.

Gegen die Zentralalpen im Norden werden die Dolomiten durch das Pustertal, die Rienz

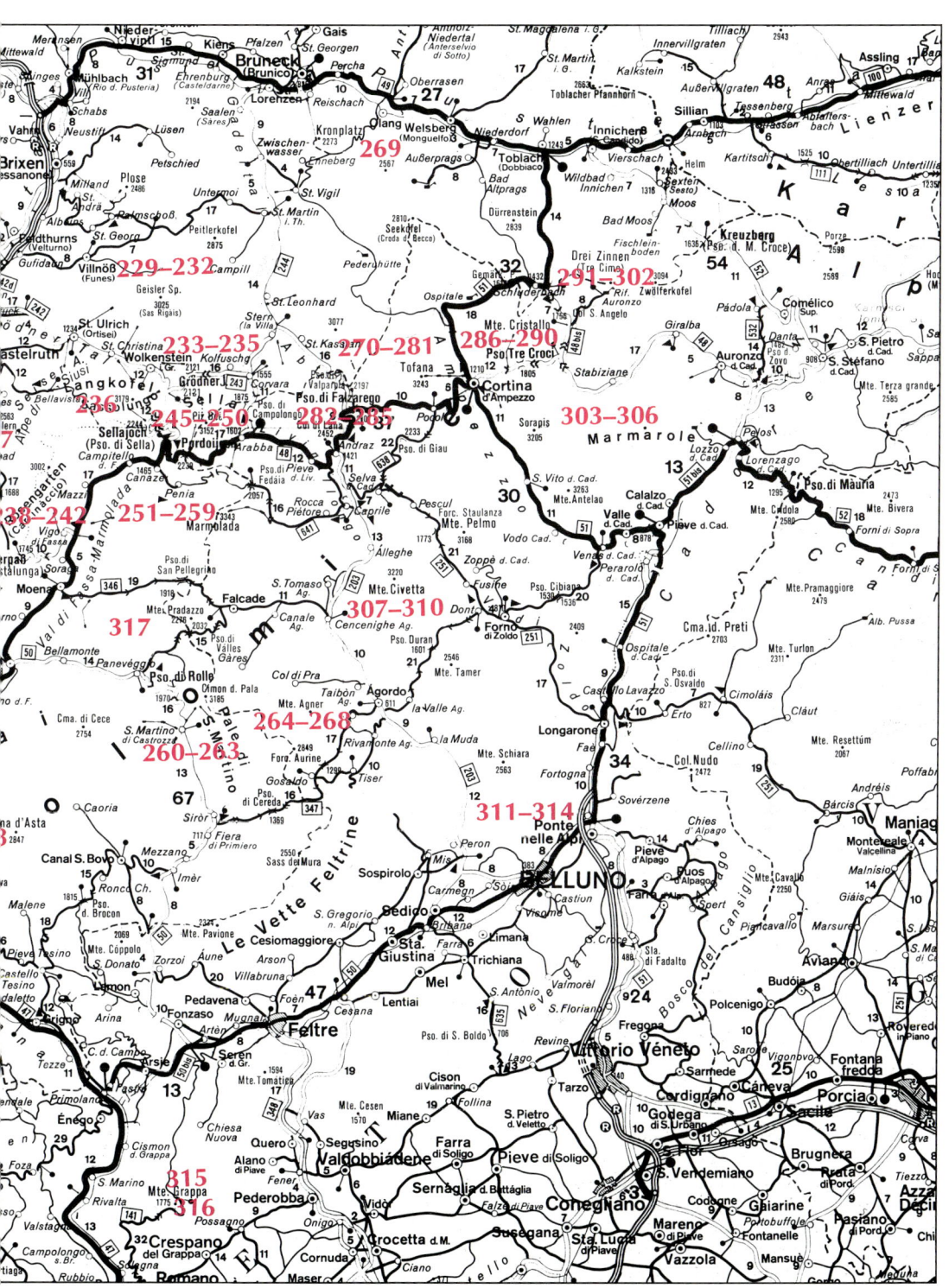

Oben: Der Schlußanstieg auf die Große Tschierspitze bietet grandiose Tiefblicke.

Links: Die »Schlüsselstelle« der Via ferrata Masarè – einfacher als es aussieht.

Rechts: Am luftigen Pisciadù-Klettersteig herrscht fast immer Hochbetrieb.

und den Oberlauf der Drau begrenzt; im Westen gelten der Eisack und die Etsch, im Osten Sextenbach und Piave als Begrenzungsflüsse. Im Süden wird entweder die Tiefenlinie von Auer an der Etsch über das Fleims-, Travignolo- und Colbricontal zum Rolle-Paß, dann der Cismonbach und eine Linie von Fiera di Primiero über Agordo nach Belluno angenommen oder aber von Trient über Fersenbach und den Fluß Brenta bis zur Einmündung des Cismone, dann an diesem bis Primiero und weiter über Agordo nach Belluno an der Piave. Die Ausdehnung des so umschriebenen Gebietes ist in der Nord-Süd-

Richtung rund 60 km, in der West-Ost-Richtung rund 75 km Luftlinie. Rund »700 selbständig aufragende Felsberge« zählte der berühmte Dolomitenkenner Gunther Langes in diesem Gebiet und weit mehr als 1000 Kletterführen. Die rund »echten« 80 Klettersteige der Dolomiten wirken dagegen zwar eher bescheiden, doch dürften an diesen Steigen alljährlich weit mehr Menschen unterwegs sein als an allen Kletterrouten.

Die westlichen Eckpfeiler der Dolomiten stellen eher bescheidenere Anforderungen an den Klettersteigfreund. Der Südrücken des Peitlerkofels ist jedem besseren Bergwanderer zu empfehlen, und auch der benachbarte Günther-Messner-Steig ist noch als anspruchsvolle Bergwanderung zu betrachten.

In der Geislergruppe ist die Überschreitung des Sass Rigais eine sehr genußvolle Unternehmung, doch der Versierte hakt auch dieses Ziel nur als mäßig schwierig ab.

Die gesicherten Steige der Puezgruppe kann man ebenfalls in jedem Bergwanderführer finden – nur die neuere, kurze Via ferrata auf den Cir V ist ein »echter« kleiner Prüfstein für den ambitionierten Klettersteiganfänger.

Schlern und Rosengarten, deren zusammenhängende Felsenketten das Tschamin- und Purgametschtal in gigantischem Bogen umschließen, werden schon wegen ihrer einzigartigen alpinen »Schaustücke« alljährlich von großen Touristenscharen heimgesucht: Das vom Massiv des Schlern abgesplitterte Turmpaar Euringer- und Santnerspitze ist das fernwirksame, unverwechselbare Wahrzeichen dieses geschichtsträchtigen Bergplateaus; die Vajolet-Türme im Herzen des Rosengartens zählen zu den kühnsten und wildesten Felsbildungen der westlichen Dolomiten. Auch für den Klettersteigfreund mit gehobeneren Ansprüchen bieten sich hier lohnende Ziele für eine volle Woche, wenn man die problemlose Durchschreitung des benachbarten Latemar auf dem 1982 gesicherten Steig miteinbezieht. Allerdings wird man diese Woche mit vielen »Gleichgesinnten« zubringen; nur die neuere, sehr luftige und rassige Via ferrata Laurenzi auf dem etwas abgelegenen Molignonkamm bietet noch einen ziemlich einsamen Felsgang.

Die gotische Kathedrale des Langkofel, eine faszinierende, geradezu hinreißende Gralsburg aus gewachsenem Fels, bleibt Nichtkletterern verschlossen, doch an der kalten, düsteren Nordseite des gegenüberliegenden Plattkofel kann man sich in einer wilden, steilen Felsrinne unter Steinschlaggefahr in leichter Kletterei an den sparsamen Sicherungen des Oskar-Schuster-Steiges emporarbeiten und am Gipfel in die schaurigen, unbezwinglichen Abstürze dieser vielbesungenen Felsenburg hinabblicken.

Das Sellajoch, Wasserscheide zwischen Grödner- und Fassatal, trennt auch Langkofel und Sella. Hier zeigt sich der Kontrastreichtum der Dolomiten besonders überraschend: Im Gegensatz zum vieltürmigen Aufbau des Langkofel erhebt sich das Plateaugebirge der Sella auf nahezu rechteckigem Felssockel gleich einem klotzigen Bollwerk aus den Schuttkaren über den vier ladinischen Haupttälern. Über einer massigen, schichtlosen Dolomitenbank mit ungegliederten Wandfluchten, vorspringenden Risaliten und Pfeilern zieht sich ringsum eine teils sehr ausladende, teils zu einem schmalen Felsband verengte Schutt-Terrasse. Über diesem umlaufenden Terrassenband baut sich mit stark zerklüfteten und gebänderten Wandfluchten ein zweites Dolomitriff auf, aus dem nur wenige Felskegel beherrschend emporragen. Diesen charakteristischen Felsaufbau erlebt man gerade bei den schwierigsten und verwegensten Klettersteigen – beim historischen Pößneckersteig im Nordwesten der Sella und bei der neuen Via ferrata Cesare Piazzetta, die gewollt gewaltsam über die senkrechte Südmauer den harmlosen Felskegel des Piz Boè ertrotzt. Ähnlich luftig, aber bei weitem nicht so kraftraubend ist der Pisciadu-Klettersteig, der zu den meistbegangenen schwierigen Klassikern geworden ist. Auf den Piz Boè führen aber auch sehr leichte Anstiege, und wer zwischen diesen Extremen wählen will, ist mit dem Boèseekofel gut beraten. Vor Wetterumschwüngen auf dem scheinbar harmlosen Sellaplateau mit seiner Durchschnittshöhe von 2850 m sei gewarnt!

Die Marmolada und die verschiedenen Felstrabanten in ihrem Umkreis bieten überraschende Kontrasterlebnisse. Einen Teil der gewaltigen Vergletscherung kann man auf dem Nordanstieg zur Marmoladascharte erleben, wo man von Süden her den mühseligen Zustieg vom Contrin-Haus emporkeucht. Wetter, Eis- und Schneeverhältnisse entscheiden, ob man den alten Marmolada-Aufstieg über den gesicherten Westgrat als eher problemlos oder als gefährlich erlebt oder auf ein andermal verschieben muß. Die neue Via ferrata über die Punta Serauta hingegen ist noch kaum begangen – sie ist ein zunächst sehr mühseliges, dann aber höchst spannendes Unterfangen am östlichen Felskamm der Gletscherumrahmung.

Von nirgendwo präsentiert sich die gesamte Gletscherpracht der Marmolada so nah, so instruktiv und ergreifend wie von der Via ferrata delle Trincèe über den wildzerklüfteten Padonkamm, der nördlich des Fedajasees aufragt und durch die Seilbahnerschließung von Arabba für viele zu einer Halbtagstour geworden ist. Beinahe ebenso schnell ist bei Seilbahnauffahrt die wilde Nordwand des Collàc zu durchsteigen; beide Klettersteige sind reichlich schwierig, aber grundverschieden. Die Gipfel der nahen Vallaccia, die Cima Ombretta, die Cime dell'Auta und auch die Costabella stehen naturgemäß etwas im Schatten der Dolomitenkönigin; es fehlen hier spektakuläre Effekte und Schwierigkeits-Superlative. Diese zwar nicht »namenlosen«, aber doch etwas abseits des großen Magneten Marmolada gelegenen Gipfelziele sind niemals überlaufen und vermitteln durchwegs lohnende Landschaftseindrücke.

Die Pala mit ihrem zentralen, mondänen Ausgangsort San Martino di Castrozza, lange Zeit nur im Ziel erfahrener Kletterer, ist seit dem Bau mehrerer teilweise sehr bekannter Vie ferrate auch ein vielbesuchtes Klettersteigziel geworden. Schlanke, kühne Felstürme, phantastischer Reichtum an Felsformationen und landschaftlichen Eigenheiten, kleine Gletscher und ein sehr ausgedehntes, felsiges Hochplateau hinter dem Hauptkamm charakterisieren dieses Felsenparadies. Die großen Klettersteig-Rundtouren haben zwar eigene Ausgangspunkte im Tal, doch sind die gesicherten Felsrouten und die durchwegs hochgelegenen Hütten am nördlichen und südlichen Ende der Hauptkette durch Wanderwege über das zentrale Plateau hinweg miteinander verbunden. In der Pala sind die wilden Eisenwege und nicht die erreichbaren zahmen Gipfel das eigentliche Ziel des Klettersteiggehers; dies gilt auch für den etwas isolierten Ostteil, wo die Via ferrata Stella Alpina am Monte Agnèr als schwierigste und abenteuerlichste Direttissima der gesamten Pala angelegt wurde. Die Gipfelsteige selbst sind zwar krönender Höhepunkt der meisten Klettersteige, aber keineswegs ihr Abschluß – gerade auf den üblichen Abstiegen ist mit »gepfefferten«

Überraschungsmomenten und sehr heiklen Stellen zu rechnen. Unterlassene Wartung oder lieblose, ja miserable Reparaturmethoden an den Sicherungen sind gerade in der Pala leider öfters zu beklagen gewesen.

Fast durch die ganzen Dolomiten ziehen sich noch heute wie ein breites Band blutgetränkten Bodens die ehemaligen Frontlinien des Ersten Weltkrieges. Nachdem Italien 1915 der österreichisch-ungarischen Monarchie den Krieg erklärt hatte, wurde die einstige Südgrenze des Kaiserreiches – mitten in den Dolomiten – zur Kampfstellung ausgebaut. Mit dem letzten Aufgebot, alten Standschützen und blutjungen, frisch eingezogenen Soldaten, igelten sich die von regulären Truppen weitgehend entblößten Tiroler in den eisigen, sturmumtosten Höhenstellungen ein. Zu dieser Zeit wurden Touristenwege zu Frontsteigen; Schutzhütten wurden entweder zu militärischen Stützpunkten, oder sie wurden vorsichtshalber zerstört. Fast dreieinhalb Jahre lang wurden die Dolomiten der Schauplatz erbitterten Ringens. Von einsamen Patrouillenkämpfen um Grate und Scharten und von Offensiven unter gewaltigen personellen und materiellen Einsätzen erzählen die Kriegsberichte. Mitunter lagen sich die Feinde monatelang auf Rufnähe gegenüber. Von kleinen wechselseitigen »Eroberungen« abgesehen, wurde während dieses hochalpinen Stellungskrieges von keiner Seite ein nennenswerter »Geländegewinn« erzielt. Der Tod hielt hingegen reiche Ernte auf beiden Seiten. Als dann im Herbst 1918 der Lärm der Geschütze verstummte, blieb eine verwüstete Landschaft zurück – von Schützengräben durchfurcht, von Granattrichtern umgewühlt; an Stelle einstiger Dörfer und Weiler nur mehr Ruinen. Viele Jahrzehnte sind über die geschundene Landschaft hinweggezogen. Die Kräfte der Natur und der Menschen haben in dieser Zeit in den Tälern und auf den Hochflächen fast alle Spuren und Wunden getilgt, die der Krieg ihnen einst schlug. Aber in den Felsregionen und auf den karstigen Hochplateaus ziehen noch heute die Schützengräben wie endlose Bänder dahin, starren die Kavernen mit dunklen Öffnungen aus senkrechtem Fels. Die zernarbten Betonklötze der alten Festungen liegen wie Quader einer Riesenburg auf einst beherrschenden Höhen. Nirgends hat sich das Grauen des Ersten Weltkrieges so bewahrt wie in diesen Felsregionen.

Der Felstunnel durch den Kleinen Lagazuoi ist bei entsprechender Ausrüstung auch für mutige Kinder ein echtes Abenteuer – Taschenlampe unentbehrlich!

Links: Eine der landschaftlich eindrucksvollsten Passagen der Via ferrata Giovanni Lipella zur Tofana di Rozes.

——————— Östliche Dolomiten ———————

Die Bergmassive östlich der Linie Gadertal – Abteital – St.-Kassian-Tal und dem Tal des Cordevole werden den Östlichen Dolomiten zugerechnet.

Cortina d'Ampezzo gilt allgemein als der wichtigste Talort der gesamten Dolomiten, und tatsächlich kann man von nirgendwo so viele großartige Klettersteig-Touren angehen. Westlich von Cortina erhebt sich der gewaltige Gebirgsstock der Tofana, eine imposante Felsenburg aus Hauptdolomit; auf der dem Travenanzestal und der Fanes zugewandten Seite hat der Erste Weltkrieg schauerliche bauliche Dokumente hinterlassen. Auf alle drei Gipfel der Tofana führen Klettersteigrouten, die an Raffinesse und Schärfe kaum einen Wunsch offenlassen. Der gesicherte Aufstieg durch den abenteuerlichen 800 m langen Alpinistollen bleibt ebenso unvergeßlich wie der verwegene Gang über die Bänder und Wandstufen der Via ferrata Giovanni Lipella zur Tofana di Rozes.

In seiner Erlebnisfülle kaum zu überbieten ist der Felsgang über den Südgrat zur Tofana di Mezzo; kilometerlang ziehen straff gespannte, feste Seile über himmelwärts strebende Gratschneiden und Grattürme, bis eine Querung über gähnender Tiefe zu einem der gewaltigsten Felslöcher der Alpen führt – Erinnerungen auf Lebenszeit. Wer die gesamte Überschreitung der Tofana di Mezzo und der Tofana di Dentro an einem Tag bewältigt, hat eines der herrlichsten Klettersteigerlebnisse hinter sich.

Die dolomitische Felsenwildnis um den Falzaregopaß, im Ersten Weltkrieg Brennpunkt härtester, erbarmungsloser Kämpfe, ist auch ein Tummelplatz für Klettersteiggeher: am Averau und am Nuvolau, am Hexenstein und am Còl di Lana leichteste Passagen zum Ausprobieren, am Lagazuoi ein gesicherter Felsstollen, den man auch noch mit Anfängern begehen kann.

Für die Südliche Fanisspitze hingegen muß man schon sehr viel Training und Erfahrung mitbringen, um diese herrliche Klettersteig-Überschreitung genießen zu können – für viele gilt die Überwindung dieses leicht und schnell erreichbaren, aber sehr luftigen Felsturmes schon als eine Art höhere Weihe! Mehr Ausdauer als Mut und Können erfordern die anderen gesicherten Steige der Fanesgruppe, die durchwegs eigene Ausgangspunkte haben:

Heiligkreuzkofel, Cunturinesspitze, Monte del Vallon Bianco und Furcia Rossa. Wer von Cortina aus eine kurze, aber scharfe Via ferrata ausprobieren will, womöglich noch im Frühsommer oder Spätherbst, ist mit dem Col Rosà und der Punta Fiames gut beraten.

Nordöstlich von Cortina erhebt sich der Monte Cristallo – ein Prachtstück eines wilden, trotzigen Dolomitenturms – aus dem Gewirr des Felskammes. Eine zweistufige Seilbahnverbindung zur 2918 m hohen Forcella Stauniès ermöglicht hier einen kurzen, aber traumhaft schönen gesicherten Gipfelgang und zwei tagfüllende gesicherte Abstiege bis ins Tal – beide über ehemalige Frontlinien hinweg.

Südöstlich von Cortina schließen die Türme des Sorapis den Felsenkranz um Cortina. Die Gipfel dieses gewaltigen, wilden Massivs bleiben dem Klettersteiggeher zwar verschlossen, doch ist die mehrtägige Umrundung des Gipfelkranzes auf einsamen, sehr abenteuerlichen Steigen ein empfehlenswertes Unterfangen für versierte und trainierte Könner. Nächte in kalten, engen Biwakschachteln, schweres Gepäck, dazu Durst, Steinschlag und Spurensuche bei einbrechendem Nebel muß man auf diesem sehr langen Rundkurs allerdings einkalkulieren.

Eine Bergwelt für sich sind die Sextener Dolomiten, die mit dem unvergeßlichen Bild der Drei Zinnen weltberühmt geworden sind. Auch die »Sextener« bieten ein sehr breit gefächertes Klettersteig-Angebot: eher problemlose gesicherte Routen auf den Monte Piano, eine Höhenwanderung auf dem Bonacossa-Steig, reichlich bis mäßig schwierige, aber kurze Passagen am Paternkofel. Einen Test für Schwindelfreiheit kann man – bei mäßig langen Zustiegen – am Toblinger Knoten und an der Nordöstlichen Cadinspitze durchführen – hier hat man streckenweise wirklich nur noch Luft und eiserne Leitersprossen unter den Schuhsohlen! Durchwegs lang und anstrengend sind hingegen die großen Routen im Osten dieser Felsregion. Die vielbegangene Sextener Rotwand, von beiden Seiten über Klettersteige – von allerdings sehr verschiedener Schwierigkeit – erschlossen, ist nur nach langen Zustiegen erreichbar.

Vielbegangen ist auch der berühmte Alpinisteig, der zwar keinen Gipfel erreicht, aber landschaftlich der Brentaszenerie vergleichbar ist. Ebenfalls gipfellos, aber viel länger, verwegener, schwieriger und durch steile, harte Schneerinnen etwas heikel, ist das Wegsystem Aldo Roghel – Cengia Gabriella; ohne Hüttennächtigung kommen hier nur sehr schnelle, zähe Burschen an einem Tag zum Ausgangspunkt zurück.

Auch die Sextener Dolomiten waren besonders heißumkämpft – vom Monte Piano über Toblinger Knoten und Paternkofel bis hinüber zur Sextener Rotwand bewegt man sich praktisch dauernd durch ehemaliges Frontgebiet – ein riesiges Freilichtmuseum des härtesten Hochgebirgskrieges aller Zeiten.

Außerhalb des ehemaligen Südtirol liegen Civetta, Moiazza und Schiara. Der mächtige, weit über 3000 m hohe Felskamm der Civetta stürzt mit senkrechten Wandfluchten 2000 m tief senkrecht zum Alleghe-See ab – eines der großartigsten Schaustücke der Alpen, das man auf Wanderwegen umrunden kann. Den Klettersteiggeher lockt natürlich die abenteuerliche Überschreitung – ein kühnes Unterfangen, das Zähigkeit, Orientierungsvermögen, reichlich Kletterfertigkeit und natürlich gute Verhältnisse voraussetzt, wenn es nicht zum Horrortrip werden soll! Eine Überschreitung ist nur mit Zwischennächtigung anzuraten.

Eine Überkletterung der südwärts angegliederten Moiazza kann und muß hingegen an einem Tag durchgezogen werden. Die konsequent naturbelassene, zum Teil außergewöhnlich scharf angelegte Via ferrata Costantini – mit luftigem Gipfelabstecher und einem Abstieg im Brenta-Stil – ist der Inbegriff eines hochalpinen Klettersteigs: Es gilt, Kraftproben und Mutproben zu bestehen, Schwindelfreiheit und Ausdauer unter Beweis zu stellen, unter allen Umständen aber auch gutes Wetter mitzubringen. Dann wird dieser tagfüllende Felsgang mit all seinen landschaftlichen Überraschungsmomenten auch dem verwöhntesten Fels-Feinschmecker unvergeßlich bleiben.

Die vier Felsenwege der Schiaragruppe führen in ein Felsenreich, das in seiner rassigen Südwandflucht nochmals alles an Wildheit, Kühnheit und landschaftlichen Höhepunkten aufbietet, um den Klettersteiggeher in seinen Bann zu schlagen. Ein langer, mühseliger Zustieg durch die subalpine Vegetation einer von Sträuchern überwucherten Schlucht bis in die Latschenregion, Hüttennächtigungen, möglicherweise sogar eine Nacht in einer Biwakschachtel sind der Preis für scharfe Klettersteiggenüsse in dieser luftigen Südwand –

sofern sie nicht feuchte Luftmassen der nahen Adria in eiskalten Nebel hüllen.

Klettersteigerlebnisse ganz besonderer Art überraschen uns schließlich noch an der schwülwarmen, verstrauchten Südseite des Monte Grappa, einem der blutigsten Meilensteine in der Tragödie des Ersten Weltkrieges. Mitten durch die sehr steilen, grasdurchsetzten Felssporne ziehen zwei gut gesicherte Drahtseilrouten empor – die eine davon hat als echten Nervenkitzel eine (umgehbare) stark schwankende Drei-Seil-Hängebrücke »eingebaut« bekommen. Das Gipfelerlebnis muß man allerdings mit Hunderten von Auto-Touristen teilen, welche die 28 km lange Straße emporfahren und die gigantischen Mausoleen, Kriegergedächtnisstätten und die noch vor Ort stationierten Kanonen besichtigen. ■

Die Via ferrata delle Trincèe (oben und rechts) ist bei gutem Wetter ein zwar kurzes, aber besonders aufregendes Felsabenteuer mit phantastischen Ausblicken, insbesondere auf den Marmoladagletscher. Eine Genußtour ohnegleichen!

229　　　　　　　　　　　*Peitlerkofelgruppe*

Gesicherter Steig über den Südgrat auf den Peitlerkofel

Der mächtige Gipfelstock bricht nach Norden und Westen mit teilweise 600 m hohen Wänden senkrecht ab. Über die nur mäßig steile Südflanke führt ein bei guten Verhältnissen problemloser und vielbegangener, gesicherter Steig zum Gipfel, der einen umfassenden Rundblick über die nordwestlichen Dolomiten bietet.

▲ Peitlerkofel, 2874 m

🏠 St. Peter im Villnößtal, 1154 m

🅿 a) Zannser Alm, 1680 m, Gampenalm, 2062 m
b) Gungganwiesen, 1800 m, westl. des Würzjochs, 1987 m, im oberen Lüsener Tal

➡ a) 🅿 Zannser Alm – Schlüterhütte, 2301 m, – Peitlerscharte, 2357 m, – Peitlerkofel – 🅿: 6 Std.
Ggf. im 🌙 zu verbinden mit ➲ Günther-Messner-Gedächtnisweg
b) 🅿 Gungganwiesen – Peitlerscharte, 2357 m – Peitlerkofel – 🅿: 4½ Std.

📋 unschwierig; mit Drahtseil gesicherte Stellen im Gipfelbereich

🏠 Schlüterhütte (= Peitlerkofelhütte = Rif. Genova), 2297 m, beim 🅿 Zannser Alm im ☀ und 🌙

230　　　　　　　　　　　*Peitlerkofelgruppe*

Günther-Messner-Gedächtnisweg

Die Aferer Geiseln sind ein Felskamm, der wie eine Aussichtsgalerie parallel zur Nordseite der Geislerspitzen von Ost nach West verläuft. Die südliche, hochalpine, klettersteigmäßig gesicherte Hälfte des Günther-Messner-Steiges zieht südseitig, knapp unterm Grat, über diesen Kamm hinweg; den Tullen erreicht man als problemlosen Abstecher über einen Pfad in der Ostflanke.

▲ Tullen, 2653 m, in den Aferer Geiseln

🏠 St. Peter im Villnößtal, 1154 m

🅿 a) Zannser Alm, 1680 m, Gampenalm, 2062 m
b) Russiskreuz, 1729 m

➡ a) 🌑 – Schlüterhütte, 2301 m, – Günther-Messner-Gedächtnisweg – Abstecher auf den Tullen – Weg 32A + 32 – Gampenalm – 🅿: 8 – 9 Std.
Der gesamte Rundweg (einschl. nördl. Hälfte) mit 🅿 Russiskreuz erfordert ebenfalls 8 – 9 Std.

📋 unschwierig bis mäßig schwierig

🏠 Schlüterhütte (= Peitlerkofelhütte = Rif. Genova), 2297 m, bei 🅿 a) im ☀ oder 🌙

231　　　　　　　　　　　　*Geislergruppe*

Klettersteige am Sass Rigais (Überschreitung)

Der Sass Rigais fällt ins Villnößtal mit schroff abweisenden Nordwänden ab, vom Grödner Tal kann der mächtige Gipfelklotz auf drei nur mäßig schwierigen Klettersteigen in der Südwest- und Ostflanke problemlos überschritten werden; eine vielbegangene und beliebte Unternehmung.

▲ Sass Rigais, 3025 m

🏠 St. Christina in Gröden, 1427 m

🅿 Talstation der Telecabina oberhalb St. Christina

➡ 🌑 – Seilbahnauffahrt zur Bergstation der Telecabina Col Raiser, 2104 m – Regensburger Hütte, 2037 m – Weg 13 – Klettersteig über Südwestflanke oder Villnösser Einstieg – Sass Rigais – 🌙 über Klettersteig in der Ostflanke – Wasserrinnental – 🅿: mit Gondelliftbenützung 6 Std., zu Fuß im ☀ ca. 2 Std. länger

📋 Südwestanstieg 540 Höhenmeter, unschwierig bis mäßig schwierig; Ostanstieg 320 Höhenmeter, unschwierig; Villnösser Zustieg 400 Höhenmeter, unschwierig bis mäßig schwierig

🏠 Restaurant am Col Raiser, 2104 m; ggf. auch Regensburger Hütte (= Geislerhütte = Rif. Firenze), 2037 m im ☀ + 🌙

🚡 Telecabina auf den Col Raiser, 2104 m

232   *Puezgruppe*

Gesicherter Steig auf den Piz Duledes

Der Piz Duledes steht ziemlich genau zwischen dem beliebten Klettersteigberg Sass Rigais und der bekannten Puezhütte; als eindrucksvoller Gipfel zeigt er sich nur von Norden, wo er mit steilen Wänden zum obersten Villnößtal abbricht. Ein Gang über seine harmlose Südseite ist zwar kein aufregendes Klettersteigabenteuer, aber für Anfänger und Kinder durchaus zu empfehlen. Der landschaftlich ungewöhnlich schöne, verlängerte Abstieg über den Col da la Pières ist ein Genuß für jedermann.

🔺 Piz Duledes, 2909 m

🛏 St. Christina in Gröden, 1427 m

🅿 Talstation der Telecabina oberhalb St. Christina

➡ 🅿 – Seilbahnauffahrt zur Bergstation der Telecabina Col Raiser, 2104 m – Regensburger Hütte, 2037 m – Forcella della Roa, 2617 m – Forcella Nives, 2740 m – Piz Duledes – Forcella Nives – Forcella Forces Sielles, 2505 m – Regensburger Hütte – 🅿: bei Gondelbahnauffahrt 6 Std., bei Umweg von Forcella Forces Sielles über Col da la Pières, 2747 m, und Forcella di Pizza, 2489 m: 7½ – 8 Std.; zu Fuß im ❷ 2 Std. länger

📄 unschwierig; leichte kurze Klettersteigpassagen

🏠 Restaurant am Col Raiser, 2104 m; Regensburger Hütte (= Geislerhütte = Rif. Firenze), 2037 m, im ❷ + ❸

🚡 Telecabina auf den Col Raiser, 2104 m

233   *Puezgruppe*

Gesicherter Steig auf die Große Tschierspitze

Die schöne, massige Felspyramide überragt alle Gipfel in der zackigen Felsenkette, die das Grödner Joch nordseitig umrahmt. Der völlig unschwierige, kurze Klettersteig zum Gipfel wird heute vom Grödner Joch aus gerne als Halbtagestour begangen; für Könner bietet sich der neuere, »echte« Klettersteig auf den be-

nachbarten »CIR V« als willkommene Bereicherung zu einem Tagesprogramm an.

🔺 Große Tschierspitze (Gran Cir), 2597 m

🛏 a) Wolkenstein, 1563 m
   b) Kolfuschg, 1645 m, Corvara, 1522 m

🅿 Grödner Joch, 2121 m

➡ 🅿 – Große Tschierspitze – 🅿: 2½ Std. sehr bequeme, sehr kurze Halbtagestour.
Zusammen mit ❷ Tschierspitze V über Verbindungsweg 1 bis 1½ Std. länger, Halbtagestour

📄 unschwierig, 2 kurze gesicherte Stellen am Wandfuß und unter dem Gipfel, auch für Anfänger

🏠 ggf. Rif. Clark, 2222 m

234   *Puezgruppe*

Klettersteig auf die Tschierspitze V

Die bekannte und vielbegangene Große Tschierspitze, die auf gesicherter Route problemlos zu besteigen ist, hat in einer ihrer westlichen Nachbarspitzen einen ernsthaften »Konkurrenten« bekommen: Richtige Klettersteigliebhaber bevorzugen den niedrigen Gipfel mit dem wesentlich rassigeren Aufstieg. Aber man kann ohne weiteres alle zwei Gipfel besteigen, selbst wenn nur ein halber Tag zur Verfügung steht. Ein bequemer Weg verbindet beide Einstiege.

🔺 Tschierspitze V (Cir V), 2520 m

🛏 a) Wolkenstein, 1563 m
   b) Kolfuschg, 1645 m, Corvara, 1522 m

🅿 Grödner Joch, 2121 m

➡ 🅿 – Bergstation Danterceppies, 2298 m – Tschierspitze V – 🅿: 2½ Std., sehr kurze Halbtagestour
Zusammen mit der ❷ Großen Tschierspitze 1 – 1½ Std. länger

📄 schwierig, aber nur sehr kurz

🏠 ggf. Rif. Clark, 2222 m (sofern auch Große Tschierspitze bestiegen wird)

235 *Puezgruppe*

Gesicherter Steig auf den Sass Songher

Der markante Felsklotz mit seinen wilden Wänden, Türmchen, Spornen und Rippen in den Südabstürzen ist der Hausberg von Corvara. Von der Rückseite führt ein überraschend problemloser Zustieg mit einer kurzen, einfachen und sehr gut gesicherten Klettersteigstelle auf den Gipfel, der eine instruktive Aussicht auf das gesamte Talbecken bietet – eine problemlose Unternehmung für jedermann.

Sass Songher, 2665 m

Kolfuschg, 1645 m;
Corvara, 1522 m

Kolfuschg; bei der Kirche, bei der Talstation des Sessellifts oder hinterm Weidezaun am Ende des Ortes

❷ – Edelweißhütte, 1824 m – Weg 7 – Sass Songher-Scharte – Sass Songher – ❷: 4½ Std., bei Sesselliftauffahrt ¾ Std. kürzer; sehr bequeme, problemlose Tagestour

unschwierig; kurze gesicherte Stellen vor dem Gipfel

Cap. Pradat, 2038 m; Cap. Edelweiß, 1822 m

ggf. Sessellift zum Col Pradat, 2038 m

236 *Langkofelgruppe*

Oskar-Schuster-Steig

Die Nordflanke des Plattkofels ist von verwirrenden Eisschluchten und hohen Steilrinnen zerhackt. Der Aufstieg durch dieses wilde Felslabyrinth über den teilweise gesicherten Oskar-Schuster-Steig bietet reichlich Spannung und Nervenkitzel. Etwas Gewandtheit im Fels, gutes Wetter und eisfreie Verhältnisse sind unerläßliche Voraussetzungen für diese Tour.

Plattkofel, 2964 m

a) Wolkenstein, 1563 m
b) Canazei, 1440 m

Sellajochhaus, 2174 m (unter dem Sellajoch, 2244 m)

❷ – Langkofelscharte, 2681 m – Langkofelhütte, 2253 m (Zwischenabstieg!) – Plattkofel, 2964 m – Plattkofelhütte,

2256 m – Friedrich-August-Weg – ❷: 8 – 9 Std. (bei Gondelliftauffahrt 1¾ Std. kürzer). Keine Tour für Unerfahrene! Ausreichende Gewandtheit im ungesicherten Felsgelände und viel Ausdauer sind erforderlich; bei Nebel große Orientierungsprobleme, besonders im Abstieg. Insgesamt sehr anstrengend.

mäßig schwierig; in einer langen ungesicherten Steilrinne im untersten Teil große Steinschlaggefahr, bei Altschneelage und Vereisung gefährlich. Stark verschattet!

Langkofelhütte, 2253 m, im ❷; ggf. auch Toni-Demetz-Hütte, 2681 m, auf der Langkofelscharte; im ❸ Plattkofelhütte, 2256 m; Rif. Sandro Pertini, 2300 m, Friedrich-August-Hütte, 2298 m

Gondelbahn zur Toni-Demetz-Hütte in der Langkofelscharte, 2681 m (soll ersatzlos abgebaut werden, rechtzeitig erkundigen!)

237 *Schlerngebiet*

Klettersteig über Roßzähne und Maximiliansweg

Die verwitterten Zacken und Zinnen der Roßzähne, sind mit 150 m Stahlseil gesichert. Die Fortsetzung dieses kurzen Steiges, der »Maximiliansweg«, anspruchsvoller, streckenweise etwas brüchig und schon reichlich luftig, führt bis zur Roterdspitze.

Roßzähne, 2653 m,
Roterdspitze, 2658 m (Denti di Terrarossa)

St. Ulrich, 1324 m; Kastelruth, 1060 m; Seis, 994 m

Bellavista, 1834 m, am Westrand der Seiser Alm, nahe Hotel Goldknopf

❷ – Wiedner Alm – Roßzähnscharte, 2499 m – Tierser Alpl, 2440 m – Klettersteig Roßzähne, 2653 m – Maximiliansweg – Roterdspitze, 2658 m – Schlernhäuser – Schlern-Touristensteig – Saltner Schwaige – Seiser Alm – ❷: 8 – 9 Std., bei Sesselliftbenützung ½ Std. kürzer

mäßig schwierig, z.T. sehr luftige ungesicherte Strecken auf schmalem Grat

Tierser-Alpl-Hütte, 2440 m, im ❷; Schlernhaus, 2461 m, im ❸

ggf. »Panorama«-Sessellift im ❷

238 *Rosengartengruppe*

Via ferrata Masarè und Rotwandklettersteig

Kurzweilig bis amüsant, spannend, sportlich, aber nicht verwegen – so könnte man die Klettersteigführe im südlichsten Felskamm der Rosengartengruppe charakterisieren. Man kann sie genußvoll mit einer Besteigung der Rotwand verbinden und zu einer schönen Tagestour abrunden.

🔺 Rotwand (Roda de Vael), 2806 m

🏠 a) Welschnofen, 1182 m
b) Vigo di Fassa, 1413 m

🅿 Talstation Sessellift beim Hotel Alpenrose, 1620 m, westl. Karerpaß

➡ ❷ – Rif. Paolina, 2125 m – Weg 549 – Rotwandhütte, 2280 m – Punta di Masarè, 2564 m – Via ferrata Masarè – Rotwand, 2806 m – Vajolonpaß, 2560 m – Weg 549 (Hirzelweg) oder 539 – ❷: 7 Std.
Von der Rotwandhütte führen 2 weitere kurze Klettersteige direkt zur Via ferrata Masarè (ggf. Notabstieg, auch für Verkürzung des Aufstiegs). Sehr schöne, lohnende, oft überlaufene Rundtour.

📧 Via ferrata Masarè mäßig schwierig, kurze Passage oberhalb der Fensterlwand schwierig. ❸ von der Rotwand zum Vajolonpaß unschwierig.

🏠 Baita M. Pederiva, 2275 m, und Rotwandhütte (= Rif.Roda di Vaèl), 2280 m, im ❷; Rif. Paolina, 2125 m, an der Bergstation des Sessellifts

🚡 Doppelsessellift vom Hotel Alpenrose zum Rif. Paolina, 2125 m

239 *Rosengartengruppe*

Santnerpaß, gesicherter Steig

»Gut markiert führt der Steig oft hart am Rande von Abgründen entlang, zwängt sich durch wildzerrissene Schattenschluchten, überwindet engbrüstige Scharten und ein steiles Schneecouloir. Darüber helle Felsen, zerhackte Kämme, pralle Wände, mit denen Sonne und Wolken ihr Farbenspiel treiben. Und immer wieder großartige Nah- und Tiefblicke. Ein schneller Kulissenwechsel, und man wird als überraschendes Finale ins weite, freundliche

Rund des Gartls entlassen. Plötzlich steht man vor dem klassisch schönen Bild der drei Vajoletttürme, einem der eigenartigsten und schönsten Schaustücke der Dolomiten.« (Horst Höfler)

🔺 Santnerpaß, 2761 m

🏠 Welschnofen, 1182 m

🅿 a) Frommer Alm, 1743 m, Mittelstation der Laurin-Lifte
b) Talstation Sessellift beim Hotel Alpenrose, 1620 m, westl. Karerpaß

➡ a) ❷ Frommer Alm – Rosengartenhütte, 2339 m – Weg 542 – Santnerpaß, 2761 m – Gartlhütte, 2621 m – Vajolethütte, 2243 m – Weg 541 + 550 – Tschagerjoch, 2630 m – Rosengartenhütte – ❷: bei Sesselliftbenützung 5½ – 6 Std., zu Fuß im ❷ 2 Std. länger
b) vom ❷ Hotel Alpenrose am Karerpaß auch bei Sesselliftbenützung über Weg 549 (Hirzelweg) 1½ Std. längerer Zustieg; insgesamt 3 Std. länger

📧 unschwierig, bei harter Schneelage oder Vereisung gefährlich (u.U. beinhartes Couloir)

🏠 Rosengartenhütte (= Rif. Aleardo Fronza), 2339 m; Santnerpaßhütte, 2734 m; Gartlhütte (= Rif.Re Alberto I.), 2621 m; im ❸ Rif. Vajolet, 2243 m; Rif. Preuß, 2240 m

🚡 a) Laurin-Gondellift zur Rosengartenhütte, 2339 m
b) ggf. auch Sessellift beim Hotel Alpenrose, 1620 m, zum Rif. Paolina, 2127 m, und von hier über Hirzelweg in 1½ Std. zur Rosengartenhütte

240 *Rosengartengruppe*

Klettersteige auf den Kesselkogel

Als einziger Gipfel des Rosengartens ragt der Kesselkogel über die 3000-m-Marke hinaus. Die gesicherte Überschreitung des massigen Felsklotzes über den Westanstieg und die Nordostflanke ist bei guten Verhältnissen ein problemloses und sehr lohnendes Klettersteig-Vergnügen, allerdings mit langen und meist überlaufenen Zustiegen.

🔺 Kesselkogel (Catinaccio), 3004 m

🛏 Pera, 1326 m; Pozza, 1310 m; Mazzin, 1372 m (im Fassatal)

🅿 Rif. Gardéccia, 1950 m, (Zufahrt meist nur mit Bus oder Taxi, wenn Gardéccia-Straße gesperrt)

➡ a) 🅿 – Rif. Vajolet, 2243 m – Grasleitenpaß, 2599 m – Westanstieg – Kesselkogel, 3004 m – ❧ über Ostseite – Gegenanstieg zum Antermoiapaß, 2770 m – Grasleitenpaß – 🅿: 6½ – 7 Std.;
b) vom Kesselkogel zum Rif. Antermoia, 2497 m, und über den ➲ Passo di Lausa (Scaletteweg) zurück zur Gardécciahütte 7 – 7½ Std.

▤ bei guten Verhältnissen unschwierig

🏠 am 🅿 Rif. Gardéccia, 1950 m; Rif. Catinaccio, 1920 m; Rif. Stella Alpina; im ❧ Rif. Vajolet, 2243 m, Rif. Preuß, 2240 m; unter dem Gipfel Grasleitenpaß-Hütte, 2599 m, bei ❧ b) Rif. Antermoia, 2497 m

241   *Rosengartengruppe*

Scaletteweg über den Passo di Lausa

Rassige Klettersteigpassagen sucht man am Scaletteweg vergebens – was man aber findet, sind großartige, weiträumige Landschaftsbilder in Ruhe und Einsamkeit. Für Ausdauernde ist dieser Klettersteig zudem eine willkommene Zugabe zur beliebten Überschreitung des Kesselkogels, mit weit ausholendem Weg durch die Larsècgruppe

🔺 Passo di Lausa, 2700 m

🛏 Pera, 1326 m; Pozza, 1310 m; Mazzin, 1372 m (im Fassatal)

🅿 Rif. Gardéccia, 1950 m (Zufahrt meist nur mit Bus oder Taxi, wenn Gardéccia-Straße gesperrt)

➡ 🅿 – Weg 538 (Scaletteweg) – Passo delle Scalette, 2348 m – Rif. Antermoia, 2497 m – 🅿: 5½ – 6 Std.; vom Rif. Antermoia über den Ostanstieg auf den ➲ Kesselkogel, über Westanstieg hinab zum Grasleitenpaß und von hier zur Gardéccia: 7 – 7½ Std.

▤ unschwierig; wenige gesicherte Stellen in einer 300 m hohen Wandstufe

🏠 am 🅿 Rif. Gardéccia, 1950 m; Rif. Catinaccio, 1920 m; Rif. Stella Alpina; am Umkehrpunkt Rif. Antermoia, 2497 m; bei

Rückweg über Kesselkogel Grasleitenpaß-Hütte, 2599 m, Rif. Vajolet, 2243 m, Rif. Preuß, 2240 m

242   *Rosengartengruppe*

Via ferrata Laurenzi

Diese gesicherte Überschreitung des Molignonkammes ist berauschend schön, überrascht mit Passagen in atemberaubend luftigen Höhen und mit senkrechten Abstiegen in tiefe Einschartungen, dazwischen schmale schattige Bänder und kurze ungesicherte Strecken, die nahe an den II. Grad heranreichen. Dieses anspruchsvolle Klettersteigvergnügen muß man allerdings von allen Seiten mit sehr langen, mühseligen Zustiegen oder mit einer Nacht auf einer überfüllten Hütte erkaufen.

🔺 Molignon-Mittelgipfel, 2845 m

🛏 a) Pera, 1326 m; Pozza, 1310 m; Mazzin, 1372 m (im Fassatal)
b) St. Ulrich, 1324 m; Kastelruth, 1060 m; Seis, 994 m

🅿 a) Rif. Gardéccia, 1950 (Zufahrt meist nur mit Bus oder Taxi, wenn Gardéccia-Straße gesperrt)
b) Bellavista, 1834 m, am Westrand der Seiser Alm nahe Hotel Goldknopf

➡ a) 🅿 Rif. Gardéccia – Rif. Vajolet, 2243 m – Grasleitenpaß, 2599 m – Molignonpaß, 2598 m – Via ferrata Laurenzi (Beginn etwa 250 m nördl. Molignonpaß) – Rif. Antermoia, 2497 m – Rückweg über ➲ Scaletteweg – Passo di Lausa, 2700 m, oder Antermoiapaß, 2770 m – zum 🅿: 11 – 12 Std.
b) 🅿 Bellavista – Wiedner Alm – Roßzähnscharte, 2499 m – Tierser Alpl, 2440 m – Molignonpaß, 2598 m (250 m vorher abzweigen) – Via ferrata Laurenzi – Rif. Antermoia, 2497 m – Gegenanstieg zum Antermoiapaß, 2770 m – Grasleitenpaß, 2599 m – Molignonpaß, 2598 m – Gegenanstieg zum Tierser Alpl – 🅿: 12 – 13 Std.

▤ mäßig schwierig bis schwierig; kurze Strecken II

🏠 beim Ausgangspunkt Rif. Gardéccia: Rif. Vajolet, 2243 m, Rif. Preuß, 2240 m; Grasleitenpaß-Hütte, 2599 m; am Umkehrpunkt Rif. Antermoia, 2497 m; bei

Ausgangspunkt Bellavista Tierser-Alpl-Hütte, 2440 m; am Umkehrpunkt Rif. Antermoia, 2497 m; am Rückweg Grasleitenpaß-Hütte, 2599 m, und nochmals Tierser-Alpl-Hütte, 2440 m

243   *Latemargruppe*

Sentiero attrezzato Campanili del Latemar

Der Steig durchzieht in fast 2700 Metern Höhe die meist nur mäßig steilen südseitigen Flanken der 2800 m hohen Latemartürme, die mit Steilwänden nach Norden hin abbrechen. Er läuft überwiegend auf natürlichen Bändern und im Gehgelände, die Sicherungen konnten auf einen Teil der Route beschränkt bleiben. Im Bereich der Zustiege zu den beiden höchsten Gipfeln sowie der fünf Scharten gibt es jedoch auch recht rassige Passagen. Der großteils problemlose Gang in luftiger Höhe wird jedenfalls mit zahlreichen Überraschungsmomenten gewürzt, die die Gesamtlänge der Wege vergessen lassen.

▲ Diamantidi-Turm (= Großer Latemarturm = Cimon del Latemar), 2842 m, als Abstecher

🏠 a) Obereggen, 1561 m
b) Welschnofen, 1182 m; Vigo di Fassa, 1413 m

🅿 a) Meierlalm, 2037 m
b) Karerpaß, 1742 m

➡ a) 🅿 Meierlalm – Weg 22 – Rif. Torre di Pisa, 2675 m – Weg 516 – Gamstalscharte, 2560 m – Via ferrata (mit Gipfelabstecher) bis Forc. Grande del Latemar, 2620 m; hier Rückkehr zum 🅿 über Normalweg 18 oder ◐ über Weg 18 – über die Kleine Latemarscharte, 2526 m, zum Karersee oder Karerpaß (Wegabzweig 21 + 13): 7½ – 8 Std.
b) 🅿 Karerpaß – Weg 13 + 21 – Kleine Latemarscharte, 2526 m – Forc. Grande del Latemar, 2620 m – Via ferrata bis zu beliebigem Umkehrpunkt oder ◐ zur Meierlalm: 7 – 8 Std.

📋 unschwierig, an der Forc. Grande del Latemar Eisenleiter über senkrechten Abbruch, sehr luftig

🏠 Rif. Torre di Pisa, 2675 m;
Biv. E. Rigatti, 2620 m

244   *Latemargruppe*

Sentiero attrezzato Attilio Sieff

Der kurze Klettersteig ist überraschend rassig und originell und lohnt durchaus den eintönigen Aufstieg durch den Waldgürtel. Für den volkskundlich Interessierten bietet sich vor dem Einstieg ein sehr seltenes Dokument verflossenen Hirtenlebens. Fast 200 Jahre lang haben sich hier die Hirten an den Felswänden verewigt – für jeden Weidesommer einen Eintrag.

▲ Punta Polse, 1450 m

🏠 Ziano di Fiemme, 954 m

🅿 Ziano di Fiemme, hinter dem Friedhof

➡ Gesamtgehzeit 3 Std.; kurze Halbtagstour, meist durch dichten Wald, für volkskundlich sehr Interessierte ist 1 Std. Umweg für Inschriftenbesichtigung einzukalkulieren.

📋 mäßig schwierig bis schwierig, jedoch kurz

245   *Sellagruppe*

Pößnecker Steig (= Le Mèsules)

Der Pößnecker Steig ist einer der ältesten Klettersteige in den Dolomiten, eine ideale Führe durch die abweisende Felsenmauer der Sella, die in der heutigen Schwierigkeitsskala ungefähr mit dem IV. Grad bewertet würde. Die ersten 250 Höhenmeter sind ein verwegenes und sehr gewagtes Klettersteigabenteuer, nur Versierten anzuraten. Der lange Weiterweg ist nur eine Frage der Ausdauer und des Wetterglücks. Am gewünschten Zielpunkt sollte man ein zweites Auto für die Rückkehr abstellen!

▲ Piz Selva, 2941 m

🏠 a) Wolkenstein, 1563 m
b) Canazei, 1440 m

🅿 Sellajoch, 2174 m

➡ 🅿 – Weg 649 – Pößnecker Steig – Piz Selva, 2941 m – Gamsscharte, 2919 m – Pisciadùscharte, 2908 m – Forc. d'Antersass, 2839 m – Weg 666; ab hier drei *Abstiegsvarianten*:
a) über Weg 647 westwärts durchs Val

Lasties zur Straße aufs Sellajoch (Einmündung auf 2053 m Höhe) – **℗**: 7½ – 8 Std.
b) über Weg 647 (= Alta Via delle Dolomiti 2) südwärts zum Rif. Boè, 2871 m – Forc. Pordoi – **☉** über Dolomiten-Höhenweg 2 zu Fuß oder Seilbahnabfahrt zum Passo Pordoi: 7 bzw. 8 Std.
c) über Weg 666 (= Dolomiten-Höhenweg 2) nordwärts zum Rif. Pisciadù und durchs Val Setùs zum Grödner Joch: 8 Std.; zum Rif. Pisciadù gelangt man schneller von der Gamsscharte direkt auf Weg 667 (6½ Std).
In jedem Fall sehr lange, sehr anstrengende Tour, bei Wetterumschwung auf der Sella-Hochfläche Blitzschlaggefahr und Orientierungsprobleme!

🔲 250 Höhenmeter am Beginn des Steiges sehr schwierig bis äußerst schwierig, äußerst exponiert; weitere Klettersteigpassagen nur mäßig schwierig

🏠 bei **☉** b): Rif. Boè, 2871 m, und Rif. Forc. Pordoi, 2829 m
bei **☉** c): Rif. Pisciuadù, 2585 m

🚠 bei **☉** b): Seilbahn vom Sass Pordoi, 2950 m, zum Passo Pordoi, 2239 m

246   *Sellagruppe*

Via ferrata Brigata Tridentina (Pisciadù-Klettersteig)

Die verwegene, im oberen Teil sehr exponierte Route leitet durch eine der wildesten und romantischsten Wände der Sella-Nordflanke bis auf den Schuttbalkon hinauf, der den ganzen Sellastock umrundet. Bis zum Wasserfall ist die Führe mit 440 m fixen Seilen und 130 Eisenklammern ausgestattet; teilweise recht ausgesetzt, aber immer gut gesichert, griffig und aufregend schön. Der obere Abschnitt, noch luftiger und eine Spur schwieriger, führt über Drahtseile, Leitern und eine Hängebrücke bis auf die Höhe des Exnerturmes und mitten hinein in eine klassische Felsszenerie mit eiskaltem Bergsee und Hütte.

🔺 Rif. F. Cavazza al Pisciadù, 2585 m; ggf. Cima Pisciadù, 2985 m
🏨 a) Wolkenstein, 1563 m
b) Kolfuschg, 1645 m; Corvara, 1522 m
🅿 a) Grödner Joch, 2121 m
b) Talstation der Hüttenmaterialseilbahn, 1950 m, 2 km unter dem Grödner Joch

➡ **℗** – Weg 666 (= Alta Via delle Dolomiti 2) – Abzweig bis zum Einstieg – Pisciadù-Klettersteig – Rif. Pisciadù, 2585 m – **☉** auf Weg 666 durchs Val Setùs – **℗**: 3½ – 4 Std.; Abstecher Pisciadù-Spitze, 2985 m, bez., sehr lohnend, Gesamtgehzeit 3 Std.; **☉** über Weg 664 + 651 – Sentiero degli Pensionati – **℗**: 2½ – 3 Std. länger

🔲 schwierig, im unteren Teil steinschlaggefährdet, im oberen Teil sehr exponiert, beim **☉** durchs Val Setùs mitunter Altschneelage

🏠 Rif. F. Cavazza al Pisciadù, 2585 m

247   *Sellagruppe*

Via ferrata Piz da Lec

Der früher kaum beachtete Gipfel am östlichen Rand des Val de Mesdi, über den Normalweg eher eintönig zu besteigen, lockt mit einem eher kurzen, aber rassigen Klettersteig, der Zustieg ist bei Benützung der Lifte denkbar bequem. Konditionsstarke können am selben Tag auch noch den ➔ *Vallon-Klettersteig begehen.*

🔺 Boèseekofel (= Piz da Lec), 2908 m
🏨 Corvara, 1522 m
🅿 Corvara, Talstation »Funivia Boè«

➡ **℗** – Seilbahn- und Sesselliftauffahrt bis Bergstation Vallon, 2553 m (zu Fuß ggf. vom Albergo Boè, 1867 m, unterm Passo Campolongo, über Weg 638) – Klettersteig – Piz da Lec – **☉** über Normalweg 646 bis Bergstation Vallon: 4 Std., zu Fuß von Albergo Boè 1 Std. längerer Aufstieg
🔲 schwierig, 240 Höhenmeter

🏠 Rif. Franz Kostner al Vallon, 2550 m

🚠 Großkabinenseilbahn »Funivia Boè« bis Crep de Mont, 2198 m; von hier Sessellift bis Bergstation Vallon, 2553 m

248   *Sellagruppe*

Via ferrata al Vallon auf den Piz Boè

Problemloser, unschwieriger und kurzer Klettersteig über eine Wandstufe im Rahmen einer

großartigen Hochgebirgswanderung durch die Steinwüste der Sella mit landschaftlich fast ebenbürtigem Abstieg. Mit Ausnutzung der Lifte bequeme Tagestour; am Ausgangspunkt und am Gipfel ideal gelegene Hütten. Mit Abstieg über ➲ *Lichtenfelser Steig schöne Rundtour.*

🔺 Piz Boè, 3152 m

🏠 Corvara, 1522 m

🅿 Corvara, Talstation »Funivia Boè«

➡ ➊ – Seilbahn- und Sesselliftauffahrt bis Bergstation Vallon, 2553 m – (zu Fuß ggf. vom Albergo Boè, 1867 m, unterm Passo Campolongo über Weg 638) – Rif. Vallon – Klettersteig – Piz Boè: 2½ – 3 Std.;
🌀 bis zur Bergstation Vallon (je 2 Std.):
a) wie ➋
b) ➲ Lichtenfelser Steig, Weg 672
c) Normalweg »Roa da Pigolerz«, Weg 638

📋 unschwierig; kurze Wandstufe

🏠 Rif. Franz Kostner al Vallon, 2550 m;
Cap. Piz Fassa am Piz Boè, 3152 m
🚡 Großkabinenseilbahn »Funivia Boè« bis Crep de Mont, 2198 m; von dort Sessellift bis Bergstation Vallon, 2553 m

249 **Sellagruppe**

Lichtenfelser Steig auf den Piz Boè

Unter dem runden Dutzend markierter Gipfelanstiege auf den Piz Boè ist der Lichtenfelser Steig vielleicht der beschaulichste und geruhsamste; kein Klettersteig im engeren Sinn freilich, eher eine Ausweichtour, wenn man bei zweifelhaftem Wetter auf eine rassige Ferrata im Bereich des Piz Boè verzichten muß. Besonders als Abstieg zu empfehlen.

🔺 Piz Boè, 3152 m

🏠 Corvara, 1522 m

🅿 Corvara, Talstation »Funivia Boè«

➡ ➊ – Seilbahn- und Sesselliftauffahrt bis Bergstation Vallon, 2553 m – (zu Fuß ggf.

vom Albergo Boè, 1867 m, unterm Passo Campolongo über Weg 638) – Lichtenfelser Steig (Weg 672/628) – Piz Boè, 3152 m: 2½ – 3 Std.;
🌀 bis zur Bergstation Vallon (je 2 Std.):
a) wie ➋
b) Normalweg »Roa da Pigolerz«, Weg 638
c) ➲ Via ferrata al Vallon

📋 unschwierig, kurze gesicherte Bänder

🏠 Rif. Franz Kostner al Vallon, 2550 m;
Cap. Piz Fassa am Piz Boè, 3152 m
🚡 Großkabinenseilbahn »Funivia Boè« bis Crep de Mont, 2198 m
Sessellift von Crep de Mont, 2198 m, bis Bergstation Vallon, 2553 m

250 **Sellagruppe**

Via ferrata Cesare Piazetta auf den Piz Boè

Der »leichteste Dreitausender« der Dolomiten lockt mit einem der schwierigsten aller bisher gebauten Klettersteige! Dieses Prädikat gilt allerdings nur für die ersten 150 Höhenmeter, die absichtlich extrem kraftraubend und anspruchsvoll angelegt sind; danach folgt leichte Kletterei (I, II)., die aber natürlich auch nicht zu unterschätzen ist. Die 1982 gesicherte Führe wäre im Urzustand stellenweise mit dem V. Grad zu bewerten. Der weitgehend senkrechte Teil der Felswand ist überwiegend südseitig gelegen, so daß Vereisung oder Nässe kaum zu befürchten sind; im geneigten Fels der freien Kletterpassagen können allerdings Schnee- oder Eisreste böse Überraschungen bereiten!

🔺 Piz Boè, 3152 m

🏠 a) Arabba, 1601 m
b) Canazei, 1440 m
🅿 Passo Pordoi, 2239 m, oder ➊ vor dem Ossario del Pordoi, 2229 m
➡ Ossario del Pordoi – schwach bez. Pfad nordwärts bis zum Einstieg – Klettersteig – Piz Boè, 3152 m – Weg 638 (= Alta Via delle Dolomiti 2) bis Foc. Pordoi, 2829 m – ➊: 6 Std.; bei Seilbahnabfahrt ½ – 1 Std. kürzer
📋 ab Einstieg 150 Höhenmeter äußerst schwierig, dann leichte freie Kletterei, einige Stellen II, eine Stelle III

⌂ Cap. Piz Fassa am Piz Boè, 3152 m; im ☻ Rif. Forcella Pordoi, 2829 m, ggf. Rif. Maria am Sass Pordoi, 2950 m

🚡 ggf. im ☻ Seilbahn vom Sass Pordoi, 2950 m, zum Passo Pordoi, 2239 m

251 *Vallaccia*

Sentiero attrezzato di Sass Aut dedicato a Franco Gadotti

Südöstlich des beliebten und vielbegangenen Rosengartens ragt das Massiv der Vallaccia aus dem Fassatal empor. Ein U-förmiger, nach Norden geöffneter Gebirgsstock umrahmt das schmale und überall steile Hochtal Vallaccia. Der Eisenweg erschließt die östliche Gipfelkette, er bietet ein eher beschauliches Klettersteigerlebnis abseits der großen Touristenströme, mit großartiger Aussicht auf die benachbarten Felsmassive.

▲ Punta della Vallaccia, 2637 m; Cima Dodici (= Sas da le Dòudesc), 2446 m; Sass Aut, 2555 m

🏠 Pozza di Fassa, 1310 m

🅿 Rasthaus Soldanella, 1415 m, im Val di San Nicolo

➡ 🅿 – Biv. Zeni, 2100 m – Klettersteig zur Forc. Vallaccia, 2405 m – 20minütiger Abstecher auf die Cima Dodici, 2446 m – Sass Aut, 2555 m – Forc. Baranchie, 2628 m – Punta della Vallaccia, 2637 m – Weg 615 über Forc. Vallaccia, 2468 m – Biv. Zeni – 🅿: 7½ Std.;
bei ☻ mit Umweg über Weg 624 – Baita Monzoni – 🅿: 8½ – 9 Std.

📃 mäßig schwierige bis schwierige Passagen

⌂ Biv. Donato Zeni, 2100 m, im ☻; bei ☻ über Weg 624: Baita Monzoni, 1792 m

252 *Costabella*

Via alta attrezzata Bepi Zac und Sentiero attrezzato Cima del Colbel

Nördlich des Passo Pellegrino ragt über den weiten grünen Matten der Campagnaccia ein beeindruckender Felskamm auf, der im Osten mit der Cima del Uomo, 3010 m, seinen höchsten Punkt erreicht. Der einst heiß umkämpfte Felskamm ist heute noch mit Stellungen gespickt und von Schützengräben durchzogen, mehrere Felstürme sind von Stollen und Kavernen unterhöhlt. Durch dieses Freilichtmuseum eines zweijährigen Stellungskrieges führt ein gesicherter Höhenweg, der nur teilweise Klettersteigcharakter hat.

▲ Cima di Costabella, 2762 m; Punta di Cadino, 2837 m; Cima del Colbel, 2805 m

🏠 a) Moèna, 1184 m
b) Falcade, 1297 m

🅿 Passo di San Pellegrino, 1919 m

➡ 🅿 – Weg 604 – Passo de Selles, 2528 m – Lastegran, 2716 m – Cima de la Campagnaccia, 2737 m – Cima de la Costabella, 2762 m – Forc. di Ciadin, 2664 m – Punta di Cadino, 2837 m – Cima del Colbel, 2805 m – Forc. del Uomo, 2840 m – ☻ über Klettersteig Cima del Colbel – 🅿: 9½ Std.; unterwegs sind mehrere wegverkürzende bezeichnete Notabstiege vorhanden, die bei Unwetter ein Verlassen des blitzschlaggefährdeten Grates ermöglichen.

📃 unschwierig bis mäßig schwierig

⌂ Rif. Passo de Selles (= Bergvagabundenhütte), 2528 m, im ☻

253 *Marmoladagruppe*

Via ferrata dei Finanzieri

Der klotzige Collàc, einst kaum beachtet, ist seit dem Bau der Ferrata und der Seilbahn ein beliebtes Klettersteigziel. Die große Verschneidung, die in halber Höhe durch die westliche Hälfte der Nordwand emporzieht und fast die Hälfte des Aufstiegs ausmacht, ist der Schlüssel des rassigen Felsgangs am Stahlseil, der ohne ermüdenden Zustieg angegangen werden kann.

▲ Collàc, 2715 m

🏠 Alba, 1517 m; Canazei, 1440 m

🅿 Alba, Talstation der »Funivia Ciampac«, 1520 m

➡ 🅿 – Seilbahnauffahrt zur Bergstation der Seilbahn, 2147 m – Klettersteig – Collàc, 2715 m – ☻ zur Forcia Neigra, 2509 m –

Weg 613/644 – Seilbahntalfahrt: 3½ – 4 Std.; mit Umweg über ➲ Sentiero Lino Pederiva 2 Std. länger; ➲ über Weg 646/602 ins Contrintal zum **P**: 2½ Std.; ➲ über Rif. Passo di San Nicolo ins Contrintal (Weg 613/648/602) zum **P**: 3½ Std.

▤ schwierig, Steinschlaggefahr; die völlig verschattete Verschneidung im unteren Teil ist stets feucht, mitunter auch naß und bei Vereisung gefährlich. Abstiegsweg gesichert, unschwierig.

⌂ Rif. Ciampac, 2170 m, bei der Bergstation der Seilbahn

⚑ »Funivia Ciampac«, von Alba zur Bergstation 2147 m

254 *Marmoladagruppe*

Sentiero attrezzato dedicato a Lino Pederiva

Der aussichtsreiche, an einigen Stellen gesicherte Höhenweg bietet sich als willkommene Abrundung eines Klettersteigtages am Collàc an, ist aber – bei weniger gutem Wetter – auch ein brauchbares Ausweichziel, das sich zu einer Tagestour ausdehnen läßt. Der gut angelegte Steig führt vom Buffaure über den sanften Höhenrücken bis Brunec und dann durch die Nordhänge des Sass de Rocca bis zum Passo San Nicolo.

▲ Sass de Rocca, 2618 m

▣ Alba, 1517 m; Canazei, 1440 m

P Alba, Talstation der »Funivia Ciampac«, 1520 m

➡ **P** – Seilbahnauffahrt zur Bergstation der Seilbahn, 2147 m – Weg 644/613 zur Forcia Neigra, 2509 m – Weg 613 bis Sass Bianch – Lino Pederiva – Sella Brunec – ➲ über Weg 644 – Seilbahntalfahrt: 4½ Std. Die Begehung eignet sich auch als Ausklang der Besteigung des Collàc über die ➲ Via ferrata dei Finanzieri, aber nur für sehr Ausdauernde.

▤ unschwierig; eine Reihe gesicherter Bänder

⌂ Rif. Ciampac, 2170 m, bei der Bergstation der Seilbahn

⚑ »Funivia Ciampac«, von Alba zur Bergstation, 2147 m

255 *Marmoladagruppe*

Sentiero attrezzato Cima Ombretta

Der wenig begangene Felskamm mit den drei Gipfeln steht unmittelbar vor der Südwand der Marmolada. Von keiner Stelle aus kann man ihre Dimensionen so vollständig überblicken, so eindrucksvoll und greifbar nahe erleben, wie von diesem harmlosen Gipfelzacken. Sehr Ausdauernde können nach der Marmoladabesteigung noch am selben Nachmittag über einen guten Verbindungsweg von der Marmoladascharte zum Passo Ombretta die Ombretta im Abstieg »mitnehmen«, das erreichte Traumziel nochmals »von unten« betrachten und den Abstieg zum Rif. Contrin zu einem besonderen Landschaftserlebnis ausweiten.

▲ Cima Ombretta di Mezzo, 2983 m; Cima Ombretta Orientale, 3011 m

▣ Alba, 1517 m; Canazei, 1440 m

P Alba, Talstation der »Funivia Ciampac«, 1520 m

➡ **P** – Weg 602 – Rif. Contrin, 2016 m – Weg 606/610 bis Biv. M. del Bianco, 2702 m – Weg 650 bis Cima Ombretta di Mezzo, 2983 m – Gipfelabstecher Cima Ombretta Orientale, 3011 m – ➲ auf Weg 650/607 zum Rif. Contrin – **P**: 8 – 8½ Std. Lange, anstrengende Tagestour mit sehr kurzer Klettersteigpassage, die sehr oft schadhaft angetroffen wird und zu freiem Abklettern nötigen kann. Nur lohnend in Verbindung mit Besteigung der Marmolada und Nächtigung am Rif. Contrin.

▤ mäßig schwierig, sehr kurz (auf Westseite)

⌂ Rif. Contrin, 2016 m; Biv. Marco del Bianco, 2704 m, am Passo Ombretta nördl. des Gipfels

256 *Marmoladagruppe*

Marmolada, Klettersteig Westgrat (Hans-Seyffert-Weg)

Über den Westgrat führt eine mit Klammern, Eisenstiften und Drahtseilen gesicherte Steiganlage, die schon 1903 errichtet wurde. Dieser Klettersteig zwischen Fels und Firn bietet ein

großartiges und sehr vielseitiges Dolomiten-
erlebnis. Wenn auch die Wegführung keine
eigentlich schwierigen Passagen aufweist und
die Sicherungen einen zügigen Aufstieg ermöglichen, so können doch Wetterumschwünge,
Neuschnee oder gar Vereisung sehr ernste
Probleme mit sich bringen, besonders wenn
einzelne Sicherungen zerstört sind, was häufig
der Fall ist. Ausreichende Kraftreserven, genügend Hochgebirgserfahrung und den Verhältnissen angepaßte Ausrüstung sind auf alle Fälle
mitzubringen.

▲ Punta Penia, 3344 m, Hauptgipfel der Marmolada

🏠 a) Canazei, 1440 m; Alba, 1517 m
b) Malga Ciapela, 1430 m

🅿 a) Alba, Talstation der »Funivia Ciampac«,
1520 m
b) Fedajasee, Talstation Sessellift, 2074 m

➡ a) ❷ Alba – Weg 602 – Rif. Contrin –
Marmoladascharte, 2896 m – Marmolada:
6½ – 7 Std.; ❸ auf demselben Weg: 5 –
6 Std.; ❸ zum Pan dei Fiacconi über Weg
606 (= Dolomiten-Höhenweg 2): 2½ –
3 Std., über »Normalweg«: 2 Std.; ❸ zu
Fuß zum Fedajasee: 1 Std.
b) ❷ Fedajasee – Sesselliftauffahrt Pian dei
Fiacconi, 2626 m – Weg 606 (= Dolomiten-Höhenweg 2) – Marmoladascharte,
2896 m – Marmolada: 4 – 4½ Std.
Bei Aufstieg durchs Contrintal ist eine
Nächtigung am Rif. Contrin zu empfehlen.
Der Aufstieg vom Pian dei Fiacconi über
den westl. Gletscher ist zwar spaltenfrei,
kann aber bei Ausaperung schon im
August mit beinharten Stellen im steilsten
Stück überraschen, dann Pickel und Steigeisen erforderlich.
Der ❸ vom Gipfel über den sog. »Normalweg« erfordert Kletterfertigkeit im II. Grad,
auf dem Gletscher ist angeseiltes Gehen in
Seilschaft und komplette Gletscherausrü-
stung unbedingt erforderlich!

📋 schwierig; Steinschlaggefahr im unteren
Teil; Altschneelage und Vereisung kann im
oberen Teil zu Problemen führen. Bei
Gewitterneigung extreme Blitzschlaggefahr. Sehr starke Neigung zu Nebelbildung
gerade bei Schönwetter.

🏠 a) Rif. Contrin, 2016 m
b) Rif. Pian dei Fiacconi an Sessellift-
Bergstation, 2626 m, und Rif. Cap. al
Ghiaccio, 2700 m (etwas oberhalb); am

Gipfel Cap. Punta Penia, einfachst bewirtschaftet, nur Notquartier

🚡 bei ❷ b) Gondellift »Pian dei Fiacconi«,
vom Fedajasee zur Bergstation 2626 m

257   *Marmoladagruppe*

Via ferrata Paolin-Piccolin

Die tagfüllende Besteigung der Cima dell'Auta
Orientale bietet einen kurzen, aber befriedigenden Felsgang, meist in weitgehender Einsamkeit. Für den Abstieg kann man zwischen
einem kurzen, kargen, einsamen und einem
längeren, landschaftlich außergewöhnlich
reizvollen Weg wählen. Zwischen dem hochgelegenen, tiefblauen Lago di Franzei und der
von mediterraner Blumenpracht überwucherten Via alta dei Pastori zieht die alpine Flora in
den sonnigen Südflanken alle Register.

▲ Cima dell'Auta Orientale, 2624 m;
Cima dell'Auta Occidentale, 2602 m

🏠 Colmèan, 1280 m; Fedèr, 1267 m; nordöstl. Falcade, 1145 m

🅿 Colmèan, »Al Bar Colmèan«

➡ ❷ – Baita Cacciatori, 1740 m – Baita Papa
Giovanni Paolo I., 1850 m – Forc. di
Medil, 2475 m – Cima dell Auta Occidentale, 2602 m – Forc. di Medil, 2475 m –
Cima dell Auta Orientale, 2624 m – Forc.
de Negher, 2286 m – Weg 687/697 – ❷:
7 – 8 Std.; kürzere Abstiegsvariante über
die beiden Rif.: 6 – 7 Std.

📋 unschwierig bis mäßig schwierig, Einstieg
sehr schwierig

🏠 Baita Cacciatori, 1740 m, Baita Papa Giovanni Paolo I., 1850 m, beide im ❷, bei
verkürzter Abstiegsvariante auch im ❸

258   *Marmoladagruppe*

Via ferrata Eterna
auf die Punta Serauta

Der Steig hat zwei Gesichter: Der mäßig steile
nordseitige Felsrücken mit seinem etwas be-
schränkten Ausblick bereitet zunächst reichliche Aufstiegsmühen, sorgt aber mit zunehmen-
der Höhe für Spannung. Die Punta Serauta, der
höchste Felszacken des wilden Grates, überrascht mit einer völlig anderen »Gangart« und
mit einem faszinierenden Einblick in die ver-

gletscherte Nordseite der Marmolada. Mit wachsender Spannung klettert man am Stahlseil von einer luftigen Querung zur nächsten, über gähnenden Abgründen, über Türmchen, Zacken und Scharten. Das Ziel, das Rif. Serauta auf der gleichnamigen Scharte, stimmt nachdenklich: Skifahrer- und Touristenrummel an einem ehemaligen Kriegsschauplatz. Frontstellungen und Kriegsmuseum verdichten sich zu einer teils archäologischen, teils menschlich-tragischen Schau des Dolomitenkrieges.

🔺 Punta Serauta, 2962 m

🏠 a) Malga Ciapela, 1430 m
b) Canazei, 1440 m; Alba, 1517 m
🅿 Fedajasee, Rif. Passo Fedaja, 2060 m

➡ 🅿 – Abstieg bis zum Einstieg – Klettersteig bis Rif. Serauta: 6 Std.; als ❂ empfiehlt sich am besten Talfahrt mit der Seilbahn.
Der ❂ über den Gletscher längs der Skipiste ist im Spätsommer aper und steinhart und nur mit kompletter Gletscherausrüstung möglich. Abzuraten!

📒 schwierig bis sehr schwierig; 800 m Aufstieg, am Grat viele Gegenanstiege und z.T. größte Exponiertheit, keinerlei Notabstiege!

🏠 am Endpunkt: Rif. Serauta, 2950 m

🚡 im ❂: Seilbahn vom Rif. Serauta, 2950 m, nach Malga Ciapela, 1430 m

259   *Marmoladagruppe*

Via ferrata delle Trincèe

Die über alte Kriegssteige führenden Sicherungen überschreiten den gezackten dunklen Padonkamm und erreichen ihren Höhenpunkt im Bec de Mezdi. Obwohl dieser Steig eher kurz ist, hält die Spannung bis zum letzten Drahtseil an. Wer über den nur spärlich gesicherten Höhenweg »Delle Creste« bis zum Rif. Padon weitersteigt, braucht gute Nerven für manche kitzelige ungesicherte Stelle und eine Taschenlampe für einen stockdunklen Stollen.

🔺 La Mésola (= Sass de Mezdi), 2727 m

🏠 a) Arabba, 1600 m
b) Canazei, 1440 m
c) Malga Ciapela, 1430 m

🅿 a) Arabba, Talstation der Porta-Vescovo-Seilbahn
b) Fedaja, 2054 m

➡ 🅿 Arabba – Seilbahnauffahrt zur Porta Vescovo, 2478 m – Klettersteig bis zur letzten gesicherten Scharte – Rückweg über Verbindungsweg an der Südseite – Porta Vescovo: 3½ Std.; bei zusätzlicher Begehung des Höhenwegs »Delle Creste« bis zum Biv. Ernesto Bontadini, 2550 m – Rif. Passo Padon und Rückweg über Verbindungsweg in der Südseite bis zur Porta Vescovo: 5 Std.; ❂ vom Fedajasee zur Porta Vescovo: 1½ Std.

📒 schwierig; östl. Grathälfte spärlich gesichert, bei Nässe gefährlich

🏠 Rif. Porta Vescovo, 2478 m, am westl. Ende; Rif. Passo Padon, 2400 m, und Biv. Bontadini, 2550 m, am östl. Ende des Höhenweges »Delle Creste«

🚡 Seilbahn von Arabba, 1600 m, auf die Porta Vescovo, 2478 m

260   *Palagruppe*

Via ferrata Bolver-Lugli und Via ferrata Gabitta d'Ignotti

Diese einstmals sehr kühne Kletterroute durch die Südostwand des Cimone della Pala ist schon 1970 mit über 500 m Stahlseil, mit Stiften und ausgemeißelten Tritten und Griffen gesichert worden. Der Zustieg des vielbegangenen Klettersteigs ist durch Sesselliftauffahrt erleichtert, der Beginn des Felsabenteuers ist jedoch ungesichert geblieben und erfordert Klettergewandtheit im II. Grad. Auf der Südschulter des Cimone bietet ein Biwak in 3005 m Höhe Schutz vor einsetzendem Gewitter. Von hier kann man die Cima della Vezzana relativ problemlos besteigen, sofern nicht Eis oder harter Firn am Kleinen Ghiaccio di Gravignolo Steigeisen und Pickel erfordern.

🔺 Cima della Vezzana, 3192 m

🏠 San Martino di Castrozza, 1466 m

🅿 San Martino di Castrozza, Talstation Sessellift Col Verde

➡ 🅿 – Sesselliftauffahrt zum Col Verde, 1967 m – Via ferrata Bolver-Lugli – Biv. Fiamme Gialle, 3005 m – Cima della Vezzana, 3192 m – Weg 716 durchs Valle

dei Cantoni zum Rif. Rosetta – Seilbahntalfahrt zum ❷: 6½ – 7 Std.; Gipfelaufstieg u.U. nur mit Steigeisen und Pickel.
Der ❸ von der Cima della Vezzana über die Via ferrata Gabitta d'Ignotti und den Ghiacciaio di Val Struti (Weg 703) zur Rosettahütte dauert 4 – 5 Std. und erfordert meist Steigeisen und Pickel.

🗐 schwierig, Steinschlaggefahr; an Via ferrata Gabitta d'Ignotti erhöhte Steinschlaggefahr, mitunter beschädigte Seile, Vereisung

🏠 Biv. Fiamme Gialle, 3005 m, im ❷; Rif. Rosetta, 2578 m, im ❸; bei ❸ über Gabitta d'Ignotti auch Biv. Brunner, 2665 m

🚡 im ❷: Sessellift von San Martino di Castrozza zum Col Verde, 1967 m; im ❸: »Funivia di Rosetta«, Bergstation 2609 m

261 *Palagruppe*

Sentiero attrezzato Nico Gusella

Die Cima di Val di Roda ist ein einsamer Gipfel im Herzen der Pala, bequem zugänglich, mit überwältigenden und instruktiven Tiefblicken. Der Sentiero Gusella folgt den natürlichen Bändern und Rinnen des Geländes, kein Weg also für besonderen sportlichen Ehrgeiz, sondern für den stillen Genuß einer Landschaft, die sich stellenweise in dramatischen Felsszenerien aufbaut. Zustieg oder Abstieg führen über die schwierigsten Klettersteige, die einem wesentlich mehr abverlangen. Der Sentiero Gusella kann aber auch als leichtere Umgehung der Via ferrata del Portòn dienen.

🔺 Cima di Val di Roda, 2790 m

🏨 ➲ Via ferrata del Portòn

🅿 ➲ Via ferrata del Portòn

➡ ➲ Via ferrata del Portòn. Vom Rif. Pradidali, 2278 m, umgeht man nur mäßig schwierig die Via ferrata del Portòn nordseitig über den Sentiero Nico Gusella, ab Forc. del Portòn, 2450 m, wieder identische Wegführung

🗐 mäßig schwierig; Fortsetzung ➲ Via ferrata del Velo: schwierig

🏠 Rif. Pradidali, 2278 m; Rif. Velo della Madonna, 2358 m

🚡 ➲ Via ferrata del Portòn

262 *Palagruppe*

Sentiero attrezzato Dino Buzzati und Sentiero Cacciatore

Dieser Klettersteig wird zwar kaum die Beliebtheit der berühmten Vie ferrate der Pala erlangen, doch bereichert er in jedem Fall das Klettersteigangebot um eine Abstiegsvariante und eröffnet neue Möglichkeiten für abwechslungsreiche Rundtouren zwischen den Hütten von Pradidali, Velo della Madonna und Cant del Gal.
Der im Aufstieg zwar sehr anstrengende, aber nur mäßig schwierige Steig führt aus der Almregion bis an die Felstürme und Wandfluchten des Cimerlo und in einem kurzen, aber überraschenden Felsgang bis auf den Grat der Cima della Stanga.

🔺 Cima della Stanga, 2550 m

🏨 Fiera di Primiero, 711 m

🅿 Rif. Cant del Gal, 1160 m, im Val Canali

➡ ❷ – Fosne – Sentiero Dino Buzzati – Cima della Stanga, 2550 m – Rif. Velo della Madonna, 2358 m – ❸ Sentiero Cacciatore zum ❷: 6 – 6½ Std.
❷ im unteren Teil sehr mühsam, wenig begangen.

🗐 mäßig schwierig bis schwierig, Steinschlaggefahr; Sentiero Cacciatore unschwierig, jedoch vielfach stark beschädigte Seile im unteren Teil!

🏠 Rif. Velo della Madonna, 2358 m

263 *Palagruppe*

Via ferrata del Portòn und Via ferrata del Velo

Der abenteuerliche Klettersteig vom Rif. Pradidali durch die schaurige Schlucht zwischen Cima di Ball und Sass Maòr bis zur wilden Portònscharte wird als Via ferrata del Portòn bezeichnet. Er beginnt mit luftigen, senkrechten Klammernpassagen und leitet in faszinierend schöner Wegführung, meist sehr exponiert, quer empor durch die fast senkrechte Wandflucht der Cima di Ball. Der Steig verläßt hier über ein Band die Wandflucht und führt in die Tiefe der stets kalten und düsteren

Schlucht, mit Steinschlag und stark beschädigten Sicherungen ist bis zur Scharte stets zu rechnen.

Der nach kurzem, bequemem Wegstück folgende 2. Klettersteigabschnitt, die Via ferrata del Velo, leitet durch die Nordseite des hier etwas flacheren Wandteils der Cima della Madonna und führt, teilweise sehr luftig, über dem senkrecht abstürzenden Wandsockel zum Rif. Velo della Madonna an der Westseite dieses berühmten Kletterberges.

◭ Cima della Stanga, 2550 m;
El Portòn, 2450m

▣ a) San Martino di Castrozza, 1466 m
b) Fiera di Primiero, 711 m

🅿 a) San Martino di Castrozza, Talstation des Sessellifts Col Verde
b) Rif. Cant del Gal, 1160 m, im Val Canali

➡ a) ❷ San Martino – Sesselliftauffahrt bis Col Verde und Seilbahnauffahrt zum Rif. Rosetta, 2609 m – Weg 715 bis Rif. Pradidali, 2278 m – Via ferrata del Portòn – Forc. del Portòn, 2450 m – Via ferrata del Velo – Rif. Al Velo della Madonna, 2358 m – Weg 713/724/725 – ❷: 7½ – 8 Std.; bei verkürztem ❸ von der Forc. del Protòn direkt zum Weg 713 und zum ❷: ½ – 1 Std. kürzer
b) ❷ Cant del Gal – Rif. Pradidali, 2278 m – Via ferrata del Portòn – Via ferrata del Velo – Rif. Al Velo della Madonna, 2358 m – ❸ über Sentiero Cacciatore – ❷: 8½ – 9 Std.; bei ❸ über ➡ Via ferrata Dino Buzzati – ❷: 9 – 9½ Std.
Ernste, lange, anspruchsvolle Tagestour!

▤ schwierig bis sehr schwierig; Via ferrata del Portòn bei Schneelage und auch bei Nebel sehr problematisch, Steinschlaggefahr

⌂ Rif. Pradidali, 2278 m;
Rif. Velo della Madonna, 2358 m

◪ bei ❷ a): Sessellift von San Martino bis Col Verde, 1967 m; Seilbahn »Funivia di Rosetta« vom Col Verde, 1967 m, zur Bergstation Rif. Rosetta, 2609 m

264 *Palagruppe*

Via ferrata Fiamme Gialle

Zwei Klettersteige führen durch die abweisende Felskette zwischen dem Vallon del Coro und der fast vegetationslosen Hochfläche, auf der das Biwak Reali aufgestellt wurde. Die Via ferrata »Fiamme Gialle« ist zwar nicht besonders lang, aber durchwegs rassig und anspruchsvoll. Der Abstieg über die nicht gesicherten Bänder der »Vani Alti« erfordert ein gewisses Maß an Übung im Fels. Man erlebt an den hochgelegenen Abschnitten dieser Tour den ernsten, strengen Charakter der Pala, und das meist in vollkommener Einsamkeit.

◭ Croda Grande, 2837 m

▣ Fiera di Primiero, 711 m

🅿 Rif. Cant del Gal, 1160 m, im Val Canali (letzter ❷ 1,2 km nordöstlich)

➡ ❷ – Rif. Treviso, 1630 m – Weg 705/707 – Via ferrata Fiamme Gialle – Biv. Renato Reali, 2650 m – Croda Grande, 2837 m – Sentiero Vani Alti – Rif. Treviso, 1630 m – ❷: 9 Std.
Lange, anstrengende, ernste Tour, bei Nebel große Orientierungsprobleme, wenig begangen.

▤ schwierig, Klettersteigpassage 300 Höhenmeter; Sentiero Vani Alti z.Z. noch nicht gesichert, etwas luftige Bänder (I – II)

⌂ Rif. Treviso, 1630 m, im ❷ + ❸;
Biv. Renato Reali, 2650 m, im ❷

265 *Palagruppe*

Via ferrata del Canalone

Dieser nur 50 m hohe »Sportklettersteig« in Sichtweite der Hüttenterrasse eignet sich gut für Trainingszwecke »nach Feierabend« – oder auch für ein bißchen Angeberei vor interessiertem Publikum. Die fast senkrechte Felskante des Westgrates ist jedenfalls vorzüglich gesichert und bietet auch künstliche Tritthilfen.

◭ Punta delle Disperazione, 1730 m

▣ Fiera di Primiero, 711 m

🅿 Rif. Cant del Gal, 1160 m, im Val Canali (letzter ❷ 1,2 km nordöstlich)

➡ ❷ – Rif. Treviso, 1630 m – Weg 718 zum Einstieg – Klettersteig zur Punta della Disperazione – Abstiegsklettersteig zum Rif. Treviso – ❷: 3 Std.
Lohnende Zugabe zur ➡ Via ferrata Fiamme Gialle!

▤ sehr schwierig bis äußerst schwierig, Höhe
50 m; Abstiegsklettersteig mäßig schwierig

⌂ Rif. Treviso, 1630 m, im ➋ + ➌

266　　　　　　　　　　　　　*Palagruppe*

Via ferrata Stella Alpina

Die eindrucksvollste Berggestalt im Süden der
Pala, der Monte Agnèr, ist durch diesen Klettersteig zu einem Prüfstein für die Verwegenen
geworden. In der Pala hat die »Stella Alpina«
jedenfalls allen anderen Klettersteigen den
Rang abgelaufen: Sie ist eine der schwierigsten
und anspruchsvollsten überhaupt. Mehrere
glatte, sehr steile Wände, die ungesichert mit
dem V. Grad zu bewerten wären, sind ohne
oder mit bescheidenen Tritthilfen an einem
etwas zu dünnen Seil zu erklettern, und die
gesamte Wandhöhe von 300 m ist durchwegs
äußerst exponiert. Der weitere Aufstieg über
die spärlich markierten Flanken der Lastei
d'Agnèr und schließlich der eigentliche Gipfelanstieg auf der schattigen Nordseite mit ihren
ausgesetzten Bändern und ungesicherten Rippen ziehen alle Register eines rassigen Felsgangs, der durch schwindelnde Tiefblicke und
ein umfassendes Gipfelpanorama reichlich gewürzt wird.

▲ Monte Agnèr, 2872 m

▣ Frassenè, 1083 m, zwischen Agordo und
Fiera di Primiero

Ⓟ Frassenè, Talstation des Sesselliftes

➔ ➋ – Sesselliftauffahrt zum Rif. Scarpa,
1742 m – Via ferrata Stella Alpina – Lastei
d'Agnèr – Biv. Biasin, 2645 m – Forc. del
Pizzon, 2623 m – Monte Agnèr, 2872 m –
Biv. Biasin – Normalweg »Via del Nevaio«
– Rif. Scarpa – Ⓟ: 7½ – 8 Std.
Im ➌ auf der »Via del Nevaio« (= Sentiero
del Gran Canalone) Steinschlag, im
Schluchttrichter am Ende des Abstiegs
kann das mitunter steinharte Schneefeld
Steigeisen oder zumindest Grödeln erfordern! ➌ über »Via Normale« 1 Std. länger,
dafür problemlos.

▤ Vom Einstieg an 300 Höhenmeter, sehr
schwierig bis äußerst schwierig, Steinschlaggefahr; Lastei d'Agnèr nicht gesichert I – II; Klettersteig zum Gipfel nur
mäßig schwierig.

⌂ im ➋ + ➌: Rif. Scarpa, 1742 m, und Biv.
Giancarlo Biasin, 2645 m

⛟ von Frassenè Sessellift zum Rif. Scarpa,
1742 m, im ➋ + ➌

267　　　　　　　　　　　　　*Palagruppe*

Sentiero Miola und
Via ferrata Miola

Ein langer, sehr anstrengender, streckenweise
schwieriger Weg führt aus dem Valla di San
Lucano in zwei Varianten nach Cencenighe
Agordino. In einem Gewaltmarsch können
sehr gut Trainierte diese Überschreitung zwar
meistern, doch empfiehlt sich eine Nächtigung
im Bivacco auf etwa halber Strecke oder ein
zweimaliger eintägiger Aufstieg von den drei
möglichen Ausgangspunkten. Sehr viel Landschaft und vergleichsweise wenig Eisen – dieses aber in sehr »gepfefferter« Manier. Im Falle
einer Überschreitung ist ein zweites Auto am
Endpunkt fast unentbehrlich.

▲ Monte San Lucano, 2409 m

▣ a) Taibon Agordino, 618 m, am Beginn
der Valle di San Lucano
b) Cencenighe Agordino, 774 m

Ⓟ a) Kieswerk mit Steinbruch westl. Forno di
Val, etwa 670 m
b) Pont, 1150 m, oberhalb Col di Prà,
840 m, im hintersten Valle di San Lucano
c) Pradimezzo, 875 m, oberhalb Cencenighe Agordino

➔ a) Ⓟ Valle di San Lucano – Sentiero Miola
– Biv. Bedin, 2220 m – Forc. Busàusega,
2131 m – Malga Ambrusogn, 1700 m –
Pradimezzo, 875 m: 9 – 10 Std., in
umgekehrter Richtung etwas kürzer (jeweils nur mit 2. Kfz)
b) Ⓟ Valle di San Lucano – Sentiero Miola
– Biv. Bedin, 2220 m – Forc. Busàusega,
2131 m – Monte San Lucano, 2409 m –
Via ferrata Miola – Forc. Gardès, 1998 m –
Malga Gardès – Pont, 1150 m: 13 Std., in
umgekehrter Richtung etwas kürzer (jeweils nur mit 2. Kfz)
c) Ⓟ Pradimezzo – Malga d'Ambrusogn,
1700 m – Forc. Gardès, 1998 m – Via
ferrata Miola – Monte San Lucano, 2409 m
– Forc. Busàusega, 2131 m – Malga
d'Ambrusogn, 1700 m – Ⓟ: 8 Std.
d) Ⓟ Pont – Malga Gardès – Forc. Gardès,

1998 m – Via ferrata Miola – Monte San Lucano, 2409 m – Forc. Busàusega, 2131 m – Malga d'Ambrusogn, 1700 m – Forc. Gardès, 1998 m – Malga Gardès – **℗**: 7½ – 8 Std.

e) **℗** Pont – Malga Gardès – Forc. Gardès, 1998 m – Via ferrata Miola – Monte San Lucano, 2409 m – Forc. Busàusega, 2131 m – Malga d'Ambrusogn, 1700 m – Pradimezzo, 875 m: 7 Std. (nur mit 2. Kfz!)

▤ schwierig bis sehr schwierig; am Sentiero Miola etwa 100 m Höhe, an der Via ferrata Miola etwa 180 m Höhe

⌂ Biv. Margherita Bedin, 2220 m

268 *Palagruppe*

Sentiero attrezzato dell Dottor

Der kurze, jedoch schwierige und meist stark vernachlässigte Klettersteig im Valle d'Angheraz, einem Seitental des Valle di San Lucano, wird für einen Besuch dieses entlegenen Winkels der Pala kaum ausschlaggebend sein. Vielmehr ist es der Reiz der stillen nördlichen »Kehrseite« des Monte Agnèr, der mit landschaftlichen Überraschungen locken kann. Der nordseitige Abstieg von der Forcella di Miel schließlich zieht so eindrucksvoll alle Register der landschaftlichen Schönheit der Pala, daß dieser Gang durch alle Stufen der alpinen Vegetation einen nachhaltigeren Eindruck hinterläßt als die eher kurze, verschattete Klettersteigpassage.

▲ Forcella dell'Orsa, 2330 m (= Passo dell' Orsa)

🏠 Col di Prà, 843 m, im Valle die San Lucano, 8 km westl. Taibon

🅿 Col di Prà oder **℗** 2 km weiter westlich in 1050 m Höhe

➡ **℗** – Weg 767 – Biv. Dordei, 1309 m – Passo dell'Orsa, 2330 m – Weg 705/707 – Passo di Canali, 2469 m – **℗**: 8 Std.
Einstieg schwierig aufzufinden, die gesamte Wegstrecke bis zum Passo dell'Orsa spärlich markiert, bei Nebel große Orientierungsprobleme. ◗ völlig problemlos.

▤ schwierig; kurz, oft verfallen

⌂ Biv. Dordei, 1309 m, im ◗ (bedeutungslos!)

269 *Pragser Dolomiten*

Olanger Klettersteig

Der Hochalpenkopf ist einer der nördlichsten Dolomitenberge und besitzt an der Nordflanke einen kurzen, nur mit Drahtseilen gesicherten Klettersteig. Seine Begehung erfordert allerdings lange, wenn auch landschaftlich reizvolle Zustiegswege.

▲ Hochalpenkopf, 2542 m

🏠 a) Oberolang, 1083 m
b) Orte in Innerprags (Schmieden, 1222 m; St. Veit, 1342 m) bzw. im Pustertal (Welsberg, 1087 m; Niederndorf, 1157 m)

🅿 a) Oberolang
b) Pragser Wildsee, 1493 m

➡ a) **℗** Oberolang – Weg 20 – Brunstalm, 1889 m – Kühwiesenkopf, 2140 m – Klettersteig – Hochalpenkopf, 2542 m – Kaserhütte, 1937 m – Kühwiesenhütte – Kühwiesenkopf – **℗**: 9 – 10 Std.
b) **℗** Pragser Wildsee – Weg 20 – Kühwiesenkopf, 2140 m – Klettersteig – Hochalpenkopf, 2542 m – Kaserhütte, 1937 m – **℗**: 7 – 7½ Std.
Lange Wanderung, kurzer Klettersteig

▤ schwierig, aber nur eine kurze Stelle

270 *Fanesgruppe*

Gesicherter Steig auf den Heiligkreuzkofel

Heiligkreuzkofel, Zehner und Neuner sind die Gipfel einer riesigen halbkreisförmigen Felsmauer, die nach Norden und Westen steil abbricht und das Abteital weithin beherrschend prägt. Über die Kreuzkofelscharte führt aus diesem Tal ein überraschend unschwieriger, gesicherter Zugang auf die karstige Hochfläche der Kleinen Fanesalpe, von der die beiden Gipfel über ihre Südseiten problemlos erstiegen werden können. Die am Zugang gelegene Wallfahrtskirche Hl. Kreuz ist eines der weihevollsten Heiligtümer Südtirols.

▲ Heiligkreuzkofel, 2907 m; Zehnerspitze, 3026 m

🏠 Pedraces im Val Badia, 1324 m

🅿 Pedraces, Talstation des Sesselliftes

➡ 🅿 – Heiligkreuzhütte, 2045 m – Kreuzkofelscharte, 2612 m – Kreuzkofel – 🅿: 7 –
8 Std.; Abstecher zur Zehnerspitze zusätzlich 2 Std.; bei Sesselliftbenützung im ❷ +
❸ insges. 3 Std. kürzer

📰 unschwierig; Steinschlag; Zehnerspitze ungesichert! (II)

🏠 Heiligkreuzhütte (= Ospizio di San Croce),
2045 m, am Beginn des Zustiegs

🚡 von Pedraces zur Bergstation, 1829 m

271   *Fanesgruppe*

Sentiero attrezzato Cima Cunturines

*Der kurze, nur mäßig schwierige Klettersteig
über die Nordseite des hier niedrigen Gipfelstocks ist nur über sehr weite Zustiege zu
erreichen. Eine zusätzliche Besteigung des nahen Nachbargipfels La Varella ist in jedem Fall
lohnend.*

🔺 Cunturinesspitze, 3064 m,
ggf. zusätzlich La Varella, 3055 m

🏠 St. Kassian, 1537 m

🅿 Cap. Alpina, 1726 m

➡ 🅿 – Weg 11 bis Ju dal'Ega, 2143 m – hier
Abzweig westwärts in den Vallon de
Lavares (= Busc da Stlü) – Scharte, 2885 m
– Cunturines – selber Rückweg zum 🅿:
8½ Std., bei zusätzlicher Besteigung des
Piz Lavarella: 9½ – 10 Std. Lange hochal-
pine Bergwanderung mit kurzem Kletter-
steig am Gipfel.

📰 mäßig schwierig, kurz, nordseitig

272   *Fanesgruppe*

Via ferrata Cesco Tomaselli

*Die sehr rassige, kühne und äußerst luftige
Führe an der Südwestseite, ausreichend mit
Seilen gesichert, aber ansonsten naturbelassen,
galt 1977 noch als die »anspruchsvollste« Via
ferrata! Der Aufstieg bietet Könnern ein ausge-
sprochenes Vergnügen, das sich im ebenfalls
gesicherten Abstieg noch steigert. Der Zustieg
ist eine bequeme schöne Wanderung für jedermann. Nichts für Anfänger! Stark begangen.*

🔺 Südl. Fanisspitze, 2989 m

🏠 a) St. Kassian, 1537 m
b) Cortina d'Ampezzo, 1260 m

🅿 Falzarego-Paß, 2105 m

➡ 🅿 – Forc. Travenanzes, 2507 m – Biv. G.
della Chiesa, 2652 m – Südl. Fanisspitze –
Selletta Fanis, 2815 m – 🅿: mit Seilbahnauffahrt zum Rif. Lagazuoi 5 – 6 Std.,
zu Fuß über die Forc. Travenanzes 1 Std.
länger.
Ggf. verbinden mit ❷ Lagazuoi-Tunnel (im
❸) oder mit Alta Via Fanis L. Veronesi (als
Abstecher auf die Westschulter der Mittleren Fanisspitze und auf die Cima Scotoni,
2876 m).

📰 Südwestanstieg sehr schwierig; Schlüsselstelle äußerst schwierig (kurz über dem
Einstieg); ❸ über Klettersteig an der Nordostseite mäßig schwierig; Alta Via Fanis L.
Veronesi (Abstecher) mäßig schwierig,
sparsam gesichert, luftig

🏠 Biv. G. della Chiesa, 2652 m, im ❷; ggf.
Restaurant am Rif. Lagazuoi, 2728 m;
Bergstation der »Funivia Lagazuoi«

🚡 »Funivia Lagazuoi« zum Rif. Lagazuoi,
2728 m, im ❷

273   *Fanesgruppe*

Via ferrata Barbara

*Der kurze, gesicherte Abstieg in die Schlucht
des Boiteflusses führt hinab zu einem gewaltigen breiten Wasserfall, den man »hinten« –
zwischen Felswand und Wasserwand – unter-
quert – ein kleines, nettes Abenteuer am Zustieg zum Monte del Vallon Bianco.*

🔺 Wasserfall des Rio di Fanes

🏠 Cortina d'Ampezzo, 1260 m

🅿 🅿 in etwa 1300 m Höhe an der für Kfz
gesperrten Nebenstraße ins Fanes-Tal

➡ 🅿 – Wasserfall – 🅿: 2 – 2½ Std.; als
Abstecher im ❷ zum ❷ Monte del Vallon
Bianco ¾ Std.

📰 unschwierig und kurz, mitunter jedoch
starke Beschädigungen

274 *Fanesgruppe*

Via della Pace auf den Monte del Vallon Bianco

Die Via della Pace ist ein restaurierter Kriegssteig von 1915/17, der von der Großen Fanesalpe problemlos zu begehen ist. Der Zustieg ist jedoch lang und zeitraubend. Wer am selben Tag zusätzlich auch noch die viel schwierigeren Kriegssteige an der Südlichen Furcia-Rossa-Spitze begehen will, muß sehr früh aufbrechen und gewaltige Ausdauer haben.

🔺 Monte del Vallon Bianco, 2687 m

🛏 Cortina d'Ampezzo, 1260 m

🅿 **P** in etwa 1300 m Höhe an der für Kfz gesperrten Nebenstraße ins Fanes-Tal

➡ **P** – Weg 10 (Fahrweg) zur Großen Fanesalpe, 2104 m – Monte del Vallon Bianco – Rückweg wie ➋ zum **P**: 8 Std.; lange, aber problemlose Tagestour.
Bei zusätzlichem ➋ auf die ➲ Furcia-Rossa-Spitzen verlängert sich die Gesamtgehzeit auf 12 – 14 Std., so daß eine Nächtigung auf der Faneshütte dringend zu empfehlen ist.

📋 unschwierig

🏠 im ➋ + ➌: Malga Fanes Grande, 2104; ggf. Fanes-Hütte, 2060 m, (für Nächtigung); Biv. Baccon-Baborka (nahe dem Gipfel)

275 *Fanesgruppe*

Via ferrata Furcia Rossa

Der Klettersteig auf die Südliche Furcia-Rossa-Spitze ist ein rekonstruierter Kriegssteig, der von den »Dolomitenfreunden« wieder begehbar gemacht wurde. Er beginnt am Zustieg zum Monte del Vallon Bianco oberhalb des Vallone del Fosso und führt zunächst über ein teilweise überdachtes Felsband bis zu einer Scharte mit Resten von Kriegsbauten. An ausgesetzten, teilweise senkrecht verlaufenden Drahtseilen und Klammern, zuletzt über Geröll, geht es auf die Südliche Furcia-Rossa-Spitze. Auch der Abstieg über den Felssockel führt sehr steil über gesicherte Leitern etwa 80 m zum Wandfuß hinunter, zum »Bivacco della Pace/Monte Castello«, am Fuß des unzugänglichen Monte

Castello, 2817 m. Die sehr langen Zustiege erfordern gewaltige Ausdauer, besonders wenn man auch noch den leichten Steig auf den ➲ Monte del Vallon Bianco mitbegeht.

🔺 Südl. Furcia-Rossa-Spitze, 2792 m

🛏 Cortina d'Ampezzo, 1260 m

🅿 **P** in etwa 1300 m Höhe an der für Kfz gesperrten Nebenstraße ins Fanes-Tal

➡ **P** – Weg 10 (Fahrweg) zur Großen Fanesalpe, 2104 m – Weg zum Monte del Vallon Bianco bis zur Wegverzweigung oberhalb des Vallone del Fosso (»FR«) – Furcia Rossa, 2792 m – Biv. della Pace, 2817 m – Weg 17 durch den Vallon Bianco zur Großen Fanesalpe – **P**: 12 Std.; mit zusätzlichem ➋ zum Monte Vallon Bianco 14 Std.; in jedem Fall Nächtigung auf der Faneshütte empfehlenswert.
🌙 über Weg 17 von Forc. Casale südostwärts ins Val Travenanzes, auf Weg 401 zum **P** verkürzt den 🌙 um 1 – 2 Std.

📋 mäßig schwierige bis schwierige Abschnitte

🏠 Große Fanes-Alpe, 2104 m; ggf. Fanes-Hütte, 2060 m, und Rif. La Varella, 2042 m, für Nächtigung; Biv. della Pace/Monte Castello, 2817 m, (am Umkehrpunkt)

276 *Fanesgruppe*

Felstunnel durch den Kleinen Lagazuoi (Galleria del Lagazuoi)

Der 1100 m lange, teilweise sehr steil angelegte Felstunnel von der Cengia Martini bis unter den Lagazuoigipfel überwindet 350 Höhenmeter im Innern der Felsen und ist ein besonders dramatisches Zeugnis des Hochgebirgskrieges von 1917. Der streckenweise schlüpfrige, stets aber feuchte Stollen ist in seiner ganzen Länge mit Stahlseilen gesichert; die Begehung empfiehlt sich besser abwärts als bergauf und erfordet zwingend eine Taschenlampe.

🔺 Kleiner Lagazuoi, 2778 m

🛏 a) St. Kassian, 1537 m
b) Cortina d'Ampezzo, 1260 m
🅿 Falzarego-Paß, 2105 m

→ ❷ – Lagazuoi-Tunnel – Kleiner Lagazuoi im ❷ 2½ Std., im ❸ nur 1½ Std.
Bei Seilbahnauffahrt können Ausdauernde zunächst die ➡ Via ferrata Tomaselli begehen und im ❸ – nach kräfteraubendem Gegenanstieg! – im Lagazuoi-Tunnel absteigen.

▤ unschwierig; bei Nässe ist große Vorsicht geboten, bei Vereisung problematisch; Taschenlampe unerläßlich

⌂ Rif. Lagazuoi, 2756 m, am Gipfel

⛟ »Funivia Lagazuoi« vom Falzarego-Paß, 2105 m, zum Rif. Lagazuoi, 2756 m

277 Tofanagruppe

Via ferrata Giovanni Lipella

Die Westflanke des gewaltigen Felsklotzes hält für den Klettersteiggeher so ziemlich alle landschaftlichen Überraschungen bereit: zunächst ein 800 m langer, steiler, stockdunkler Stollen – ohne Taschenlampe tödlich! Dann steigt man von natürlichen Bändern immer ein »Stockwerk« im Fels höher, zwischendrin eine wilde Variante durch eine Naturhöhle. Bei unsicheren Verhältnissen kann man bei den »Tre Dita« aussteigen und auf dem Rif. Giussani Zuflucht finden. Die Fortsetzung der gesicherten Führe in Richtung Gipfel ist sehr schwierig und anstrengend. Am Grat erreicht man den Normalweg – auch hier kann ein Schneefeld noch zur Umkehr zwingen, wenn es beinhart ist.

▲ Tofana di Rozzes, 3225 m

⌂ Cortina d'Ampezzo, 1260 m

Ⓟ Rif. A. Dibona, 2050 m

→ ❷ – Weg 403/442/404 – Galleria del Castelletto, 2459 m – Via ferrata Giovanni Lipella – Tofana di Rozzes, 3225 m – Rif. Giussani, 2561 m – ❷: 7 – 7½ Std.; bei Verkürzung der Tour durch Ausstieg bei den »Tre Dita«: 5 – 5½ Std.
Anstrengende, lange ernste Tagestour, unter dem Gipfel mitunter beinhartes Firnfeld! (Steigeisen, mindestens Grödel)

▤ schwierig bis sehr schwierig, besonders im oberen Teil; Taschenlampe unerläßlich

⌂ Rif. Giussani (= Cantore), 2561 m, im ❸

278 Tofanagruppe

Via ferrata Punta Anna, Giuseppe Olivieri und Gianni Aglio

12.06.93; mit Thomas, Gerold, ...

Das Klettersteigsystem vom Rif. Pomèdes bis zur Tofana di Mezzo ist eines der großartigsten, abenteuerlichsten und schönsten gesicherten Felsabenteuer der Alpen. Die kühne »Wegführung« folgt weitgehend dem langen luftigen Südgrat, so daß Steinschlag kaum zu befürchten ist. Die Felsquerungen zum gewaltigen Felsenfenster »Bus di Tofana« gehören zum Abenteuerlichsten im Klettersteigangebot überhaupt.
Der Gipfelanstieg verläuft in mäßig schwierigem, nur teilweise gesichertem Fels. Ein Gipfelrestaurant und mehrere Notabstiege verringern die hochalpinen Risiken durch Wetterumschwung.

▲ Tofana di Mezzo, 3243 m

⌂ Cortina d'Ampezzo, 1260 m

Ⓟ a) Rif. Duca d'Aosta, 2098 m
   b) Rif. A. Dibona, 2050 m

→ ❷ – Rif. Pomèdes, 2280 m – Klettersteigsystem bis Tofana di Mezzo, 3243 m: 4½ – 5 Std.;
Abstiege:
a) vom Gipfel zurück zum Bus di Tofana und von hier westwärts zum Rif. Giussani, über Via ferrata Astaldi zurück zum ❷: 4 – 4½ Std.
b) vom Gipfel auf Normalweg zum Rif. Giussani, weiter wie a) zum ❷: 4 – 4½ Std.
c) vom Gipfel über die ➡ Via ferrata Lamon zur Tofana di Dentro – Cima Formenton und ❸ über ➡ Via ferrata Formenton und ➡ Sentiero attrezzato G. Olivieri zum ❷: 6 – 7 Std.

▤ sehr schwierig, stellenweise extrem luftig; markierte Notabstiege

⌂ Restaurant an der Bergstation der Seilbahn »Freccia nel cielo«, 3223 m; bei ❸ a) und b): auch Rif. Giussani, bei ❸ c): Rif. Ra Valles, 2470 m

⛟ im ❸ ggf. »Freccia nel cielo« vom Gipfel nach Cortina d'Ampezzo; im ❷ ggf. vom Rif. Duca d'Aosta, 2098 m, zum Rif. Pomèdes, 2280 m, (1. Fahrt zu spät, nicht lohnend!)

279   *Tofanagruppe*

Via ferrata Lamon auf die Tofana di Dentro

Die Via ferrata Lamon ist ein kurzer, weitgehend problemloser gesicherter Verbindungsklettersteig von der Tofana di Mezzo zur Tofana di Dentro. Von dort kann man über die ➲ *Via ferrata Formenton den gesamten Gipfelstock nordseitig überschreiten. In den Nordflanken beider Gipfel können Altschneereste Probleme bereiten.*

🔺 Tofana di Dentro, 3238 m (= Tofana III)

🏠 Cortina d'Ampezzo, 1260 m

🅿 a) Rif. Duca d'Aosta, 2098 m
b) bei Seilbahnauffahrt: Cortina d'Ampezzo, Talstation »Freccia nel cielo«

➡ *Aufstiege:*
a) über ➲ Via ferrata Punta Anna, Giuseppe Olivieri und Gianni Aglio sehr lange, anstrengende, ernste Tagestour, bis Tofana III: 5½ – 6 Std. (🅿 Duca d'Aosta)
b) bei Seilbahnauffahrt zur Tofana di Mezzo: 1 – 1½ Std. (🅿 Cortina)
Abstiege:
a) über ➲ Via ferrata Formenton zum Rif. Ra Valles, von dort Seilbahntalfahrt nach Cortina (◐ zu Fuß außerordentlich lang)
b) wie ➋ a) und Seilbahntalfahrt nach Cortina (2. Kfz unentbehrlich)

📰 bei guten Verhältnissen unschwierig; ◐ über Via ferrata Formenton mäßig schwierig

🏠 Restaurant an der Bergstation der Seilbahn »Freccia nel cielo« auf der Tofana di Mezzo, 3243 m; bei ◐ a) Biv. Baraca degli Alpini, 2922 m

🚡 Seilbahn »Freccia nel cielo« auf die Tofana di Mezzo, 3243 m

280   *Tofanagruppe*

Via ferrata Formenton

Die Via ferrata Formenton wird meistens im Abstieg von der Tofana di Dentro begangen, die wiederum von der Tofana di Mezzo durch die Seilbahn schnell und problemlos erreichbar ist. Im Aufstieg ist diese teilweise sehr stark verschattete Route mit ihren zähen Altschnee-

resten eine anstrengende Unternehmung; wer sie im Frühsommer im Abstieg begeht, soll sich über die Gangbarkeit im unteren Teil genau informieren – ein »Rückweg nach oben« kann böse Folgen haben.

🔺 Tofana di Dentro, 3238 m (= Tofana III); Cima Formenton, 2830 m

🏠 Cortina d'Ampezzo, 1260 m

🅿 a) bei Seilbahnauffahrt zur Tofana di Mezzo, 3243 m: Cortina d'Ampezzo
b) bei ➋ über ➲ Via ferrata Punta Anna, Giuseppe Olivieri und Gianni Aglio zur Tofana di Mezzo: Rif. Duca d'Aosta, 2098 m

➡ Der Klettersteig wird weitestgehend nur im ◐ von der Tofana III begangen, Abstiegszeit bis Rif. Ra Valles, 2470 m: 2 – 2½ Std. Der nordseitige, breite Gipfelgrat ist eine Firnschneide, die sehr hart werden kann! Einige Bänder sind reichlich luftig, mitunter Steinschlaggefahr.
➋ zur Tofana III ➲ Via ferrata Punta Anna, Giuseppe Olivieri, Gianni Aglio und ➲ Via ferrata Lamon!

📰 unschwierig bis mäßig schwierig, bei Altschneelage jedoch gefährlich

🏠 bei Seilbahnauffahrt Restaurant an der Bergstation der Seilbahn »Freccia nel cielo« auf der Tofana di Mezzo, 3243 m; im ◐: Biv. Baraca degli Alpini, 2922 m

🚡 Seilbahn »Freccia nel cielo« auf die Tofana di Mezzo, 3243 m

281   *Tofanagruppe*

Via ferrata Ettore Bovero

Nach längerem, etwas ödem Anstieg durch Wald und latschenbewachsenes Schrofengelände überrascht der felsige Gipfel mit einer luftigen, gut gesicherten Kantenkletterei in der Südwestflanke. Am weiten Gipfelplateau finden sich zahlreiche Spuren des Gebirgskrieges. Der Abstieg über die Nordseite ist etwas langatmig.

🔺 Col Rosà, 2166 m

🏠 Cortina d'Ampezzo, 1260 m

🅿 Cortina d'Ampezzo; Camping Olimpia

 𝐏 – Passo Posporcora, 1711 m – Col Rosà, 2166 m – Rückweg über Weg 447/417 – 𝐏: 5 Std.

schwierig

282 *Buchensteiner Berge*

Gesicherter Steig auf den Col di Lana

Der Col di Lana erlangte im Ersten Weltkrieg als blutgetränkter Berg traurige Berühmtheit. Sein gesprengter Gipfel wurde im April 1916 für mehr als hundert Soldaten zum Felsengrab. Am Übergang vom Monte Sief zum Col di Lana gibt es einige völlig problemlose, drahtseilgesicherte Passagen.

Col di Lana, 2462 m

a) St. Kassian, 1537 m
b) Cortina d'Ampezzo, 1260 m

Rif. Valparola, 2168 m, etwas nördl. unterhalb des Passo Valparola

𝐏 – Weg 23/21 – Passo Sief, 2209 m – Cima Sief, 2424 m – Col di Lana, 2462 m – zurück zum 𝐏: 5 Std.
Problemlose Tagestour

unschwierig, kurze gesicherte Stellen

283 *Buchensteiner Berge*

Gesicherter Steig auf den Hexenstein

Der Hexenstein, der nach Süden mit schroffen Wänden abbricht, war im Ersten Weltkrieg ein heißumkämpfter Gipfel. Heute ist er ein problemloses, schnelles Bergwanderziel zwischen Abteital und Cortina mit zwei kurzen Leitern an einer Steilstufe.

Hexenstein (= Sasso di Stria), 2477 m

a) St. Kassian, 1537 m
b) Cortina d'Ampezzo, 1260 m

Passo di Valparola, 2192 m

problemlose Halbtagestour von 2½ Std. Gesamtgehzeit

unschwierig, kurze gesicherte Stellen

Rif. Valparola, 2168 m, am 𝐏

284 *Nuvolaugruppe*

Via ferrata Averau

Die allseits unzugängliche Felsburg des Averau hat eine einzige Schwachstelle – hier führt ein sehr kurzer und leichter Klettersteig auf den breiten, schottrigen, nach Nord geneigten Gipfelhang – ein Unternehmen für jedermann, am besten in Verbindung mit einer Besteigung des ➡ Nuvolau.

Averau, 2647 m

a) St. Kassian, 1537 m
b) Cortina d'Ampezzo, 1260 m

a) Falzarego-Paß, 2105 m
b) Passo Giau, 2236 m
c) Rif. Bai di Dones, 1900 m

a) Falzarego-Paß – Alta Via delle Dolomiti 1 – Forc. Nuvolau – Averau – 𝐏: 3 – 3½ Std.
b) Passo Giau – Weg 452 – Forc. Nuvolau – 𝐏: 3 – 3½ Std.; über Nuvolau-Gipfel 4 Std.
c) Rif. Scoiattoli – Forc. Nuvolau – Averau – 𝐏: 2½ – 3 Std.
(Zeiten mit Sesselliftauffahrt, zu Fuß jeweils 1 Std. länger)
Der in jedem Fall lohnende Spaziergang zum ➡ Nuvolaugipfel erfordert zusätzlich 45 Min.

unschwierig, kurze gesicherte Stelle im unteren Teil

Rif. Forc. Nuvolau, 2416 m; bei Überschreitung des Nuvoloa auch Rif. Nuvolau, 2575 m

Sessellift vom Rif. Bai di Dones, 1900 m, zum Rif. Scoiattoli, 2230 m

285 *Nuvolaugruppe*

Ferrata de Ra Gusella – Gesicherter Steig auf der Südseite des Nuvolau

Der vielbegangene Aussichtsberg, von Norden her eine gemütliche kurze Bergwanderung, ist südseitig über einen harmlosen, teilweise gesicherten Grat zu erreichen.
Wer den ebenfalls benachbarten, unschwierigen ➡ Averau-Klettersteig aufsuchen will, sollte auch dem Nuvolau seine Reverenz erweisen.

▲ Nuvolau, 2575 m

🛏 a) St. Kassian, 1537 m
   b) Cortina d'Ampezzo, 1260 m

🅿 a) Falzarego-Paß, 2105 m
   b) Passo Giau, 2236 m
   c) Rif. Bai di Dones, 1900 m

➡ a) Falzarego-Paß – Alta Via delle Dolomiti 1 – Forc. Nuvolau – Nuvolau – 🅿: 3 – 3½ Std.
   b) Passo Giau – Ferrata Ra Gusella – Nuvolau – 🅿: 3½ – 4 Std.
   c) Passo Giau – Ferrata Ra Gusella – Nuvolau – Forc. Nuvolau – Weg 452 – 🅿: 4 – 4½ Std.
   d) Rif. Scoiattoli – Forc. Nuvolau – Nuvolau: 2 – 3 Std.
   In jedem Fall lohnt sich eine Besteigung des ➲ Averau, zusätzlich jeweils 2 Std.

📋 unschwierig, kurze gesicherte Passage

🏠 Rif. Nuvolau, 2575 m;
   ggf. Rif. Forc. Nuvolau, 2416m

286   ***Pomagnon-Zug***

Via ferrata Albino Michielli (»Strobel«)

Die mit 500 m Stahlseil und einer Leiter gesicherte Südwandroute mit ihrem relativ kurzen Zustieg ist ein attraktives Klettersteigziel für Frühsommer und Spätherbst. Bis auf eine 80 m hohe senkrechte Wandstelle im oberen Bereich ist sie nur mäßig schwierig, allerdings mit der Einschränkung, daß weite Strecken reichlich exponiert sind.

▲ Punta Fiames, 2240 m

🛏 Cortina d'Ampezzo, 1260 m

🅿 Hotel Fiames, 1280 m, nördl. Cortina d'Ampezzo

➡ a) 🅿 – Punta Fiames, 2240 m – Forc. del Pomagnon – Weg 202 – auf 1800 m Abzweig direkt zum 🅿: 4½ Std.
   b) 🅿 – Punta Fiames, 2240 m – Forc. del Pomagnon – Weg 202 – Ferrata Terza Cengia – Weg 205 – Forc. Zumèles, 2072 – Weg 204 – Rif. Col Tondo, 1429 m – Chiave – Weg 208 zum 🅿: 9 – 10 Std.
   Die Begehung der ➲ Via ferrata Terza Cengia empfiehlt sich am besten als eigene

Tour mit Ausgangs- und Endpunkt Chiave, 1319 m.

📋 schwierig; ➲ Via ferrata Terza Cengia sehr exponiert und steinschlaggefährdet

287   ***Pomagnon-Zug***

Via ferrata Terza Cengia (Passegiata di Croda)

Den Mittelteil der Pomagnonkette durchziehen fünf schräg ansteigende Felsbänder. Über das dritte Band führt der sehr sparsam gesicherte Steig äußerst luftig zum Grat empor.

▲ Forc. de Zumèles, 2072 m

🛏 Cortina d'Ampezzo, 1260 m

🅿 Chiave, 1319 m, nördl. Cortina

➡ 🅿 – Weg 202 – Via ferrata Terza Cengia – Weg 205 – Forc. de Zumèles – Weg 204 – Rif. Col Tondo, 1429 m – 🅿: 4½ – 5 – Std.

📋 schwierig, sehr sparsam gesichert und sehr exponiert; Steinschlag

288   ***Cristallogruppe***

Sentiero ferrato Ivano Dibona

Bei Seilbahnauffahrt entfällt jeglicher – ansonsten äußerst mühseliger – Zustieg zu diesem genußreichen, gesicherten Höhenweg. Die landschaftlich großartige Route führt über kühne Brücken und Leitern, über gesicherte Steige längs senkrechter Felswände, über Grate, Türmchen, Scharten und Kare bis hinab nach Ospitale, wo man unbedingt ein zweites Fahrzeug abstellen sollte.

▲ Forc. Stauniès, 2918 m

🛏 Cortina d'Ampezzo, 1260 m

🅿 Cap. Rio Gere, 1698 m, Talstation des Sesselliftes

➡ 🅿 – Sessel- und Gondelbahnauffahrt zur Forc. Stauniès, 2918 m – 🌢 über »Ivano Dibona«, zuletzt über Fahrweg 203, zum Rif. Ospitale, 1490 m, im 🌢: 6 Std.; sehr genußvolle Höhenwanderung talwärts!
Wer vom Fahrweg 203 mit 440 m Gegenanstieg zur Mittelstation Rif. Son Forca,

2215 m, zurückmarschieren will, muß 7½ – 8 Std. Gesamtgehzeit einkalkulieren. Ausdauernde können vorher die ➲ Via ferrata Marino Bianchi auf den Cristallo-Mittelgipfel begehen.

▤ mäßig schwierig

⌂ Rif. G. Lorenzi auf der Forc. Stauniès, 2918 m

⚑ Sessellift vom ⓅCap. Rio Gere, 1698 m, zur Mittelstation Rif. Son Forca, 2215 m, von dort Gondelbahn zur Forc. Stauniès, 2918 m

289   *Cristallogruppe*

Via ferrata Renè de Pol

Als Gegenstück zum vielbegangenen Sentiero Ivano Dibona, der von der Forc. Stauniès aus durch italienische Kampfstellungen führt, leitet die Via ferrata Renè de Pol von der Forc. Verde durch einstige österreichische Kriegsanlagen und Frontwege. Auch diese eher einsame Route wird üblicherweise nach Seilbahnauffahrt zur Forc. Stauniès im Abstieg begangen, die technisch schwierigeren Steilstellen liegen tief in der Nordflanke der Punta Ovest del Forame. Am Endpunkt sollte man unbedingt ein zweites Auto abstellen.

▲ Forc. Stauniès, 2918 m; Punta Ovest del Forame, 2385 m

🛏 Cortina d'Ampezzo, 1260 m

Ⓟ Cap. Rio Gere, 1698 m, Talstation des Sesselliftes

➡ Ⓟ – Sessellift- und Gondelliftauffahrt zur Forc. Stauniès, 2918 m – Sentiero Ivano Dibona bis zur Forc. Grande, 2874 m – nordwärts ab ins Gravon del Forame – Forc. Verde, 2380 m – Punta Ovest del Forame, 2385 m – Via ferrata Renè de Pol – Rif. Ospitale: im ➲ 5 Std.

▤ mäßig schwierig bis schwierig

⌂ Rif. G. Lorenzi auf der Forc. Stauniès, 2918 m

⚑ Sessellift vom ⓅCap. Rio Gere, 1698 m, zur Mittelstation Rif. Son Forca, 2215 m, von dort Gondelbahn zur Forc. Stauniès, 2918 m

290   *Cristallogruppe*

Via ferrata Marino Bianchi

Mit 800 m Drahtseil, 140 Haken und 2 Stahlleitern ausgestattet, beginnt der Steig direkt an der großen Sonnenterrasse des Rif. Lorenzi, auf der Forc. Stauniès. Der genußvolle Felsgang über Grate, Türme, Wandln und Scharten auf einen grandiosen Dreitausender ist dank Seilbahnauffahrt an einem Vormittag erlebbar, am Nachmittag können schnelle und ausdauernde Klettersteiggeher auch noch den ➲ Sentiero Ivano Dibona oder die ➲ Via ferrata Renè de Pol durchziehen.

▲ Cristallo-Mittelgipfel, 3163 m (Cima di Mezzo)

🛏 Cortina d'Ampezzo, 1260 m

Ⓟ Cap. Rio Gere, 1698 m, Talstation des Sesselliftes

➡ Ⓟ – Sessellift- und Gondelliftauffahrt zur Forc. Stauniès, 2918 m – Cristallo-Mittelgipfel, 3163 m – Forc. Straunies: 2½ – 3 Std.; genußreiche Halbtagstour
Abstiege:
a) Seilbahntalfahrt
b) ➲ Sentiero ferrato Ivano Dibona (2. Kfz!)
c) ➲ Via ferrata Renè de Pol (2. Kfz!)

▤ mäßig schwierig

⌂ Rif. G. Lorenzi auf der Forc. Stauniès, 2918 m

⚑ Sessellift vom ⓅCap. Rio Gere, 1698 m, zur Mittelstation Rif. Son Forca, 2215 m, von dort Gondelbahn zur Forc. Stauniès, 2918 m

291   *Sextener Dolomiten*

Hauptmann-Bilgeri-Gedächtnissteig (Sentiero di Pionieri)

Der Monte Piano, ein weiträumiges Gipfelplateau und 1915/17 ein blutgetränktes Schlachtfeld des Gebirgskrieges, ist heute Freilichtmuseum.
Auch der Hauptmann-Bilgeri-Gedächtnissteig erinnert an diesen ebenso harten wie sinnlosen Krieg. Die kurze Steiganlage führt an der Nordwestwand zum »historischen Rundweg« und weiter zum Gipfel.

▲ Monte Piano, 2305 m (= Nordkuppe)

🏠 Cortina d'Ampezzo, 1260 m

🅿 Restaurant Alpenflora (= Flora Alpina) am
Dürrensee (= Lago di Landro), 1406 m

➡ 🅿 – Weg 6 (= Dolomiten-Höhenweg 3) –
Monte Piano, 2305 m – und zurück: 4½ –
5 Std; vom Monte Piano zum Rif. Bosi:
1 Std; mit ❸ über ❷ Heeresbergführersteig
2 Std. länger.
Empfehlenswerte Tagestour, am Gipfelplateau »historischer Rundweg«, gut zu
verbinden mit ❸ über ❷ Heeresbergführersteig.

📑 mäßig schwierig; stellenweise Steinschlag

🏠 ggf. Rif. Angelo Bosi, 2205 m (auch mit
Kfz erreichbar – sehr abenteuerliche
Fahrt!)

292   ***Sextener Dolomiten***

Heeresbergführersteig

Der Heeresbergführersteig verläuft südl. des ❷
Hauptmann-Bilgeri-Gedächtnissteigs und läßt
sich mit diesem gut verbinden, zumal wenn
man das Rif. Bosi für die Mittagsrast wählt.

▲ Monte Piana, 2324 m (= Südkuppe)

🏠 Cortina d'Ampezzo, 1260 m

🅿 Restaurant Alpenflora (= Flora Alpina) am
Dürrensee (= Lago di Landro), 1406 m

➡ 🅿 – Dürrensee – Dolomiten-Höhenweg 3
südwärts – Touristensteig 6 – Monte Piana,
2324 m – Weg 6a – Rif. Bosi: 4 – 5 Std.
Interessante Tagestour, am Gipfelplateau
»historischer Rundweg«; gut zu verbinden
mit ❷ Hauptmann-Bilgeri-Gedächtnissteig
als Abstieg.

📑 unschwierig; stellenweise Steinschlag

🏠 Rif. Angelo Bosi, 2205 m, (auch mit Kfz
erreichbar – sehr abenteuerliche Fahrt!)

293   ***Sextener Dolomiten***

Via ferrata Ceria Merlone

Die recht umstrittene Sicherung dieser Führe
über die zerklüftete Westflanke besteht fast

durchwegs aus Leitern mit mehr als 300 Spros-
sen. Nach einem niedrigen Schrofenaufbau
folgt die sehr steile und exponierte, über Lei-
tern erschlossene Wandzone, die obere Hälfte
des Gipfels ist flacher geneigt und mit einigen
wenigen Seilen gesichert. Bei ausreichender
Schwindelfreiheit ein technisch eher un-
schwieriges Unterfangen.

▲ Nordöstliche Cadinspitze, 2790 m (Cima
Cadin Nord-Est)

🏠 Cortina d'Ampezzo, 1260 m;
Hotellerie am Misurina-See, 1750 m

🅿 vom Misurina-See 1 km auf der Mautstraße
in Richtung Rif. Auronzo bis zu schmalem
Sträßchen mit Hinweistafel, etwa 1750 m

➡ 🅿 – Weg 115 – Rif. Fonda Savio, 2367 m –
Via Merlone – Cadinspitze, 2790 m –
derselbe Rückweg: 4½ – 5 Std.; mit ❸ über
Weg 117 (= Dolomiten-Höhenweg 4 =
Sentiero Bonacossa, südl. Teil) zum Rif.
Col de Varda, 2115 m, oder aber über
Weg 118 über Forc. delle Neve 3 – 4 Std.
länger und viel schwieriger, u.U. beinharte
Coloirs!

📑 mäßig schwierig, Steinschlag

🏠 Rif. Fonda Savio, 2367 m, im ❸

📤 im ❸ über Sentiero Bonacossa ggf.
Sessellift vom Rif. Col de Varda, 2115 m,
zum Misurina-See, 1750 m (zu Fuß 1 Std.)

294   ***Sextener Dolomiten***

Bonacossa-Weg
(Sentiero Bonacossa)

Der Sentiero Bonacossa, ein landschaftlich
herausragend schöner, streckenweise gesicher-
ter Höhenweg, verbindet die Cadingruppe mit
dem Gebiet um die Drei Zinnen. Die Bege-
hung ist genußvoll und weitgehend problem-
los. Ausdauernde und Versierte können am
selben Tag ohne weiteres die Via ferrata Merlo-
ne auf die Nordöstliche Cadinspitze »dranhän-
gen«.

▲ Monte Campedelle, 2346 m

🏠 Cortina d'Ampezzo, 1260 m;
Hotellerie am Misurina-See, 1750 m

🅿 Rif. Auronzo, 2320 m; große Parkplätze
am Ende der Mautstraße

➡️ 🅿 – Sentiero Bonacossa (Weg 117 = Dolomiten-Höhenweg 4) – Rif. Fonda Savio, 2367 m – Rif. Col de Varda, 2115 m: 5½ – 6 Std.; von hier Sessellifttalfahrt zum Misurina-See (zu Fuß 1 Std.), zweites Auto am Endpunkt dringendst zu empfehlen! Landschaftlich großartige Bergwanderung, im südl. Teil mitunter beinharte Colirs! Die ➔ Via ferrata Merlone als zusätzlicher »Abstecher« verlängert die Tour um 3 – 4 Std.

🪜 einige unschwierige Klettersteigpassagen

🏠 Rif. Fonda Savio, 2367 m; ggf. Rif. Col de Varda, 2115 m
🚡 Sessellift vom Rif. Col de Varda, 2115 m, zum Misurina-See, 1750 m (zu Fuß 1 Std.)

295 *Sextener Dolomiten*
Kriegssteig De Luca – Innerkofler

Der Anstieg von Norden ist besonders beliebt: Ein 600 m langer stockdunkler Stollen mündet auf 2520 m Höhe in eine schottrige Steilrinne, die mitunter schneegefüllt und auch beinhart ist. Sie führt auf den alpinen »Verkehrsknotenpunkt« Gamsscharte (Forcella dei Camosci). Eine kurze Steilstufe wird gut gesichert überwunden, dann führen harmlose schottrige Bänder, schlecht markiert, zum vielbegangenen Gipfel.

🔺 Patérnkofel, 2744 m

🏨 Cortina d'Ampezzo, 1260 m; Hotellerie am Misurina-See, 1750 m
🅿 Rif. Auronzo, 2320 m, große Parkplätze am Ende der Mautstraße
➡️ 🅿 – Weg 101 – Rif. Lavaredo, 2344 m – Patérnsattel, 2454 m – Drei-Zinnen-Hütte, 2405 m – Klettersteig durch den Stollen zur Gamsscharte, 2650 m, und zum Patérnkofel, 2744 m – ❸ zur Gamsscharte – ❸ über Paßportenscharte zum Patérnsattel – 🅿: 5 – 5½ Std. Sehr interessante, bequeme, vielbegangene Tagestour.
🪜 mäßig schwierig; im Stollen Taschenlampe unerläßlich; ❸ über Paßportenscharte schwieriger, stellenweise sehr exponiert
🏠 Rif. Lavaredo, 2344 m, im ➋ + ❸; Drei-Zinnen-Hütte (Rif. Tre Cime A. Locatelli), 2405 m, im ➋

296 *Sextener Dolomiten*
Schartenweg (Sentiero delle Forcelle) von der Gamsscharte zum Büllelejoch

Dieser gesicherte Höhenweg führt über Bänder und kurze Steilstufen sehr interessant und erlebnisreich unter dem wilden Felskamm dahin und berührt die Scharten zwischen den einzelnen Grattürmen. Eine weit ausgreifende Abstiegs- oder Zugangsvariante zum Patérnkofel, mit den anderen Aufstiegen und Abstiegen beliebig zu verbinden.

🔺 Patérnkofel, 2744 m

🏨 Cortina d'Ampezzo, 1260 m; Hotellerie am Misurina-See, 1750 m
🅿 Rif. Auronzo, 2320 m, große Parkplätze am Ende der Mautstraße
➡️ 🅿 – Weg 101 über Patérnsattel, 2454 m, zur Drei-Zinnen-Hütte und zur Büllelejochhütte, 2528 m – Forc. dei Laghi, 2600 m – Schartenweg – Gamsscharte, 2650 m – Patérnkofel, 2744 m – Gamsscharte – ❸ zur Gamsscharte und zum Patérnsattel – 🅿: 7 – 8 Std.
🪜 mäßig schwierig

🏠 Rif. Lavaredo, 2344 m; Büllelejochhütte, 2528 m (=Rif. Pian di Cengia); ggf. Drei-Zinnen-Hütte (Rif. Tre Cime A. Locatelli), 2405 m

297 *Sextener Dolomiten*
Rekonstruierte Kriegssteige am Toblinger Knoten

Das Verdienst, den Gipfel des Toblinger Knotens als Beobachtungsposten und Kampfstellung erschlossen zu haben, gebührt dem berühmten und hochdekorierten Feldkurat Hosp; nach ihm wurde der rekonstruierte Steig über den Normalweg benannt. Bereits im Frühjahr 1917 hatten österreichische Standschützen mit dem Bau des Leiternsteiges durch die Nordkamine begonnen. Vier historische Holzleitern, 24 historische Eisenhaken sowie andere Reste erinnern noch an diese Pioniertat. Im Gegensatz zum sog. »Normalweg«, über den die Wachablösung nur bei Nacht oder Nebel erfolgen konnte, machte dieser Steig, der den italie-

nischen Scharfschützen abgewandt war, eine gefahrlose Ablösung auch bei Tag möglich, ja, sie wurde von den Soldaten als amüsante Kletterübung empfunden.
Über 60 Jahre lang war dieser Steig dem Verfall preisgegeben. Der nun gesicherte, extrem luftige Aufstieg ist auch für Versierte ein kleines Abenteuer.

▲ Toblinger Knoten (Torre Toblino), 2617 m

🏠 Cortina d'Ampezzo, 1260 m; Hotellerie am Misurina-See, 1750 m

🅿 Rif. Auronzo, 2320 m, große Parkplätze am Ende der Mautstraße

➡ **❶** – Weg 101 – Rif. Lavaredo, 2344 m – Patérnsattel, 2454 m – Drei-Zinnen-Hütte, 2405 m – **❷** über Klettersteig an Nordseite zum Toblinger Knoten, 2617 m – **❸** über Feldkurat-Hosp-Steig – Drei-Zinnen-Hütte – **❶**: 4½ – 5 Std.; bei Rückweg über Weg 105 (= Dolomiten-Höhenweg 4): 5½ Std.
Ausdauernde können im Anmarsch zur Drei-Zinnen-Hütte oder auf dem Rückweg den Paternkofel über den Kriegssteig **❸** De Luca – Innerkofler und die Paßportenscharte mitbesteigen!

📋 schwierig; Wandhöhe 110 m, Länge 160 m, äußerst luftig;
Feldkurat-Hosp-Steig unschwierig bis mäßig schwierig

🏠 Rif. Lavaredo, 2344 m;
Drei-Zinnen-Hütte (Rif. Tre Cime A. Locatelli), 2405 m; beide im **❷** + **❸**

298 *Sextener Dolomiten*

Gesicherter Steig durch die Nordflanke auf die Sextener Rotwand (Via ferrata Croda Rossa)

Die verwickelte Anstiegsroute führt teilweise mitten durch die verfallenen österreichischen Frontstellungen.
Der gesamte, sehr lange Anstieg ist bei guten Verhältnissen eher unschwierig, kaum ausgesetzt, ausreichend markiert und, wo nötig, mit Drahtseilen gesichert.

▲ Sextener Rotwand (Croda Rossa di Sesto), 2939 m

🏠 Sexten, 1310 m;
Moos, 1330 m

🅿 Talstation des Sesselliftes Rotwandwiesen, 1362 m

➡ **❶** – Sesselliftauffahrt zu den Rotwandwiesen, 1924 m – Weg 15B – Castelliere, 2260 m – Sextener Rotwand – **❸** wie **❷** mit Sessellifttalfahrt zum **❶**: 6 Std.; **❷** zu Fuß 2 Std. länger!
❸ auf die italienische Südseite über **➡** Via ferrata Mario Zandonella oder ihre Südostvariante schwierig und lang, Steinschlag; zweites Auto für Rückfahrt!

📋 unschwierig

🏠 Rotwandwiesenhütte (Rif. Prati di Croda Rossa), 1924 m, nahe der Bergstation des Sesselliftes; Jausenstation »Rudi-Hütte«, 2000 m

🚠 Sesseelbahn »Rotwandwiesen«, Bergstation 1924 m

299 *Sextener Dolomiten*

Via ferrata Mario Zandonella

Auch die italienischen Stellungen und Frontlinien an der Sextener Rotwand sind mit neueren Klettersteigen erschlossen. Allerdings ist die Zandonella ebenso wie ihre Südostvariante bedeutend schwieriger als der Klettersteig auf der Sextener Seite. Die Südroute, welche für den Aufstieg gewählt werden sollte, gehört zu den anspruchsvollen gesicherten Felsrouten. Mit Abstieg über die Südostvariante ergibt sich eine der lohnendsten Überschreitungen in den Sextenern!

▲ Sextener Rotwand (Croda Rossa di Sesto), 2939 m

🏠 a) Sexten, 1310 m
b) südl. des Kreuzberg-Passes, 1636 m: Dosoledo, 1237 m; Candide, 1210 m; San Stefano di Cadore, 908 m

🅿 Rif. Lunelli, 1568 m

➡ **❶** – Rif. Berti, 1950 m – Weg 101/124 bis Abzweig zum Klettersteig – Via ferrata Mario Zandonella – Sextener Rotwand, 2939 m – **❸** über Südostvariante – **❶**: 8½ – 9 Std.
Lange, ernste, aber großartige Tagestour, mitunter stark begangen; ggf. Nächtigung am Rif. Berti empfehlenswert.

📋 schwierig, streckenweise Steinschlaggefahr durch Vorausgehende; Südostvariante wegen sehr langer steiler Schotterreiße am »Auslauf« nur im 🌑 zu empfehlen – unbedingt lohnend!

🏠 Rif. Berti, 1950 m, im ☀ + 🌑, ggf. Nächtigung

Alpiniweg (Strada degli Alpini)

Herbst 1950 Mathias, Samuel, Beate, Eckardt,

Das Klettersteig-Abenteuer ➜ *»Via ferrata Aldo Roghel – Cengia Gabriella« hat im Alpiniweg ein technisch leichteres, viel kürzeres, aber landschaftlich ebenbürtiges Gegenstück, das allerdings stark frequentiert wird.*
Im Frühsommer und bei Kälte hat man es auf der stark verschatteten Nordseite jedoch oft mit gefährlichen Altschneeresten und Eisrinnen in steilen Flanken zu tun – Pickel und auch Steigeisen können auf dieser berühmten (mitunter durchaus »Traum«-) Route erforderlich werden!

🔺 Sentinellascharte, 2717 m

🛏 a) Sexten, 1310 m
b) südl. des Kreuzberg-Passes, 1636 m: Dosoledo, 1237 m; Candide, 1210 m; San Stefano di Cadore, 908 m

🅿 a) Hotel Dolomitenhof, 1454 m, am Fischleinboden
b) Rif. Lunelli, 1568 m

➜ a) ❷ Fischleinboden – Weg 102/103 (= Alta Via delle Dolomiti 5) – Talschlußhütte, 1548 m – Rif. Zsigmondy-Comici, 2224 m – Weg 101 – Strada degli Alpini – Elferscharte – 🌑 über Weg 124/122 zur Talschlußhütte – ❷: 8 Std.; mit Abstecher zur Sentinellascharte 9 – 10 Std.
Der 🌑 von der Elferscharte über Weg 124/100 zur Bergstation des Sesselliftes Rotwandwiesen und Sesselliftabfahrt verkürzen den 🌑 um 1½ Std.
b) ❷ Lunelli – Rif. Berti, 1950 m – Weg 101/124 – Sentinellascharte, 2717 m – Alpiniweg bis Rif. Zsigmondy-Comici, 2224 m: 9 – 10 Std.; von hier 🌑 zum Fischleinboden: 2 Std.

📋 mäßig schwierig, bei Altschneelage gefährlich

🏠 a) bei ❷ von Sexten: Talschlußhütte (= Cap. Turistica), 1548 m, und Rif. Zsigmondy-Comici, 2224 m
b) bei ❷ von Süden: Rif. Berti, 1950 m

Via ferrata Aldo Roghel und Cengia Gabriella

Die Via ferrata Aldo Roghel verbindet das Rif. Berti im Vallon Popéra mit dem Bivacco Battaglione Cadore im Cadin di Stallata. Eine enge Scharte wird über eine neue, sehr verwegen angelegte Stahlseilroute erklommen; am Ende des ansonsten eher problemlosen Abstiegs kann eine steile Schneerinne, falls hart, problematisch werden. Der zweite Abschnitt verläuft vom Bivacco über die zahlreichen Bändersysteme der Cengia Gabriella bis zum Rif. Carducci im oberen Val Giralba. Diese Route endet ebenfalls mit einer steilen, langen Schneerinne, über die abgestiegen werden muß. Die Länge der Gesamtstrecke, die anstrengenden Gegenanstiege und ausgesetzte Passagen erfordern viel Ausdauer und Routine.

🔺 Forc. delle Guglie, 2571 m

🛏 a) Sexten, 1310 m
b) südl. des Kreuzberg-Passes, 1636 m: Dosoledo, 1237 m; Candide, 1210 m; San Stefano di Cadore, 908 m

🅿 Rif. Lunelli, 1568 m

➜ ❷ – Rif. Berti, 1950 m – Via ferrata Aldo Roghel – Biv. Battaglione Cadore – Via ferrata Cengia Gabriella – Rif. Carducci, 2297 m – Weg 103/101 – Strada degli Alpini – Sentinellascharte, 2717 m – Weg 124/101 – Rif. Berti – ❷: 12 – 13 Std.; bei 🌑 ins Fischleintal: 9 – 10 Std.; Nächtigung am Rif. Carducci empfehlenswert.
Grandiose, faszinierende Rundtour!

📋 schwierig; einzelne Passagen sehr schwierig; für die beiden Schneerinnen u.U. Steigeisen oder Grödel erforderlich

🏠 Rif. Carducci, 2297 m, am westl. Ende der Cengia Gabriella; Rif. Berti, 1950 m, am nördl. Ende der Aldo Roghel; Biv. Battaglione Cadore, 2250 m, in der Mitte zwischen beiden Klettersteigabschnitten

Via ferrata Mazzetta

Dieser Steig im Südosten der Sextener Dolomiten liegt abseits der begangenen Wege in der

Südflanke der Croda di Tacco; er führt quer durch Rinnen und Schrofen in die Forcella di Tacco und von hier zum Bivacco C. Gera.

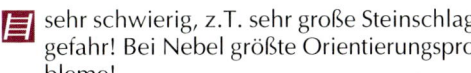

▲ Forc. (Passo) di Tacco, 2348 m

🛏 Pádola, 1218 m;
Auronzo, 869 m

🅿 a) Pause oder Case Orsolina im Ansieital, etwa 900 m (für Weg 123)
b) Pádola, 1215 m (für Weg 152)
c) Bagni Val grande, 1300 m (für Weg 126)

➡ a) 🅿 Auronzo – Valle d'Ambata – Weg 123/152 – Passo di Tacco – ◕ wie ◑: 8½ – 9 Std.
b) ◑ Pádola – Weg 152/153 – Forc. de Ambata, 2413 m – Biv. C. Gera – Weg 152 über Forc. di Tacco, 2348 m, bis 🅿: 7½ – 8 Std.

▤ mäßig schwierig

⌂ ggf. Biv. C. Gera, 2240 m

303 *Sorapisgruppe*

Sorapis-Umrundung über die Via ferrata Francesco Berti, Carlo Minazio, Alfonso Vandelli

Alle Anstiege und erst recht die drei Klettersteige sind landschaftlich großartig, jedoch lang und sehr anstrengend, die Sicherungen sparsam bis spärlich, die Markierungen mitunter dürftig. Wer sich zu dieser gewaltigen Tour mit Biwak-Nächtigungen entschließt, muß viel Ausdauer, Routine und auch Orientierungssinn mitbringen.

▲ Forc. del Bivacco, 2670 m

🛏 a) Cortina d'Ampezzo, 1260 m
b) San Vito di Cadore, 1010 m

🅿 a) Passo Tre Croci, 1809 m
b) Baita del Zoppa, 1430 m

➡ 🅿 Passo Tre Croci – Weg 215 (= Alta Via delle Dolomiti 3) – Rif. Vandelli, 1928 m – Weg 215/242 – Via ferrata Berti – Biv. Slataper, 2600 m – Weg 247/243 – Via ferrata Minazio – Biv. Comici, 2020 m – Via ferrata Vandelli – Rif. Vandelli – 🅿: 15 Std.
Sehr lange, anstrengende und ernste Zweitagestour mit Biwaknächtigung.

▤ sehr schwierig, z.T. sehr große Steinschlaggefahr! Bei Nebel größte Orientierungsprobleme!

⌂ Nordseite: Rif. Vandelli, 1928 m; Südseite: Rif. San Marco, 1840 m, ggf. auch Rif. Scoter, etwa 1700 m; Biv. Slataper, 2620 m, Biv. Comici, 2020 m

304 *Marmarolegruppe*

Sentiero della Cengia del Doge (Sentiero attrezzato Adriano Cipriano)

Dieser »Bänderweg« über das »Dogenband« zieht einen scheuen Halbkreis in der Nordseite des imposanten Felsturmes Corno del Doge, er nähert sich dem Gipfel nur bis zur halben Höhe. Die großartige Aussicht auf gewaltige Felsriesen lohnt diesen klettersteigtechnisch eher bescheidenen Felsgang. Abstecher zur Forc. Grande unbedingt empfehlenswert!

▲ Durchschnittshöhe der Cengia del Doge 2050 m

🛏 Hotellerie am Misurina-See, 1750 m

🅿 Eingang zum Naturschutzpark gegenüber Albergo Palus S. Marco, 8,2 km südl. Misurina

➡ 🅿 – Valle di San Vito – Weg 226/278 ins Val di Mezzo – Abzweig zur Cengia del Doge – Weg 280 – ◕ über Weg 226 zum 🅿: 6 Std.
Trittsicherheit auf geröllbedeckten, sehr schmalen Felspfaden und entsprechende Schwindelfreiheit erforderlich.

▤ mäßig schwierig, nur streckenweise – wenn erforderlich – gesichert, einige kürzere Abschnitte bei Nässe sehr rutschig

305 *Marmarolegruppe*

Sentiero degli Alpini

Die reichlich angejahrte Klettersteigpassage ist ein Teilstück des Dolomiten-Höhenweges 5; einsam und teilweise verwegen über ausgesetzte, nicht gesicherte Bänder geht es schließlich über mehrere Leitern zur Forcella; hier und auch unterwegs großartige Ausblicke.

▲ Forc. Jau de Tana, 2650 m

◨ Calalzo di Cadore, 809 m

🄿 an der Brücke über den Rio Diassa, 1135 m; von Praciadelan, 1045 m, sind es 5,9 km

➡ 🄿 – Rif. Chiggiato, 1910 m und weiter auf Weg 260 bis zur Forc. Jau de Tana, 2650 m – ↻ wie ↺ zum 🄿: 8 – 9 Std.
Häufig sehr exponierte, nicht gesicherte Wegstrecken über schmale Bänder. Die Fortsetzung des Weges ist wegen schlechter Markierung und sehr schwieriger, ungesicherter Felspassagen »normalen« Klettersteiggehern dringend abzuraten.

▤ mäßig schwierige Klettersteigpassagen unter der Forc. Jau de Tana

⌂ Rif. Chiggiato, 1910 m, im ↻ + ↺

306   *Marmarolegruppe*
Sentiero Amalio Da Pra

Diese recht abenteuerliche, und verwegene, gesicherte Strecke ist das nordwestseitige Teilstück eines Rundweges um den Monte Ciareido. Die abwechslungsreiche Halbtagstour bietet zwar nur kurze gesicherte Passagen, aber trotzdem reichlich Spannung und prächtige Fernblicke.

🔺 Forc. di San Pietro, 2297 m

◨ Lozzo di Cadore, 755 m

🄿 🄿 wenige Min. unterhalb Rif. Ciareido in etwa 1910 m Höhe, zu erreichen über sehr abenteuerliche, schmale ehemalige Militärstraße, 15,4 km lang

➡ 🄿 – Rif. Ciareido, 1968 m – Forc. di San Pietro, 2297 m – Sentiero Amalio Da Pra – Forc. di San Lorenzo, 2223 m – Rif. Ciareido, 1968 m – 🄿: 3½ – 4 Std.
Bei Nebel und Schlechtwetter dringend abzuraten.

▤ mäßig schwierig; z.T. Steinschlag; im Frühsommer auch stellenweise harte Altschneefelder und Lawinenkegel

⌂ Rif. Ciareido, 1968 m, im ↻ + ↺

307   *Civettagruppe*
Via ferrata degli Alleghesi

Die verwegene, nur streckenweise mit Trittbügeln, Stiften und Seilen gesicherte Führe, vorher stellenweise im IV. Grad, zieht sehr direkt durch die 400 m hohe Ostwand der Civetta und anschließend in einfacherem Felsgelände weitgehend ungesichert über den Nordgrat zum Gipfel.

🔺 Civetta, 3220 m

◨ Fusine, 1177 m

🄿 Casèra di Pioda, 1816 m (über schlechte Bergstraße mit dem Kraftfahrzeug erreichbar)

➡ 🄿 – Weg 556 zum Rif. Coldai, 2135 m – Weg 557 bis zum Einstieg – Via ferrata degli Alleghesi – Civetta, 3220 m – ↺ über Rif. Torrani, 2984 m – »Normalweg« – Weg 557 – Rif. Coldai – 🄿: 10 – 11 Std. Bei ↺ über die ➡ Via ferrata Tissi ist eine Nächtigung am Rif. Vazzolèr, 1714 m, angeraten (Abstiegszeit 3 Std.), von hier am besten über die Alta Via delle Dolomiti 1 (Weg 560) zurück zum 🄿.
Lange, anstrengende, ernste Tagestour!

▤ schwierig bis sehr schwierig, viele ungesicherte Stellen I – II, Steinschlag; Normalweg, z.T. I. Grad, Steinschlag, im unteren Teil gesichert

⌂ Rif. Coldai, 2135 m; unter dem Gipfel Rif. M.V. Torrani, 2984 m (Notquartier)

308   *Civettagruppe*
Via ferrata Tissi

Von allen Steiganlagen in den Dolomiten zählt die »Tissi« zu den ältesten. Die Ferrata selbst ist nicht allzu lang, dafür gewagt und eindrucksvoll.
Die schon »historische« Führe ist 1990 aufgelassen worden, die neuen Sicherungen sind nicht weniger kühn, aber weniger steinschlaggefährdet.

🔺 Civetta, 3220 m

◨ a) Fusine, 1177 m
   b) Listolade, 650 m

P a) Casèra di Pioda, 1816 m (über schlechte Bergstraße mit Kfz erreichbar)
b) Listolade, 700 m

➡ **P** Pioda – Civetta über die ➲ Via ferrata degli Alleghesi: 4½ – 5 Std.; vom Gipfel über die Via ferrata Tissi zum Rif. Vazzolèr, 1714 m, im ↩ 3 Std.
P Pioda – Rif. Coldai – Weg 560 (Alta Via delle Dolomiti 1) – Rif. Tissi, 2250 m – Rif. Vazzolèr, 1714 m: 3½ – 4 Std. (Nächtigung)
Rif. Vazzolèr – Weg 558 – Via ferrata Tissi – Civetta. 5 Std.
↩ zur Coldai-Hütte über ➲ Via ferrata degli Alleghesi oder »Normalweg«: 4 – 4½ Std.
Sehr lange, anstrengende Tagestour, ggf. in Verbindung mit ➲ Via ferrata degli Alleghesi, am besten mit Übernachtung im Rif. Vazzolèr, 1714 m.

▤ schwierig bis sehr schwierig, Steinschlaggefahr

▲ Rif. Vazzolèr, 1714 m; ggf. Rif. Coldai, 2135 m; unter dem Gipfel: Rif. M.V. Torrani, 2984 m (Notquartier)

309   *Civettagruppe*

Via ferrata Fiamme Gialle (Via ferrata Monte Pelsa)

Dieser sehr wenig begangene, entlegene Steig mit seinem ermüdenden und sehr langen, komplizierten Zustieg ist äußerst anspruchsvoll – ein Unternehmen nur für sehr Versierte, dafür landschaftlich großartig.

▲ Palazza Alta, 2255 m

▤ Cencenighe Agordino, 773 m, Cordévole-Tal
P Weiler Bastiani, 971 m

➡ **P** – Weg 562 – Via ferrata Fiamme Gialle – Palazza Alta, 2255 m – ↩ über Weg 562 (ungesichert, II, u.U. problematisch) – **P**: 6½ – 7 Std.; bei ↩ über Col Mandro, 1844 m, und Weg 582/567 (problemlos): 8 – 8½ Std.
▤ sehr schwierig

310   *Moiazza*

Via ferrata Gianni Costantini, Gipfelsteig und Cengia Angelini

Die außerordentlich anspruchsvolle und verwegene Routenführung, die ungewöhnliche Länge und der überraschende Szenenwechsel in durchwegs wildem Felsgelände hinterlassen so nachhaltige Eindrücke, daß diese Ferrata unter Kennern zu den großartigsten überhaupt gezählt wird. Das Erklimmen der Südwand der Cresta delle Masenade ist allein schon ein gewaltiger Kraftakt. Es folgt ein langer Gang über wilde Grate. Durch teilweise sehr kühn angelegte Seilpassagen ist der Südgipfel als Abstecher (vor dem Abstieg) zu erreichen. Die abwärts führende Cengia Angelini überrascht wiederum mit einer Brenta-Szenerie, kann aber bei harten Altschneemassen in einer verschatteten Steilrinne zur Umkehr zwingen (Notabstieg zum Biv. Grisetti, 2050 m)! Der letzte Teil des Abstiegs, die Westroute an der Flanke einer gewaltigen Felsschlucht, ist ein Landschaftserlebnis für sich. Nur für absolut schwindelfreie und sehr trainierte Könner!

▲ Cima Moiazza Sud, 2878 m; Cresta delle Masenade, 2704 m
▤ Chiesa, 1252 m; Agordo, 611 m
P Passo Duràn, 1600 m

➡ **P** – Rif. Carestiato, 1933 m – Costantini-Ostroute zur Cresta delle Masenade, 2704 m – Gratüberschreitung – Abstecher zur Cima Moiazza Sud, 2878 m – ↩ über Cengia Angelini zum Biv. Moiazza-Ghedini auf der Forc. delle Nevére, 2601 m – ↩ über Costantini-Westroute ins Van dei Cantoi – Weg 554 (= Dolomiten-Höhenweg 1) zum Rif. Carestiato – **P**: 9 – 10 Std.
▤ Ostroute durch die Cresta-delle-Masenade-Südwand sehr schwierig, Schlüsselstellen äußerst schwierig, Gipfelsteig sehr schwierig; auf der Cengia Angelini im Frühsommer Altschnee in Steilrinne (gefährlich!); »Westroute« (↩ vom Biv. Moiazza) nur mäßig schwierig
▲ Rif. Carestiato, 1933 m; Biv. Moiazza-Ghedini auf der Forc. delle Nevére, 2601 m

311   *Schiaragruppe*

Via ferrata Luigi Zacchi

Die grandiose, breite Südwand der Schiara ist von drei Klettersteigen durchzogen, die am Westgrat über einen weiteren Klettersteig miteinander verbunden sind. Drei hochgelegene Biwakschachteln bieten für Notfälle Schutz. Wasser fehlt jedoch an allen Biwaks! Das einzigartige Klettersteigparadies im tiefen Süden der Dolomiten ist allerdings nur über einen sehr langen Zustieg durch subalpine Vegetation zu erreichen. Nächtigungen auf dem einzigen, verständlicherweise oft überfüllten Rifugio sind unvermeidbar, wenn man sich durch das phantastische Klettersteigangebot hindurcharbeiten will. Der älteste Steig, die Via ferrata Luigi Zacchi, führt schräg quer durch die Südwand des Monte Schiara und gilt als die landschaftlich großartigste dieser Felsrouten.

▲ Biv. Ugo Dalla Bernardina, 2320 m

🛏 Bolzano Bellunese, 518 m, nördl. Belluno, 393 m

🅿 Case Bortòt, 700 m

➜ 🅿 – Rif. 7. Alpini, 1498 m: 3 Std. Hüttenzustieg; vom Rif. auf Weg 503 bis zum Einstieg in 1800 m Höhe – Via ferrata Luigi Zacchi – Biv. Ugo Dalla Bernardina, 2320 m: 3½ – 4 Std.
Abstiege:
a) ➲ Via ferrata Sperti: 4 – 5 Std. bis zum Rif. 7. Alpini
b) ➲ Via ferrata Berti + Marmól: 6 – 7 Std. bis zum Rif. 7. Alpini
Lange, bei ❂ b) sehr lange und sehr anstrengende Tagestour, nur zu empfehlen mit Nächtigung am Rif. 7. Alpini.

▤ sehr schwierig

⌂ Rif. Settimo Alpini, 1498 m; Biv. Ugo Dalla Bernardina, 2320 m; bei ❂ b) auch Biv. Marmòl, 2280 m

312   *Schiaragruppe*

Via ferrata Gianangelo Sperti

Diese Alternative zur Via ferrata Luigi Zacchi zieht in großem Bogen weiter westlich durch die Felsabstürze der Schiara, wo auf 2000 m

ein eigenes Biwak steht. Der Steig erreicht an der Forc. Sperti den Grat und setzt sich dann als großartiger gesicherter Höhenweg bis zum Biv. Bernardina fort, wo er mit der Ferrata Zacchi zusammentrifft.

▲ Forc. Sperti, 2250 m;
Biv. Ugo Dalla Bernardina, 2320 m

🛏 Bolzano Bellunese, 518 m, nördl. Belluno, 393 m

🅿 Case Bortòt, 700 m

➜ 🅿 – Rif. 7. Alpini, 1498 m: 3 Std. Hüttenzustieg; von hier auf Weg 504 bis zum Einstieg in 1800 m Höhe – Via ferrata Sperti – Biv. Sperti, 2000 m – Forc. della Gusela, 2280 m – Biv. Bernardina, 2320 m: 4½ – 5 Std.
Abstiege:
a) ➲ Via ferrata Zacchi: 3 Std. bis zum Rif. 7. Alpini
b) ➲ Via ferrata Berti + Marmól: 6 – 7 Std. bis zum Rif. 7. Alpini
Lange, bei ❂ b) sehr lange, anstrengende Tagestour, nur zu empfehlen mit Nächtigung am Rif. 7. Alpini.

▤ schwierig bis sehr schwierig

⌂ Rif. Settimo Alpini, 1498 m; Biv. Gianangelo Sperti, 2000 m, auf halber Höhe der Ferrata Sperti; Biv. Bernardina, 2320 m, am Zusammentreffen mit Ferrata Zacchi

313   *Schiaragruppe*

Via ferrata Antonio Berti

Dieser Verbindungsklettersteig vom Biv. Bernardina zum Biv. Marmòl ist auch der Zugang zur grandiosen Felsszenerie im Gipfelbereich der Schiara. Er hat eine sehr komplizierte Linienführung und ist nicht so extrem exponiert wie die Ferrata Zacchi. Die Beschreitung dieses Steiges dauert zwar nur 2½ Stunden, setzt aber extreme Kondition für die langen Zustiege und Abstiege voraus. Äußerste Vorsicht bei Gewitterneigung!

▲ Monte Schiara, 2566 m

🛏 Bolzano Bellunese, 518 m, nördl. Belluno, 393 m

🅿 Case Bortòt, 700 m

➡ ⓟ – Rif. 7. Alpini, 1498 m: 3 Std. Hüttenzustieg; von hier über ⮕ Via ferrata Sperti (4½ – 5 Std.) oder kürzer über ⮕ Via ferrata Zacchi (3½ – 4 Std.) zum Biv. Bernardina, 2320 m, ab hier zum Biv. Marmòl, 2280 m, einschl. Gipfelaufstieg Monte Schiara, 2566 m, 2½ – 3 Std.; ◑ über ⮕ Via ferrata Marmòl zum Rif. 7. Alpini: mind. 9 Std. (bei ◐ über Via ferrata Sperti mind. 10 Std.).

In jedem Fall sehr lange, anstrengende Tagestour, nur zu empfehlen mit Nächtigung am Rif. 7. Alpini.

🗐 schwierig bis sehr schwierig

⌂ Rif. Settimo Alpini, 1498 m; Biv. Ugo Dalla Bernardina, 2320 m;
bei ◐ oder ◑ über ⮕ Via ferrata Sperti auch Biv. Sperti, etwa 2000 m;
bei ◐ oder ◑ über ⮕ Via ferrata Marmòl auch Biv. Marmòl, 2280 m

314   *Schiaragruppe*

Via ferrata Marmòl

Der vergleichsweise nur mäßig schwierige Steig führt meist am Rande einer gewaltigen Felsschlucht über Bänder und Felsstufen empor bis zum Grat – eine hervorragend ausgesuchte Führe vor düsterer Felskulisse. Dieser Steig wird vielfach auch als Übergang vom Hochtal Canale Marmòl (vom Rif. Bianchet) her als Teil der Alta Via delle Dolomiti 1 begangen, also vielfach im Abstieg.

🔺 Biv. Marmòl, 2280 m

🛏 Bolzano Bellunese, 518 m, nördl. Belluno, 393 m

ⓟ Case Bortòt, 700 m

➡ ⓟ – Rif. 7. Alpini, 1498 m: 3 Std. Hüttenzustieg; von hier auf Weg 514 bis zum Einstieg in 1800 m Höhe – Via ferrata Marmòl – Biv. Marmòl, 2280 m – Forc. del Marmòl: 3 Std.
Abstiege:
a) wie ◐; bis zum Rif. 7. Alpini 2½ Std.
b) ⮕ Via ferrata Berti + ⮕ Via ferrata Zacchi; bis zum Rif. 7. Alpini: 6½ – 7½ Std.
c) ⮕ Via ferrata Berti und ⮕ Via ferrata Sperti; bis zum Rif. 7. Alpini: 8½ Std.

d) ggf. Übergang zum Rif. Bianchet, 1245 m (ggf. 2. Kfz am dortigen ⓟ abstellen!)
Sehr lange, anstrengende Tagestour, nur zu empfehlen mit Nächtigung am Rif. 7. Alpini.

🗐 mäßig schwierig, nur wenige Stellen schwierig

⌂ Rif. 7. Alpini, 1498 m; Biv. Marmòl, 2280 m

315   *Monte-Grappa-Massiv*

Percorso attrezzato Carlo Guzzella

Der einst heißumkämpfte Gipfel wurde in eine Architekturschöpfung verwandelt, die eine seltsame Mischung von Trauer und Ehrfurcht, Pathos und Patriotismus atmet. Wohl einzigartig ist das restaurierte unterirdische Bollwerk, in dessen Stollensystem, teilweise beleuchtet und für Touristen zugänglich, noch ein Teil der Kanonen an ihrem ursprünglichen Einsatzort steht. Vom Valle San Liberale zieht heute ein Pfad in der Direttissima nordwärts in Richtung Gipfel, direkt auf eine Felsrippe zu, wo ein Klettersteig über die Steilstufe des Napon führt. Eine seltsame Idee, auf diesen zu einem Kriegerdenkmal umfunktionierten Berg auch noch einen Klettersteig zu bauen – und ein sehr merkwürdiges Gefühl, nach dem meist einsamen Gang am Stahlseil und durch die gottverlassenen Schützengräben am Südrücken schlagartig mitten im Touristentrubel zu stehen.

🔺 Monte Grappa, 1775 m

🛏 Fietta, 380 m (auf der Straße Grappa-Pederobba)

ⓟ Valle San Liberale, 625 m (Ausflugslokal Rif. Bellavista da Maurizio, keine Nächtigung)

➡ ⓟ – Einstieg bei 1240 m – Percorso Guzzella – in 1430 m Höhe ehemalige Militärstraße (Weg 152, hier 1. Ausstieg möglich) – Ausstieg bei 1580 m – Malga Vecchia, 1542 m – Monte Grappa, 1775 m: 4 Std.; ◑ über Weg 151 zum ⓟ: 2½ Std.
Die Besichtigung der »Zona militare monumentale« ist unbedingt empfehlenswert (2 – 3 Std.).

📄 200 Höhenmeter schwierig; im dichten Vegetationsgürtel Vorsicht vor Schlangen! Bei Nässe abzuraten.

🏠 Rif. Bassano, 1745 m (keine Nächtigung)

316   *Monte-Grappa-Massiv*

Sentiero attrezzato Sass Brusai

Der Monte Boccaór ist eine unscheinbare Erhebung nordöstlich des Monte Grappa. An der steilen, grasigen Südseite, dem Sass Brusai, gibt es jedoch mehrere schrofige Felssporne. Über den steilsten von ihnen zieht eine gut gesicherte Direttissima zum Gipfel. Auf den letzten Höhenmetern erlebt man eine wirklich tollkühne Hängebrücke. In etwa 15 m Höhe spannt sich, fast 15 m lang, eine nur aus drei Tragseilen mit dünnen Querverspannungen bestehende Hängekonstruktion quer über einen hier aus dem Fels gesprengten, militärischen Nachschubweg hinweg. Man kann den Tag nun mit einer einsamen Wanderung im Almgebiet abschließen oder aber zum Monte Grappa aufsteigen und die »Zona militare monumentale« besichtigen.

🔺 Monte Boccaór, 1532 m;
ggf. Monte Grappa, 1775 m

🏠 Fietta, 380 m (auf der Straße Grappa – Pederobba)

🅿 Valle San Liberale, 625 m (Ausflugslokal Rif. Bellavista da Maurizio, keine Nächtigung)

➡ ❷ – Wegweiser zum Einstieg – Sentiero Brusai – in 1400 m Höhe ehemalige Militärstraße (Weg 152) – Seilbrücke – Monte Boccaór, 1532 m: 4 Std.; weiterer ↗ zum Monte Grappa über den ➡ Sentiero attrezzato Carlo Guzzella: 1½ Std.; ↘ über Weg 153 oder Weg 151 zum ❷: 2 Std.

📄 schwierig, Hängebrücke sehr stark schwankend, nur für starke Nerven (kann umgangen werden!)

🏠 bei ↗ zum Monte Grappa Rif. Bassano, 1745 m (keine Nächtigung)

Rechts: Die sehr lange und anstrengende Via ferrata degli Alleghesi auf die 3220 m hohe Civetta erfordert in einigen steilen Felsrinnen Freikletterei im unteren II. Grad.

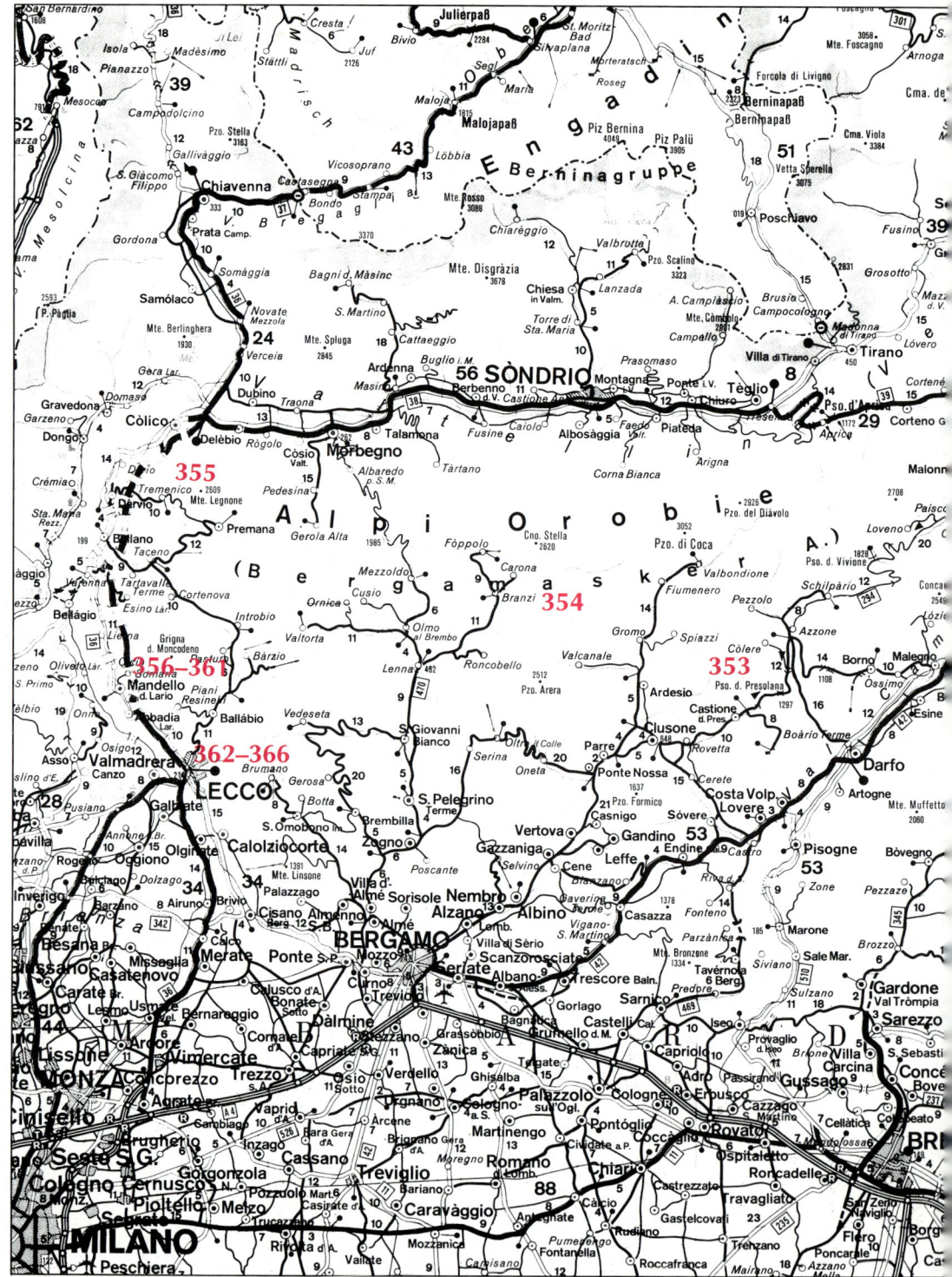

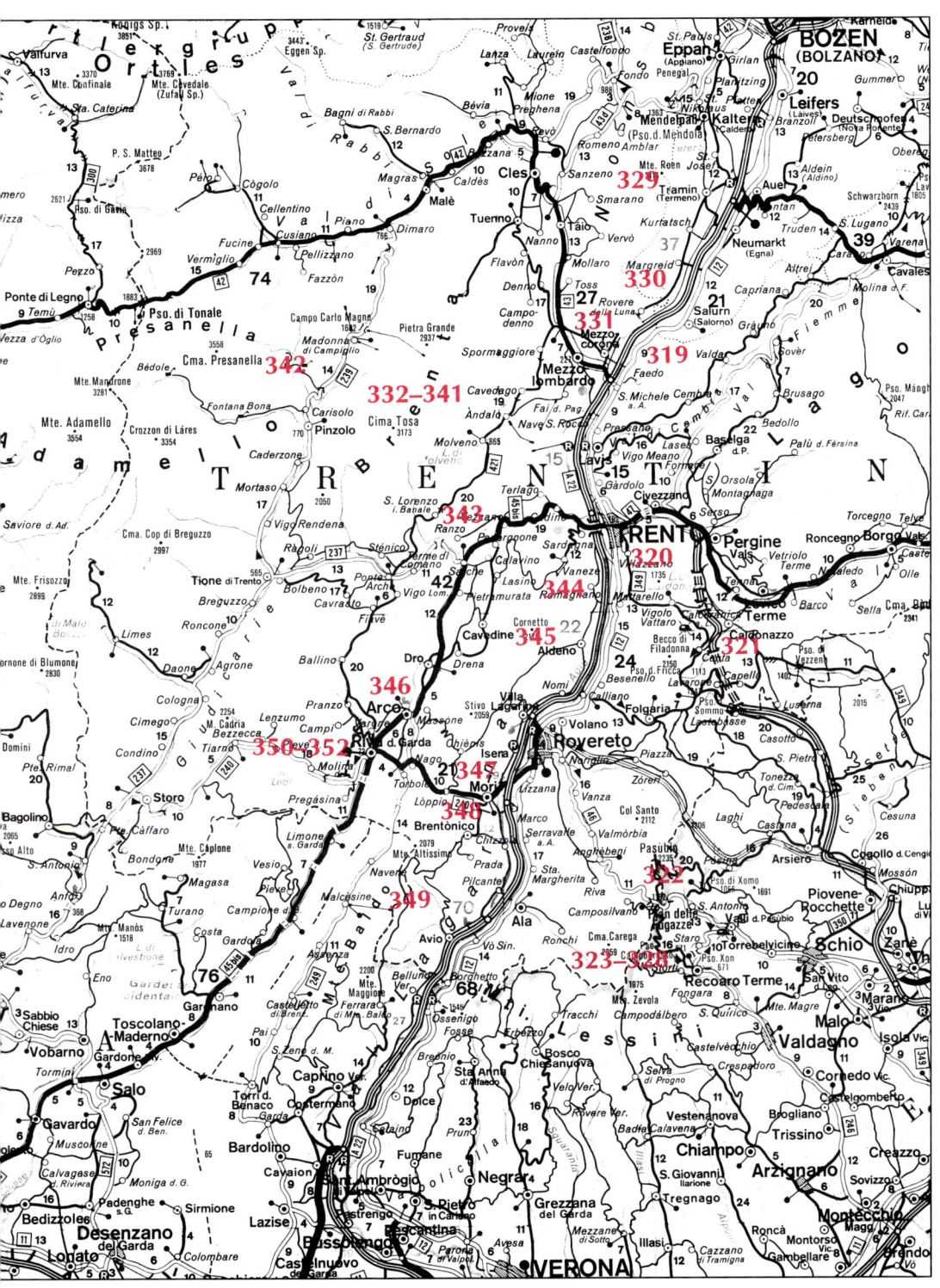

SÜDWESTLICHE KALKALPEN

—— Fleimstaler und Vizentiner Alpen ——

Bei den Bergseen Lago di Caldonazzo und Lago di Levico – östlich von Trient – beginnt der Fluß Brenta seinen Lauf; er zieht durch das breite Val Sugana zuerst ostwärts und schwenkt bald nach Süden, bis er bei Bassano di Grappa das Bergland verläßt. In weitem gegenläufigem Bogen führt die Autobahn von Trient über Rovereto und Verona nach Vicenza und weiter nach Venedig. Das Bergland, das von der Valsugana im Nordosten und von der Autobahn im Südwesten umschlossen wird, faßt man unter dem Sammelbegriff »Vizentiner Alpen« zusammen.

Klettersteigabenteuer für Genießer der Vertikalen: Die Via ferrata Monte Albano (rechts) und die sehr anspruchsvolle Via ferrata Rino Pisetta (unten).

Landschaftliche Kontraste und dunkles Eruptivgestein prägen auch die zwei gesicherten Steige der Fleimstaler Alpen – die gutmütige Via attrezzata del Gronton südlich des Passo Pelegrino und den einsamen Sentiero attrezzato Giulio Gabrielli auf die entlegene Cima d'Asta, die man aus der Valsugana erreicht. Nördlich des Passo Pian delle Fugazze erhebt sich das Massiv des Monte Pasúbio, ein ehemals heiß und blutig umkämpftes Schlachtfeld; der italienische Nachschubweg mit seinen 52 Tunneln ist allein schon ein Erlebnis, ebenso der Kriegslehrpfad und der gigantische Triumphbogen. Man kann diese Erlebnisse noch durch einen Klettersteigaufstieg würzen, bei dem man einen gutmütigen Grat mit fünf Gipfelchen überschreitet.
Südlich des Passo Pian delle Fugazze locken die Lessinischen Alpen mit einer Reihe höchst verschiedenartiger Eindrücke und Klettersteigerlebnisse. Neben sehr leichten und nur mäßig schwierigen gesicherten Steigen finden sich

auch atemberaubend schwierige Klettersteig-passagen in fast senkrechtem Fels, die aller-dings überschaubar kurz sind. Der vielbegan-gene Hauptgipfel, die Cima Carega, kann süd-seitig über den sehr einsamen langen Sentiero alpinistico Cesare Battisti bestiegen werden; wer von der Nordseite aufgestiegen ist, kann an dem rassigen, kurzen Klettersteig über den südlichen Vorgipfel seinen Mut abkühlen.

Der unheimliche, düstere Sentiero alpinistico del Vaio Scuro quer durch beklemmend schaurige Felsschluchten und der luftige Sentiero Alto del Fumante über den wildzer-klüfteten Fumantekamm zeigen die erstaunli-

Typisch für die Brenta: Bänderquerung
am Sentiero delle Bocchette Centrale
(oben). Heitere Klettersteigvergnügen:
Sentiero attrezzato Gerardo Sega (rechts)
und Via ferrata Rio Secco (unten).

che Gegensätzlichkeit dieser Bergwelt, die man auch die »Piccoli Dolomiti« nennt.

Nur noch aus dem »tiefen Süden« erreichbar ist der Monte Gramolòn, der mit einem erstaunlich rassigen, aufregenden Klettersteig durch eine stellenweise senkrechte Fels-schlucht überrascht.

Die Lessinischen Alpen sind aber viel mehr als nur eine kleine Klettersteigoase; sie sind ein weit aufgeschlagenes Geschichtsbuch, das uns von den Kulturresten der hier seit dem 13. Jahrhundert ansässigen deutschsprachigen »Zimbern« erzählen kann.

—— Berge beiderseits des Etschtales ——

Der Mendelkamm bietet am Rhönberg ein Klettersteigziel bis weit über 2000 m Höhe, am Margreider Klettersteig führen zwei Klettersteigpassagen durch Gesträuch bis in fast 1100 m Höhe. Am alten Burrone-Steig geht es eher beschaulich-romantisch durch eine fast schon touristisch erschlossene Klamm. Auf der anderen, östlichen Talseite ist die neue Via ferrata Rio secco ein wildes, kräfteraubendes Klettersteigabenteuer, das nur sehr Geübten zu empfehlen ist!

—————— Brentagruppe ——————

Brenta, ein Wort wie Gitarrenklang, ein Zauberwort für fast alle Bergsteiger, für uns Inbegriff für ein Klettersteigparadies. Geographisch ist die Brenta ein eigener Bergraum, von den Dolomiten durch das Etschtal und den Mendelkamm getrennt. Der von Nord nach Süd verlaufende Felskamm ist nur geringfügig verästelt, erst am südlichen Ende des Mittelteiles beginnt sich der Kamm in zwei Äste aufzuspalten. Auf der Westseite des Hauptkammes krallen sich noch einige kleine, eher harmlose Gletscher als letzte Reste der einst bis auf 2400 m Höhe heranreichenden Eisdecke an den Felsfüßen fest mit Moränen und Eiszungen, Spalten und kleinen Gletscherseen. Man findet kaum größere Schuttfelder, dafür aber gewaltige Felsstürze. Landschaftlich ist die Brenta einer der mächtigsten Bergräume der Südlichen Kalkalpen. Herrlich aufgebaute Gipfel, kühne Felstürme und Zinnen, prachtvolle Wände, wunderbar aufstrebende Grate und Kanten bestimmen die Szenerien mit ihren rötlich im Sonnenlicht leuchtenden Felsen. Auf einer Länge von 42 km ein Musterbeispiel dolomitischer Landschaft, kontrastreich in Form und Farbe, Wucht und Leichtigkeit, dabei randvoll mit optischen Knalleffekten. Die Brenta zieht seit jeher Bergsteiger aus aller Welt an.
Bereits in den dreißiger Jahren hatte man begonnen, die von Wind und Wetter aus den Wänden herauszisielierten, waagrechten Felsbänder von der Bocca di Brenta bis zur Bocca degli Armi, wo notwendig, zu verbreitern und mit Stiften, Leitern und Drahtseilen als gesicherte Höhenroute auszustatten. Immer aufregender und immer verzweigter wurden die einzelnen Anlagen und Zusammenschlüsse, bis der Sentiero delle Bocchette von der Dodici-Apostoli-Hütte im Süden über das Tosa-Schutzhaus bis zur Tucketthütte im Norden reichte. Für Variationen des Höhenweg-Menüs innerhalb der Achterschleife rund um das Brenta-Herz ist reichlich gesorgt. Heute gehört die Brenta zu den am meisten besuchten Gebieten in den gesamten Alpen. Die Stützpunkte im Mittelteil werden an sommerlichen Wochenenden von Touristen geradezu »erstürmt«, hoffnungslos überfüllte Nachtlager sind eine Selbstverständlichkeit.
Trotz aller künstlichen Steighilfen kann die Brenta dem Bergsteiger auch heute jederzeit die Übermacht des Berges drastisch vor Augen führen: Ein plötzlicher Wettersturz, hochsommerlicher Schneefall oder herbstliche Vereisung können auch den geübtesten Klettersteigkenner vor sehr ernste Probleme stellen. Vor Leichtsinn, namentlich bei aufziehenden Gewittern, sei daher dringendst gewarnt. Ist auch der gefürchtete Brentanebel noch kein Grund zu verfrühter Umkehr, so hüte man sich dennoch, einen Weg zu begehen, dessen Verlauf nicht eindeutig auch bei schlechtesten Sichtverhältnissen mit Sicherheit zu verfolgen ist. Ein Abkommen vom Weg kann sehr böse enden, da das Gelände fast nie einen weglosen Abstieg ermöglicht.
Die nördliche Brenta – nördlich des Passo Grostè – fristet hingegen ein merkwürdig einsames Dasein. Freilich sind dort die Felsformen bei weitem nicht so spektakulär, ein zentraler Stützpunkt fehlt, die Überschreitung ist beängstigend lang; wer aber in der Brenta Einsamkeit sucht, kann sie dort noch am ehesten finden.

—————— Gardaseeberge ——————

Es sind nicht die hohen Gipfel oder überhaupt Gipfelerlebnisse, die man in diesen subalpinen Alpenregionen sucht. Wenn im Frühjahr bei uns noch alle Berge tief verschneit sind oder im Spätherbst vereiste Wegpassagen das Bergsteigen verleiden, bieten die Wände dieser niedrigen Berge mit ihren oft verstrauchten Schluchten und unbedeutenden »Gipfelregionen« ein befriedigendes, ja mitunter phantastisches Klettersteigerlebnis, meist mit betont sportlicher Note. Eine Besonderheit ist natürlich der Gardasee selbst, das Himmelreich aller Könner des Surfsports: scharfes Surfen und ebenso scharfe Klettersteigerlebnisse können sich einander hier in idealer Weise ergänzen. Eine wichtige Komponente für beides ist das meist gute, jedenfalls bessere Wetter, namentlich im Herbst – der hier bis Weihnachten, an besonders niedrigen Steigen u.U. sogar den ganzen (schneelosen) »Winter« über für optimale Bedingungen sorgen kann. Neben der Sorge um das Wetter entfallen Rucksackschlepperei und drangvolle Enge auf Hütten. Eine oft willkommene Ergänzung ist der abendliche Spaziergang durch die kleinen mittelalterlichen Städte, ein Vergnügen, das allerdings wieder durch Parkplatznöte getrübt werden kann.

Am Monte Bondone ist der Gang über die drei beliebtesten Hausberge der Trientiner – Cornetto, Dos d'Abramo, Cima Verde – jedermann zu empfehlen; die sehr kurze Direttissima durch die senkrechte Ostwand des Dos d'Abramo erfordert aber einen Kraftakt ohnegleichen! Nicht so gewaltsam angelegt ist die Via ferrata Pero Degasperi durch die Ostwand der Cima Palon, dafür ist der weite Zugang durch eine Steilwiese über schauerlichen Abgründen sehr abenteuerlich und bei Nässe oder gar Regen lebensgefährlich!

Die sicherlich schwierigsten Prüfungen für Kraft, Technik und Schwindelfreiheit im Steilfels kann man am Monte Albano bei Mori und an der Cima Garzolet bei Sarche ablegen – hier ist stellenweise der V. Schwierigkeitsgrad am straff gespannten Stahlseil zu meistern – ein Vergnügen nur für wirklich gut trainierte Könner – für Ungeübte kann der Aufstieg zum Horror-Trip werden, einmal ganz von der Gefahr eines Hitzschlags in den Hochsommermonaten abgesehen!

Die Rocchetta, die faszinierende, berühmte Felskulisse von Garda und Torbole, überrascht mit einem erstaunlichen Wegenetz mit sehr interessanten Klettersteigpassagen; berühmt sind die beiden 45 m und 70 m hohen fast senkrechten Leitern an der Cima SAT, die auch dem vermeintlich Schwindelfreien mitunter sehr starke Überwindung abverlangen. Der Tiefblick auf den mehr als 1000 m tiefer liegenden See sucht in den Alpen seinesgleichen! In eine völlig andere, fast geheimnisvolle Welt gerät man über den Klettersteig Gerardo Sega in den verstrauchten Felsflanken und Schluchten an der Ostseite des Monte Baldo – wie manches am Gardasee ein kaum vorstellbares Naturerlebnis im Dunstkreis einer fast erdrückten Autobahnlandschaft.

Bergamasker Alpen

Westlich der Gardaseeregion liegt ein weiteres, unter Bergsteigern noch weitgehend unbekanntes Klettersteigrevier: Iseo-See und Val Camonica im Osten, Comer See im Westen und das Veltlintal im Norden begrenzen die Bergamasker Alpen, die sich südseitig bei Bergamo aus der lombardischen Tiefebene zu erheben beginnen. »Vielschichtig, vielgesichtig und faszinierend« preist Maria Oberndörfer diese Berglandschaft. Das Rückgrat dieses Gebirges bildet die kompakte, wasserreiche Nordkette der Orobie, die sich von West nach Ost über 80 km Luftlinie erstreckt. Hier liegen die höchsten Gipfel, von denen immerhin drei die 3000-m-Marke deutlich überragen. Im Süden steigen diese Berge in den »Prealpi Bergamasche« in sanften Stufen von der Ebene auf, im Norden dagegen fällt der Hauptkamm von seinen hohen Graten in mehr als einem Dutzend steiler, aber sehr kurzer Talfurchen 2000 m – 2700 m tief ins Veltlin ab. Vom »Einfallstor« Bergamo ziehen sich hingegen zwei Täler 50 km tief in das Herz dieses Bergraumes und erschließen mit ihren Nebentälern den größten Teil des Gebietes von Süden.

An die 15 Klettersteige liegen in diesem Gebiet, allerdings handelt es sich dabei teilweise um gesicherte Teilstrecken längerer Höhenwege, so der 4tägigen Alta Via delle Grigne und des 7tägigen Sentiero delle Orobie; man muß teilweise lange Zustiege in Kauf nehmen, um einen dieser klettersteigmäßig gesicherten Abschnitte zu erreichen; lohnend ist es schon wegen der landschaftlichen Reize allemal.

Einige sehr anspruchsvolle, teils nur mit Seilen gesicherte Routen führen aber auch sehr direkt nahezu in die Vertikale, so einige leicht erreichbare Führen bei Lecco: die Via ferrata Gruppo Alpini auf den Corno Medale, die Via ferrata Gamma auf den Pizzo d'Erna und auf den Dente del Resegone.

Wer im Nahbereich von Lecco eine lohnende Tour mit leichten Klettersteigabschnitten sucht, ist mit der Durchschreitung des Resegone-Kammes auf dem Sentiero Carlo Villa und der Via ferrata De Franco Silvano gut beraten. Ein in jeder Hinsicht unvergeßliches Erlebnis bietet die ebenso schwierige wie pfiffige und heitere Führe auf den Monte Grona, der schon in den Lombardischen Alpen und somit in den Westalpen liegt. ∎

Via attrezzata del Gronton

Auch heute noch erlebt man auf dieser idyllischen Bergwanderung den Kontrast zwischen Gegenwart und Vergangenheit: Man beginnt seine Tour im Pistengelände, und schon nach kurzer Zeit steht man in der Gipfelregion inmitten von Schützengräben. Dieser Weg ist touristisch vorbildlich erschlossen, die alten Pfade sind markiert, Biwakhütten und Unterstandplätze errichtet und ein Steig quer durch die felsige Nordflanke des Gronton mit Seilen gesichert worden. Die gemütliche Halbtagestour bietet auf der kurzen, gesicherten Querung des Grontonkammes zwar keine Klettersteigabenteuer, dafür jedoch unvergleichliche Ausblicke auf alle benachbarten Felsburgen der Dolomiten und einen zum Nachdenken anregenden Gang durch ein düsteres Kapitel unserer Geschichte.

🔺 Gronton, 2622 m;
Cima Bocche, 2745 m
🛏 Moèna, 1184 m

🅿 a) Passo Lúsia, 2055 m, mit Auto erreichbar, problematische Auffahrt!
b) Talstation der »Funivia di Lúsia« östl. Moèna (Betriebszeiten erfragen!)

➡ 🅟 Bergstation der Seilbahn Le Cune, 2203 m – Passo Lúsia, 2055 m – Biv. Sandro Redolf, 2333 m – Forc. Caserin, 2363 m – Gronton, 2622 m – ❖ zur Forc. Bocche, 2543 m – Cima Bocche, 2745 m – Rückweg wie ❷: 5 Std.; im ❖ von der Cima Bocche zum Passo Pelegrino ebenfalls 5 Std.
Beschauliche, interessante Bergwanderung mit leichten Klettersteigeinlagen.

📇 unschwierig

🏠 Rif. Passo Lúsia, 2050 m; Biv. Redolf, 2333 m; Biv. Jellici, 2675 m; ferner zwei offene Unterstände (im Wegverlauf)
🚠 »Funivia di Lúsia« zur Bergstation Le Cune, 2203 m, meist nur Winterbetrieb!

Hoch über den Dächern und Fabrikschloten von Lecco: Die Via ferrata Gruppo Alpini führt durch eine sonnenverwöhnte steile Felswand aus hellem Kalk.

Sentiero attrezzato Giulio Gabrielli

Nicht Kalk, sondern dunkles Urgestein bildet hier den Fels, und statt schroffer Türme bestimmen runde Kuppen die Landschaft, dazu trutzige Felsmauern, die sich im Wasser eines tiefblauen eisigen Sees fast unwirklich spiegeln. Der Klettersteig führt durch eine ernste, fast schwermütige Szenerie, die sehr hochalpin wirkt. Der Gipfelanstieg ist ebenso wie die einfachere Variante des Normalweges technisch problemlos, aber ein sehr lohnendes Erlebnis.

🔺 Cima d'Asta, 2847 m

🛏 Orte in der Valsugana, an der Straße Trient – Bassano di Grappa, z.B. Pieve Tesino; Camping in Val Malene, 800 m vor dem 🅟
🅿 Malga Sorgazza, 1300 m, im Val Malene

➡ 🅟 – Weg 380 – Forc. Magna, 2117 m – Weg 330/375 – Sentiero Gabrielli – Cresta di Socede, 2568 m – Rif. Brentari, 2473 m – Cima d'Asta, 2847 m – Rif. Brentari – ❖ über Normalweg 327 – 🅟: 7 – 7½ Std.
Großartige Bergwanderung in ungewohnter Felsszenerie mit unschwieriger Klettersteigpassage.

📇 unschwierig, etwa 200 Höhenmeter, oft sehr stark verfallen
🏠 Rif. Ottone Brentari, 2473 m; Notbiwak unter dem Gipfelkreuz

Via ferrata Rio secco

Der Rio secco – »trockener Fluß« – ist eine wilde, streckenweise senkrecht herabstürzende Felsschlucht in der breiten Felswand südlich von Salurn, die ihre nackten Steilflanken großenteils hinter dichten Strauchgürteln verbirgt. Ganz im Gegensatz zum »touristisch« erschlossenen Sentiero attrezzato Burrone-Giovanelli ist der Rio secco ein technisch sehr anspruchsvolles, kräfteraubendes Klettersteigabenteuer. Das Fazit ist ein berauschend schöner, stiller Felsgang durch eine faszinierend-schaurige, enge Klamm – die rassige Routenwahl und die dramatischen Überraschungsmomente lassen keine Langeweile aufkommen.

▲ Ausstieg am Dosson, etwa 700 m

🛏 Salurn, 226 m

🅿 Ristorante mit großem Kfz-Stellplatz an der alten Landstraße, genau 5 km südlich des südlichen Ortsschildes von Salurn

➡ Gesamtgehzeit etwa 3 Std., davon Zustieg ¼ Std., ◐ ¾ Std., nur für ausreichend Trainierte, keinesfalls für Anfänger und Kinder; für den Vormittag empfiehlt sich am besten der ➋ Sentiero attrezzato Burrone-Giovanelli

▤ schwierig bis sehr schwierig, bei Nässe dringend abzuraten!

320   *Vizentiner Alpen*

Sentiero attrezzato Giordano Bertotti

Das bewaldete Massiv des Monte Chegúl gehört zur östlichen Bergumrahmung der Stadt Trient. Im Gegensatz zum Monte Bondone ist der Monte Chegúl ein stiller Hausberg ohne irgendwelche Superlative. Auch der kurze Klettersteig in der von Felstürmen durchsetzten Westflanke ist technisch anspruchslos und für Kinder und Anfänger durchaus geeignet.

▲ Croce del Chegúl, 1263 m

🛏 Trient, 194 m (Bahnhof)

🅿 Passo Cimerlo, 733 m, oberhalb Povo

➡ ➋ – 1,7 km Straße in Richtung Rif. Maranzo – Weg 418 – Croce del Chegúl, 1263 m – Weg 426/411 – ➋: 3½ – 4 Std. Wenig spektakuläre Berwanderung, meist im Wald, mit kurzer Klettersteigpassage.

▤ unschwierig; kurze, problemlose Klettersteigstelle vor dem Gipfel

321   *Vizentiner Alpen*

Sentiero Clemente Chiesa im Val Scura

Die Berge zwischen Trient und Bassano di Grappa werden durch eine breite, flache Talfurche, die Valsugana, getrennt, an deren Scheitel die idyllischen Seen von Caldonazzo und Levico eingebettet sind. Sie bilden die

Hauptquellen des Flusses Brenta, in den sich bald auch reißende Sturzbäche aus den nahen Bergschluchten ergießen. Durch eine dieser wildromantischen Schluchten, die Val Scura, führt ein gesicherter, jedoch weitgehend naturbelassener Steig. Er erschließt auf kurzer Strecke eine Welt voller Naturwunder.

▲ Piazzo alto, 1291 m

🛏 Trient, 194 m (Bhf.); Lévico Terme, 520 m, und Caldonazzo, 485 m, in der Valsugana

🅿 Albergo dalla Vedova, 1,8 km südl. von Quaere

➡ ➋ – Weg 233 (= Weitwanderweg E5) – Sentiero Chiesa durchs Val Scura – Albergo Monte Róvere, 1255 m – Rückweg wie ➋ zum ➋: 4 Std.; mit ◐ über Kaiserjägerweg 202 ebenfalls 4 Std. (aber langweilig).
Romantische Bergwanderung durch eine zauberhafte Schlucht mit problemlosen Klettersteigeinlagen, mehrere Überschreitungen des Wildbachs sorgen u.U. für nasse Füße. Auch für Kinder und Anfänger.

▤ kurze, unschwierige Klettersteigpassagen, nicht exponiert

🏠 Albergo Monte Róvere, 1255 m

322   *Vizentiner Alpen (Pasúbio-Massiv)*

Sentiero alpinistico attrezzato delle Cinque Cime dedicato a Gaetano Falcipieri

Über den Pasúbio verlief im Ersten Weltkrieg eine heißumkämpfte Frontlinie. Das Mausoleum nahe der Paßhöhe Pian delle Fugazze ist eines der erschütterndsten Mahnmale dieses Krieges. Der mächtige Turmbau birgt in seinem Ossuarium die Schädel Tausender gefallener Italiener.

Das monumentale Gegenstück zum Mausoleum ist die noch heute vollständig erhaltene »Strada della 1. Armata« oder »Strada delle 52 Gallerie«, eine schmale Tunnelstraße, die mit 6555 m Länge vom Ausgangspunkt Bocchetta Campiglia, 1219 m, bis zur Porta del Pasúbio, 1934 m, emporführt. Auf dem eher harmlosen Gipfelkamm führt ein amüsanter Höhenweg über mehrere Gipfel hinweg, die schwierigeren Stellen sind gut gesichert. Zusammen mit dem Abstieg durch die Tunnelstraße eine sehr lohnende Unternehmung.

🔺 Cimòn dell Soglio Rosso, 2040 m

🛏 Rovereto, 201 m (Bahnhof)

🅿 Passo Xomo, 1058 m; noch viel näher: Bocchetta Campiglia, 1216 m (trotz Verbotsschilds von Einheimischen meist befahren)

➡ 🅿 – über Klettersteig zum Cimòn dell Soglio Rosso, 2040 m – Rif. Achilleo Papa, 1928 m – ◓ über Tunnelstraße zum 🅿: 7½ Std.
Unbedingt begehenswert ist der markierte Kriegslehrpfad durch die weitläufigen ehemaligen Frontstellungen, der je nach Interesse 2 – 4 Std. zusätzlich in Anspruch nimmt. Im Frühsommer starke Nebelneigung.

📄 mäßig schwierig, Schlüsselstelle ist eine einzige senkrechte ausgesetzte Leiter

🏠 Rif. Achilleo Papa, 1928 m, nahe dem höchsten Punkt

323 **Vizentiner Alpen (Monti Lessini)**

Gesicherte Steige auf den Monte Cornetto und Monte Baffelan

Cornetto und Baffelan sind die beiden höchsten Gipfel im Sengio-Alto-Kamm, der sich vom Passo Pian delle Fugazze südwärts bis zum Passo di Campogrosse erstreckt. Aus den weiten Almwiesen wirkt dieser wildzerklüftete Felskamm recht bescheiden, im Innern entfaltet er jedoch eine geballte Szenerie kühnster alpiner Formen. Durch das verwirrende Labyrinth von Wänden und Schluchten, Pfeilern und Türmen ziehen ehemalige Kriegssteige, die streckenweise durch Tunnels geführt wurden. Wer diese Route wählt, erlebt im Zuge einer kurzen Tagestour sicherlich ein Höchstmaß an Eindrücken, allerdings ohne nennenswerte Klettersteigabenteuer.

🔺 Monte Cornetto, 1899 m;
Monte Baffelan, 1793 m

🛏 Rovereto, 201 m (Bahnhof)

🅿 Rif. Tonio Giuriolo am Passo di Campogrosso, 1457 m, südlich des Passo Pian delle Fugazze, 1162 m

➡ 🅿 – Weg 13/14/E5 – Sisilla, 1621 m – ◓ zum »Sentiero naturalistico« – Weg 14 –

Cima Baffelan, 1793 m – Passo dei Onari, 1772 m – Monte Cornetto, 1899 m – ◓ über Weg 45 zum E5 – 🅿: 6 Std.
Sehr lohnende, interessante Durchquerung mit vielen Überraschungen.

📄 unschwierig, einige ungesicherte Passagen I

324 **Vizentiner Alpen (Monti Lessini)**

Sentiero alpinistico del Vaio Scuro und Sentiero Alto del Fumante

In den Tiefen des Vaio Scuro teils dichter Wald, teils üppige Blumenpracht neben meterhohen Lawinenschneeresten, dann beklemmend-schaurige Schluchten mit glattgeschliffenen Felsbildungen. Auf den Höhen des Sentiero Alto ein Labyrinth bizarrer Felstürme und scharfer Grate, daneben öde Schuttkare gegen Norden und Steilgraswiesen gegen Süden. Als Abschluß wiederum ein Abstieg durch eine Schlucht, teils durch Rinnen und Verschneidungen, teils durch den felsigen Grund eines Sturzbaches mit wilden Steilstufen. Klettergewandtheit und Orientierungsvermögen, aber auch genügend Ausdauer und Abenteuerlust sind also Voraussetzung für diese Tour!

🔺 Fumante, Torrione Recoaro, 1910 m

🛏 a) Trient, 194 m (Bahnhof)
b) Recoaro Terme, 445 m

🅿 a) Rif. Tonio Giuriolo, 1456 m, am Passo di Campogrosso, 1457 m, südl. des Passo Pian delle Fugazze, 1162 m
b) Rif. Cesare Battisti, 1265 m

➡ a) 🅿 Campogrosso – Weg 6 – Forc. Lovaraste, 1918 m –Forc. Bassa, 1850 m – Vaio Scuro – Passo Pelegatta, 1776 m – Monte Obante, 2072 m – Forc. del Fumante, 1905 m – Cima Centrale, 1984 m – Forc. Lovaraste, 1918 m – 🅿: 8½ – 9 Std.
b) 🅿 Rif. Battisti – Weg 105 – Malga Loreche, 1280 m – Selletta delle Poe, 1385 m – Vaio Scuro – Forc. Bassa, 1850 m – Forc. della Scala, 1890 m – Sentiero Alto del Fumante – Weg 6 – Forc. Lovaraste, 1918 m – Cima Centrale, 1984 m – Forc. del Fumante, 1905 m – Monte Obante, 2072 m – Rif. Scalorbi Weg 114 in den Vaio Pelegatta – 🅿: 7½ – 8 Std.

▤ schwierig, einige Stellen sehr steinschlaggefährdet; Vaio Pelegatta nicht gesichert, I
– II, Steinschlaggefahr

⌂ Rif. Scalorbi, 1767 m, am Passo Pelegatta

325   Vizentiner Alpen (Monti Lessini)

Via ferrata Carlo Campalani

*Um in der Nähe des flachen Südrückens der
Cima Carega einen attraktiven Klettersteig zu
schaffen, mußte man sich schon in den senkrechten Felswänden des südlichen Vorgipfels
umsehen. Dort fand man eine verwegene Führe, die auch nach Anbringen solider Fixseile
zumindest in den untersten Partien sehr
schwierig und anspruchsvoll zu begehen ist.
Das Ergebnis ist ein kurzer, »gepfefferter« Abstecher in den Bereich der Vertikale inmitten
eines eher familiären Bergwanderambientes.*

▲ Cima Carega, 2259 m

▥ Trient, 194 m (Bahnhof)

▣ Rif. Tonio Giuriolo am Passo di Campogrosso, 1457 m, südlich des Passo Pian
delle Fugazze, 1162 m

➡ ❷ – Weg 7 (Europäischer Fernwanderweg
5) – Passo Buse Scure, 1475 m – Sella dell
Rotolòn, 1523 m – Bocchetta dei Fondi,
2015 m – Bocchetta Mosca, 2029 m –
Hinweis »ANA« zum Einstieg – Via ferrata
Campalani – Cima Carega, 2259 m: 6½
Std.; Rückweg über Normalweg zum ❷: 3
– 4 Std.
Lange problemlose Bergwanderung mit
kurzer, aber sehr »gepfefferter« Klettersteigeinlage, die man notfalls auch weglas-
sen kann.

▤ schwierig; Schlüsselstelle am Einstieg
äußerst luftig; kurz

⌂ am Gipfel Rif. Fraccaroli, 2238 m; ggf.
auch Rif. Scalorbi, 1767 m, am Passo
Pelegatta

326   Vizentiner Alpen (Monti Lessini)

Sentiero alpinistico
Cesare Battisti

*Man quert auf luftigem Felsband in senkrechter
Wand in eine Felsszenerie und steigt bald
darauf durch einsame Kare und Schluchten,*

*schroffe Rippen und Sporne in den steilen
Westabstürzen und muß manchen unüber-
schaubaren Zwischenabstieg in lehmigen Rinnen durch den dichten Latschengürtel in Kauf
nehmen. Völlig überrascht genießt man
schließlich den langen Aufstieg im griffigen
Fels einer weiten Felsverschneidung. Einsam
wie am ersten Stahlseil in den Bändern der
Cengia Pértica steigt man endlich durch den
unberührten Blumenteppich der Steilgrashänge
bis zum Vorgipfel. Dieser einsame, streckenweise raffiniert angelegte Steig mit seiner rassigen Klettersteigführe ist landschaftlich zweifellos packender und kontrastreicher, aber auch
anspruchsvoller und anstrengender als jeder
andere Weg auf die Cima Carega.*

▲ Cima Madonnina, 2232 m;
Cima Carega, 2259 m

▥ Giazza, 758 m

▣ Rif. Revolto, 1320 m

➡ ❷ – Passo Pértica, 1530 m – Sentiero
Battisti zur Cima Madonnina und Cima
Carega – ❸ über den breiten Militärweg
108 – Straße zum ❷: 7½ – 8 Std.; gut zu
verbinden mit Besteigung der ❷ Via ferrata
Giancarlo Biasin, was zusätzlich 1 Std.
Gehzeit erfordert.
Lange, anstrengende, lohnende Bergtour,
die Klettersteigpassagen sind landschaft-
lich am schönsten.

▤ mäßig schwierig, etwa 300 Höhenmeter,
etwa 1 km gesicherte Bänder

⌂ Rif. Passo Pértica, 1522 m; am Gipfel Rif.
Fraccaroli, 2238 m; im ❸ Rif. Scalorbi,
1767 m, am Passo Pelegatta

327   Vizentiner Alpen (Monti Lessini)

Via ferrata Giancarlo Biasin

*Der außerordentlich rassige, technisch sehr
anspruchsvolle Klettersteig entlang eines Risses
in der senkrechten Südwand der Cengia Pértica
ist so kurz, daß man dieses kaum halbstündige
Felsabenteuer wohl stets mit der Besteigung
der Cima Carega auf dem ❷ Sentiero alpinistico Cesare Battisti verbinden wird. Die verwegenen, spärlich gesetzten Eisenklammern ent-
schärfen eine ehemalige Kletterroute V. Grades
und sind vom Rifugio am Passo Pértica in der
unteren Hälfte der Wand deutlich zu sehen.*

🔺 Cengia Pértica, 1750 m

🛏 Giazza, 758 m

🅿 Rif. Revolto, 1320 m

➡ 🅿 – Rif. Passo Pértica – Cengia Pértica und
auf dem Normalweg zurück zum 🅿:
3 Std.; Gesamtgehzeit für den Klettersteig
ab Rif. Passo Pértica: 1 Std.; wer nach dem
Durchstieg zur Cengia Pértica auch noch
den ➋ Sentiero alpinistico Cesare Battisti
unternehmen will, muß vom 🅿 mit einer
Gesamtgehzeit von 8 – 9 Std. rechnen.

📃 100 Höhenmeter sehr schwierig bis
äußerst schwierig; Rucksack unbedingt im
Rif. Passo Pértica deponieren und ohne
jegliches Gepäck losgehen! Kletterzeit 15 –
25 Min.

🏠 Rif. Passo Pértica, 1522 m; bei ➋ zur Cima
Carega zusätzlich Rif. Fraccaroli, 2238 m;
im ➌ Rif. Scalorbi, 1767 m, am Passo
Pelegatta

328   *Vizentiner Alpen (Monti Lessini)*

Via ferrata Angelo Viali

*Die unscheinbare Erhebung des Monte Gra-
molón im Tre-Croci-Kamm ist nicht das Ziel
dieser weiten Bergfahrt, sondern allenfalls eine
Zugabe zu dem verwegenen Klettersteig in den
wilden Felsabbrüchen seiner Südseite. Leitern
und Seilsicherungen führen streckenweise am
Grund, zum Teil in den oft senkrechten Wänden der langen Felsrinne mit ihren beklem-
menden Schluchtwänden empor. Das nur eine
Stunde dauernde, anregende Felsabenteuer endet viel zu schnell an einem ehemaligen militärischen Nachschubweg.*

🔺 Monte Gramolón, 1814 m

🛏 Campodálbero, 890 m (von Arzignano in
die Valle del Chiampo)

🅿 Rif. Bepi Bertagnoli, 1250 m

➡ 🅿 – zunächst Weg 221 – in 1320 m Höhe
Einstieg – Ferrata Angelo Viali – Ausstieg in
1600 m Höhe am Sentiero Francesco
Milani – ➋ zum Monte Gramolón über
Sentiero Ezio Ferrari al Gramolón – ➌ zum
Passo delle Ristele, 1641 m – Sentiero
Milani – Weg 221 – 🅿: 4½ – 5 Std.

Mäßig lange Bergwanderung mit sehr
pfiffigem, aber etwas zu kurzem Klettersteig.

📃 schwierig, z.T. sehr luftig und an einigen
Stellen extrem steinschlaggefährdet, einige
wenige Stellen ungesichert (I, II)

329   *Mendelkamm*

Gesicherter Steig durch die Ostflanke des Rhönbergs

*Der kurze Klettersteig von der Überetscher
Hütte durch die Ostabstürze des Rhönbergs
bietet reizvolle Tiefblicke und am Gipfel eine
instruktive Rundschau ohnegleichen; auch Anfänger und Kinder können hier ihre ersten,
hoffentlich vergnüglichen Kontakte mit dem
Stahlseil knüpfen.*

🔺 Rhönberg (Monte Roen), 2116 m

🛏 a) Tramin, 276 m; Kaltern, 425 m; St.
Michael in Eppan, 411 m
b) Amblar, 986 m

🅿 a) vom Mendelpaß, 1363 m, noch 1,8 km
zur Talstation des Sessellifts Halbweg oder
zur Enzianhütte, 1409 m
b) von Amblar bis Le Val, 1450 m, u.U.
auf sehr schlechter Straße bis zur Malga di
Romeno, 1768 m

➡ von allen Ausgangspunkten auf Weg
521/560 bis zur Überetscher Hütte,
1775 m, und von hier auf dem Klettersteig
in 1 Std. zum Gipfel des Rhönbergs. Von
dort kürzester ➌ auf Weg 521 zur Malga di
Romeno in ¾ Std.; ➌ über Schwarzen
Kopf, 2030 m – Wetterkreuz, 1830 m –
Weg 6 bis Tramin: 4 – 4½ Std.
Gesamtgehzeit Mendelpaß – Überetscher
Hütte – Rhönberg – Malga di Romeno –
Mendelpaß: 6½ – 7 Std. (bei Sessellliftbe-
nützung im ➋ + ➌: etwa je 1 Std. kürzer)

📃 unschwierig, Höhe 150 m; vor dem ➌
über den landschaftlich sehr schönen
»Gemsensteig« wird gewarnt, die Stahlseilsicherung einer sehr gefährlichen Steilrinne ist oft defekt (ggf. Auskunft einholen!)

🏠 Überetscher Hütte (Rif. Oltreadige),
1775 m

🚡 ggf. Standseilbahn von Kaltern, 425 m,
zum Mendelpaß, 1363 m; ggf. Sessellift
Halbweg, Bergstation nahe Halbweghütte,
1594 m

330   *Mendelkamm*

Margreider Klettersteig (Fennberg-Klettersteig)

Der Einstieg und auch der Ausstieg bieten ein rassiges, aber kurzes Klettersteigerlebnis, dazwischen liegt steiles, mitunter verwachsenes Gehgelände, im Frühsommer von erstaunlichem Blumenreichtum. Instruktive Tiefblicke ins Etschtal begleiten fast den gesamten Aufstieg; die beiden möglichen Abstiege sind langwierig und führen teilweise über Landstraßen.

▲ Unterfennberg, 1090 m

🏠 Roverè della Luna, 250 m; Salurn, 226 m; Margreid an der Weinstraße, 226 m

🅿 beschränkte Kfz-Abstellmöglichkeit auf halbem Wege zwischen Roverè und Margreid (direkt an der Provinzgrenze)

➡ 🅿 – Margreider Klettersteig – Unterfennberg: 3 Std.
Empfehlenswert im Frühjahr und Spätherbst, bei Nässe Rutschgefahr auf dem erdigen Pfad; zweites Auto in Margreid oder Roverè sehr empfehlenswert!

📑 Einstiegspassage (Höhe 100 m) mäßig schwierig, Höhe der reinen Steiganlage etwa 400 m, Ausstieg unschwierig

🏠 Gasthöfe in Unterfennberg, Margreid und Roverè della Luna

331   *Mendelkamm*

Sentiero attrezzato Burrone-Giovanelli (Burrone-Steig)

Schon 1906 wurde diese wildromantische, am Anfang schaurig-düstere Klamm kletter steigmäßig erschlossen; dieser berauschend schöne Steig, neuerdings durch eine luftige Leiter als Einstiegs-Alternative bereichert, hat bis heute nichts von seinem Zauber verloren. Tosendes Wildwasser begleitet die stets feuchten Wegpassagen, die meist am Grund der Schlucht emporziehen und bei ausreichender Vorsicht und Schwindelfreiheit auch weniger Geübten zu empfehlen sind.

▲ Ausstieg 700 m, Ortschaft Monte, 891 m

🏠 Mezzocorona, 220 m

🅿 kleiner Kfz-Stellplatz am Waldrand beim Wegbeginn, von Mezzolombardo 2,6 km

➡ 🅿 – Burrone-Steig – Ausstieg – ❺ über Weg 505 zum 🅿: 3½ Std.; mit ❺ über Monte zum 🅿: 5 Std.; mit ❺ wie ❼: 2½ Std.
Wer den etwas langatmigen ❺ vermeiden will, kann vom Ausstieg in 700 m Höhe getrost auf demselben Weg zum 🅿 zurückkehren und als technisches Kontrasterlebnis am selben Tag auch noch die ➲ Via ferrata Rio secco durchsteigen!

📑 unschwierig bis mäßig schwierig, neue Einstiegsleiter luftig, in der Klamm stets Nässe und große Rutschgefahr!

🏠 Gasthöfe in Monte

🚠 Seilschwebebahn (12–15 Uhr außer Betrieb!) zwischen Monte, 891 m, und Mezzocorona, 220 m, bringt 1 Std. Gehzeitersparnis

332   *Brentagruppe*

Sentiero Gustavo Vidi – Sentiero Claudio Costanzi (Giro della Pietra Grande)

Durch die nördliche Brenta führt ein ausreichend gesicherter Steig vom Passo del Grostè zum Nuovo Rifugio Peller oder zum Passo Campo Carlo Magno. Wer sich in diese außerordentlich lange und verwickelte Route mit ihren zahlreichen ermüdenden Gegenanstiegen begibt, findet zwar keine alpinen Sensationen wie auf den Paradestücken der Bochettewege, dafür aber ein Bergerlebnis von großer Einsamkeit in einem unberührten landschaftlichen Rahmen. Wer am Abend ohne verkehrstechnische Probleme sein Auto erreichen möchte, für den empfiehlt sich die hier beschriebene, bis zum Rand ausgefüllte Rundtour. Wer vom Sasso Rosso noch zum Nuovo Rifugio Peller weiterwandert, sollte unbedingt vorher um die Rückfahrt auf den weiten Straßenstrecken besorgt sein. Bei Nebel, Nässe, Vereisung oder auch bei leichter Neuschneeauflage dringendst abzuraten; zumindest bei der langen Wegvariante!

▲ Cima Sassara, 2892 m

🏠 Madonna di Campiglio, 1522 m

P Madonna di Campiglio, Talstation der Seilbahn, 1646 m, auf den Passo del Grostè, 2443 m

➡ **P** – Seilbahnauffahrt zum Passo Grostè, 2443 m – Weg 390 – Sentiero Gustavo Vidi – Passo dei Tre Sassi, 2614 m – Sentiero Claudio Costanzi (Nr. 336) – Passo di Val Gelada, 2686 m – Cima Sassara, 2892 m – Passo di Pracastron, 2503 m – Weg 329 ins Val del Vento – Malga Scale, 1562 m – Weg 355 – Malga Mondifra, 1636 m – **P**: 10 – 12 Std.

Kürzeste Rundwegvariante:
An der grasbewachsenen Felskanzel »Orto della Regina«, 2520 m, links hinab zum Weg 336 und zurück zum Passo Grostè: 3 Std. (mit Seilbahnauffahrt und –abfahrt).

Längere Rundwegvariante:
Vor dem Passo dei Tre Sassi, 2614 m, links hinab auf Weg 334 zur Malga Mondifra und von hier zum **P**: 5 – 6 Std.

▤ schwierig, sparsam gesichert, mehrere kurze, nicht gesicherte Kletterstellen II

⌂ Biv. Bonvecchio del Centenario, 2790 m, nahe der Cima Sassara

▱ »Funivia del Grostè« vom **P**, 1646 m, zum Passo del Grostè, 2443 m

---

333   *Brentagruppe*

Sentiero delle Palete

Parallel zum gratüberschreitenden Sentiero Gustavo Vidi – Claudio Costanzi verläuft dieser Höhenweg in der Ostflanke der Brenta-Nordkette in landschaftlich sehr reizvollem Rahmen. Die steile, aber kaum ausgesetzte Klettersteigpassage an der Cima delle Palete ist auch geübten Bergwanderern zuzumuten, die für den gesamten Weg allerdings sehr viel Ausdauer mitbringen müssen.

▲ Passo di Pracastron, 2502 m

▙ Madonna di Campiglio, 1522 m

P Madonna di Campiglio, Talstation der Seilbahn, 1646 m, auf den Passo del Grostè, 2443 m

➡ **P** – Seilbahnauffahrt zum Passo Grostè, 2443 m – Weg 306 im **◐** – Bocchetta delle Palete, 2320 m – Passo di Pracastron, 2503 m – Weg 329 im Valle di Vento – Malga Scale, 1562 m – Weg 355 – Malga

---

Mondifra, 1636 m – **P**: 9½ – 10 Std.
Außerordentlich lange Bergwanderung, bei Nässe Vorsicht in den steilen, grasigen Flanken!

▤ unschwierig, gut gesicherte Passage, Höhe 200 m

▱ »Funivia del Grostè« vom **P**, 1646 m, zum Passo del Grostè, 2443 m

---

334   *Brentagruppe*

Sentiero Alfredo Benini

Der eher problemlose Steig beginnt an der einzigen mit Seilbahn erschlossenen Stelle des hier völlig verflachten Kammes und verbindet den Passo del Grostè auf stolzer, felsiger Höhenpromenade mit der Tucketthütte, von wo aus man über einen Wanderweg den Rückweg antreten kann. Dieser landschaftlich immer großartigere Auftakt der Bocchette-Wege bietet sogar die Möglichkeit, zwei Gipfel unschwierig zu ersteigen – die Cima del Grostè, 2897 m, und die Cima Sella, 2911 m – beide weglos, spärlichst markiert, also nur für sehr Versierte bei bestem Wetter. Zusätzliche Gehzeiten einkalkulieren!

▲ höchster Punkt 2900 m östl. der Cima Falkner

▙ Madonna di Campiglio, 1522 m

P Madonna di Campiglio, Talstation der Seilbahn, 1646 m, auf den Passo del Grostè, 2443 m

➡ **P** – Seilbahnauffahrt zum Passo Grostè, 2443 m – Weg 305 – Einstieg zum Sentiero Benini in 2600 m Höhe – Bocca dei Camosci, 2770 m – Bocca di Tuckett, 2648 m – Gletscherabstieg zur Tucketthütte: 4 Std.; bei Ausaperung des Gletschers (Vedretta di Brenta inferiore) kann der **◐** beinhart und gefährlich werden. Der parallele **◐** über Weg 322 ist problemlos und kürzer. Rückweg von der Tucketthütte zum Passo Grostè über Weg 316: 2 Std.; **◐** von der Tucketthütte über Weg 17 – Rif. Casinei – Vallesinella – zum **P**: 2 – 3 Std.

Fortsetzung zum nächsten Klettersteig:
Von der Bocca di Tuckett, 2648 m, zum **➲** Sentiero delle Bocchette Alte. Der Sentiero Benini empfiehlt sich ebenso als Einstiegstour ins Reich der Brentasteige wie auch als eintägige bequeme Unternehmung für

solche, die die nächtliche Drangsal auf überfüllen Hütten meiden möchten.

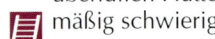 mäßig schwierig

🏠 Rif. del Tuckett und Rif. Quintino Sella, beide 2272 m

🗲 »Funivia del Grostè« vom ❷, 1646 m, zum Passo del Grostè, 2443 m

---

335   *Brentagruppe*

Sentiero delle Bocchette Alte

Auf diesem hochalpinen Steig vom Tuckett-Paß zur Bocca degli Armi erlebt man alle Register der Brenta-Superlative. Stahlseile und Klammern führen über gebänderte Wandstufen, bizarre Türmchen und Scharten; 5 Stunden dauert dieser märchenhafte Gang durch das Felslabyrinth in einer durchschnittlichen Höhe von 2700 m, die entweder lange Zustiege oder Hüttennächtigung notwendig macht. Im Bereich des Garbaribandes ist der zweithöchste Gipfel, die Cima Brenta zu erklettern (I und II), allerdings nur für Klettergewandte; der Firngrat nahe dem Gipfel kann gefährlich werden.

🔺 höchster Punkt etwa 3020 m auf der Spalla di Brenta (Südschulter der Cima Brenta)

🛏 Madonna di Campiglio, 1522 m

🅿 Madonna di Campiglio, Talstation der Seilbahn, 1646 m, auf den Passo del Grostè, 2443 m

➡ *zum Ausgangspunkt Bocca di Tuckett, 2648 m:*
a) vom ❷ mit Seilbahnauffahrt zum Passo del Grostè, 2443 m, und über den ➲ Sentiero Benini zur Bocca di Tuckett: 3 Std.
b) vom ❷ mit Seilbahnauffahrt zum Passo del Grostè, 2443 m, und über den Weg 316 (Giro del Brenta) zum Rif. Tuckett in 1½ Std., zu Fuß von Vallesinella auf Weg 317 in 2 Std., von hier zur Bocca di Tuckett über den Gletscher (Vedretta di Brenta inferiore) oder über Parallelweg 322 zur Bocca di Tuckett: 1 Std.; Gehzeit auf dem Bocchette Alte: 5 Std.
◑ von der Bocca degli Armi, 2749 m, zum Rif. Alimonta, 2580 m: 1 Std.
Fortsetzung zum nächsten Klettersteig:
von der Bocca degli Armi, 2749 m, zum ➲ Sentiero delle Bocchette Centrale

---

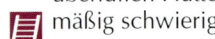 z.T. mäßig schwierig, z.T. schwierig; u.U. sehr gefährliche und riskante Traversierung einer schnee- oder eisgefüllten Steilrinne (ggf. nur mit Steigeisen und Pickel)

🏠 am nördl. Ausgangspunkt: Rif. del Tuckett und Rif. Quintino Sella, beide 2272 m
am südl. Ausgangspunkt: Rif. Alimonta, 2580 m

🗲 »Funivia del Grostè« vom ❷, 1646 m, zum Passo del Grostè, 2443 m

---

336   *Brentagruppe*

Sentiero Oliva Detassis

Zwischen Rif. Alimonta und der Bocchetta Bassa dei Massodi – einer Scharte innerhalb des Sentiero Bocchette Alte – besteht eine »direkte Verbindung«: Eine fast völlig senkrechte Wandstelle von etwa 100 m Höhe wird durch eine nur leicht versetzte Leiternserie überwunden. Man muß absolute Immunität gegen schwindelerregende Tiefblicke mitbringen, wenn man den mindestens halbstündigen Senkrechtaufstieg ohne zittrige Knie durchstehen will! – Eine mögliche Variante beim Abstieg vom Sentiero Bocchette Alte, vom Rif. Alimonta aus eine empfehlenswerte Halbtagestour in die Vertikale.

🔺 Bocchetta Bassa dei Massodi, 2790 m

🛏 Madonna di Campiglio, 1522 m

🅿 Vallesinella, 1522 m, von Madonna di Campiglio 4,5 km

➡ *zum Ausgangspunkt Rif. Alimonta, 2580 m:*
vom ❷ auf Weg 317 über Rif. Casinei, 1825 m, zum Rif. Tuckett, 2272 m, und über den ➲ Sentiero SOSAT zum Rif. Alimonta: 4½ – 5 Std.; Gehzeit zum Rif. Alimonta über Sentiero Detassis zur Bocchetta Bassa dei Massodi: 1½ Std.
Rundtour Rif. Alimonta – Sentiero Detassis – Bocchetta Bassa dei Massodi – ◑ über den südl. Abschnitt des ➲ Sentiero Bocchette Alte zum Rif. Alimonta: 2½ – 3 Std.
Sehr empfehlenswerte Aktivität für einen eventuellen »Ruhetag« auf dem Rif. Brentei oder Rif. Alimonta!

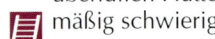 technisch zwar nur mäßig schwierig, aber äußerst exponiert!

⌂ im Zustieg: Rif. Tuckett, 2272 m; Rif. Alimonta, 2580 m
im ☾: ggf. Rif. Brentei, 2182 m

Sentiero delle Bocchette Centrale

Zwischen der Bocca degli Armi und der Bocca di Brenta zeigt die Brenta ihre gewaltigsten Felsformen, so die geradezu weltberühmte »Guglia«, eine Felsnadel von unerhörter Eleganz; zu Recht gilt dieser kühne Wegabschnitt als der Höhepunkt des Brenta-Erlebnisses, und wem hier gutes Wetter zuteil wird, der wird mit Staunen, Schauen und Genießen weit länger brauchen, als wenn er im dicken Nebel beklommen hindurcheilt.

▲ höchste Stellen etwa 2800 m

▥ Madonna di Campiglio, 1522 m

Ⓟ Rif. Vallesinella, 1522 m, von Madonna di Campiglio 4,5 km

➡ *zum Ausgangspunkt Bocca degli Armi, 2749 m:*
vom Rif. Alimonta, 2580 m: ½ Std.; vom Rif. Vallesinella, 1522 m: 3 Std.;
Gehzeit auf dem Bocchette Centrale bis zum Rif. Pedrotti/Rif. Tosa: 4 – 5 Std.
Gesamtgehzeit Vallesinella – Rif. Alimonta – Sentiero delle Bocchette Centrale – Rif. Brentei – Vallesinella: 9 – 10 Std.
Fortsetzung zum nächsten Klettersteig:
von der Bocca di Brenta zum ➲ Sentiero Brentari – Sentiero Ideale

▤ schwierig, z.T. sehr exponiert, mitunter vereiste oder verschneite Rinnen, ggf. Steigeisen und Pickel erforderlich

⌂ am nördl. Ausgangspunkt: Rif. Alimonta, 2580 m;
am südl. Ausgangspunkt: Rif. Pedrotti/Rif. Tosa, 2496 m

Sentiero SOSAT

Dieser nur in mittlerer Höhenlage angelegte, sehr gut gesicherte Felsensteig führt vom Rif. Tuckett unter Umgehung des Hauptkammes als Klettersteig zum Rif. Alimonta und von hier als alpiner Steig weiter bis zur Bocca degli Armi. Der SOSAT ist eine leichtere Variante zum hochalpinen ➲ Sentiero delle Bocchette Alte; er ist zwar nicht so grandios wie dieser, überrascht aber ebenfalls mit vielen interessanten und aussichtsreichen Passagen und ist jedenfalls eine genußreiche Tour, bei zweifelhaftem Wetter eine Ausweichmöglichkeit ähnlich wie der ➲ Sentiero Orsi.

▲ Bocca degli Armi, 2749 m

▥ Madonna di Campiglio, 1522 m

Ⓟ a) Madonna di Campiglio, Talstation der Seilbahn auf den Passo del Grostè, 2443 m
b) Rif. Vallesinella, 1522 m

➡ *zum Ausgangspunkt Rif. Tuckett, 2272 m:*
a) vom Ⓟ mit Seilbahnauffahrt zum Passo del Grostè, 2443 m, und über Weg 316 (Giro del Brenta) zum Rif. Tuckett: 1½ Std.
b) vom Ⓟ Vallesinella auf Weg 317 über das Rif. Casinei zum Rif. Tuckett: 2 Std.
Gehzeit am SOSAT: Rif. Tuckett – Rif. Brentei: 2½ – 3 Std.; Rif. Brentei – Bocca degli Armi: 3 Std.
Gesamtgehzeit Vallesinella – Rif. Tuckett – Sentiero SOSAT – Rif. Alimonta: 5 Std.; mit ☾ über Rif. Brentei zur Vallesinella: insg. 7 Std.
Fortsetzung zum nächsten Klettersteig:
von der Bocca degli Armi zum ➲ Sentiero delle Bocchette Centrale

▤ unschwierig bis mäßig schwierig, einige Leitern sehr luftig

⌂ am nördl. Ausgangspunkt: Rif. del Tuckett, 2272 m; nahe südl. Endpunkt: Rif. Alimonta, 2580 m; ggf. im ☾: Rif. Brentei, 2182 m

🚠 ggf. »Funivia del Grostè« vom Ⓟ, 1646 m, zum Passo del Grostè, 2443 m

Sentiero Osvaldo Orsi

Dieser in mittlerer Höhenlage angelegte Steig ist zwar kein »echter« Klettersteig, aber ein wunderschöner gesicherter Höhenweg durch das Herzstück der Brenta an ihrer Ostseite; er bietet großartige Szenerien dolomitischer Felslandschaften. Vier Stunden lang wandert man unbeschwert von der Bocca di Tuckett bis zur Bocca di Brenta von einem optischen Glanzpunkt zum nächsten.

▲ Bocca di Tuckett, 2648 m

🏠 Madonna di Campiglio, 1522 m

🅿 a) Madonna di Campiglio, Talstation der Seilbahn, 1646 m, auf den Passo del Grostè, 2443 m
b) Vallesinella, 1522 m

➡ *zum Ausgangspunkt Bocca di Tuckett, 2648 m:* siehe ➲ Sentiero delle Bocchette Alte
Gehzeit auf dem Sentiero Orsi: 4 Std.
Gesamtgehzeit Vallesinella – Bocca di Tuckett – Sentiero Orsi – Rif. Pedrotti – Vallesinella: 9½ Std.

▤ unschwierig

🚩 am nördl. Ausgangspunkt: Rif. del Tuckett, 2272 m; am südl. Ausgangspunkt: Rif. Pedrotti und Rif. Tosa, 2496 m

340   *Brentagruppe*

Sentiero Brentari und Sentiero dell'Ideale

Die beiden zusammenhängenden Wegabschnitte sind die ältesten im Klettersteigsystem der Brenta.
Dieser hochalpine, stark vergletscherte Übergang vom Rif. Pedrotti zum Rif. 12 Apostoli durchquert das südliche Felsenparadies der Brenta und bietet neben einer unglaublichen Fülle landschaftlicher Schönheiten auch die Möglichkeit, den höchsten Gipfel der gesamten Brenta, die Cima Tosa, 3173 m, in leichter Kletterei zu ersteigen.

▲ Sella die Tosa, 2860 m;
Bocca d'Ambièz, 2871 m

🏠 a) Madonna di Campiglio, 1522 m
b) Molveno, 864 m

🅿 a) Vallesinella, 1522 m
b) Molveno, Talstation Telecabina

➡ *zum Ausgangspunkt Rif. Pedrotti/Rif. Tosa, 2496 m:*
vom 🅿 Vallesinella über Weg 317/318 (über Rif. Casinei, 1825 m, und Rif. Brentei, 2182 m): 3¾ – 4 Std.
vom 🅿 Molveno mit Gondelbahnauffahrt zum Rif. Pradel und über Weg 340/319 (über Rif. Selvata, 1630 m): 4 Std.
Gehzeit am Sentiero Brentari/Ideale: 4½ Std.

Gesamtgehzeit Vallesinella Rif. Pedrotti/Tosa – Sentiero Brentari/Ideale – Rif. 12 Apostoli – ❸ über Sentiero Martinazzi zur Vallesinella: 10½ – 11 Std.
Fortsetzung zum nächsten Klettersteig:
vom Rif. 12 Apostoli zum ➲ Sentiero Ettore Castiglioni

▤ schwierig, vergletscherter Teil oft nur mit Pickel und Steigeisen begehbar!

🏠 am Ausgangspunkt: Rif. Pedrotti/Rif. Tosa, 2496 m
am Endpunkt: Rif. Garbari ai 12 Apostoli, 2488 m
ggf. im ❸: Rif. Agostini, 2410 m
im ❷: Rif. Casinei, 1825 m; Rif. Brentei, 2182 m

🚩 am 🅿 Molveno, 864 m, ggf. Telecabina zum Rif. Pradel, 1350 m

341   *Brentagruppe*

Sentiero Ettore Castiglioni

Dieser Steig ist eine leichtere Verbindung zwischen den Rifugi Pedrotti/Tosa und dem Rif. 12 Apostoli und vermeidet die vergletscherten Passagen, die am Sentiero Brentari/Ideale mitunter problematisch werden können. Dafür ist auf dieser »Ausweichroute« eine 200 m hohe Wandstufe – ungesichert IV. – auf Leitern mit über 300 Sprossen zu überwinden und dies in einer der großartigsten Felsenszenen der Brenta – ein Durchstieg von außergewöhnlicher Kühnheit und Schönheit. Zusammen mit dem ➲ Sentiero Brentari / Ideale ergibt sich die schönste Rundtour in der Brenta; als Gipfel kann die Cima Pratofiorito, 2900 m, völlig weglos in 3 Stunden vom Rif. 12 Apostoli mit erstiegen werden, allerdings nur von sehr erfahrenen Bergsteigern.

▲ Bocca dei Due Denti, 2859 m

🏠 a) Madonna di Campiglio, 1522 m
b) Molveno, 864 m
c) Pinzolo, 780 m

🅿 a) Vallesinella, 1522 m
b) Molveno, Talstation Telecabina
c) Pinzolo, Talstation Telecabina

➡ *zum Ausgangspunkt Rif. 12 Apostoli oder Rif. Pedrotti/Rif. Tosa, 2496 m:*
a) vom 🅿 über Weg 317/391/327 (Sentiero Martinazzi) zum Rif. 12 Apostoli: 3½ – 4 Std.

b) vom ❷ Molveno mit Gondelbahnauffahrt zum Rif. Pradel und über Weg
340/319 (über Rif. Selvata, 1630 m) zum
Rif. Pedrotti/Tosa: 4 Std.

c) vom ❷ Pinzolo mit Seilbahnauffahrt
zum Restaurant, 1529 m (Pra Rotont) oder
zum Doss del Sabion, 2100 m, und über
Weg 357/324/307 zum Rif. 12 Apostoli:
3½ – 4 Std.

Gehzeit am Sentiero Castiglioni: vom Rif.
12 Apostoli zum Rif. Agostini: 2½ Std.

Gesamtgehzeit Rundtour Sentiero Brenta-
ri/Ideale und Sentiero Castiglioni bis zum
Rif. Pedrotti/Tosa: 9 – 10 Std.

▤ schwierig, Leitern über Wandstufe sehr
exponiert, Steinschlaggefahr durch Vor-
aussteigende

⌂ am westl. Ausgangspunkt: Rif. Garbari ai
12 Apostoli, 2488 m; am östl. Ausgangspunkt: Rif. Agostini, 2410 m; im Zustieg:
Rif. Pedrotti/Tosa, 2496 m

🚡 am ❷ Molveno, 864 m, ggf. Telecabina
zum Rif. Pradel, 1350 m; am ❷ Pinzolo
ggf. Telecabina zum Restaurant auf der
Mittelstation Pra Rotont, 1529 m, oder falls
in Betrieb, zur Bergstation Doss del Sabion,
2100 m

342   *Adamellogruppe*

Via degli Alpini Fratelli Calvi

*Ein kurzer, aber verwegen angelegter, neuer-
dings rekonstruierter Kriegssteig – die Krönung
einer langen kombinierten Hochgebirgstour inmitten der Gletscherwelt des Adamello.*

▲ Punta Attilio Calvi, 3291 m

🏠 Pinzolo, 780 m

🅿 Rif. Bédole, 1700 m

➡ ❷ – Malga Matarót, 1790 m – Sentiero del
Matarót – Rif. ai Caduti dell'Adamello,
3020 m – Gletscherüberschreitung zum
Passo della Val di Fumo, 2940 m, und zum
Passo di Láres, 3255 m – Klettersteig durch
die Westflanke – ❧ über den Südgrat zum
Passo di Cavento, 3198 m – Gletscherabstieg zum Rif. ai Caduti dell'Adamello –
zurück zum ❷: 12 – 13 Std. Ernste
hochalpine Gletschertour in Seilschaft mit
kompletter Gletscherausrüstung

▤ mäßig schwierig, bei Vereisung sehr
schwierig, brüchiges Gestein

⌂ Rif. ai Caduti dell'Adamello, 3020 m,
Notbiwak Gualtiero Laeng, 3191 m, am
Passo di Cavento

343   *Gardaseeberge*

Via ferrata Rino Pisetta

*Im Jahre 1982 wurde in den Kletterwänden des
Dain Picol eine Führe des V. Grades mit straff
gespannten Stahlseilen gesichert, auf Tritthilfen
wurde fast völlig verzichtet. Das Seil leitet
unmittelbar senkrecht in die Wand empor und
zieht nun im wesentlichen schräg südwärts,
wobei in der unteren, kaum gegliederten Hälfte
dieser Südostwand völlig senkrechte, trittarme
Passagen mit etwas leichteren Bändern wechseln. Nach einer besonders verwegenen Steil-
stelle erreicht man im oberen Wanddrittel
leichteres Gelände; zwischen Gesträuch und
begrünten Bändern bauen sich immer wieder
Felstürmchen mit rassigen Kletterstellen auf,
doch sind die Anforderungen bis zum Gipfel
nur noch mäßig schwierig. Dieser sehr kräf-
teraubende Sportklettersteig von fast 400 m
Höhe sollte weitgehend ohne Gepäck angegangen werden, selbstverständlich nur von
Könnern.*

▲ Dain Picol, 967 m (=Cima Garzolet)

🏠 Sarche, 250 m

🅿 Kfz-Stellplatz am Dorfbrunnen (südl. Tank-
stelle)

➡ ❷ – Einstieg 570 m – »Rino Pisetta« – Dain
Picol, 967 m – Ranzo, 740 m – ❷: 5 Std.
Der Abstiegsweg hat eine sehr komplizierte, leicht verfehlbare Wegführung – genau-
er Beschrieb in einem Führerwerk ist für
die Wegfindung unerläßlich!

▤ sehr schwierig bis äußerst schwierig, sehr
kräfteraubend, im Mittelteil erdige Passagen mit locker eingebetteten Steinen
(große Steinschlaggefahr durch Vorausgehende); im ❧ unschwierige gesicherte
Stellen

⌂ einfache Verköstigung in einem Privathaus
in Ranzo (Hinweisschild)

344　　　　　　　　　　　　*Gardaseeberge*

Via ferrata Pero Degasperi

Der in der felsigen Ostflanke angelegte, selten begangene Klettersteig ist zwar rassig, aber nur mäßig schwierig. Der Zustieg ist allerdings ein Abenteuer für sich, er führt z.T. auf sehr schmalem erdigem Pfad unter dem Felsaufbau quer durch eine Steilwiese, die bei Nässe sehr gefährlich werden kann. Der zweistündige Zustieg sorgt neben packenden Tiefblicken auch noch für weitere Überraschungen, während der Abstieg vom Gipfel eher enttäuschend ist.

🔺 Cima Palòn, 2098 m

🛏 Trient, 194 m (Bahnhof)

🅿 Hotel »Baita Montesel«, 1480 m, auf der Bergstraße von Trient zum Monte Bondone

➡ Gesamtgehzeit samt ⚙ zum Gipfel: 5 – 5½ Std.
Bei Nässe dringendst abzuraten (tödliche Abrutschgefahr am Pfad durch die Steilwiese!)

📋 mäßig schwierig, Schlüsselstelle schwierig

🏠 Gipfelrestaurant, 2098 m

345　　　　　　　　　　　　*Gardaseeberge*

Via ferrata Giulio Segata am Dos d'Abramo

Südlich der massigen Cima Palòn, jenseits der weiten, blühenden Wiesen der »Viotte«, ragen drei eher zierliche Gipfel auf: die »Tre Cime del Bondone«: Cornetto, Dos d'Abramo und Cima Verde. Im Gegensatz zur verbauten Cima Palòn ist das Gebiet dieser »Drei Zinnen« völlig naturbelassen. Der Gang von der Viotte über die drei Gipfel ist die wohl beliebteste und sicherlich auch lohnendste Bergwanderung, die man von Trient aus ohne besonderen Aufwand unternehmen kann. Die mittlere von ihnen, der Dos d'Abramo, ist eine auffallend schroffe Felsburg, die nur an zwei drahtseilgesicherten »Schwachstellen« problemlos zu ersteigen ist. An der Ostseite, wenige Meter neben dem dortigen Normalweg, wurde ein kurzer, dafür aber außerordentlich anspruchsvoller und exponierter Klettersteig durch die meist senkrechte Wand gelegt. Er beginnt und

endet mit einem Felsloch, und die beiden Seillängen dazwischen wären ohne das straffe, feste Stahlseil Kletterrouten V. oder VI. Grades.

🔺 Dos d'Abramo, 2140 m (ggf. auch Cornetto, 2180 m)

🛏 Trient, 194 m (Bahnhof)

🅿 Viotte, 1560 m

➡ 🅟 – Cornetto, 2180 m – Zwischenabstieg zum Südfuß des Dos d'Abramo – Einstieg an Südostseite, 2030 m – Via ferrata Giulio Segata – Dos d'Abramo, 2140 m – Abstiegsklettersteig an Südostseite – Cima Verde, 2103 m – 🅟: 6 Std.
Eine Überschreitung aller 3 Gipfel ist in jedem Fall interessant und empfehlenswert!

📋 äußerst schwierig, aber kurz (100 m); Zustieg von der Südseite und ↻ unschwierige, sehr kurze gesicherte Steige

346　　　　　　　　　　　　*Gardaseeberge*

Sentiero attrezzato dei Colodri

Nördlich des berühmten Burgfelsens von Arco erhebt sich, durch eine breite Einsattelung getrennt, ein weiterer, nur wenig höherer Felsklotz, dessen Ostseite teilweise mit senkrechten Wänden gegen das Tal abbricht – ein beliebtes Ziel für extreme Kletterer. Als bequemen Abstiegsweg für diese, aber auch als Attraktion für gemäßigt-sportliche Bergfreunde hat man einen zwangsläufig sehr kurzen und technisch auch anspruchslosen Klettersteig angelegt. Er eignet sich bestens für Kinder und Anfänger.

🔺 Colodri, 340 m

🛏 Arco, 85 m

🅿 Kfz-Stellplatz am Camping Arco, nördl. Arco

➡ 🅟 – Colodri (Gipfelkreuz) – 🅟: 1¼ – 1½ Std.
Auch als »Abendspaziergang« geeignet, sehr schöne Aussicht.

📋 unschwierig, kurz

347 **Gardaseeberge**

Via ferrata Monte Albano

Über den südseitigen, im Sommer brütend-heißen, senkrechten Felsabbruch führt einer der anspruchsvollsten »Sportklettersteige« empor. Meist helfen nur dünne Führungsseile und spärliche Tritthilfen über die schon arg speckigen Wandstellen; nur die beiden 60 m hohen, fast völlig senkrechten Verschneidungen sind durch Tritthilfen ausreichend gesichert. Die Querungen durch völlig trittlose Wandstellen über einige wenige Stifte hinweg sind wirklich atemberaubend. Mit dem kurzen, durchaus interessanten Zustieg und dem pfiffigen Abstiegsklettersteig ist der zumeist ganzjährig begehbare Monte Albano ein ideales Trainingsziel für höchste Ansprüche.

🔺 Monte Albano, Ausstieg in etwa 565 m Höhe
🏠 Mori, 200 m

🅿 Mori, beschränkte Kfz-Abstellplätze an oder nahe den 3 Aufstiegsmöglichkeiten
➡ ℗ – Wallfahrtskirche Madonna di Monte Albano, 300 m – Klettersteig – Ausstieg, 565 m – ↘ über Normalweg oder Abstiegsklettersteig – ℗: 3 – 3½ Std.
Idealer Sportklettersteig mit kurzem Zustieg, an Wochenenden mitunter sehr überlaufen, nur für sehr Versierte und Trainierte zu empfehlen, am besten ohne jegliches Gepäck! Keinesfalls mit (sinnlosem) schwerem Rucksack!
📑 sehr schwierig bis äußerst schwierig, z.T. äußerst exponiert; Länge etwa 500 m; Abstiegsklettersteig mäßig schwierig

348 **Gardaseeberge**

Sentiero attrezzato Gerardo Sega

Niemand würde annehmen, daß es in den wild-überwucherten Schluchten und gebänderten Felstürmen an der Ostseite des Monte Baldo einen Klettersteig gibt. Das Erlebnis, das sich nach dem recht öden Zustieg bietet, übertrifft daher alle Erwartungen. Weder der märchenhafte Wasserfall noch der lange Gang durch dichten, geheimnisvoll stillen Laubwald lassen die riesige Felsaushöhlung ahnen, durch die eine äußerst raffinierte, wenn auch recht

komplizierte Route hindurchführt – die Spannung hält bis zum letzten Meter Stahlseil an. Daß man auf einem Fahrweg herauskommt und daß der Abstieg ebenso enttäuscht wie der Beginn des Aufstiegs, muß man allerdings in Kauf nehmen.

🔺 Ausstieg am Coalàz, 1100 m
🏠 Avio, 140 m

🅿 kleiner ℗ vor der Brücke über die Aviana, genau 2 km vom Ortsende-Schild in Avio, etwa 200 m
➡ ℗ – Zustieg über Weg 652/685 – Via ferrata Gerardo Sega – Ausstieg 1100 m – Wallfahrtskirche Madonna della Neve, 1081 m – ↘ über Weg 652 – ℗: 6 – 6½ Std.
Die Tour läßt sich um 2 Std. verkürzen, wenn man bis zur Kirche Madonna della Neve fährt und den Zustieg »von oben« beginnt. Auf der Rückfahrt kann man ggf. noch den ➲ Sentiero attrezzato Corne de Bes »mitnehmen«.
📑 mäßig schwierig, ein Kriechband stark exponiert, stellenweise Steinschlag
🏠 Rif. Monte Baldo, 1120 m, nur im Sommer bewirtschaftet

349 **Gardaseeberge**

Sentiero attrezzato Corne de Bes

Der harmlose kurze Aufstieg an breiten, gesicherten Bändern lohnt sich am besten als Ausklang der Klettersteigtour ➲ Gerardo Sega oder auch als Kontrasterlebnis zum ➲ Monte Albano.

🔺 Corna Piana, 1550 m
🏠 Mori, 200 m; Avio, 140 m

🅿 Albergo San Valentino, 1314 m, auf der Bergstraße zwischen Avio und Mori, von Avio 15 km
➡ ℗ – Corna Piana – ℗: 1¼ – 1½ Std.; bequeme kurze Bergwanderung, z.T. auf gesicherten Bändern
📑 völlig unschwierig

350   *Gardaseeberge*

Via dell'Amicizia

Torbole und Riva, das traditionelle Mekka der Surfer, haben auch unter Klettersteigfreunden einen guten Ruf; das komplizierte Wegsystem an der Ostwand der Rocchetta überrascht mit einem Klettersteig, dessen Tiefblicke auf den See – mehr als 1000 m tief! – alles Vergleichbare in den Schatten stellen. Die beiden außerordentlich luftigen Leitern, 45 m und 70 m hoch, erfordern absolute Schwindelfreiheit und etwas Verwegenheit, die langen Zustiege sind im Sommer drückend heiß. Kurze schnelle Abstiege sind ebenso vorhanden wie die Möglichkeit, ein ausgedehntes Klettersteigprogramm über die Cima Capi und den ➲ Sentiero Fausto Susatti zu absolvieren.

🔺 Cima SAT, 1260 m

🛏 Riva, 78 m

🅿 beschränkte Kfz-Abstellmöglichkeiten an der westl. Ortsumgehungsstraße von Riva, 300 m nördl. vom Hafen

➥ 🅿 – Promenadeweg 404 – Rif. S. Barbara, 560 m – Via dell'Amicizia – Cima SAT – kürzester ➍ über Bochet dei Concoli zum 🅿 : 6 Std.; mit ➍ über Cima Capi, 927 m, und ➲ Via ferrata Fausto Susatti 7½ – 8 Std. (zweites Auto am Endpunkt empfehlenswert); mit ➍ über Cima Capi und ➲ Sentiero Mario Foletti nach Biacesa, 420 m: 7½ – 8 Std. (zweites Auto in Biacesa unentbehrlich!)

📋 technisch nur mäßig schwierig, jedoch extrem luftig, Steinschlaggefahr durch Vorausgehende sehr groß!

🏠 Rif. Barbara, 560 m, nur im Sommer beschränkt bewirtschaftet

351   *Gardaseeberge*

Sentiero attrezzato Fausto Susatti

Dieser technisch problemlose Klettersteig benützt zum Teil alte Frontwege, teilweise führt er durch verfallene Schützengräben, über 600 m Höhe gelangt man zu einer fast ununterbrochenen Reihe von Kavernen, Beobachtungsständen sowie deren Verbindungswegen, die teils durch Wald und teilweise über den Südgrat des Berges zum Gipfel leiten. Dieser Steig ist eine einfachere und kürzere Alternative zur ➲ Via dell'Amicizia und auch weniger Geübten zu empfehlen, die Tiefblicke auf den See sind gleichermaßen faszinierend. Die Cima Capi empfiehlt sich aber auch als großartige Fortsetzung des Klettersteigabenteuers ➲ Via dell'Amicizia auf die Cima SAT.

🔺 Cima Capi, 927 m

🛏 Riva, 78 m

🅿 kleiner 🅿 nach 4. Straßentunnel, 2 km von Riva

➥ 🅿 – Cima Capi – 🅿: 3½ Std.
🅿 – Cima Capi – Riva: 4½ Std.
🅿 – Cima Capi – Biacesa (über ➲ Sentiero attrezzato Mario Foletti): 4½ Std.
Praktisch ganzjährig begehbar, meist in Verbindung mit ➲ Sentiero attrezzato Mario Foletti (zweites Auto am Endpunkt abstellen).

📋 mäßig schwierig; ➍ über ➲ Sentiero attrezzato Mario Foletti: kurze, mäßig schwierige Stelle

352   *Gardaseeberge*

Sentiero attrezzato Mario Foletti

Vom entlegenen Biacesa führt ein steiler Pfad durch dichten Laubwald zur alten Bergkapelle San Giovanni. Von hier wird eine steile Felswand an straffem Seil schräg gequert, bis man am Speronekamm auf den ➲ Sentiero Susatti trifft.
Eine schattige Aufstiegs- und Abstiegsvariante zur ➲ Cima Capi, auch mit der ➲ Via dell'Amicizia als Abstiegsweg zu verbinden.

🔺 Cima Capi, 927 m

🛏 Riva, 78 m;
Biacesa, 420 m

🅿 Biacesa, 420 m

➥ 🅿 – Biacesa – Cima Capi – 🅿: 3½ – 4 Std. (im ➍ 1½ Std.)
Praktisch ganzjährig begehbar, gut zu verbinden mit ➲ Sentiero Fausto Susatti (zweites Auto am Endpunkt abstellen).

📋 mäßig schwierig, aber sehr kurz

353   *Bergamasker Alpen*

Via ferrata Pizzo del Becco

*Der sehr leichte, gesicherte Abschnitt des süd-
seitigen Normalweges auf den Pizzo del Becco
ist im Rahmen einer landschaftlich sehr lohnenden Tour eine kurze Klettersteigprobe für
Anfänger.*

▲ Pizzo del Becco, 2507 m

🏠 Carona, 1116 m

🅿 **❷** an der Ostseite des kleinen Stausees
unter Carona

➡ **❷** – Weg 211 – Baita Foppone, 1575 m –
Sentiero delle Orobie (Weg 213) – Lago
Marcio, 1840 m – Lago Casere, 1815 m –
Rif. Laghi Gemelli, 1968 m – Staumauer
der Laghi Gemelli – Weg 214 – Lago
Colombo, 2046 m – Via ferrata – Scharte,
2380 m – Pizzo del Becco, 2507 m: 4½ –
5½ Std.; mit Rückkehr zum **❷**: 11 Std.

📋 unschwierig, Höhe 100 m,Länge 750 m

🏠 Rif. Laghi Gemelli, 1968 m

354   *Bergamasker Alpen*

Sentiero della Porta

*Die 7. Etappe des beliebten Höhenweges Sen-
tiero delle Orobie führt vom Rif. Albani zum
Passo della Presolana und schließt einen landschaftlich großartigen Klettersteig ein. Vom
Paß aus kann man diese Etappe gerade noch
als Tagestour bewältigen, bequemer ist es mit
Hüttennächtigung – am schönsten ist natürlich
die 7-tägige Durchschreitung des gesamten
Sentiero.*

▲ Monte Visolo, 2369 m

🏠 Castione della Presolana, 869 m;
oder Vilminore, 1018 m

🅿 Passo della Presolana, 1297 m

➡ **❷** – Sentiero delle Orobie – Monte Visolo,
2369 m – Bocchetta del Monte Visolo,
2315 m – Passo della Porta – Colle della
Guita, 1900 m – Laghetto di Polzone – Rif.
Albani: 5 – 6 Std.; mit Rückkehr zum **❷**:
etwa 12 Std.

📋 mäßig schwierig, Höhe etwa 400 m, Länge
etwa 2 km, mehrere fast senkrechte Leitern

🏠 Rif. Albani, 1939 m

355   *Bergamasker Alpen*

Sentiero Colombano

*Dieser relativ neue Klettersteig führt vom Passo
Colombano zum Vorgipfel des Monte Legnone; er ist mit langen Ketten gesichert und führt
durch ein landschaftlich sehr interessantes
Felsrevier auf den höchsten Gipfel der Legno-
ne-Gruppe.*

▲ Monte Legnone, 2609 m

🏠 Cólico, 218 m, am nordöstl. Ufer des
Comer Sees (Bahnhof)

🅿 Villatico, 306 m

➡ **❷** – Via Fontanedo – Acqua la Ferva,
456 m – Weg 1B – Fontanedo, 600 m –
Monti Rusico, 743 m – Alpe Prato, 960 m –
Pian di Formica, 1220 m – Alpe Scoggione, 1575 m – »Strada militare« – bis unter
den Lago di Scoggione – Passo Colombano, 1970 m – Sentiero Colombano (Weg
1B) – Einmündung in Normalweg bei ca.
2240 m oberhalb Biv. Ca'Legn – Antici-
ma, 2529 m – Monte Legnone: 5 – 6 Std.;
mit Rückkehr zum **❷**: 12 Std.

📋 unschwierig, Höhe ca. 650 m, Länge etwa
1,7 km; Zeitdauer 1½ – 2 Std.

356   *Bergamasker Alpen*

Via ferrata CAI Mandello

*Vom Südrücken der Grigna Settentrionale zieht
sich nach Westen, über den Sasso dei Carbonari, ein wuchtiger Felsgrat; über ihn läuft
der interessante Klettersteig. Er ist ein Teilstück
der dritten Etappe des Höhenweges Alta Via
delle Grigne und verbindet das Rif. Bietti mit
dem Rif. Brioschi.*

▲ Rif. Luigi Brioschi, 2403 m, auf dem Gipfel
der Grigna Settentrionale

🏠 Ésino Lario, 910 m

🅿 Passo Cainallo, 1290 m

➡

P – Biv. 89 Brig. Doletti, 1634 m – Rif. Bietti, 1719 m – Weg 15 – Abzweig nach S zur Scharte mit Einstieg – Via ferrata CAI Mandello – Finestra di Sengg – Bocchetta di Releccio, 2263 m – Weg 33 – Grignone – Rif. Brioschi, 2403 m: 4½ Std.; ◐ auf dem Normalweg via Rif. Bogani 2½ Std.

mäßig schwierig

Rif. L. Bietti, 1719 m;
Rif. Luigi Brioschi, 2403 m

356a　　　　　　　　　　*Bergamasker Alpen*

Via ferrata Zucco di Sileggio

Dem Hauptkamm der Grigne westlich vorgelagert, ist der Zucco di Sileggio ein vorzüglicher Ausgangspunkt auf halber Höhe zwischen dem Comer See und dem Grignone. Das dichte Wegenetz ermöglicht verschiedene Überschreitungen; am Südgrat neue Ferrata.

▲ Zucco di Sileggio, 1365 m

🏠 Mandello del Lario, 214 m, ca. 10 km nördlich von Lecco am Ostufer des Comer Sees
P Sonvico, 386 m, Fraktion der Gemeinde Mandello del Lario; **P** am Ortseingang
➡ Santa Maria, 664 m – Zucco di Tura, 1051 m – Zucco di Mortirolo, 1157 m – Zucco di Sileggio: 3¼ Std.; ◐ 1½ – 2 Std. (je nach Variante)

mäßig schwierig, am Gipfel zwei senkrechte, versetzte Leitern (sehr luftig), etwa 25 m hoch!

357　　　　　　　　　　*Bergamasker Alpen*

Canalone di Val Cassina

Südwestlich der Grigna Settentrionale zieht sich eine wilde tiefe Felsschlucht zwischen dem Sasso Cavallo und dem Sasso dei Carbonari südwärts. Der teilweise gesicherte Steig durch diese Felsschlucht ist die kürzeste Verbindung vom Rif. Elisa zum Rif. Bietti; er ist ein Teilstück der zweiten Etappe der Alta Via delle Grigne.

▲ Bocchetta di Val Cassina, 1823 m

🏠 a) Ésino Lário, 910 m
　　b) Ballàbio, 661 m

P a) Passo Cainallo, 1290 m
　　b) Colle Balisio, 723 m
➡ Rif. Elisa, 1515 m – Weg 16 – Costa dei Chignoli – Prati alti di Val Meria – Cascinello Michelin, 1498 m – Canalone di Val Cassina – Bocchetta di Val Cassina, 1823 m – Rif. Bietti, 1719 m: 2½ – 3 Std.

unschwierig

Rif. Elisa, 1515 m; Rif. Bietti, 1719 m

358　　　　　　　　　　*Bergamasker Alpen*

Via ferrata CAI Ballàbio

Der Monte Due Mani ist ein langgestreckter, in Nord-Süd-Richtung liegender Bergrücken östlich des Val Sassina nahe Lecco. Am steilen Südostgrat führt ein anspruchsvoller und luftiger Klettersteig bis in etwa 1340 m Höhe, den man aber jederzeit auf dem parallel verlaufenden Weg 36 verlassen kann. Großartige Aussicht auf die Seen!

▲ Monte Due Mani, 1657 m

🏠 Ballàbio, 661 m

P an der Bergstraße von Ballàbio nach Morterone, 20 m vor Kilometerstein 5
➡ **P** – Weg 36 – Via ferrata – Forcola, 1308 m – ◐ über Weg 34 zum Centro Sportivo: 3 – 4 Std. (zweites Kfz in Ballàbio!); Weiterweg zum Biv. Due Mani, 1657 m, und ◐ über Weg 30 nach Ballàbio: 5 – 6 Std. Zugangsweg versteckt und anfänglich schwer zu finden!

schwierig, Höhe ca. 350 m, Länge ca. 1 km; Beginn der Sicherungen mitunter defekt, Umgehung ostseitig

Biv. Due Mani, 1657 m

359　　　　　　　　　　*Bergamasker Alpen*

Via ferrata Domenico Rebuzzini

Dieser sehr kraftraubende und verwegen angelegte Klettersteig am südlichen Westgrat des Zuccone dei Campelli führt auf einen seiner Vorgipfel, den Zucco di Pesciola. Durch dessen Südwestflanke zieht sich entlang von Ketten und Drahtseilen eine naturbelassene Führe empor.

▲ Zucco di Pesciola, 2092 m

🛏 Barzio, 769 m

🅿 Talstation der »Funivia Piani di Bobbio«, 880 m

➡ 🅿 – Seilbahnauffahrt – Rif. Vittorio Ratti, 1663 m – Weg 30 – Rif. Lecco, 1777 m – Bocchetta di Pescida – Einstieg ca. 1500 m – Via ferrata Domenico Rebuzzini – Zucco di Pesciola, 2092 m – ↻ zum Rif. Lecco und Rif. Ratti: 5 – 6 Std.

📄 sehr schwierig, Höhe 280 m, Länge 500 m

🏠 Rif. Vittorio Ratti, 1663 m; Rif. Lecco, 1777 m

🚡 Funivia Piani di Bobbio, von 880 m auf 1620 m

360   *Bergamasker Alpen*

Sentiero della Direttissima und Sentiero della Val Scarettone

Die äußerst reizvolle, vielbegangene Direttissima führt durch ein faszinierendes Labyrinth seltsamer Türme in der Südflanke der Grigne Meridionale bis zum Colle Valsecchi. Von hier leitet der Sentiero della Val Scarettone in das gleichnamige Tal bis zur Bocchetta del Giardino im Nordgrat der Grignetta. Dieser Steig ist ein Teilstück der langen Alta Via della Grigne, die von Maggiana oberhalb Mandello aus eine viertägige Rundtour zieht.

▲ Colle Valsecchi, 1898 m

🛏 Ballàbio, 661 m

🅿 Piani dei Resinelli, 1280 m

➡ 🅿 – Rif. Carlo Porta, 1426 m – Colle Valsecchi, 1898 m – Rif. Rosalba, 1730 m: 4 Std.
Mit Abzweigung nach etwa halber Wegstrecke hinauf zum Colle Valsecchi. Hier zwei Möglichkeiten: Auf dem Sentiero della Val Scarettone zur Bocchetta dei Giardino (und weiter auf die Grigna Meridionale) oder auf dem Sentiero Cecilia (ebenfalls gesichert, leicht) zum Grigna-Normalweg und zum Gipfel.
Kurze Sicherungen auch am markierten Abstieg über den Cresta Sinigaglia.

📄 mäßig schwierig

🏠 Rif. Carlo Porta, 1426 m; Rif. Rosalba, 1730 m

361   *Bergamasker Alpen*

Via ferrata Gruppo Alpini

Die breite nackte Felswand vor den verstrauchten Höhen nördlich Lecco wirkt aus der Ferne eher unbedeutend, aus der Nähe baut sich diese fast senkrechte Wandflucht zu einer kühnen Herausforderung von gut 400 m Höhe auf. Die untere Wandhälfte, steiler fester Kalk, stellenweise an die Vertikale herangehend, wird von der Ferrata sehr direkt und verwegen angegangen; Tritteisen erleichtern das exponierte Emporturnen am straffen Stahlseil. In der oberen Hälfte steigt man erleichtert über den gut gestuften Westgrat zum großen Gipfelkreuz. Abstieg über die West- oder Ostseite ist steil und verstraucht und bei Nässe sehr rutschig.

▲ Corno Medale, 1028 m

🛏 Lecco, 214 m (Bahnhof)

🅿 Rancio, 🅿 an der Kirche, 465 m

➡ 🅿 – Via Fumagalli – Weg 52 – Abzweig zum Einstieg, 630 m – Via ferrata Gruppo Alpini – Corno Medale – ↻ über West- oder Ostseite zum 🅿: 3½ Std.

📄 in der unteren Hälfte sehr schwierig, am Westgrat in der oberen Hälfte schwierig; Gesamthöhe 400 m

🏠 ggf. Rif. Corno Medale, 528 m, ganzjährig bewirtschaftet (nur bei ↻ über Ostseite)

361a   *Bergamasker Alpen*

Sentiero dei Teccet und Sentiero dei Pizzetti

In der unmittelbaren Umgebung von Lecco gibt es neben der ➲ Ferrata Gruppo Alpini auch einige leichte gesicherte Steige. Der Teccet- und der Pizzetti-Weg lassen sich zu einer hübschen Runde am Sockel des Monte Coltignone, 1473 m, verbinden.

▲ San Martino, 772 m

🏠 Lecco, 214 m (Bahnhof)

🅿 Ristorante Prabello, 202 m, etwa 3 km nördlich von Lecco, hinter der vierspurigen Schnellstraße (Durchlaß, Hinweistafel)

➡ Sentiero dei Teccet – San Martino – Sentiero dei Pizzetti – Lecco: 3½ Std.

📋 leicht, alle Felspassagen sind mit Kettensicherungen versehen

🏠 Rif. Riccardo Piazza bei San Martino, nur an Wochenenden bewirtschaftet (keine Nächtigung)

362   ***Bergamasker Alpen***

Sentiero Carlo Villa und Via ferrata De Franco Silvano

Der lange Bergrücken des Resegone, die alpine Kulisse von Lecco, ist in Hunderte von Türmchen aufgesplittert. Die beiden gesicherten Steige ziehen in kühner, findiger Wegführung abwechslungsreich durch das gesamte Felsenlabyrinth, wobei auch ein wilder »Canalone« an Eisenketten durchstiegen wird. Wer sich eine leichte, aber instruktive Eingehtour über Lecco vornehmen will, ist mit dieser landschaftlich sehr überraschenden Durchschreitung gut beraten.

🔺 Monte Serrada, 1875 m, am Resegone di Lecco

🏠 Lecco, 214 m (Bahnhof)

🅿 Talstation der »Funivia al Pizzo d'Erna«, 602 m

➡ ❶ – Seilbahnauffahrt zur Bergstation, 1330 m – Bocca d'Erna, 1291 m – Sentiero Carlo Villa – Monte Serrada, 1875 m – Via ferrata De Franco Silvano – Bocca d'Erna – Talfahrt zum ❶: 7 – 8 Std.
Für Experten: ➲ Via ferrata Gamma al Dente Resegone (Abzweig an Via ferrata De Franco Silvano)

📋 unschwierig, jeweils einige Kettensicherungen (im ❷ ca. 60 m, im ❸ ca. 90 m), stellenweise Steinschlaggefahr durch Vorausgehende

🏠 Restaurants und Kioske an der Bergstation der Seilbahn; Rif. Azzoni, 1860 m, unter dem Gipfel des Resegone

🚡 Funivia al Pizzo d'Erna, 602 m – 1330 m, im ❷ + ❸

Via ferrata Gamma al Pizzo d'Erna

Der schon 1979 mit großem technischem Aufwand angelegte Hausberg-Klettersteig von Lecco ist dank seiner schnellen Zugänglichkeit wohl der beliebteste und meistbegangene Eisenweg dieser Region. Der erste Felsaufschwung, 240 m hoch, führt auf eine breite Strauchzone, weitere 300 Höhenmeter geht es dann nur noch im Fels bis zum Gipfel; insgesamt 400 m Ketten, teilweise mit Parallelseil, 22 Leitern mit einer Gesamthöhe von 200 m, dazu noch Trittstifte; bei Seilbahntalfahrt eine vergnügliche, sportliche Halbtagestour. Bei gutem Wetter empfiehlt sich der weitere Aufstieg zum Gipfel des Resegone über den ➲ Sentiero Carlo Villa und die ➲ Via ferrata De Franco Silvano.

🔺 Pizzo d'Erna, 1362,

🏠 Lecco, 214 m (Bahnhof)

🅿 Talstation der »Funivia al Pizzo d'Erna«, 602 m

➡ ❶ – Weg 1, z.T. über Fahrstraße – Abzweig zum Einstieg in ca. 800 m Höhe – Via ferrata Gamma al Pizzo d'Erna, 1362 m – Bergstation der Funivia, 1330 m – Talfahrt mit Seilbahn zum ❶: 3½ Std.

📋 schwierig bis sehr schwierig

🏠 an der Bergstation der Seilbahn und unter dem Gipfel Restaurants und Kioske

🚡 Talfahrt ggf. mit Funivia al Pizzo d'Erna, 602 m – 1330 m

Via ferrata Gamma al Dente Resegone

Als sportliche Fortsetzung der ➲ Via ferrata Gamma auf den Pizzo d'Erna gedacht, führt dieser extrem kühn angelegte Klettersteig höchst luftig über Wände und Türme zum Nordgipfel des Resegone: 500 m Ketten und 900 m Stahlseile erschließen ein echtes Felsabenteuer.

🔺 Dente del Resegone, 1809 m

Lecco, 214 m (Bahnhof)

Talstation der »Funivia al Pizzo d'Erna«, 602 m

❷ – Seilbahnauffahrt zur Bergstation, 1330 m – Bocca d'Erna, 1291 m – Via ferrata De Franco Silvano – Abzweig zum Einstieg, 1260 m – Klettersteig zum Dente del Resegone, 1809 m – Sentiero Carlo Villa – Bocca d'Erna – Talfahrt mit Seilbahn zum ❷: 7 – 8 Std.

äußerst schwierig, Höhe 550 m

Restaurants und Kioske an der Bergstation der Seilbahn; ggf. Rif. Azzoni, 1860 m

Funivia al Pizzo d'Erna, 602 m – 1330 m

---

365   ***Bergamasker Alpen***

Via ferrata Centenario

Etwas oberhalb des Passo del Fò am Südwestgrat des Resegone-Kammes beginnt dieser älteste der Bergamasker Klettersteige, ein Teilstück des Resegone-Aufstiegs; langatmiger Zustieg.

Monte Resegone, 1875 m

Lecco, 214 m (Bahnhof)

Talstation der »Funivia al Pizzo d'Erna«, 602 m

❷ – Weg 1 – Rif. Stoppani, 890 m – Passo del Fò, 1284 m – Via ferrata Centenario (= Weg 12) – Resegone, 1875 m – Rückweg über ➲ Sentiero Carlo Villa oder ➲ Via ferrata Silvano De Franco zur Bergstation der Funivia: 8 – 9 Std.; von der Bocca d'Erna zum Passo del Fò: 1½ Std.

unschwierig, Höhe 150 m, Länge 400 m

Rif. Stoppani, 820 m; Rif. Passo del Fò, 1284 m; ggf. auch Rif. Alpinisti Monzesi, 1173 m; unter dem Gipfel das Rif. Azzoni, 1860 m

Funivia al Pizzo d'Erna, von 602 m auf 1330 m

---

366   ***Bergamasker Alpen***

Via attrezzata
Geremia Ghislanzoni

Der Monte Magnòdeno südöstlich von Lecco bietet einen mäßig schwierigen Klettersteig in der Westflanke; herrliche Tiefblicke auf den Lago di Garlate.

Monte Magnòdeno, 1241 m

Lecco, 214 m (Bahnhof)

Maggianico, 244 m; Zugang zum Passo del Fò wie ➲ Via ferrata Centenario

Passo del Fò – Cima del Fò, 1347 m – Bocchetta di Sambuco – Biv. Magnòdeno am gleichnamigen Gipfel, 1241 m: 1½ Std. – ↻ über Weg 28 oder 29 zum ❷: 5 – 6 Std.
Gesicherte Gratroute, Abstieg nach Germanedo (Vorort von Lecco) oder nach Maggianico möglich.

mäßig schwierig; Höhe 550 m; Länge 1,2 km

Biv. Magnòdeno am Gipfel, 1241 m

WESTALPEN

Bis vor kurzer Zeit war das Wörtchen ›Klettersteig‹ in der Schweiz und in Frankreich noch eher ein Fremdwort. Die zahlreichen, meist kurzen, mitunter aber auch reichlich langen gesicherten Passagen auf exponierten Hüttenzustiegen und Gipfelanstiegen jedenfalls gelten in diesen Längengraden nicht als Klettersteige. Gesicherte Passagen spielen denn auch im Rahmen der großen westalpinen Touren kaum eine Schlüsselrolle – die Schwierigkeiten konzentrieren sich hier in der Regel auf ganz andere, hochalpine Faktoren. Tatsächlich sieht der Schweizer Alpenclub (SAC) die Anlage von Wegen und Steigen offensichtlich nicht als seine Hauptaufgabe – man vertritt hier eher die Auffassung, daß nur die wirklich gefahrenträchtigen Stellen entschärft werden sollen, möglichst ohne ihnen die alpine Note zu stark zu nehmen. In aller Regel erfolgt diese Sicherung dann auch nur durch Eisenstangen oder Sicherungshaken.

Dennoch gibt es in den Westalpen Touren in allen Schwierigkeitsbereichen, die man streckenweise als klettersteigtechnisch gesichert ansprechen könnte: Die »Albinenleitern« bei Leukerbad beispielsweise würden in den Ostalpen in jedem Klettersteigführer verzeichnet sein – vor Ort gilt dieser durch solide Holzleitern gangbar gemachte steile Wanddurchstieg als gesicherter Wegabschnitt einer leichten Bergwanderung.

Der mit Leitern, Tritthilfen und Stahlseilen gangbar gemachte Zustieg vom Mer de Glace zum Refuge du Couvercle im Mont-Blanc-Gebiet bietet ebenfalls eine ausgewachsene Klettersteigpassage über einige fast senkrechte Steilstufen in festem Granit.

Das Matterhorn ist mit 4478 m der höchste und anspruchsvollste Berg der Alpen mit klettersteigmäßigen Sicherungen. So ist der klassische Aufstieg vom italienischen Cervinia, der Liongrat (SW-Grat), auf etwa einem Fünftel seiner Länge mit rund zehn Fixseilen (u.a. das 30 m lange Tyndallseil), Eisenketten und zuletzt mit einer Strickleiter gesichert, die einen Überhang überwindet. – Extrem schwierige, äußerst ausgesetzte 1000 Höhenmeter, ungesichert mindestens IV. Grad, trotz aller Sicherungen immer noch reine Felskletterei II+, mit steilen Platten und gefährlichen Geröllpartien – ein Unterfangen nur für versierte Hochalpinisten, nur ratsam mit Bergführer. Dasselbe gilt auch für den Hörnligrat (NO-Grat): der vielbegangene Aufstieg von der Schweizer Seite ist allerdings spärlicher gesichert.

Hochalpine Klettersteigabschnitte weisen auch der Mittellegigrat zum Eiger, 3970 m, sowie die Südwestwand der Dent du Géant, 4013 m, auf. Dieser doppelgipfelige »Riesenzahn« im Mont-Blanc-Gebiet ist zwar mit Hilfe der Seilbahnen von Courmayeur bzw. von Chamonix aus in nur 3 Stunden Aufstiegszeit (ab Rif. Torino, 3370 m) zu erreichen, er erfordert aber hochalpine Felskletterei im III. Grad. Die 350 Höhenmeter des Felsturmes, der lange Zeit allen Ersteigungsversuchen widerstand und schließlich am 28. Juli 1882 mit künstlichen Hilfsmitteln erstmalig erstiegen wurde, sind heute etwa zur Hälfte durchgehend mit Fixseilen gesichert. Trotzdem ist der meist senkrechte, exponierte Aufstieg extrem schwierig und sehr anstrengend. – Im folgenden sei deshalb nur eine kleine Auswahl »echter« Klettersteige vorgestellt, die auch von dem normalen Klettersteiggeher angegangen werden können. ■

367 *Lombardische Alpen*

Via ferrata Venticinquennale

Westlich über Lecco stehen die Corni di Canzo, drei Kalkzacken mit guten Klettermöglichkeiten – und zwei recht anspruchsvollen Vie ferrate. Eine Halbtagestour von Valbrona aus, mit toller Aussicht auf den Comer See und den Alpenkranz.

🔺 Corno Occidentale di Canzo, 1371 m

🏠 Valbrona, 490 m, an der Straße von Asso nach Onno am Comer See

🅿️ Alpe Oneda, 719 m, 2,5 km lange, asphaltierte Zufahrt; ❷ vor Sperrschranken

➡️ Rif. SEV, 1225 m – Klettersteig – Abstieg in Scharte zwischen westlichem und mittlerem Horn – Rif. SEV – Alpe Oneda: 4 Std.

📰 schwierig

🏠 Rif. SEV, 1225 m, im August durchgehend bewirtschaftet, sonst nur an Wochenenden

368 *Lombardische Alpen*

Via ferrata Trentennale

Auf das kleine der drei Canzo-Hörner führt von Süden ein sehr anspruchsvoller Klettersteig. Die Hauptschwierigkeiten befinden sich allerdings weitab vom Gipfel, am senkrechten Südabbruch des Corno Rat, 908 m. Die Via ferrata Trentennale läßt sich gut mit der ➲ Via ferrata Venticinquennale verbinden.

🔺 Corno Orientale di Canzo, 1232 m

🏠 Valmadrera, 234 m, Nachbarort von Lecco

🅿️ Valmadrera, ❷ im höhergelegenen Ortsteil Belvedere, 294 m

➡️ San Tomaso, 580 m – Ferrata Trentennale – Corno Rat – Corno Orientale di Canzo: 3 Std.; ❸ über Weg 7 knapp 2 Std.

📰 sehr schwierig

🏠 Rif. SEV, 1225 m, nördlich unterhalb der Corni di Canzo

369 *Lombardische Alpen*

Ferrata Monte Generoso

Seit ein paar Jahren gibt es an dem berühmten Tessiner Aussichtsberg eine Mini-Ferrata – eher Zugabe zu einer dankbaren Gipfeltour als ein selbständiges Klettersteigziel.

🔺 Monte Generoso, 1701 m

🏠 Cascado, 822 m, Dorf im Intelvital, von Osteno, Argegno, Arogno erreichbar

🅿️ Bocca d'Orimento, 1275 m, schmale Straße 8,5 km von Cascado; ❷ am Paß

➡️ Sentiero Alto – Nordgrat des Generoso (ca. 1600 m) – Klettersteig über den Nordgipfel (Baraghetto, 1659 m) zum Hauptgipfel: 1½ Std.; ❸ über Sentiero Basso 1 Std. Bequeme nehmen die Zahnradbahn.

📰 mäßig schwierig; drei kurze, senkrechte Leitern, Drahtseile und eine kleine Brücke

🏠 Hotel-Restaurant an Bahnstation Generoso-Vetta

🚂 Zahnradbahn von Capolago bis knapp unter den Gipfel (Bergstation 1601 m)

370 *Lombardische Alpen*

Via ferrata del Centenario C.A.O.

Der über zwei Normalwege leicht erreichbare Aussichtsgipfel über der Gabelung des Comer Sees bietet an den Türmen und Graten der Südseite ein wirklich einzigartiges Klettersteigerlebnis in festem naturbelassenem Kalk – sehr anspruchsvoll und luftig, durch die öftere Sicht- und Abstiegsverbindung zum Normalweg jedoch auch unbeschwert und heiter.

🔺 Monte Grona, 1736 m

🏠 Menaggio, 203 m, von Cadenabbia 2 km, vom Ostufer des Comer Sees Autofähre; (ggf. auch Plesio oder Breglia, 780 m)

🅿️ Monti di Breglia, letzter ❷, ca. 980 m, (von Menaggio 9,2 km)

➡️ ❷ – Rif. Menaggio, 1370 m – Einstieg – Klettersteig – Monte Grona, 1736 m – ❸ durch den Canalone oder über die Nordseite zum Rif. Menaggio – ❷: 5½ – 6½ Std. Bergwanderung mit unvergleichlichen Ausblicken und einer scharfen Klettersteigeinlage

▤ sehr schwierig, Höhe 380 m; sehr kurze »Variante difficile« äußerst schwierig

⌂ Rif. Menaggio, 1370 m

371   *Urner Alpen*

Klettersteig Tälli

Die steilen Südabstürze der Gadmerflue erhielten zum 100jährigen Jubiläum des Bergführervereins Haslital den ersten großen Klettersteig der Schweizer Alpen. Die Länge, der imposante und ausgesetzte Tiefblick sowie die landschaftliche Schönheit des Steiges sind dem geübten Klettersteiggeher vorbehalten.

▲ Horlauipfeiler, 2598 m

🏠 Gadmen, 1205 m

🅿 a) Ab Sustenstraße zwischen Furen und Gadmen über mautpflichtige Straße zum ❷ Lägerrain (Birchlauialp) – von hier in 1 Std. zum Einstieg;
b) ab Sustenpaßstraße in 2 – 2½ Std. zum Einstieg

➡ Ab Tällihütte bis Gipfel Horlauipfeiler 5 Std. Einfacher ❍ auf der Nordseite und zurück über das Sätteli oder Übergang nach Engstlenalp: ca. 3 Std.

▤ Schwieriger, durchwegs gesicherter ❷ (ca. 1200 m Seil und 50 m Leitern)

⌂ Tällihütte, 1717 m, bewartet von Mitte Juni bis Oktober

372   *Berner Alpen*

Albinenleitern

Der alte Pfad von Leukerbad nach Albinen führt über eine Steilstufe, die seit altersher mit Holzleitern gangbar gemacht war. Heute ist dieses Steilstück Teil einer langen Bergwanderung – oder ein kurzes, sehr amüsantes und problemloses Gaudium für Schwindelfreie. Auch als selbständige Unternehmung – etwa nach »Feierabend« – ist es durchaus lohnend.

▲ Talstation der Seilbahn zur Rinderhütte (2 Sektionen: 1540 m – 1920 m – 2310 m)

🏠 Leukerbad, 1400 m

🅿 Sehr beschränkte Parkmöglichkeiten an der Straße von Leukerbad nach Albinen;

Ausgangspunkt unmittelbar vor dem Straßentunnel in etwa 1400 m Höhe

➡ ❷ – Zustieg – Albinenleitern – ❍ wie ❷: 1–1½ Std.

▤ unschwierig, Höhe ca. 120 m; z.T. luftig, Holzleitern bei Nässe sehr glitschig

373   *Walliser Alpen*

Grande-Chenalette-Südostwand

Billiger ist ein solcher Aussichtspunkt nahe der 3000-Meter-Grenze kaum erreichbar: Nur eineinhalb Stunden steigt man über Gras, Geröll, auf Leitern und an Seilsicherungen zum Ausblick auf Aostatal und Mont Blanc!

▲ Grande Chenalette, 2889 m

🏠 Bourg Saint Pierre, 1632 m, Straße/Bus ab Orsières, Martigny (Wallis) oder Aosta

🅿 Gr. St. Bernhard, 2469 m (Schweizer Paßseite, Nähe Hospiz)

➡ ❷ – Aussichtspunkt, 2789 m (ehem. Sesselbahn; Einstieg) – Südostwand – Grande Chenalette – ❍ wie ❷, ¾ Std.: ges. 2½ Std.

▤ unschwierig, Höhe 100 m

⌂ Paßhotel und Hospiz auf der Schweizer Seite des Gr. St. Bernhard, 2469 m

374   *Mont-Blanc-Gruppe*

Les Egralets zum Refuge du Couvercle

Von den zahlreichen Anstiegen zu hochgelegenen Hütten und Biwaks ist der Weg zum Refuge du Couvercle gewiß einer der landschaftlich schönsten und originellsten. Die Überquerung fast des gesamten Mer de Glace, der schöne Klettersteig am Felsfuß, dazu die Einblicke in die Bergwelt der Mont-Blanc-Gruppe und die märchenhafte Lage des bewirtschafteten Berghauses geben dem vielbegangenen Hüttenweg den Reiz großer Gegensätze in grandiosem, hochalpinem Rahmen.

▲ Refuge du Couvercle, 2687 m

🏠 Chamonix, 1040 m (Bahnstation)

🅿 Talstation (Gare du Chamonix), 1042 m, der Zahnradbahn nach Montenvers

→ ➋ – Zahnradbahn-Auffahrt nach Montenvers, 1913 m – Abstieg auf Steiganlage (Les Echelles) – Querung des Mer de Glace (spärlichst markiert) – Felsfuß, 2200 m – Klettersteig (Les Egralets) – Ausstieg, 2330 m – Hütte: 3½ Std.; ⊗ wie ➋: 3 Std. Tagfüllende Gletscherwanderung mit Felsanstieg über exponierten Klettersteig. Gletscherübergang für Ungeübte nur mit Seilsicherung im Spaltenbereich. Insgesamt nur für Geübte und nur bei gutem Wetter zu empfehlen.

▤ unschwierig, jedoch sehr luftig

⌂ Refuge du Couvercle, 2687 m; Restaurants am Gare du Montenvers, 1913 m

⚑ Zahnradbahn von Chamonix nach Montenvers, 1914 m (Ende Mai – Anf. Oktober)

375 *Dauphiné*

Ferrata Le Colombier/Les Balmes

Das Pelvoux-Massiv trumpft mit großen Gipfelzielen und hochalpinen Gletschertouren auf: Meije, Barre des Ecrins, Mont Pelvoux. Seit kurzem gibt es am Eingang in die Vallouise einen aufwendig gesicherten Sportklettersteig – Kraxeln vor einer großen Kulisse ist hier angesagt!

▲ Paroi des Vigneaux, ca. 1500 m

P Les Vigneaux, 1113 m, kleiner Flecken an der Mündung der Vallouise, 21 km von Briançon

→ Wanddurchstieg mit zwei Wegvarianten: links Le Colombier (facile = leicht), rechts Les Balmes (sportif = schwieriger)

▤ mäßig schwierig, aber sehr luftig; mit viel Eisen gesichert

376 *Dauphiné*

Freissinières-Klettersteig

Lange Jahre schon existiert dieser Klettersteig in den Kletterfelsen oberhalb von Freissinières; er wurde erst kürzlich verlängert. Den Klettersteiggeher erwartet zwar kein Gipfel, dafür aber sehr luftige Passagen in festem Steilfels.

▲ Felswand unterhalb des Clot du Puy, 1763 m

P Freissinières, 1181 m, am Eingang in das gleichnamige Tal, 27 km südlich von Briançon

→ Die Route führt durch die steilen Wandfluchten über dem Ort – mehr Querungen als Anstiege; ein Gipfel wird nicht tangiert

▤ sehr schwierig, viele luftige Stellen; Sicherung oft nur mit einem Fixseil

377 *Dauphiné*

Ferrata Aiguillette du Lauzet

Landschaftlich außerordentlich schöner Klettersteig im Norden von Briançon – eine tolle Bergtour vor einer grandiosen Kulisse.

▲ Aiguillette du Lauzet, 2611 m

P Le Lauzet, 1668 m, an der Straße von Briançon zum Col du Lautaret (ca. 20 km)

→ Alpe du Lauzet, 1940 m – Klettersteig – Aiguillette du Lauzet – Chemin du Roi – Alpe du Lauzet: etwa 6 Std. für die ganze Runde

▤ mäßig schwierig, aufwendig gesichert

378 *Cottische Alpen*

Via ferrata Brigata Alpina Taurinense

Ein richtig »antiker« Klettersteig in den Westalpen, von den italienischen Gebirgstruppen im Jahr 1940 (!) angelegt. Er bietet neben hübschen Felspassagen vor allem eine phantastische Aussicht auf die Dreitausender rund um das Susatal. Gut trainierte Mountainbiker können den größten Teil des Aufstiegs per Rad zurücklegen – etwa 15 km von Bardonecchia über die Punta Colomion bis zum Passo della Mulattiera auf alten Kriegsstraßen!

▲ Punta Charrà, 2884 m

P Bardonecchia, 1258 m, am italienischen Eingang des Fréjus-Straßentunnels gelegener großer Ferienort

→ Punta Colomion, 2054 m – Passo della Mulattiera, 2412 m – Klettersteig – Punta Charrà: ca. 5½ Std.; ⊗ auf gleichem Weg 3 Std.

▤ mäßig schwierig

REGISTER

Namen und Seitenzahlen der Klettersteige sind *kursiv* gesetzt